ATTI DI GIULIO DI AQFAḤS

CORPUS
SCRIPTORUM CHRISTIANORUM ORIENTALIUM
EDITUM CONSILIO
UNIVERSITATIS CATHOLICAE AMERICAE
ET UNIVERSITATIS CATHOLICAE LOVANIENSIS

Vol. 190

SCRIPTORES AETHIOPICI

TOMUS 37

ATTI DI GIULIO DI AQFAHS

EDITO A CURA
DI

ENRICO CERULLI

LOUVAIN
SECRÉTARIAT DU CORPUSSCO
49, CH. DE WAVRE
1959

INTRODUZIONE

Giulio di Aqfaḥs è venerato nella Chiesa Etiopica, ed in quella Copta, come uno dei martiri della persecuzione di Diocleziano. La sua commemorazione è celebrata il giorno 22 del mese di *maskaram* in Etiopia, il 22 *tut* presso i Copti, in Egitto. Un riassunto della vita di Giulio di Aqfaḥs si legge, sotto la data rispettivamente indicata, nel Sinassario Arabo della Chiesa Copta [1] e nel Sinassario Etiopico [2].

Gli Atti di Giulio di Aqfaḥs, in etiopico, ci sono conservati nel codice della Bibliothèque Nationale di Parigi D'Abbadie 110 (= Conti Rossini 164) [3]. Il ms. è del secolo XVIII in buone condizioni e sostanzialmente corretto. Agli Atti seguono nel codice i Miracoli del martire : in tutto 19 racconti, che costituiscono un apporto davvero interessante alla conoscenza della letteratura arabo-cristiana dello Egitto medievale, come meglio dirò nell' Introduzione alla traduzione di questo testo.

L'originale arabo, dal quale deriva l'etiopico, è ancora inedito [4]; e codici relativamente antichi di esso sono stati segnalati al Cairo [5]. L'edizione, augurabile, del testo arabo proverà se la collezione dei Miracoli è unitaria oppure se, come è avvenuto per altre raccolte del genere, racconti diversi sono stati scelti od aggiunti nei vari manoscritti. Sarà anche questo un dato importante.

Ringrazio il P. Jean Simon S.J. che mi suggerì questo lavoro e cortesemente mi cedette le sue fotografie del codice D'Abbadie.

1 Ed. Forget in CSCO. *Script. arab.* 3a ser. XVIII, *Textus*, pp. 39-41; *Versio*, pp. 35-36.

2 E. A. Wallis Budge, *The Book of the Saints of the Ethiopian Church*, I, Cambridge, 1928, pp. 80-83.

3 C. Conti Rossini, *Notice sur les manuscrits éthiopiens de la collection D'Abbadie* in *Journal Asiatique*, 1913, p. 175-176.

4 Un breve riassunto dei soli Atti, fatto sul testo arabo è in P. Dib, *Jules d'Aqfahs* in *Revue de l'Orient Chrétien*, 1909, p. 301-306.

5 Cfr. il mio art. *La « Conquista Persiana di Gerusalemme » ed altre fonti orientali cristiane di un episodio dell'Orlando Furioso* in *Orientalia*, XV, 1946, p. 444, nota 2.

All' edizione del testo degli Atti e dei Miracoli ho fatto seguire quella di un breve inno che si legge nel codice (unico) della Bibliothèque Nationale di Parigi, D'Abbadie 170 (= Conti Rossini 89), che è del secolo XVIII od inizi del XIX [6].

Vadano poi i miei ringraziamenti al P. Victor Arras O.F.M. che, con la consueta sua amabilità, si è incaricato della correzione delle bozze di quest'opera.

[6] C. CONTI ROSSINI, *Notice* cit. ibidem, p. 121.

I

ATTI DI GIULIO DI AQFAḤS

* በስመ ፡ አብ ፡ ወወልድ ፡ ወመንፈስ ፡ ቅዱስ ። ገድል ፡ ወስምዕ ፡ * f. 41 r ዘቅዱስ ፡ ዓቢይ ፡ ወክቡር ፡ በውስተ ፡ ሰማዕታት ፡ ቅዱስ ፡ ዮልዮስ ፡ ዘሀገረ ፡ አቅፋህስ ፡ ዘእመንበረ ፡ አሕናስ ፡ አበ ፡ ሰማዕታት ፡ ወጸሐፊ ፡ ገድሎሙ ፡ ዘፈጸመ ፡ ገድሎ ፡ ምስለ ፡ ዮንያስ ፡ እኁሁ ፡ ወቴዎድሮስ ፡ ወልዱ ፡ አመ ፡ ፳ወ፪ ፡ ለወርኃ ፡ መስከረም ። ጸሎቶሙ ፡ ወበረከቶሙ ፡ ወሀብተ ፡ ረድኤቶሙ ፡ ለእሉ ፡ ሰማዕታት ፡ ትኩን ፡ ምስለ ፡ ፍቁሮሙ ፡ ዘወልደ ፡ ማርያም ፡ ወትባልሓ ፡ እመሣግሪሁ ፡ ለሰይጣን ፡ ጸላኢሁ ፡ ለዓለመ ፡ ዓለም ፡ አሜን ፡ ወአሜን ። ለይኩን ፡ ለይኩን ።

ክፍል ፡ ፩ ። ወዝንቱሰ ፡ ቅዱስ ፡ ዮልዮስ ፡ በጽሐ ፡ ኀበ ፡ ሣልስ ፡ ጉባኤ ፡ ወሜጠ ፡ ለአርቂያኖስ ፡ መኰንነ ፡ ሰንሁድ ፡ ወለሱፍያኖስ ፡ መኰንነ ፡ አትሪብ ። ወአብአሙ ፡ ኀበ ፡ ጽዋዔ ፡ ሰማያዊ ። ወፈጸመ ፡ ገድሎ ፡ ውስተ ፡ እደ ፡ መኰንነ ፡ ጠዋ ። ወነሥኡ ፡ ሥጋሁ ፡ አግብርቲሁ ፡ እምነ ፡ ሐራ ፡ ውሂቦሙ ፡ ወርቀ ፡ ብዙኃ ፡ ወወሰድዎ ፡ ሀገረ ፡ እስክንድርያ ። ትንብልናሁ ፡ የሀሉ ፡ ምስለ ፡ ፍቁሩ ፡ ዘወልደ ፡ ማርያም ፡ ለዓለመ ፡ ዓለም ፡ አሜን ፡ ወአሜን ።

ወሶበ ፡ ዓለወ ፡ ዲዮቅልጥያኖስ ፡ ወአምለከ ፤ ጣዖታተ ፡ አኀዘ ፡ ይኰንኖሙ ፡ ለሰማዕታት ፡ ወኮነ ፡ ይኤዝዞሙ ፡ ለመኳንንት ፡ ይኰንንዎሙ ፡ ለሰማዕታት ። ወቅዱስሰ ፡ ዮልዮስ ፡ ፈለሰ ፡ እምሀገረ ፡ አቅፋህስ ፡ ወኃደረ ፡ ሀገረ ፡ እስክንድርያ ፡ ወአጥረየ ፡ አብያተ ፡ ወአትክልተ ፡ ወብዕለ ፡ ብዙኃ ። ወሶበ ፡ አምጽኡ ፡ አግብርቲሁ ፡ ሥጋሁ ፡ ቅድስተ ፡ ወሥጋ ፡ ዮንያስ ፡ እኁሁ ፡ ወቴዎድሮስ ፡ ወልዱ ፡ አንበርዎሙ ፡ ኀበ ፡ ሥጋ ፡ አግናኒቶስ ፡ ወዮሐንስ ፡ እኁሁ ፡ ሰማዕታተ ፡ እስክንድርያ ። ወፈነወ ፡ ንጉሥ ፡ ቈስጠንጢኖስ ፡ ወሐነጸ ፡ ሎቱ ፡ ቤተ ፡ ክርስቲያን ፡

ዓባየ ፡ በሀገረ ፡ እስክንድርያ ። ወፈጸመ ፡ ሐኒጸታ ፡ ወአሠርገዋ ፡ በኵሉ ፡ ሠርጕ ፡ ሠናይ ። ወሶበ ፡ ፈቀደ ፡ እግዚአብሔር ፡ ያፍልስ ፡ መንግሥቶ ፡ ርኵስተ ፡ ለዲዮቅልጥያኖስ ፡ አምረ ፡ አዕይንቲሁ ፡ ወረሰዮ ፡ ይትመጽወት ፡ ላዕለ ፡ አናቅጸ ፡ ሀገረ ፡ አንጾኪያ ፡ በእንተ ፡ እከያት ፡ ዘገበሮሙ ፡ ወበእንተ ፡ አግብርተ ፡ ክርስቶስ ፡ ወበእንተ ፡ ነፍሳት ፡ ዘከዓወ ፡ ደሞሙ ፡ እለ ፡ አልቦሙ ፡ ኍልቈ ። ወአንገሦ ፡ ለቈስጠንጢኖስ ፡ ንጉሥ ፡ መፍቀረ ፡ እግዚአብሔር ፡ ላዕለ ፡ መንበረ ፡ አንጾኪያ ፡ ወዝኩሰ ፡ ንጉሥ ፡ ቈስጠንጢኖስ ፡ ወልደ ፡ እሌኒ ፡ ንግሥት ፡ ወብጽዕት ፡ ፈነወ ፡ ፍጡነ ። ወአዘዘ ፡ ከመ ፡ ይፍትሕዎሙ ፡ ለሙቁሓን ፡ እምውስተ ፡ ኵሎን ፡ አህጉር ፡ እለ ፡ ረከብዎሙ ፡ ለቅዱሳን ፡ ሙቁሓን ። ወዓዲ ፡ አዘዘ ፡ ይሕጽቡ ፡ ቍስላቲሆሙ ፡ ወይወልጡ ፡ አልባሲሆሙ ። ወለሊሁኒ ፡ ንጉሥ ፡ ኮነ ፡ ያበልዖሙ ፡ መባልዕተ ፡ ጥዑማተ ፡ ወይሰግድ ፡ ሎሙ ፡ ወይልሕስ ፡ ቍስላቲሆሙ ፡ በልሳኑ ፡ እንዘ ፡ ይብል ፡ በልቡ ፡ እስመ ፡ ዝንቱሰ ፡ ይከውነኒ ፡ ፈውስ ፡ ለሥጋየ ፡ ወለደዌየ ፡ ብዙኅ ። እስመ ፡ ውእቱ ፡ ተወክፎሙ ፡ በእንተ ፡ ስመ ፡ እግዚእነ ፡ ኢየሱስ ፡ ክርስቶስ ፡ ወፈነዎሙ ፡ ለለአህጉሪሆሙ ፡ በሰላም ። አሜሃ ፡ ዓፀወ ፡ ንጉሥ ፡ ቈስጠንጢኖስ ፡ ምእመን ፡ ወጻድቅ ፡ ኵሎ ፡ አናቅጸ ፡ ቤተ ፡ ጣዖታት ፡ ርኩሳን ።

* f. 41 v ወግብጽሰ ፡ ኮ*ነት ፡ ጽልመተ ፡ በአምልኮ ፡ ጣዖታት ፡ ርኩሳን ። ወሶበ ፡ ሰምዑ ፡ ሊቃውንት ፡ ወመኳንንት ፡ ወመሳፍንት ፡ ከመ ፡ አሕጎለ ፡ እግዚአብሔር ፡ ለዲዮቅልጢያኖስ ፡ ዕልው ፡ ወለኵሎሙ ፡ ዓላውያን ፡ ምስሌሁ ፡ አኀዞሙ ፡ ፍርሃት ፡ ወረዓድ ። እስመ ፡ የአምርዎ ፡ ለቈስጠንጢኖስ ፡ ከመ ፡ ብእሲ ፡ ምእመን ፡ ወጻድቅ ፡ ውእቱ ፡ ወይጻልእ ፡ አምልኮ ፡ ጣዖታት ። ወእሙንቱሰ ፡ ኀብኡ ፡ ዘንተ ፡ ነገረ ፡ በእንተ ፡ ሢመት ፡ ዘነበሩ ፡ ውስቴታ ፡ ከመ ፡ ኢያውዕይዎሙ ፡ ሕዝብ ።

ወሀሎ ፡ ፩ብእሲ ፡ መስፍን ፡ ልዑል ፡ ቤት ፡ ወክቡር ፡ በኀበ ፡ ንጉሥ ፡ ወበኀበ ፡ መኳንንት ፡ ወመሳፍንት ፡ ወየኃድር ፡ በሀገረ ፡ እለእስክንድርያ ፡ ዘስሙ ፡ ዮልዮስ ፡ ዘእምሀገረ ፡ አቅፋሕስ ፡ ፀወነ ፡ ነዳያን ፡ ወረዳኤ ፡ ምንዱባን ። ወዝንቱሰ ፡ ኮነ ፡ ባዕለ ፡ ጥቀ ፡ ወዓርከሙ ፡ ው

እቱ ፡ ለነገሥት ፡ በእንተ ፡ ጸጋ ፡ እግዚአብሔር ፡ ዘኀደር ፡ ላዕለ ፡ ገጹ ። ወኮኑ ፡ ይትማከርዎ ፡ ኵሎ ፡ አሚረ ፡ በኵሉ ፡ ግብር ፡ ዘይገብሩ ፡ ወውእቱሂ ፡ ይሜህሮሙ ፡ ከመ ፡ ይግበሩ ፡ ሠናያተ ፡ ወይርኃቁ ፡ እምእኪት ። ወኮነ ፡ ይበውእ ፡ ወይወጽእ ፡ ምስሌሆሙ ፡ ወኢያጌብርዎ ፡ እሙንቱ ፡ ከመ ፡ ያዕርግ ፡ ዕጣነ ፡ ለአማልክት ፡ አላ ፡ ኮነ ፡ እግዚአብሔር ፡ የዓቅቦ ፡ በኪነ ፡ ጥበቡ ፡ ከመ ፡ ይጽሐፍ ፡ ገድለ ፡ ቅዱሳን ፡ ሰማዕት ፡ ወኵሎ ፡ ፃማሆሙ ፡ ዘተወክፍዎ ፡ በእንተ ፡ ስመ ፡ እግዚእነ ፡ ኢየሱስ ፡ ክርስቶስ ። ወኮነ ፡ ሎቱ ፡ ፲፻ ወ ፯፻ ወዓልያን ፡ እለ ፡ ያሜንዩ ፡ ጽሒፈ ፡ መጽሐፍ ፡ ወውእቱሂ ፡ ነበረ ፡ እንዘ ፡ ይፌንዎሙ ፡ ውስተ ፡ ኵሎን ፡ አህጉር ፡ ወይሁቦሙ ፡ ንዋየ ፡ ብዙኀ ፡ ከመ ፡ ይሑሩ ፡ ውስተ ፡ ኵሎን ፡ መካናት ፡ ዘህለዉ ፡ ውስቴታ ፡ ቅዱሳን ፡ ሰማዕት ፡ እለ ፡ ነበሩ ፡ ሙቁሐነ ፡ በእንተ ፡ ስመ ፡ እግዚእነ ፡ ኢየሱስ ፡ ክርስቶስ ፡ ከመ ፡ ይትለአክዎሙ ፡ ለቅዱሳን ፡ ሰማዕት ፡ እለ ፡ ነበሩ ፡ ሙቁሓነ ፡ ውስተ ፡ ቤተ ፡ ሞቅሕ ፡ ወይጽሐፉ ፡ ኵሎ ፡ ፃማ ፡ ወሥቃያተ ፡ ዘይረክቦሙ ፡ እምነ ፡ ዓላውያን ። ወዓዲ ፡ ኮነ ፡ ቅዱስ ፡ ዮልዮስ ፡ ይኤዝዞሙ ፡ ለአግብርቲሁ ፡ ወያመኃፅኖሙ ፡ እንዘ ፡ ይብል ፡ ሶበ ፡ ይመትሩ ፡ ነገሥት ፡ ወመኳንንት ፡ አርእስተ ፡ ሰማዕታት ፡ ተዓቀቡኬ ፡ ኢይደቅ ፡ ደሞሙ ፡ ዲበ ፡ ምድር ፡ በግሙራ ፡ ዳእሙ ፡ ንጽፉ ፡ አልባሲከሙ ፡ ወአስተጋብኡ ፡ ደማቲሆሙ ፡ በተዓቅቦ ፡ ወበጻሕቅ ፡ ከመ ፡ ኢይግሥሦሙ ፡ ርኩስ ፡ ለግሙራ ። እስመ ፡ ደማቲሆሙ ፡ ንጹሓን ፡ ውእቶሙ ። ወድኅሬሁ ፡ ግንዙ ፡ ሥጋሆሙ ፡ በአልባስ ፡ ቅድዋት ፡ ወፈንውዎሙ ፡ ኀበ ፡ አህጉሪሆሙ ። ወለእለ ፡ ተርፉ ፡ አንብርዎሙ ፡ በውስተ ፡ መካን ፡ ንጹሕ ፡ እስከ ፡ ይሠምር ፡ እግዚአብሔር ፡ ይክሥት ፡ ሥጋሆሙ ፡ ቅድስተ ፡ በዐቢይ ፡ ክብር ። ወቅዱስ ፡ ዮልዮስ ፡ ነበረ ፡ ዓዲ ፡ እንዘ ፡ ይገብር ፡ ከመዝ ፡ በሀገረ ፡ እስክንድርያ ። ወይትለአከሙ ፡ ለቅዱሳን ፡ ወለአናግድ ፡ ለአቤራት ፡ ወለእጓለ ፡ ማውታ ፡ ወይጼሊ ፡ እንበለ ፡ አዕርፆ ። ወኮኑ ፡ ኵሎሙ ፡ ሰብእ ፡ ያፈቅርዎ ፡ ፈድፋደ ፡ በእንተ ፡ ምግባሩ ፡ ሠናይት ። ወኮነ ፡ ይቀንዕ ፡ ቅንዓተ ፡ ዐቢየ ፡ ወይጽሕቅ ፡ ለስምዕ ፡ ወባሕቱ ፡ ኢበጽሐ ፡ መዋዕ

ል ፡ ዘይኤዝዝ ፡ እግዚአብሔር ፡ ይኩን ፡ ሰማዕተ ፡ በእንተ ፡ ተልእ
* f. 42 r ከ ፡ ሰማዕታት ፡ * ዘኮነ ፡ ይትለአከሙ ።

ወእንዘ ፡ ሀሎ ፡ ቅዱስ ፡ ይነብር ፡ በዘከመዝ ፡ ግብር ፡ አመ ፡ ቀርበ ፡ ጊዜ ፡ ተሐጕሎቶሙ ፡ ለጣዖታት ፡ ርኩሳን ፡ አስተርአዮ ፡ እግዚእነ ፡ ኢየሱስ ፡ ክርስቶስ ፡ እንዘ ፡ ውእቱ ፡ ይነውም ፡ በምንባሩ ። ወይቤሎ ፡ በገጽ ፡ ዘምሉእ ፡ ፍሥሐ ፡ ሰላም ፡ ለከ ፡ ዮልዮስ ፡ ላእከ ፡ ኵሎሙ ፡ ቅዱሳን ፡ ተንሥእ ፡ ወለምንት ፡ ትነውም ፡ በዛቲ ፡ ጊዜ ፡ አምጣነ ፡ ንቡር ፡ ለከ ፡ ገድል ፡ ወድልው ፡ ለከ ፡ አክሊል ፡ አፍቁር ፡ ወኵሎሙ ፡ ሰማዕታት ፡ ይጸንሑከ ፡ እሉ ፡ ዘኮንከሙ ፡ ክዳነ ። ተንሥእኬ ፡ ወአፍጥን ፡ ከመ ፡ ትፌጽም ፡ ትንቢታቲሆሙ ፡ ወበረከታተሂ ፡ ዘባረኩ ፡ ላዕሌኬ ፡ ከመ ፡ ትፌጽም ፡ ፈቃዶሙ ። እስመ ፡ ኵሎሙ ፡ ቅዱሳን ፡ ይጸንሑከ ፡ ከመ ፡ ይስግዱ ፡ ቅድሜከ ፡ ምስለ ፡ መላእክት ፡ እስከ ፡ ያዓርጉከ ፡ ውስተ ፡ ሰማያት ፡ በዐቢይ ፡ ስብሐት ። ወኵሎሙ ፡ ሰብአ ፡ ዛቲ ፡ ሀገር ፡ ኢየኃድግዎ ፡ ለመኰንን ፡ ይፍታሕ ፡ ላዕሌከ ፡ ወኢ ፡ ከመ ፡ ይኰንንከ ፡ በእንተ ፡ አፍቅሮቶሙ ፡ ኪያከ ። ወይእዜኒ ፡ ተንሥእ ፡ ወሑር ፡ ሀገረ ፡ ሰምኑድ ፡ ኀበ ፡ አርቅያኖስ ፡ መኰንን ፡ ወተአመን ፡ በስምየ ፡ ቅድሜሁ ። ወውእቱ ፡ ይኴንነከ ፡ ኵነኔ ፡ ጽኑዐ ፡ ጥቀ ። ወይከውን ፡ እምኔከ ፡ ተአምራት ፡ ወመንክራት ፡ ብዙኃት ፡ በውእቱ ፡ መካን ፡ ወብዙኃን ፡ የአምኑ ፡ ብየ ፡ ውስተ ፡ እዴከ ፡ ወይትከዐው ፡ ደሞሙ ፡ በእንተ ፡ ስምየ ። ወመኰንንሂ ፡ ይትመየጥ ፡ እምአምልኮ ፡ ጣዖታት ፡ ውስተ ፡ እዴከ ፡ በእንተ ፡ ተአምራት ፡ ዘትገብሮ ፡ አንተ ፡ ወይከውን ፡ ሰማዕተ ፡ በእንተ ፡ ስምየ ። ወይእዜኒ ፡ አፍጥን ፡ አፍቁር ፡ እስመ ፡ እምድኅረ ፡ አሐቲ ፡ ዓመት ፡ ወ ፳ አውራኃ ፡ ይፌኑ ፡ ጻድቅ ፡ ንጉሥ ፡ ቈስጠንጢኖስ ፡ ሰራዊተ ፡ ብዙኃነ ፡ ኀበ ፡ ግብጽ ፡ ወያጌብሮሙ ፡ ለሰብአ ፡ ግብጽ ፡ እንዘ ፡ ይብል ፡ ኵሉ ፡ ብእሲ ፡ ዘይፈቅድ ፡ ያምልክ ፡ ጣዖታተ ፡ የሀብ ፡ ፻፻ ልጥረ ፡ ወርቅ ፡ ጸባሕተ ፡ ለለኵሉ ፡ ዓመት ፡ ከመ ፡ ያብእዎ ፡ ውስተ ፡ መዛግብተ ፡ ንጉሥ ። ወእነ ፡ እኤዝዞሙ ፡ ለነገሥት ፡ ወለመኳንንት ፡ ከመ ፡ ያስተገብርዎሙ ፡ ግብረ ፡ ጽኑዐ ፡ በፃማ ፡ ወኃሣር ፡ ወትከዝ ፡ ወኢይምሐክ

ዎሙ ፡ ግሙራ ። ወዘሰ ፡ ያመልክ ፡ ለኢየሱስ ፡ ክርስቶስ ፡ ይነሥእ ፡ እመዛግብተ ፡ ንጉሥ ፡ ክብራተ ፡ ብዙኃ ፡ ለለኵሉ ፡ ዓመት ። ወየሐዩ ፡ በሰላም ፡ ወኃድአት ፡ ዘእንበለ ፡ ጻማ ። ወየሐውር ፡ በሞገስ ፡ ወኢይዔምዎ ፡ መኑሂ ፡ እመኳንንት ፡ ወመሳፍንት ። ወዘኒ ፡ ይዔምዎሙ ፡ ለእለ ፡ ያመልክዎ ፡ ለክርስቶስ ፡ ይትበረበር ፡ ቤቱ ፡ ወይቀትልዎ ። ወበዝንቱ ፡ ግብር ፡ ይቤጥል ፡ አምልኮ ፡ ጣዖታት ፡ እምድረ ፡ ግብጽ ፡ ወይትዓፀዋ ፡ አናቅጸ ፡ አብያተ ፡ ጣዖታት ፡ ወይትረኃዋ ፡ አናቅጸ ፡ አብያተ ፡ ክርስቲያናት ፡ ወይትሐነጻ ፡ መቅደሳት ፡ ወያዓርጉ ፡ መሥዋዕተ ፡ በስምየ ፡ ከመ ፡ ይሰብሕ ፡ አቡየ ፡ ወመንፈስ ፡ ቅዱስ ። አነ ፡ ውእቱ ፡ ዘዓቀብኩከ ፡ እስከ ፡ ዛቲ ፡ ሰዓት ፡ በእንተ ፡ ተልእኮ ፡ ሰማዕታትየ ፡ ቅዱሳን ። ወይእዜኒ ፡ ተንሥእ ፡ ፍጡነ ፡ ወሑር ፡ ኀበ ፡ ሰምኑድ ፡ ወተጋደል ፡ በእንተ ፡ ስምየ ። ወአነ ፡ ረሰይክዎ ፡ ለሚካኤል ፡ ሊቀ ፡ መላእክት ፡ ይኩንከ ፡ ላእከ ፡ እስከ ፡ ትፌጽም ፡ ገድለከ ። ወናሁ ፡ አስተዳለውኩ ፡ ለከ ፡ ፫ አክሊላተ ፡ * ፩ በእንተ ፡ ምጽዋትከ ፡ ዘገበርከ ፡ [* f. 42 v] ላዕለ ፡ ነዳያን ፡ ወበእንተ ፡ ጾምከ ፡ ንጽሕት ። ወካልእ ፡ በእንተ ፡ በረከት ፡ ዘባረኩ ፡ ላዕሌከ ፡ ሰማዕታት ፡ ወበእንተ ፡ ሠናያትሂ ፡ ዘገበርከ ፡ ምስሌሆሙ ። ወሣልስ ፡ በእንተ ፡ ክዕወተ ፡ ደምከ ፡ ዘትከዑ ፡ በእንተ ፡ ስምየ ። ሰላምየ ፡ የሀሉ ፡ ምስሌከ ፡ አፍቁረ ፡ አቡየ ፡ ወመንፈስ ፡ ቅዱስ ። ወዘንተ ፡ ብሂሎ ፡ መድኀን ፡ አንበረ ፡ እዴሁ ፡ ላዕለ ፡ ሥጋሁ ፡ ወመልአ ፡ ኃይለ ፡ ወዓርገ ፡ ውስተ ፡ ሰማያት ፡ በዓቢይ ፡ ስብሐት ።

ወብፁዕሰ ፡ ዮልዮስ ፡ ኢተሐከየ ፡ ለግሙራ ፡ ወተንሥአ ፡ በጽባሕ ፡ ወጸውዖሙ ፡ ለደቂቁ ፡ አውከርስጦስ ፡ ወቴዎድሮስ ፡ ወይቤሎሙ ፡ ናሁ ፡ ርኢክሙ ፡ ግዕዝየ ፡ አደቂቅየ ፡ ፍቁራን ፡ በኵሉ ፡ መዋዕልየ ፡ በእንተ ፡ ሠናያት ፡ ዘገበርኩ ፡ ወዘከመ ፡ አፈጽም ፡ መልእክተ ፡ ቅዱሳን ፡ ወእጽሕፍ ፡ ገድሎሙ ፡ ወእገንዝ ፡ ሥጋሆሙ ፡ ወእፌንዎሙ ፡ ኀበ ፡ አብያቲሆሙ ፡ እስመ ፡ እሙንቱሂ ፡ ባረኩኒ ፡ ብዙኃ ፡ ጊዜያተ ፡ በስመ ፡ እግዚአብሔር ፡ እንዘ ፡ ይብሉ ፡ እግዚአብሔር ፡ አምላክ ፡ መስተሣህል ፡ ይባርክ ፡ ላዕሌከ ፡ ወላዕለ ፡ ዘርእከ ፡ ወኢይርአ

ይ ፡ ፩ሂ ፡ እምኔሆሙ ፡ ሐኰለ ፡ እስከ ፡ ሣልስ ፡ ወራብዕ ፡ ትውልድ ። ወዓዲ ፡ ባረኩ ፡ ላዕሌየ ፡ ቅዱሳን ፡ ሰማዕታት ፡ እንዘ ፡ ይብሉ ፡ እግዚአብሔር ፡ አምላክ ፡ ይጸውዕከ ፡ ኀበ ፡ ገድል ፡ ቅዱስ ፡ ከመ ፡ ትትዋረስ ፡ ምስሌነ ፡ ርስተ ፡ ሰማያት ፡ ዘለዓለም ። ወይእዜኒ ፡ አፍቁራን ፡ ደቂቅየ ፡ ዕቀቡ ፡ ነፍሳቲክሙ ፡ እምስሕተተ ፡ ዓላዊያን ፡ ወእምአምልኮ ፡ ጣዖታት ፡ ምውታን ። እስመ ፡ ናሁ ፡ ቀርበ ፡ ከመ ፡ ይትመሰው ፡ ዝንቱ ፡ ሁከት ፡ እኩይ ፡ ወይሴባሕ ፡ ስመ ፡ እግዚእነ ፡ ኢየሱስ ፡ ክርስቶስ ፡ ውስተ ፡ ኵሉ ፡ መካን ፡ ወይጠፍኡ ፡ ጣዖታት ፡ ወይበጥሉ ፡ ወይትኀፈሩ ፡ ኵሎሙ ፡ እለ ፡ ያመልክዎሙ ፡ ወይማስኑ ። ወይእዜኒ ፡ አነ ፡ አሐውር ፡ ሀገረ ፡ ሰንሁድ ፡ በእንተ ፡ ተልእኮ ፡ ቅዱሳን ፡ ዘአዘዘኒ ፡ እግዚአብሔር ፡ ፈጽሞታ ፡ ፍጡነ ። ወለእመ ፡ ሰምረ ፡ እግዚአብሔር ፡ እትመየጥ ፡ ኀቤክሙ ፡ ፍጡነ ። ወእመ ፡ አከ ፡ እፌጽም ፡ ዘይቤለኒ ፡ መድኅን ። ወለእመ ፡ ፈቀደ ፡ አሀሉ ፡ ለተልእኮ ፡ ቅዱሳን ፡ ለትኩን ፡ ፈቃደ ፡ እግዚአብሔር ። ወባሕቱ ፡ ንሥኡ ፡ ለክሙ ፡ እምንዋይየ ፡ ፻ልጥረ ፡ ወርቅ ፡ ወ፪፻ ፡ ልጥረ ፡ ብሩር ፡ ሀቡ ፡ ለሕንፃ ፡ ቤተ ፡ ክርስቲያን ፡ ዘዛቲ ፡ ሀገር ፡ ከመ ፡ ይሕንጹ ፡ ባቲ ፡ እምድኅረ ፡ ያሴስሎ ፡ እግዚአብሔር ፡ ለስደት ። ወዘተርፈ ፡ ሀቡ ፡ ለነዳያን ፡ ለዕቤራት ፡ ወለእጓለ ፡ ማውታ ፡ ለድውያን ፡ ወለአናግድ ፡ ከመ ፡ ተሀሉ ፡ በረከተ ፡ ቅዱሳን ፡ ውስተ ፡ ቤትየ ። ወአንሰ ፡ እትፋነወክሙ ፡ በሰላመ ፡ እግዚአብሔር ፡ አደቂቅየ ፡ እስመ ፡ ዘመን ፡ የሀውከኒ ፡ ጥቀ ፡ ከመ ፡ እሑር ። ወዘንተ ፡ ብሂሎ ፡ ቅዱስ ፡ ወብፁዕ ፡ ዮልዮስ ፡ ተአምኆሙ ፡ ለደቂቁ ፡ ወለኵሎሙ ፡ ሰብአ ፡ ቤቱ ፡ ወተፋነዎሙ ። ወበከዩ ፡ ኵሎሙ ፡ ብካየ ፡ መሪረ ፡ በእንተ ፡ ተናፍቆቶሙ ፡ እምኔሁ ።

ወወፅአ ፡ ቅዱስ ፡ ዮልዮስ ፡ ወሖረ ፡ ምስሌሁ ፡ እሉ ፡ ፬ አግብርቲ
* f. 43 r ሁ ፡ ወተለውዎ ፡ በፈቃዶሙ ፡ በእንተ ፡ አፍቅሮቶሙ ፡ ኪያሁ ፡ ወኢ
ፈቀዱ ፡ ይትፈለጡ ፡ እምኔሁ ። ወሶበ ፡ ወፅአ ፡ አፍአ ፡ * ሀገረ ፡ እስ
ክንድርያ ፡ ሰፍሐ ፡ እደዊሁ ፡ ወጸለየ ፡ ወይቤ ፡ እግዚእየ ፡ ወአምላክ
የ ፡ ኢየሱስ ፡ ክርስቶስ ፡ ፍኖት ፡ ርቱዕ ፡ ፍኖቶሙ ፡ ለጻድቃን ፡ እስ
እለከ ፡ ወአኃሥሥ ፡ እምነ ፡ ኂሩትከ ፡ ኦእግዚእየ ፡ በከመ ፡ ኃደጉ ፡ አ

ናቅጸ ፡ ቤትየ ፡ ርኅዋነ ፡ ወደቂቅየ ፡ ወአግብርትየ ፡ ወኵሎ ፡ ንዋይየ ፡ ወኅሠሥኩከ ፡ አነ ፡ ወአንተሂ ፡ ኢትዕፁ ፡ ውስተ ፡ ገጽየ ፡ አናቅጸ ፡ መንግሥትከ ። መርሐኒ ፡ ኀበ ፡ አንቀጸ ፡ ምሕረትከ ፡ እስመ ፡ አንተ ፡ ርኅሩኅ ፡ ወመስተሣህል ፡ ኄር ፡ ወመሐሪ ። ወስብሐት ፡ ለአብ ፡ ወወልድ ፡ ወመንፈስ ፡ ቅዱስ ፡ እምይእዜ ፡ ወእስከ ፡ ለዓለም ፡ አሜን ። ወሶበ ፡ ይቤ ፡ ቅዱስ ፡ ዮልዮስ ፡ ዘንተ ፡ ወናሁ ፡ መጽአት ፡ ደመና ፡ ወጸረቶ ፡ ሎቱ ፡ ወለአግብርቲሁ ፡ እለ ፡ ተለውዎ ፡ ወአንበረቶሙ ፡ ላዕለ ፡ መዓርገ ፡ መንበረ ፡ ምኵናን ፡ ዘሀገረ ፡ ሰምኑድ ፡ እንዘ ፡ ይኔጽሮሙ ፡ መኰንን ፡ ወኵሎሙ ፡ ሕዝብ ። ጸሎቱ ፡ ለዝንቱ ፡ ቅዱስ ፡ ዮልዮስ ፡ ይዕቀበ ፡ ወይባልሖ ፡ እምእለ ፡ ይትቃረንዎ ፡ ለፍቁሩ ፡ ዘወልደ ፡ ማርያም ፡ ያብኦ ፡ መንግሥተ ፡ ሰማያት ፡ ለዓለመ ፡ ዓለም ፡ አሜን ።

ቀዳሚ ፡ ጉባኤ ፡ ዘበጽሐ ፡ ባቲ ፡ ቅዱስ ፡ ዮልዮስ ፡ በሀገረ ፡ ሰምኑድ ፡ ወተኰነነ ፡ በእንተ ፡ ክርስቶስ ። ጸሎቱ ፡ ወኃብተ ፡ ረድኤቱ ፡ ትኩን ፡ ምስለ ፡ ፍቁሩ ፡ ዘወልደ ፡ ማርያም ፡ ለዓለመ ፡ ዓለም ፡ አሜን ።

ወሶበ ፡ ርእዮ ፡ አርቅያኖስ ፡ ለቅዱስ ፡ ዮልዮስ ፡ ከመዝ ፡ አዘዘ ፡ መዓልቶ ፡ ከመ ፡ ያምጽእዎ ። ወይቤሎ ፡ መኰንን ፡ ምንትኑ ፡ ውእቱ ፡ ግብርከ ፡ ወምንትኑ ፡ ተአምር ፡ ዘአስተርአይከ ፡ ቅድሜየ ፡ በዝንቱ ፡ ግብር ፡ መንክር ፡ ወእለ ፡ ምስሌከ ። ወይቤሎ ፡ ቅዱስ ፡ ዮልዮስ ፡ እስመ ፡ ግብርየሰ ፡ ፈነወኒ ፡ እግዚእየ ፡ ኢየሱስ ፡ ክርስቶስ ፡ ዝየ ፡ ከመ ፡ አብጥል ፡ መልእክተከ ፡ ምንንተ ፡ ወአህብከ ፡ ሕይወተ ፡ ዘለዓለም ። ወይቤሎ ፡ መኰንን ፡ እስመ ፡ አንተሰ ፡ ትቤ ፡ ገሊላዊ ፡ አነ ፡ እስመ ፡ ብዙኃን ፡ ገሊላዊያን ፡ ወድቁ ፡ ውስተ ፡ እዴየ ፡ ወኢርኢኩ ፡ እምኔሆሙ ፡ ፍጹመ ፡ ሥራየ ፡ ዘከማከ ፡ በእንተ ፡ ዘመጻእከ ፡ ኀቤየ ፡ ወአስተርአይከ ፡ ቦቱ ፡ በዝንቱ ፡ አርአያ ። ወይእዜኒ ፡ ኅድግ ፡ አምልኮተከ ፡ ዘቀዳሚ ፡ ወነዓ ፡ ስግድ ፡ ለአምላክ ፡ ዐቢይ ፡ አጶሎን ፡ ወተሐዮ ። ወይቤሎ ፡ ቅዱስ ፡ ዮልዮስ ፡ ናሁ ፡ እቤለከ ፡ አንሰ ፡ መጻእኩ ፡ ዝየ ፡ ከመ ፡ አብጥል ፡ አምልኮተከ ፡ ርኩስተ ፡ ወምንንተ ፡ ወአርኑ ፡ ለከ ፡ ፍኖተ ፡ እንተ ፡ ትወስደከ ፡ ኀበ ፡ ሕይወት ፡ ዘለዓለም ።

ወአውሥአ ፡ አርቅያኖስ ፡ መኰንን ፡ ወይቤሎ ፡ አንሰ ፡ እፈትነከ ፡ እሙነ ፡ በኵነኔ ፡ እመሰ ፡ ተረፍከ ፡ ሕያወ ፡ ወኢትመውት ፡ አእምር ፡ ከመ ፡ ብከ ፡ ሥልጣን ፡ ተሀበኒ ፡ ሕይወተ ፡ ዘለዓለም ። ወባሕቱ ፡ አይድዓኒ ፡ መኑ ፡ አንተ ፡ ወመኑ ፡ ስምከ ፡ ወእምአይ ፡ ሀገር ፡ አንተ ። ወይቤሎ ፡ ሰማዕት ፡ ጽኑዕ ፡ ወንጹሕ ፡ ዮልዮስ ፡ አንሰ ፡ ኢያየድዓከ ፡ ሀገርየ ፡ ወስመ ፡ ዚአየ ፡ እስከ ፡ ይትረኃው ፡ ለከ ፡ አንቀጸ ፡ ፍኖት ፡ እንተ ፡ ትወስድ ፡ ኀበ ፡ ሕይወት ፡ ወትድኅን ፡ እምዝንቱ ፡ ስሕተት ፡ ማሕጐሊ ፡ ዘሀሎከ ፡ አንተ ፡ ውስቴታ ። ወተምዕዐ ፡ መኰንን ፡ ጥቀ ፡ ወአዘዘ ፡ ከመ ፡ ያዕርግዎ ፡ መልዕልተ ፡ ሕንባዝ ። ወዓዲ ፡ አዘዘ ፡ ፲ዕደው ፡ ጽኑዓነ ፡ ወኃያላነ ፡ ከመ ፡ የዓፅሩ ፡ ሥጋሁ ፡ ፭በለፌ ፡ ወ፭በለፌ ፡ እስከ ፡ አስተርአየ ፡ ሥጋሁ ፡ ወአዕጽምቲሁ ፡ ወነጸፈ ፡ ደሙ ፡
* f. 43 v ዲበ ፡ ምድር ፡ ወእም*ዝ ፡ አዘዘ ፡ መኰንን ፡ ከመ ፡ ያውርድዎ ፡ እመልዕልተ ፡ ሕንባዝ ፡ እስመ ፡ ሞተ ፡ ሶቤሃ ፡ ቅዱስ ፡ ዮልዮስ ። ወከዕበ ፡ አዘዘ ፡ ከመ ፡ ያንድዱ ፡ እሳተ ፡ ወያውዕዩ ፡ ሥጋሁ ፡ ወገብሩ ፡ ቦቱ ፡ ከመዝ ፡ እስከ ፡ ኮነ ፡ ሥጋሁ ፡ ሐመደ ።

ወኮነ ፡ አርቅያኖስ ፡ መኰንን ፡ ይብል ፡ በተዓብዮ ፡ አብእሲ ፡ ሕርቱም ፡ ሀበኒ ፡ ሕይወተ ፡ ዘለዓለም ። ወሶበ ፡ አእመረ ፡ መኰንን ፡ ከመ ፡ ሥጋሁ ፡ ለቅዱስ ፡ ውዕየ ፡ አዘዘ ፡ ከመ ፡ ይንሥኡ ፡ ሐመደ ፡ ሥጋሁ ፡ ወይዝርውዎ ፡ ምስለ ፡ ነፋስ ፡ ላዕለ ፡ ገበ ፡ ቤተ ፡ ጣዖት ። ወይቤሎሙ ፡ መኰንን ፡ ለሕዝብ ፡ እለ ፡ ጉቡኣን ፡ ሀየ ፡ ናሁ ፡ ርኢክሙ ፡ ዘይቤለኒ ፡ መጻእኩ ፡ ዝየ ፡ ከመ ፡ አብጥል ፡ መልእክተከ ፡ ወአሁብከ ፡ ሕይወተ ፡ ዘለዓለም ፡ ናሁ ፡ ሐለቀ ፡ ሕይወቱ ፡ እምነ ፡ ምድር ፡ ወአልቦቱ ፡ ሐይወ ፡ ዳግመ ፡ በዲበ ፡ ምድር ። ወሶበ ፡ ይብል ፡ መኰንን ፡ ዘንተ ፡ ተበሀሉ ፡ አግብርተ ፡ ቅዱስ ፡ ዮልዮስ ፡ በበይናቲሆሙ ፡ ንዑ ፡ ንሙት ፡ ንሕነኒ ፡ ዓዲ ፡ ከመ ፡ እግዚእነ ፡ ዮልዮስ ፡ ወባሕቱ ፡ ንትዓገሥ ፡ እስከ ፡ ሳኒታ ፡ ከመ ፡ ንነጽር ፡ ዘይከውን ፡ እምኔሁ ።

ወሶበ ፡ ነሥኡ ፡ ሐሩ ፡ ሐመደ ፡ ሥጋሁ ፡ ለቅዱስ ፡ ዮልዮስ ፡ አዕረግዎ ፡ ውስተ ፡ ቤተ ፡ ጣዖታት ፡ ከመ ፡ ይዝርውዎ ፡ ምስለ ፡ ነፋስ ። ወናሁ ፡ ኮነ ፡ መብረቅ ፡ ወነጐድጓድ ፡ ወጽልመት ፡ ወዝናም ፡ ብዙኅ ፡

ወአድለቅለቀት ፡ ቤተ ፡ አማልክት ፡ እስከ ፡ መሠረታቲሃ ። ወጕየ ፡ አርቅያኖስ ፡ መኰንን ፡ ኀበ ፡ ቤቱ ፡ እምን ፡ ፍርሀት ፡ ወኃሩኢ ፡ ኃደጉ ፡ ሐመደ ፡ ሥጋሁ ፡ ለቅዱስ ፡ ውስተ ፡ ቤተ ፡ ጣዖታት ፡ ወጕዩ ።

ክፍል ፪ ። ወነዋ ፡ እግዚእነ ፡ ኢየሱስ ፡ ክርስቶስ ፡ ወረደ ፡ እምነ ፡ ሰማይ ፡ ላዕለ ፡ ሰረገላ ፡ ብርሃን ፡ ወብዙኃን ፡ መላእክት ፡ ምስሌሁ ፡ ወብዙኃን ፡ ቅዱሳን ፡ ሰማዕታት ፡ ዘገነዘ ፡ ቅዱስ ፡ ዮልዮስ ፡ ሥጋሆሙ ፡ ንጽሕት ፡ ወኵሎሙ ፡ ምስሌሁ ፡ ይተልውዎ ፡ ለእግዚእ ፡ ኢየሱስ ፡ ክርስቶስ ፡ እስከ ፡ በጽሐ ፡ ኀበ ፡ ቤተ ፡ ጣዖታት ፡ ዘሀሎ ፡ ውስቴታ ፡ ሐመደ ፡ ሥጋሁ ፡ ለቅዱስ ፡ ዮልዮስ ። ወአዘዘሙ ፡ መድኅን ፡ ለመላእክት ፡ ከመ ፡ ያምጽኡ ፡ ሐመደ ፡ ሥጋሁ ፡ ለቅዱስ ፡ ዮልዮስ ፡ ወይቤ ፡ ከመዝ ። አነ ፡ እረድአከ ፡ አኅሩይየ ፡ ዮልዮስ ፡ ተንሥእ ፡ እምነ ፡ ሞት ፡ ከመ ፡ ታእምር ፡ ከመ ፡ አነ ፡ ፈጠርኩከ ፡ እምአመ ፡ ነበርከ ፡ በሐቌ ፡ አቡከ ። ወሶቤሃ ፡ ተንሥአ ፡ ቅዱስ ፡ ዮልዮስ ፡ ከመ ፡ ፩ዘተንሥአ ፡ እምነ ፡ ምሳሕ ፡ እንዘ ፡ ውእቱ ፡ ምሉአ ፡ ፍሥሐ ፡ ወሐሤት ፡ ወአልቦ ፡ ውስቴቱ ፡ ምንትኒ ፡ እምነ ፡ ሙስና ፡ ለግሙራ ። ወቅዱሳንሰ ፡ ሰማዕት ፡ ዘበጽሑ ፡ ምስለ ፡ እግዚእነ ፡ ኢየሱስ ፡ ክርስቶስ ፡ ቀርቡ ፡ ኀቤሁ ፡ ወተአምኅዎ ፡ ኵሎሙ ፡ እንዘ ፡ ይብሉ ። ሠናይከ ፡ ምጽአትከ ፡ ኀቤነ ፡ አእኁነ ፡ ፍቁር ። ሰላም ፡ ለከ ፡ ወለተጋድሎትከ ፡ ሠናይ ፡ እስመ ፡ ናሁ ፡ ተፈጸሙ ፡ ቃላት ፡ ዘይቤ ፡ በእንቲአከ ፡ ከመ ፡ አንተ ፡ ትትኃለቍ ፡ ውስተ ፡ መክፈልትነ ፡ ወጽዌዔነ ። ሠናይከ ፡ ምጽአትከ ፡ አሐዋርያ ፡ ወንጌላዊ ፡ እስመ ፡ ሐዋርያትሂ ፡ እለ ፡ ሞቱ ፡ ቦእምኔሆሙ ፡ እለ ፡ ጸሐፉ ፡ ሕማማቲሁ ፡ ለክርስቶስ ፡ ማኅየዊተ ፡ ወአንተሂ ፡ አእኁነ ፡ ፍቁር ፡ ትትኃለቍ ፡ በኍልቆሙ ፡ እስመ ፡ አንተ ፡ ጸሐፍከ ፡ ገድለ ፡ ወኃይላተ ፡ ዘገብረ ፡ ለነ ፡ እግዚአብሔር ። ዘበአማን ፡ አንተ ፡ ዮሴፍ ፡ ሐዲስ ፡ ዘአርማትያስ ፡ ዘሰአለ ፡ እምጲላጦስ ፡ መስፍን ፡ ሥጋ ፡ እግዚእነ ፡ ወገ*ንዘ ፡ ግንዘተ ፡ ሠናየ ፡ በአልባስ ፡ ሠናያት ፡ * f. 44 r ዘምስለ ፡ አፈዋት ፡ ምዑዛት ፡ ወአንተሂ ፡ ዓዲ ፡ ገነዝከ ፡ ሥጋነ ፡ ምስለ ፡ አፈዋት ፡ ምዑዛት ፡ ወአንበርከሙ ፡ ውስተ ፡ ቤትከ ፡ እስከ ፡ ኃለፈ ፡ መዋዕለ ፡ ስደት ፡ ወመጽአ ፡ ዘመነ ፡ ሰላም ። በአማን ፡ አእኁነ ፡

ኄር ፡ ኵሎ ፡ ዘገበርከ ፡ ለነ ፡ ገበርኮ ፡ ለእግዚእነ ፡ ኢየሱስ ፡ ክርስቶስ ። በእንተ ፡ ዝንቱ ፡ አምጽአነ ፡ ምስሌሁ ፡ ከመ ፡ ንነጽር ፡ ገድለከ ፡ በእንተ ፡ አፍቅሮትነ ፡ ኪያከ ። በአማን ፡ ተመሰልከ ፡ በጽዋዔ ፡ ከመ ፡ ሉቃስ ፡ ሐዋርያ ፡ ጸሐፊ ፡ ወበተጋድሎሂ ፡ ከመ ፡ ጳውሎስ ፡ ሐዋርያ ፡ ወበእንተ ፡ ዝንቱ ፡ ተሰመይከ ፡ ወንጌላዌ ፡ እስመ ፡ ጸሐፍከ ፡ ገድሎሙ ፡ ለሰማዕታት ፡ ወፃማሂ ፡ ወምንዳቤ ፡ ዘተወከፍዎ ፡ ወዓዲ ፡ ገነዝከ ፡ ሥጋሆሙ ፡ ወፈነውኮሙ ፡ ለለአህጉሪሆሙ ፡ ውሂበከ ፡ ንዋየ ፡ ብዙኃ ። ማእዜኬ ፡ አፍቁር ፡ እስመ ፡ ፃማሰ ፡ ኅዳጥ ፡ ውእቱ ፡ ወዕረፍትሂ ፡ ብዙኅ ። ወተጋድሎሂ ፡ የኃልፍ ፡ ፍጡነ ፡ ወተድላ ፡ መንግሥተ ፡ ሰማያትሰ ፡ ይሄሉ ፡ እስከ ፡ ለዓለም ። ወሶበ ፡ ይቤልዎ ፡ ዘንተ ፡ ቅዱሳን ፡ ሰማዕት ፡ ለቅዱስ ፡ ዮልዮስ ፡ ተአምኅዎ ፡ ኵሎሙ ።

ወእምዝ ፡ ይቤሎ ፡ መድኅን ፡ አፍጥንኬ ፡ ወሑር ፡ ኀበ ፡ መኰንን ፡ እስመ ፡ አንተ ፡ ትረክበ ፡ ነቢሮ ፡ ውስተ ፡ ዓውደ ፡ ምኵናን ፡ ወሶበ ፡ ይሬእዩከ ፡ ጉቡኣን ፡ ብዙኃን ፡ የአምኑ ፡ ብየ ፡ እምኔሆሙ ፡ ውስተ ፡ እዴከ ፡ ወይነሥኡ ፡ አክሊለ ፡ ዘኢይማስን ፡ ወመኰንንሂ ፡ ይጠብሐከ ፡ በእደዊሁ ፡ ወይእተ ፡ ጊዜ ፡ መጺእየ ፡ አነ ፡ አነሥአከ ፡ ወሶበ ፡ ይሬእዩከ ፡ እንዘ ፡ ሕያው ፡ አንተ ፡ የአምን ፡ ብየ ፡ ምስለ ፡ ኵሎሙ ፡ ሰብአ ፡ ቤቱ ፡ ወይጽሕፍ ፡ ግብረከ ፡ ወግብሮ ፡ ወይወስደከ ፡ ሀገረ ፡ አትሪብ ፡ ወበህየ ፡ ይትመተር ፡ ርእሱ ፡ ምስለ ፡ ብእሲቱ ፡ ወደቂቁ ፡ ወይትሜጠ ፡ አክሊለ ፡ ዘኢይማስን ። ወለከሂ ፡ ያውዕዩከ ፡ እንዘ ፡ ሕያው ፡ አንተ ፡ ወይዌስሩከ ፡ በሞሰርተ ፡ ዕፅ ፡ ወመጺእየ ፡ አነሥአከ ፡ አነ ፡ እምነ ፡ ሞት ። ወይኬንነከ ፡ መኰንን ፡ ዳግመ ፡ ወእምዝ ፡ ያወፅአከ ፡ አፍአ ፡ ሀገር ፡ ከመ ፡ ይፍታሕ ፡ ላዕሌከ ፡ ወአነ ፡ እመጽእ ፡ ወአየድዓከ ፡ በዘትገብር ። ሰላምየ ፡ የሀሉ ፡ ምስሌከ ፡ አፍቁርየ ። ወዘንተ ፡ ብሂሎ ፡ መድኅን ፡ ተአምኆ ፡ ወወሀበ ፡ ሰላመ ፡ ወኃይለ ፡ ወዓርገ ፡ ውስተ ፡ ሰማያት ፡ በዓቢይ ፡ ስብሐት ፡ ወኅደጎ ፡ ለቅዱስ ፡ ዮልዮስ ፡ ቀዊሞ ፡ ውስተ ፡ ቤተ ፡ ጣዖታት ፡ እንዘ ፡ ይሴብሖ ፡ ለእግዚአብሔር ፡ እስከ ፡ ጽባሕ ።

ወአመ ፡ ሳኒታ ፡ ሖረ ፡ ቅዱስ ፡ ወኃያል ፡ መዋኢ ፡ ዘበአማን ፡ ወ

መስተጋድል ፡ ዮልዮስ ፡ ኀበ ፡ ዓውደ ፡ ምኵናን ፡ ወከልሐ ፡ ወይቤ ፡ አነ ፡ እረድአከ ፡ አአርቅያኖስ ፡ መኰንን ፡ ተንሥእ ፡ ወነዓ ፡ ከመ ፡ ትንሣእ ፡ ሕይወተ ፡ ዘለዓለም ፡ እስመ ፡ መልእክትከሂ ፡ ይበጥል ፡ ወሢመትከ ፡ ይትዌለጥ ፡ በዲበ ፡ ምድር ፡ ወትንሥእ ፡ ለከ ፡ አክሊለ ፡ ክብር ፡ በሰማያት ። ወሶበ ፡ ሰምዐ ፡ መኰንን ፡ ቀደመ ፡ ወመልአ ፡ ፍርሀት ፡ ወይቤ ፡ አኮኑ ፡ ዝንቱ ፡ ብእሲ ፡ ዘአውዐይነ ፡ ሥጋሁ ፡ ወረሰይኖ ፡ ሐመደ ፡ ወአዘዝኩክሙ ፡ ከመ ፡ ትዝርውዎ ፡ ምስለ ፡ ነፋስ ። ወአውሥኡ ፡ ሐራ ፡ ወይቤልዎ ፡ እሙን ፡ ውእቱ ፡ ዝንቱ ፡ ኦእግዚእነ ። ወይቤሎሙ ፡ መኰንን ፡ አብእዎ ፡ ውስተ ፡ ጽርሕ ፡ ከመ ፡ እትናገር ፡ ምስሌሁ ፡ እስመ ፡ *ዝንቱሰ ፡ ኃፍረት ፡ ዓቢይ ፡ ውእቱ ፡ ለሰብአ ፡ ዛቲ ፡ ሀገር ፡ ወለሊቃውንቲሃ ፡ ከመ ፡ ኢይትነሥኡ ፡ ላዕሌየ ፡ በእንቲአሁ ።

* f. 44 v.

ወሐራሰ ፡ አብእዎ ፡ ለቅዱስ ፡ ዮልዮስ ፡ ኀበ ፡ መኰንን ። ወሶበ ፡ ርእዮ ፡ ይቤሎ ፡ ዘበአማን ፡ አእመርኩ ፡ ከመ ፡ መምህረ ፡ ሥራይ ፡ አንተ ፡ ፈድፋደ ፡ ወይእዜኒ ፡ ስማዕ ፡ እምኔየ ፡ ወግበር ፡ ዘእብለከ ፡ ከመ ፡ ትኩን ፡ ክቡረ ፡ በኀቤየ ። ወይቤሎ ፡ በልኬ ፡ ዘትፈቅድ ። አውሥአ ፡ መኰንን ፡ ወይቤሎ ፡ አንሰ ፡ እፈቅድ ፡ እፈኑ ፡ ወአምጽእ ፡ አጽሎንሃ ፡ ዝየ ፡ ከመ ፡ ትስዓም ፡ ርእሶ ፡ ወትበል ፡ በእንቲአሁ ፡ ከመ ፡ ውእቱ ፡ አምላክ ፡ ማሕየዊ ፡ ከመ ፡ ትኩን ፡ በኀቤየ ፡ እንበለ ፡ ነውር ። ወአልቦ ፡ መኑሂ ፡ ዘእንበለ ፡ አንተ ፡ ወአነ ፡ ምስለ ፡ ሐራየ ፡ ወዝንቱ ፡ የአክለኒ ። ወፈቀደ ፡ ቅዱስ ፡ ዮልዮስ ፡ ከመ ፡ ያርኢ ፡ ተአምረ ። ወይቤሎ ፡ [ለ]መኰንን ፡ እመሰ ፡ ኮነ ፡ ዝንቱ ፡ ፈቃድከ ፡ ሠናይ ፡ ውእቱ ፡ ወባሕቱ ፡ ናስተጋብእ ፡ ኵሎ ፡ ሕዝበ ፡ ኀበ ፡ ዓውድ ፡ ከመ ፡ ይርአዩኒ ፡ ሶበ ፡ አዓርግ ፡ ዕጣነ ፡ ለአማልክቲከ ። ወእሙንቱሂ ፡ ዓዲ ፡ ይግበሩ ፡ ከማየ ፡ ወይከውን ፡ ውስተ ፡ ዛቲ ፡ ሀገር ፡ ተአምር ፡ ወፍሥሐ ፡ ዓቢይ ። ወፈኑኬ ፡ ይእዜ ፡ ወአምጽአሙ ፡ ለካህናት ፡ ይስርገዊ ፡ አልባሲሆሙ ፡ ወይልበሱ ፡ ዓዲ ፡ ልብሰ ፡ ክህነቶሙ ፡ ወይሑሩ ፡ ውስተ ፡ ቤተ ፡ አማልክት ፡ ወይጹርዎሙ ፡ ለ ፳ ፡ አማልክት ፡ ምስለ ፡ ፲ወ ፪ ፡ ካህናት ። ወያምጽእዎሙ ፡ ዝየ ፡ ወለእመ ፡ አኀዝከ ፡ ነገረከ ፡

አንተ ፡ ይከውን ፡ ተአምር ፡ ዓቢይ ፡ በቅድሜከ ። ወተፈሥሐ ፡ መኰ
ንን ፡ ጥቀ ፡ ወተንሥአ ፡ ሶቤሃ ፡ ወሰዓመ ፡ ርእሶ ፡ ለቅዱስ ፡ ዮልዮስ ፡
ወይቤሎ ፡ ናሁ ፡ አዕረፍከ ፡ ልብየ ፡ ወመንፈስየ ። ወበይእቲ ፡ ሰዓት ፡
አዘዘ ፡ ከመ ፡ ይጸውዕዎሙ ፡ ለ ፪ ወ ፺ ፡ ካህናት ፡ ወይቤሎሙ ፡ ሑሩ ፡
ወልበሱ ፡ አልባሲክሙ ፡ ወሠርጐ ፡ ክህነትክሙ ፡ በከመ ፡ ትገብሩ ፡ ፺
መዋዕለ ፡ በዓላተ ፡ ወጹርዎሙ ፡ ለ ፳ ፡ አማልክት ፡ በተዓቅቦ ፡ ዐቢ
ይ ፡ ወአምጽእዎሙ ፡ ዝየ ፡ ከመ ፡ ይነጽር ፡ ፍቁርየ ፡ ክብሮሙ ፡ ወይ
ስግድ ፡ ሎሙ ፡ ወይከውን ፡ ሎቱ ፡ ክብር ፡ ወዕበይ ፡ በቅድመ ፡ ዛቲ ፡
ጉባኤ ። ወበጽአ ፡ ቅድመ ፡ ኵሎሙ ፡ ጉባኤ ፡ ከመ ፡ ይረስዮ ፡ ውስ
ተ ፡ ዳግም ፡ መዓርግ ። ወእልኩሰ ፡ ካህናት ፡ ርኩሳን ፡ ለብሱ ፡ አልባ
ሲሆሙ ፡ ወሖሩ ፡ ውስተ ፡ ቤተ ፡ ጣዖታት ፡ ወጸርዎሙ ፡ ለጣዖታት ፡
ዲበ ፡ ከሳውዲሆሙ ። ወኮነ ፡ ኵሉ ፡ እምኔሆሙ ፡ ፩ ይጸውር ፡ ጣዖተ ፡
ወካልኡኒ ፡ የሐውር ፡ ቅድሜሁ ፡ በመዓጥን ፡ ወዲቤሁ ፡ ዕጣን ፡ እን
ዘ ፡ የዓጥኑ ፡ ቅድመ ፡ ጣዖታት ፡ ከመ ፡ ያብጽሕዎሙ ፡ ኀበ ፡ ጉባኤ ፡
ቅድመ ፡ መኰንን ። ወሶበ ፡ አእመረ ፡ ቅዱስ ፡ ዮልዮስ ፡ ከመ ፡ በጽ
ሑ ፡ ካህናት ፡ መንፈቀ ፡ ፍኖት ፡ ጸለየ ፡ ከመዝ ፡ እንዘ ፡ ይብል ፡ እግ
ዚእየ ፡ ኢየሱስ ፡ ክርስቶስ ፡ በኃይልከ ፡ ዐቢይ ፡ አዝዛ ፡ ለምድር ፡ ታ
ብቁ ፡ አፉሃ ፡ ወተሐጠሙ ፡ ለእልክቱ ፡ ጣዖታት ፡ ወለካህናትሂ ፡ እ
ለ ፡ ምስሌሆሙ ፡ ወኢይትመየጥ ፡ ብእሲ ፡ ይርአዮሙ ፡ ዳግመ ፡ እስ
ከ ፡ ለዓለም ፡ ከመ ፡ ይሰባሕ ፡ ስምከ ፡ ቅዱስ ፡ በማእከለ ፡ ዛቲ ፡ ጉብ
ኤ ። ወእምቅድመ ፡ ይፈጽም ፡ ቅዱስ ፡ ዮልዮስ ፡ ዘንተ ፡ ነገረ ፡ ወና
* f. 45 r ሁ ፡ አብቀወት ፡ ምድር ፡ አፉሃ ፡ ወው*ኅጠቶሙ ፡ ለ ፳ ፡ጣዖታት ፡ ወ
ለ ፪ ፡ ወ ፺ ፡ ካህናት ፡ ወወረዱ ፡ ውስተ ፡ ዕመቅ ፡ ወተመይጠት ፡ ም
ድር ፡ በከመ ፡ ነበረት ፡ ቀዳሚ ። ወሶበ ፡ አእመረ ፡ ብፁዕ ፡ ዮልዮስ ፡
ከመ ፡ ተሠጥሙ ፡ ጣዖታት ፡ ውስተ ፡ ዕመቅ ፡ ይቤሎ ፡ ለመኰንን ።
አፍቁር ፡ ናሁ ፡ ኀለፈ ፡ መዓልት ፡ ወቀርበ ፡ ምሴት ፡ ወካህናትሂ ፡ ኢ
መጽኡ ፡ ወቦኑ ፡ ኢሠምረ ፡ ልቦሙ ፡ ለአማልክት ፡ ከመ ፡ ይሑሩ ፡
ምስሌሆሙ ፡ እስመ ፡ ጊዜሁ ፡ ኃለፈ ። ወተፈሥሐ ፡ መኰንን ፡ ጥቀ ፡ ወተን
ሥአ ፡ ወሖረ ፡ ኀበ፡ቤተ ፡ ጣዖታት ፡ ምስለ ፡ ቅዱስ ፡ ዮልዮስ ፡ ወምስሌ

ሁ : ኵሎሙ : ሕዝብ : ይትልውዎ : ወሶበ : በጽሑ : ኀበ : መካን : ርኒብ : ረከብዎሙ : ለልኡካን : ወለኵሎሙ : ሕዝብ : ይቀውሙ : ቅድሜሁ : በተደሞ : እምነ : ፍርሀት ። ወይቤሎ : ቅዱስ : ዮልዮስ : ለመኰንን : ተሰአሎሙ : ለእሉ : ሕዝብ : ምንት : ግብሮሙ ። ወጸውዖሙ : መኰንን : ለልኡካን : ወይቤሎሙ : አይቴ : እሙንቱ : ካህናት : ወአማልክት ። ወይቤልዎ : እስመ : ምድር : አብቀወት : አፉሃ : ወውኅጠቶሙ : ኅቡረ ። ወእምይእዜሰ : ንሕነ : ኵልነ : ዘትሬእየነ : ዝየ : ክርስቲያን : ገሃደ : ኍሉቃን : ለኢየሱስ : ክርስቶስ : ምስለ : ዝንቱ : እንግዳ ።

ወተመልአ : አርቅያኖስ : መኰንን : መዓተ : ጽኑዐ : በእንተ : ተሐጕሎቶሙ : ለአማልክት : ወካህናት ። ወሀሎ : ውስተ : እዴሁ : ኵናት : ወረገዘ : ቦቱ : ከርሦ : ለቅዱስ : ዮልዮስ : ወሠጠጠ : ወሞተ : በጊዜሃ : ወኃደጎ : ግዱፈ : ውስተ : ጽጕጕ : ሀገር ። ወሖረ : ኀበ : ቤተ : አማልክት : በመዓት : ወፈትሐ : ላዕለ : ልኡካን : ወላዕለ : ኵሎሙ : ጉቡአን : ወአዘዘ : ከመ : ይምትሩ : አርእስቲሆሙ : ወፈጸሙ : ስምዖሙ : በሰላም ። ወኮነ : ኍልቆሙ : ፴፻፵ወ፱ንፍስ ። ወነሥኡ : አክሊለ : ዘኢይማስን : እምኀበ : እግዚእነ : ኢየሱስ : ክርስቶስ ።

አሜሃ : ቦአ : መኰንን : ውስተ : ቤተ : አማልክት : ወረከባ : ምዝብርተ : ወአልቦ : ፩ሂ : እም ፳ : ጣዖታት : ህየ ። ወእንዘ : ውእቱ : ያነክር : ወይዴምም : በልቡ : ወይብል : አነ : እሄሊ : ከመ : እሙንቱ : ኢክህሉ : ይርድኡ : ነፍሶሙ : ወኢያድኅንዋ : እምተሠጥሞ : ወእፎኑ : ይክሉ : ያድኅኑ : ካልአነ ። ወእንዘ : ይሄሊ : ዘንተ : ናሁ : ወረደ : መድኅን : እምነ : ሰማይ : ወአንሥአ : ለቅዱስ : ዮልዮስ : እምነ : ሞት : ወይቤሎ : ተንሥእ : ወሑር : በሰላም : እስመ : ናሁ : ተስሕበ : ልቡ : ለመኰንን : ኀበ : ሃይማኖት : ከመ : ይኩን : መሃይምነ ። ተንሥእኬ : ወሑር : ኀቤሁ : ወውእቱ : የአምን : በስምየ : ውስተ : እዴከ : ወይጽሕፍ : ግብረከ : ወግብሮ : በአፈ : መኰንን : ካልእ : ከመ : ይፍታሕ : ላዕሌክሙ : መኰንን : አትሪብ ። ወአንተ : ትትቄከፍ : ፃማ : ብዙኃ : ወትመውት : ፫ጊዜያተ : በእደ : ሱፍ

ያኖስ ፡ ኮሞስ ፡ ዘአትሪብ ። ወአነ ፡ አነሥአከ ፡ ወብዙኃን ፡ ይትመየጡ ፡ ኀቤየ ፡ ውስተ ፡ እዴከ ። ተንሥእኬ ፡ ወሑር ፡ አፍቁር ፡ ሰላምየ ፡ የሀሉ ፡ ምስሌከ ።

ክፍል ፡ ፫ ። ወዘንተ ፡ ብሂሎ ፡ መድኀን ፡ ሰዓሞ ፡ ወመልአ ፡ ኃይለ ፡ ወዓርገ ፡ ውስተ ፡ ሰማያት ። ወሖረ ፡ ቅዱስ ፡ ዮልዮስ ፡ ኀበ ፡ ሀሎ ፡ መኰንን ፡ ወከልሐ ፡ እንዘ ፡ ይብል ፡ ኦአርቅያ * f. 45 v ኖስ ፡ ናሁ ፡ እቤለከ ፡ አንሰ ፡ መጻእኩ ፡ አብጥል ፡ መ*ልእክተከ ፡ ወአርጐ ፡ ለከ ፡ ፍኖተ ፡ እንተ ፡ ትወስድ ፡ ውስተ ፡ ሕይወት ፡ ለዘለዓለለም ። ወዛቲ ፡ ይእቲ ፡ ጊዜ ፡ ዘትትመየጥ ፡ ባቲ ፡ ኀበ ፡ እግዚአብሔር ፡ ወተአምር ፡ ከመ ፡ ውእቱ ፡ መጽአ ። ወሶበ ፡ ርእዮ ፡ አርቅያኖስ ፡ መኰንን ፡ ለቅዱስ ፡ ዮልዮስ ፡ ከመ ፡ መጽአ ፡ ሕያወ ፡ ሰገደ ፡ ታሕተ ፡ እገሪሁ ፡ ለሰማዕት ፡ ወይቤ ፡ ስረይ ፡ ሊተ ፡ ኦእግዚእየ ፡ እስመ ፡ አበስኩ ፡ አነ ፡ ላዕለ ፡ እግዚአብሔር ፡ ወላዕሌከ ፡ ዘበአማን ። እስመ ፡ እንስሳ ፡ በሐማን ፡ አእመሩ ፡ እግዚኦሙ ፡ ወሰብሕዎ ፡ ወአንሰ ፡ ኢያእመርክዎ ፡ ወባሕቱ ፡ አምዓዕክዎ ፡ በምግባርየ ፡ እኪት ፡ ወኮንኩ ፡ ዘኢይዜክር ፡ ስሞ ፡ ወኢየአምን ፡ ቦቱ ፡ ወከዓውኩ ፡ ደሞሙ ፡ ወይእዜኒ ፡ አስተበቍዓከ ፡ እግዚእየ ፡ ከመ ፡ ትስአሎ ፡ በእንቲአየ ፡ ከመ ፡ ይሚጠኒ ፡ ኀበ ፡ መርዓቱ ፡ ነባቢ ፡ ወይኈልቈኒ ፡ ምስለ ፡ ኅሩያኒሁ ። ወናዘዘ ፡ ቅዱስ ፡ ወብጹዕ ፡ ዮልዮስ ፡ እንዘ ፡ ይብል ፡ እስመ ፡ ዮም ፡ ደለወ ፡ መድኃኒት ፡ ለቤትከ ።

ወሶቤሃ ፡ ተንሥአ ፡ ወበጽሐ ፡ ኀበ ፡ ጽርሕ ፡ ወነሥአ ፡ መኰንን ፡ ክርታሰ ፡ ወጸሐፈ ፡ ግብሮ ፡ ወግብረ ፡ ቅዱስ ፡ ዮልዮስ ። አነ ፡ ማርያስ ፡ መኰንነ ፡ ፈርማ ፡ እጽሕፍ ፡ ኀበ ፡ ሶፍያኖስ ፡ መኰንነ ፡ አትሪብ ፡ ሊተሰ ፡ ዜነዉኒ ፡ በእንተ ፡ አርቅያኖስ ፡ መኰንነ ፡ ሰምኑድ ፡ ከመ ፡ ውእቱ ፡ ኮነ ፡ ከመ ፡ ፩ እምገሊላውያን ፡ ወኀደገ ፡ አምልኮ ፡ አማልክት ፡ ወጸረፈ ፡ ክብሮሙ ፡ ወልዕልናሆሙ ፡ ወናሁ ፡ ፈነውክዎ ፡ ኀቤከ ፡ ምስለ ፡ ክርስቲያናዊ ፡ ዕልው ፡ ዘኢፈቀደ ፡ ከመ ፡ ያይድዓነ ፡ ስሞ ፡ በእንተ ፡ ምክሩ ፡ እኪት ። ወዝንቱ ፡ ውእቱ ፡ ዘአሥጠመ ፡ አማልክተ ፡ በሀገረ ፡ ሰምኑድ ፡ መትሕተ ፡ ዕመቅ ፡ ምስለ ፡ ካህናቲሆሙ ፡ ፻ወ፵ኀቡረ ፡

ምስሌሆሙ ፡ አጽንዕኬ ፡ ኦሱፍያኖስ ፡ ኰንኖቶሙ ፡ ሠናየ ። እመሰ ፡ ኢሰምዑ ፡ እምኔከ ፡ ግበር ፡ በሙ ፡ ዘፈቀድከ ፡ ወኰንኖሙ ፡ ኵናኔ ፡ ጽኑዐ ። ወእመሰ ፡ ኢተመይጡ ፡ ወኢሰምዑ ፡ እምኔከ ፡ ወእመ ፡ አከ ፡ ምትር ፡ ርእሶሙ ፡ በሰይፍ ፡ ሎቱ ፡ ወለመኰንንኒ ፡ ዘኢድልው ፡ ለሢመት ፡ ምስለ ፡ ወልዱ ። ወኩን ፡ ጥዑየ ፡ ኦእኍየ ፡ ፍቁር ፡ አሜን ። ወሶቤሃ ፡ ኀተማ ፡ ለመጽሐፈ ፡ መልእክት ፡ ወመጠዋ ፡ ለሀቤ ፡ ፲፪ ። ወይቤሎ ፡ ሑር ፡ ምስሌነ ፡ ኀበ ፡ ሀገረ ፡ አትሪብ ፡ ወመጥወነ ፡ ለሱፍያኖስ ፡ መኰንን ፡ ወተሐውር ። ወንሕነኒ ፡ ነአምን ፡ ከመ ፡ እግዚእነ ፡ ኢየሱስ ፡ ክርስቶስ ፡ ይሁበከ ፡ ዓሥበከ ፡ ሠናየ ፡ በመንግሥቱ ። ወውእቱሂ ፡ ዓዲ ፡ ነበረ ፡ እንዘ ፡ ይሄሊ ፡ ከመ ፡ ይሙት ፡ በእንተ ፡ ስመ ፡ እግዚእነ ፡ ኢየሱስ ፡ ክርስቶስ ። ወተመጠወ ፡ መልእክተ ፡ ወሖረ ፡ ምስለ ፡ አርቅያኖስ ፡ መኰንን ፡ ወቅዱስሂ ፡ ዮልዮስ ፡ ምስሌሁ ።

ወሶበ ፡ በጽሑ ፡ ሀገረ ፡ አትሪብ ፡ ተስእለ ፡ በእንተ ፡ መኰንን ፡ ወረከበ ፡ እንዘ ፡ ይፈትሕ ፡ ላዕለ ፡ ሰብአ ፡ ክርስቲያን ፡ እምሰብአ ፡ አስዮጥ ፡ በእንተ ፡ ስመ ፡ እግዚእነ ፡ ኢየሱስ ፡ ክርስቶስ ። ወዝውእቱ ፡ አስማቲሆሙ ፡ አጋታ ፡ ወአስጠክዮስ ፡ ቀሲስ ፡ ወቴዎድሮስ ፡ ዲያቆን ፡ ወሶፍያ ፡ እሞሙ ፡ ትንብልናሁ ፡ ለዝንቱ ፡ ሰማዕት ፡ ዮልዮስ ፡ ተሀሉ ፡ ምስሌሁ ፡ ወትባልሖ ፡ እመሣግሪሁ ፡ ለሰይጣን ፡ ፀሩ ፡ ወታብጽሖ ፡ ኀበ ፡ መርሶ ፡ መድኃኒት ፡ ለፍቁሮሙ ፡ ዘወልደ ፡ ማርያም ፡ ገባሬ ፡ ተዝካሮሙ ፡ ለሰማዕታት ፡ ለዓለመ ፡ ዓለም ፡ አሜን ፡ ወአሜን ።

ካልእ ፡ ጉባኤ ፡ ዘበጽሐ ፡ ውስቴታ ፡ ቅዱስ ፡ ዮልዮስ ፡ በሀገረ ፡ አትሪብ ፡ ወተኰነነ ፡ ባቲ ፡ በእንተ ፡ ስመ ፡ እግዚእነ ፡ ኢየሱስ ፡ ክርስቶስ ፡ ትንብልናሁ ፡ ይዕቀበ ፡ ለፍቁሩ ፡ ዘወልደ ፡ ማርያሞ ፡ ለዓለመ ፡ ዓለም ። * f. 46 r

ወሶበ ፡ ርእዮ ፡ ሱፍያኖስ ፡ ለእስጢፋኖስ ፡ ሀቤ ፡ ፲፪ተሐውከ ፡ ወሐለየ ፡ ከመ ፡ መኰንን ፡ ፈነወ ፡ ድኅሬሁ ። ወተንሥአ ፡ ወቆመ ፡ ቅድሜሁ ፡ ወአኃዘ ፡ እዴሁ ፡ ወአንበሮ ፡ በየማኑ ፡ ወኢተከሥተ ፡ ሎቱ ፡ አሚሃ ፡ ከመ ፡ ቈስጠንጢኖስ ፡ ንጉሥ ፡ አብጠለ ፡ መልእክቶሙ ፡ ርኵስተ ፡ ወምንንተ ። ወእምዝ ፡ መጠዋ ፡ ሎቱ ፡ ለመጽሐፈ ፡ መልእክት ፡ ወአንበባ ፡ ወአብጽሖሙ ፡ ለቅዱሳን ፡ ወአቀምዎሙ ፡ ቅድ

ሜሁ ። ወይቤሎ ፡ ለአርቅያኖስ ፡ መኰንን ፡ ወአንተሰ ፡ አልብከ ፡ ነውር ፡ እስመ ፡ ናሁ ፡ ነበርከ ፡ ዓዲ ፡ ኵሎ ፡ መዋዕሊከ ፡ እንዘ ፡ ታፈቅር ፡ አማልክተ ፡ በከመ ፡ ረከብነ ፡ ጽሑፈ ። ወባሕቱ ፡ ዝንቱ ፡ ውእቱ ፡ ዓላዊ ፡ ዘአስሐተከ ፡ ከመ ፡ ይወልጥ ፡ አፍቅሮተከ ፡ አማልክተ ፡ ወይእዜኒ ፡ አነ ፡ እጌሥጾ ፡ እስመ ፡ ውእቱ ፡ ጸረፈ ፡ ዕበየነ ፡ ወወለጠ ፡ ሕሊናከ ፡ እምአምልኮ ፡ አማልክት ፡ ዓበይት ።

ወበይእቲ ፡ ሰዓት ፡ አዘዘ ፡ ከመ ፡ ይስቅልዎ ፡ ለቅዱስ ፡ መስተጋድል ፡ ዮልዮስ ፡ መልዕልተ ፡ ዕፅ ፡ ውስተ ፡ ምሥራቂሃ ፡ ለሀገር ፡ ወኃደጎ ፡ ስቁሎ ፡ ሰቡዓ ፡ መዋዕለ ፡ ወሰቡዓ ፡ ለያልየ ፡ እስከ ፡ አርሐሰ ፡ ደሙ ፡ ምድረ ፡ ወየብሰ ፡ ከመ ፡ ዕፅ ። ወአመ ፡ ሳብዕት ፡ ዕለት ፡ መጽኡ ፡ ሐራ ፡ ወዜነውዎ ፡ ለመኰንን ፡ ከመ ፡ ዝኩ ፡ ኅርቱም ፡ ሞተ ፡ እምአመ ፡ ሰቀልዎ ፡ በ፯ዕለት ። ወይቤሎሙ ፡ መኰንን ፡ አውርድዎ ፡ ወወሀብዎ ፡ ለከለባት ፡ ከመ ፡ ይብልዕዎ ። ወሖሩሰ ፡ አውረድዎ ፡ ወገደፍዎ ፡ መልዕልተ ፡ ወግር ። ወአስተጋብኡ ፡ ላዕሌሁ ፡ አክልብተ ፡ ከመ ፡ ይብልዕዎ ። ወኮነ ፡ አግብርቲሁ ፡ ይበክዩ ፡ ላዕሌሁ ፡ ብካየ ፡ መሪረ ፡ ወሶቤሃ ፡ ኮነ ፡ ጽልመት ፡ ወቆባር ፡ ወሖሩ ፡ ኵሎሙ ፡ ሕዝብ ፡ ለለአብያቲሆሙ ፡ እምነ ፡ ፍርሃት ።

ክፍል ፡ ፬ ። ወናሁ ፡ እግዚእነ ፡ ኢየሱስ ፡ ክርስቶስ ፡ ሎቱ ፡ ስብሐት ፡ ወረደ ፡ እምሰማይ ፡ ምስለ ፡ ሚካኤል ፡ ወገብርኤል ። ወአኃዞ ፡ እግዚእነ ፡ በእደዊሁ ። ወይቤሎ ፡ ተንሥእ ፡ አፍቁርየ ፡ ዮልዮስ ፡ ወኢትፍራህ ፡ አነ ፡ እሄሉ ፡ ምስሌከ ። ወሀለወከ ፡ ትሙት ፡ ፪ኤ ፡ ጊዜ ፡ ካልአ ፡ እምዝንቱ ፡ በዛቲ ፡ ሀገር ። ወአነ ፡ አንሥአከ ፡ ሰላምየ ፡ የሀሉ ፡ ምስሌከ ፡ ወወሀቦ ፡ ሰላመ ፡ ወዓርገ ፡ ውስተ ፡ ሰማያት ። ወቅዱስኒ ፡ ዮልዮስ ፡ ይኔጽር ፡ ኀቤሁ ።

ወበይእቲ ፡ ሰዓት ፡ ሖረ ፡ ቅዱስ ፡ ዮልዮስ ፡ ኀበ ፡ ዓውደ ፡ ፍትሕ ፡ ከልሐ ፡ ወይቤ ፡ አመክነ ፡ ፍትሕ ። ናሁ ፡ መጻእኩ ፡ ከመ ፡ አነ ፡ አስተኃፍርከ ፡ በኃይለ ፡ አምላኪየ ፡ ለከ ፡ ወለአማልክቲከ ፡ ርኩሳን ። ወሶበ ፡ ሰምዓ ፡ መኰንን ፡ ቃሎ ፡ ለቅዱስ ፡ ዮልዮስ ፡ አዘዘ ፡ ያቅርብዎ ፡ ኀቤሁ ። ወይቤሎ ፡ መኑ ፡ ስምከ ፡ ወእምአይ ፡ ሀገርአ ፡ አንተ ። እስመ ፡

ናሁ ፡ ጸሐፊ ፡ ኀቤየ ፡ አብርኮስ ፡ ወይቤ ፡ ተሰአሎ ፡ ከመ ፡ ያይድዕከ ፡ ስሞ ። ወአውሥአ ፡ ቅዱስ ፡ ዮልዮስ ፡ ወይቤ ፡ ዜነወኒኬ ፡ በአንቲአክሙ ፡ አመኳንንት ፡ ጽልመት ። ሶበ ፡ ይዜንዉክመ ፡ ቅዱሳነ ፡ ክርስቶስ ፡ አስማቲሆሙ ፡ ትጽሕፍዎሙአ ፡ ውስተ ፡ ሰሌዳ ፡ ወትሰቅልዎሙ ፡ ውስተ ፡ ቤተ ፡ አማልክቲክሙ ፡ ከመ ፡ ዘያዓርግ ፡ * ዕጣነ ። ወበእንተ [* f. 46 v] ፡ ዝንቱ ፡ ኢነገርኩ ፡ ስምየ ፡ ለመኑሂ ፡ እስከ ፡ ይእዜ ። ወበሕቱ ፡ አመ ፡ ይፈቅድ ፡ እግዚአብሔር ፡ ከመ ፡ ይጸውዕከ ፡ ለከሂ ፡ ዓዲ ፡ ኀበ ፡ መርዓሁ ፡ ውእቱ ፡ ጊዜ ፡ አየድዓከ ፡ ስምየ ። ናሁ ፡ ቀርበት ፡ መድኀኒትክሙ ፡ ወለኵሉ ፡ ሀገርክሙ ። ወሊተሰ ፡ አይድዓኒ ፡ እግዚአብሔር ፡ ከመ ፡ እምድኅረ ፡ ዛቲ ፡ ዓመት ፡ ይመልሕ ፡ ቈስጠንጢኖስ ፡ ንጉሥ ፡ ጻድቅ ፡ ሥርወ ፡ አምልኮ ፡ ጣዖታት ፡ እምውስተ ፡ ኵሉ ፡ ዓለም ፡ በምልአ ። ወአንተሰ ፡ አሱፍያኖስ ፡ መኰንን ፡ ሀለወከ ፡ ታእምሮ ፡ ለክርስቶስ ፡ ወትሙት ፡ በእንተ ፡ ስሙ ፡ ቅዱስ ። አውሥአ ፡ ሱፍያኖሰ ፡ መኰንን ፡ ወይቤ ፡ ሕይወቶሙ ፡ ለአማልክት ። እስመ ፡ አንተ ፡ ትቤለኒ ፡ ዘንተ ፡ ነገረ ፡ ፈሪሃከ ፡ እምኵነኔ ። ሶበሰ ፡ መነነ ፡ ቆስጠንጢኖስ ፡ አምልኮ ፡ አማልክት ፡ እምኢጸሐፈኑ ፡ ኀቤነ ፡ እንዘ ፡ ይብል ፡ ተመየጡ ፡ ኀበ ፡ መልእክትክሙ ። ወይእዜኒ ፡ ኅድግ ፡ እምኔከ ፡ ዘንተ ፡ ነገረ ፡ ወሡዕ ፡ ለአማልክትየ ፡ ክቡራን ፡ ወይቤሎ ፡ ቅዱስ ፡ ዮልዮስ ፡ አንሰ ፡ እቤለከ ፡ ኢይከውን ፡ እምኔየ ፡ ከመ ፡ እኅድግ ፡ እግዚእየ ፡ ኢየሱስ ፡ ክርስቶስ ፡ ወእሰግድ ፡ ለጣዖታቲከ ፡ አጋንንት ። ወይቤሎ ፡ ሱፍያኖስ ፡ አጋንንትኑ ፡ እሉ ፡ አማልክት ፡ ዘናመልኮሙ ፡ ንሕነ ። አንሰ ፡ ይእዜ ፡ እኤሥጸከ ፡ በእንተ ፡ ዘጸረፍከ ፡ አማልክተ ።

ወእምዝ ፡ አዘዘ ፡ ከመ ፡ ያምጽኡ ፡ መንኰራኵረ ፡ ሐጺን ፡ ዐቢየ ፡ ወውስቴቱ ፡ አሕፃ ፡ በለፌሂ ፡ ወበለፌሂ ፡ ወእሙንቱ ፡ ይሰብሩ ፡ አዕፅምተ ፡ ወይመትሩ ፡ አባላተ ። ወይቤሎ ፡ ለቅዱስ ፡ ዮልዮስ ፡ እምሐል ፡ በአማልክትየ ፡ ፍቁራን ፡ ከመ ፡ አነ ፡ እሰብር ፡ አዕፅምቲከ ፡ በእንተ ፡ ዘጸረፍከኒ ፡ ወትቤ ፡ አንተ ፡ ታመልክ ፡ አጋንንተ ። ወሶበ ፡ ሰምዓ ፡ ብፁዕ ፡ ዮልዮስ ፡ ዘንተ ፡ ሰሐቀ ። ወይቤሎ ፡ ለመኰንን ፡ ዝንቱኑ ፡ ኵነኔከ ፡ አምላኪየ ፡ ይመውእ ፡ በኃይሉ ፡ ወይሬስዮ ፡ ሊተ ፡ ፈ

ውሰ ። እስመ ፡ ውእቱ ፡ ያድኅኖሙ ፡ ለመሃይምናን ፡ እለ ፡ ይትዌከሉ ፡ ቦቱ ፡ ወይፃምው ፡ በእንተ ፡ ስሙ ፡ ቅዱስ ። አፍጥንኬ ፡ ይእዜ ፡ ኦሱፍያኖስ ፡ እስመ ፡ ገድልሂ ፡ ቀርበ ፡ ለከ ። ወሶበ ፡ ሰምዓ ፡ መኰንን ፡ ዘንተ ፡ አዘዘ ፡ ከመ ፡ ይእስርዎ ፡ እደዊሁ ፡ ወእገሪሁ ። ወይቤሎሙ ፡ ግድፍዎ ፡ በዝንቱ ፡ መንኰራኵር ፡ ወዓጽርዎ ። ወገብሩ ፡ ላዕሌሁ ፡ በከመ ፡ አዘዘ ፡ ዕልው ። ወሰምዑ ፡ ኵሎሙ ፡ እለ ፡ ይቀውሙ ፡ ህየ ፡ ስብረተ ፡ አዕፅምቲሁ ፡ ወተናቀው ፡ አዕፅምቲሁ ፡ በበይናቲሆሙ ፡ በከመ ፡ ይነቁ ፡ ንዋየ ፡ ለብሐ ፡ ሶበ ፡ ይሰብርዎ ፡ ወማሰነ ፡ ኵሉ ፡ አባላቲሁ ። ወተቀጥቀጠ ፡ እዕፅምቲሁ ፡ ወኮነ ፡ ከመ ፡ ምድር ፡ ዘኬድዎ ። ወከልሐ ፡ መኰንን ፡ ወይቤ ፡ ሕይወቶሙ ፡ ለአማልክት ፡ ናሁ ፡ ተቀጥቀጠ ፡ አባላቲሁ ፡ ሠናየ ። አይቴ ፡ ውእቱ ፡ ይእዜ ፡ ኢየሱስ ፡ አምላኩ ፡ ይምጻእኬ ፡ ወያድኅኖ ፡ እምእዴየ ። ወዘንተ ፡ ብሂሎ ፡ ሐረ ፡ ወኃደጎ ፡ ውስተ ፡ መንኰራኵር ፡ ወኮነ ፡ ይውሕዝ ፡ ደሙ ፡ ዲበ ፡ ምድር ፡ ከመ ፡ ማይ ። ወሶበ ፡ ኃለፈ ፡ መኰንን ፡ ኮነ ፡ መብረቅ ፡ ወነጐድጓድ ፡ ወጽልመት ፡ በመንፈቀ ፡ መዓልት ።

ክፍል ፡ ፳ ። ወናሁ ፡ እግዚእነ ፡ ኢየሱስ ፡ ክርስቶስ ፡ ወረደ ፡ እም
* f. 47 r ሰማያት ፡ ወአእ*ላፍ ፡ መላእክት ፡ ይትልውዎ ። ወቆመ ፡ መልዕልተ ፡ መንኰራኵር ፡ ዘሀሎ ፡ ውስቴታ ፡ ሥጋሁ ፡ ለቅዱስ ፡ ዩልዩስ ፡ ወጸውዖ ፡ በቃሉ ፡ አምላካዊ ፡ እንዘ ፡ ይብል ፡ አፍቁርየ ፡ ዩልዩስ ፡ ተንሥእ ፡ እምነ ፡ ንዋም ፡ ወአእምረኒ ፡ አነ ፡ ውእቱ ፡ ዘለሐኩከ ፡ ወፈጠርኩከ ። ወበጊዜሃ ፡ ቀነጸ ፡ ቅዱስ ፡ ዩልዩስ ፡ እምነ ፡ መንኰራኵር ፡ ወተንሥአ ፡ በሰላም ፡ ወገጹሂ ፡ ምሉአ ፡ ፍሥሐ ፡ ከመ ፡ ፩ዘተንሥአ ፡ እምሳሕ ። ወሶበ ፡ ርእዮ ፡ ለእግዚእነ ፡ ኢየሱስ ፡ ክርስቶስ ፡ ሰገደ ፡ ሎቱ ። ወይቤ ፡ እስእለከ ፡ እግዚእየ ፡ ከመ ፡ ታጽንዓኒ ፡ ወበከመ ፡ አኅጐልከ ፡ ጣዖታተ ፡ ሰምኑድ ፡ ወካህናቲሆሙ ፡ አኅጕሎሙኬ ፡ ዓዲ ፡ ለእሉሂ ። አውሥአ ፡ መድኅን ፡ ወይቤሎ ፡ አነ ፡ አየድዓከ ፡ አፍቁር ፡ ዘይገብር ፡ ብከ ፡ ዝንቱ ፡ መኰንን ። ሑርኬ ፡ ጌሠመ ፡ ኀበ ፡ ዓውደ ፡ ፍትሕ ፡ ወይኔጽሩከ ፡ ሕዝብ ፡ ወይኬልሑ ፡ ወይብሉ ፡ ንሕነ ፡ ክርስቲያን ። ወሶበ ፡ ይሰምዖሙ ፡ ይመትር ፡ አርእስቲሆሙ ። ወሶበ ፡ ይሬ

ኢ ፡ ብዙኃን ፡ ሕዝብ ፡ ይትቀተሉ ፡ ይትመዓዕ ፡ ላዕሌከ ፡ ጥቀ ፡ በእንቲአሆሙ ። ወይኤዝዝ ፡ ይውስሩ ፡ ሥጋከ ፡ በሞሰርተ ፡ ዕፅ ። ወአነ ፡ ዓዲ ፡ እመጽእ ፡ ወአነሥአከ ፡ ወእሬስዮ ፡ ለሚካኤል ፡ ሊቀ ፡ መላእክት ፡ ይትለአከከ ፡ ወይፌጽም ፡ ለከ ፡ ኵሎ ፡ ዘውስተ ፡ ልብከ ። ጽናዕ ፡ ወኢትፍራህ ፡ ሰላምየ ፡ የሀሉ ፡ ምስሌከ ፡ አሜን ። ወዘንተ ፡ ብሂሎ ፡ መድኅን ፡ ተአምኆ ፡ ወዓርገ ፡ ውስተ ፡ ሰማያት ፡ በዐቢይ ፡ ስብሐት ።

ክፍ[ል] ፡ ፯ ። ወሖረ ፡ ቅዱስ ፡ ዮልዮስ ፡ ኀበ ፡ ቅዱሳን ፡ እለ ፡ ውስተ ፡ ቤተ ፡ ሞቅሕ ፡ ወጸሐፈ ፡ ገድሎሙ ፡ ኵላ ፡ ሌሊተ ። ወአመ ፡ ሳኒታ ፡ ተንሥአ ፡ ቅዱስ ፡ ወመጽአ ፡ ኀበ ፡ ዓውደ ፡ ፍትሕ ። ወከልሐ ፡ ወይቤ ፡ ናሁ ፡ መጻእኩ ፡ አነ ፡ ዓዲ ፡ ኀቤከ ፡ ኦሱፍያኖስ ፡ መኰንን ፡ ወምስሌየ ፡ ኢየሱስ ፡ ክርስቶስ ። ወሶበ ፡ ነጸርዎ ፡ ሕዝብ ፡ ለቅዱስ ፡ ዮልዮስ ፡ ከልሑ ፡ ኵሎሙ ፡ እንዘ ፡ ይብሉ ፡ ንሕነ ፡ ክርስቲያን ፡ ወነአምን ፡ በአምላከ ፡ ዝንቱ ፡ ቅዱስ ፡ ዮልዮስ ፤ ወአዘዘ ፡ መኰንን ፡ ሐራሁ ፡ ከመ ፡ ይዕግትዎሙ ፡ ወይቅትልዎሙ ። ወቀተልዎሙ ፡ እምጊዜ ፡ ፫ሰዓት ፡ እስከ ፡ ፱ሰዓት ። ወመልኡ ፡ መላእክት ፡ በውስተ ፡ አየር ፡ እንዘ ፡ ያነብሩ ፡ እክሊላተ ፡ ላዕለ ፡ አርእስተ ፡ ቅዱሳን ። ወኮነ ፡ ኍልቆሙ ፡ ለእለ ፡ ተቀትሉ ፡ በእንታክቲ ፡ ዕለት ፡ ፯፻ወ፭፻ወ፵ነፍሳት ፡ ወ፪አግብርት ፡ እንተ ፡ ዘቅዱስ ፡ ዮልዮስ ፡ ወፈጸሙ ፡ ስምዖሙ ፡ አመ ፡ ፳ወ፯ለወርኃ ፡ ጥር ፡ ወዓርጉ ፡ ውስተ ፡ ሰማያት ፡ ኀበ ፡ ክርስቶስ ፡ ዘአፍቀርዎ ።

ወሶበ ፡ ርእየ ፡ ሱፍያኖስ ፡ መኰንን ፡ ብዙኃ ፡ ትዕይንተ ፡ እለ ፡ ተቀትሉ ፡ ተምዓ ፡ ዐቢየ ፡ መዓተ ። አሜሃ ፡ ላዕለ ፡ ቅዱስ ፡ ዮልዮስ ፡ ወይቤሎ ፡ ለእስክንድሮስ ፡ ነባሪሁ ። ወአመ ፡ ኀዳጥ ፡ መዋዕል ፡ ትከውን ፡ ኵላ ፡ ዛቲ ፡ ሀገር ፡ ክርስቲያን ፡ እምሥራዩ ፡ ለዝንቱ ፡ ብእሲ ። አውሥአ ፡ እለ ፡ እስክንድሮስ ፡ ወይቤሎ ፡ ለመኰንን ፡ ለዝንቱሰ ፡ ይደልዎ ፡ ከመ ፡ ይውስርዎ ፡ በሞሰርተ ፡ ዕፅ ፡ እማእከሉ ፡ እስመ ፡ ውእቱ ፡ ኮነ ፡ ምክንያተ ፡ ለክዒወ ፡ ደመ ፡ ዝንቱ ፡ ሕዝብ ። ወበይእቲ ፡ ሰዓት ፡ አዘዘ ፡ መኰንን ፡ ያምጽእዎ ፡ ለቅዱስ ፡ ዮልዮስ ፡ ከመ ፡ የዓዕ

* f. 47 v ርዎ ፡ በምክያድ ፡ ወ*ይውስርዎ ፡ እማእከሉ ፡ በሞሰርት ፡ ዕፅ ። ወይረስይዎ ፡ ለክልኤ ፡ ክፍል ፡ ወገብሩ ፡ ቦቱ ፡ ከመዝ ፡ ወይቤ ፡ መኰንን ፡ ለአለ ፡ አስክንድሮስ ፡ ነባሪሁ ፡ አይቴ ፡ ውእቱ ፡ ይእዜ ፡ ሥራዩ ፡ ለዝንቱ ፡ ኀርቱም ። ይምጻእኬ ፡ ኢየሱስ ፡ አምላኩ ፡ ወያድኅኖ ፡ እምዝንቱ ፡ ሞት ፡ መሪር ፡ ዘአምጻእነ ፡ ላዕሌሁ ። ወሶበ ፡ ገብረ ፡ ላዕሌሁ ፡ ዘንተ ፡ አዘዘሙ ፡ ለሐራ ፡ ከመ ፡ ይጹርዎ ፡ ሥጋሁ ፡ ወይግድፍዎ ፡ አፍአ ፡ ቅጽረ ፡ ሀገር ። ወእምዝ ፡ ሖረ ፡ መኰንን ፡ ወገብረ ፡ ምሳሐ ፡ ምስለ ፡ ዓበይቱ ። ወዓዲ ፡ አዘዘሙ ፡ ለካህናት ፡ ከመ ፡ ያሠርግው ፡ ቤተ ፡ ጣዖታት ፡ በአዕፁቀ ፡ በቀልት ፡ ወበአዕፁቀ ፡ ካልአትኒ ፡ ዕፀው ። ወዓዲ ፡ ያኅትዉ ፡ ውስቴታ ፡ ቀናዲለ ፡ ብዙኃ ፡ ወበአጽሐልትኒ ፡ ፈድፉደ ፡ አሠርገውዎ ፡ በኵሉ ፡ ሠርጉ ። ወዓፀዉ ፡ አናቅጸ ፡ ወሖሩ ፡ ኀበ ፡ አብያቲሆሙ ።

ክፍል ፡ ፯ ወሶበ ፡ ኮነ ፡ መንፈቀ ፡ ሌሊት ፡ ወናሁ ፡ እግዚእነ ፡ ኢየሱስ ፡ ክርስቶስ ፡ መድኅን ፡ ወረደ ፡ እምሰማይ ፡ ወቆመ ፡ ላዕለ ፡ ደመና ፡ ኀበ ፡ ሀሎ ፡ ሥጋሁ ፡ ለቅዱስ ፡ ዩልዮስ ፡ ወይቤሎ ፡ ለሚካኤል ፡ ንሣእ ፡ እሎንተ ፡ አባላተ ፡ እንተ ፡ ይእቲ ፡ ሥጋ ፡ ፍቁርየ ፡ ዩልዮስ ፡ ወአስተላጽቃ ፡ በበይናቲሃ ። ወገብረ ፡ ሚካኤል ፡ በከመ ፡ አዘዘ ፡ መድኅን ። ወይቤ ፡ መድኃኒነ ፡ በቃሉ ፡ አምላካዊ ፡ ተንሥእ ፡ አፍቁርየ ፡ ዩልዮስ ፡ እምነ ፡ ንዋም ። ወሶቤሃ ፡ ተንሥአ ፡ ቅዱስ ፡ ዩልዮስ ፡ እምነ ፡ ሞት ፡ ከመ ፡ ፩ ፡ ዘተንሥአ ፡ እምነ ፡ ንዋም ፡ ወሰገደ ፡ ቅድመ ፡ መድኅን ፡ ኢየሱስ ፡ ክርስቶስ ፡ ወይቤ ፡ አእግዚእየ ፡ ኄር ፡ አነ ፡ እፈቅድ ፡ ከመ ፡ ያብአኒ ፡ ሚካኤል ፡ ውስተ ፡ ቤተ ፡ ጣዖት ፡ እንዘ ፡ ዕፅው ፡ ውእቱ ፡ ከመ ፡ እግበር ፡ ውስቴቱ ፡ ዘከመ ፡ እፈቅድ ። ወይቤሎ ፡ እግዚአብሔር ፡ ለሚካኤል ፡ ሑርኬ ፡ ምስለ ፡ ፍቁርየ ፡ ዩልዮስ ፡ እስከ ፡ ይፌጽም ፡ ዘውስተ ፡ ልቡ ፡ ከመ ፡ ይሰብሕ ፡ ስምየ ፡ ቅዱስ ፡ በላዕለ ፡ እደዊሁ ። ወዘንተ ፡ ብሂሎ ፡ መድኅን ፡ ለቅዱስ ፡ ዩልዮስ ፡ ወሀበ ፡ ሰላመ ፡ ወዓርገ ፡ ውስተ ፡ ሰማያት ፡ በዓቢይ ፡ ስብሐት ።

ወይቤሎ ፡ ብፁዕ ፡ ዩልዮስ ፡ ለሚካኤል ፡ ሊቀ ፡ መላእክት ፡ እስእ

ለከ ፡ አእግዚእየ ፡ ከመ ፡ ታንሶሱ ፡ ምስሌየ ፡ ኀበ ፡ ቤተ ፡ ጣዖታት ፡ ከመ ፡ እግበር ፡ ውስቴታ ፡ ፈቃድየ ። ወሖረ ፡ ምስሌሁ ፡ ሊቀ ፡ መላእክት ፡ ሚካኤል ፡ ኀበ ፡ ቤተ ፡ ጣዖታት ፡ ወረከብዎ ፡ ዕዕወ ፡ በዕኑዕ ። ወገሠሦ ፡ ሚካኤል ፡ ወሶቤሃ ፡ ወድቁ ፡ አቅፋል ፡ ወተርኅወ ፡ አንቀጽ ። ወቦአ ፡ ሚካኤል ፡ ወቅዱስኒ ፡ ዮልዮስ ፡ ምስሌሁ ። ወሶበ ፡ ርእየ ፡ ሥርዓታተ ፡ ቤተ ፡ ጣዖታት ፡ ወብርሃነ ፡ ቀናዲልኒ ፡ ይቤሎ ፡ ቅዱስ ፡ ዮልዮስ ፡ ለሚካኤል ፡ አእግዚእ ፡ ኩን ፡ ምስሌየ ፡ እስከ ፡ እገፊትዕ ፡ ብርሃኖሙ ፡ ኀበ ፡ ጽልመት ። ወአፈቀደ ፡ ዓዲ ፡ ከመ ፡ ትምትር ፡ አርእስቲሆሙ ፡ ወትኅድጎሙ ፡ ውስተ ፡ ዛቲ ፡ ቤት ። ወሥጋሆሙሰ ፡ እሥጥም ፡ መትሕተ ፡ ዕመቀ ፡ ምድር ፡ እስከ ፡ ኢያስተርእዩ ፡ ለግሙራ ፡ አሜሃ ፡ መተረ ፡ ሚካኤል ፡ አርእስተ ፡ ኵሎሙ ፡ ጣዖታት ፡ ወኃደጎሙ ፡ ውስተ ፡ ቤቶሙ ፡ ወሥጋሆሙሰ ፡ አብቀወት ፡ ምድር ፡ አፉሃ ፡ ወውኅጠቶሙ ። ወሖረ ፡ ቅዱስ ፡ ዮልዮስ ፡ ወነሥአ ፡ ሐመደ ፡ ወለበጠ ፡ ገጾ ፡ ጣዖታት ፡ እስከ ፡ ጸልሙ ፡ ወኮኑ ፡ ከመ ፡ ገጸ ፡ አግብ*ርት ፡ ጸሊማን ። * f. 48 r ወዓዲ ፡ ቀርበ ፡ ኀበ ፡ አዕፁቀ ፡ በቀልት ፡ ወአዕፁቀ ፡ ዕፀው ፡ ወአውዓዮሙ ፡ ለኵሎሙ ። ወከዕበ ፡ ተመይጠ ፡ ወሰበረ ፡ ቀናዲለ ፡ ወአጽሕልተኒ ፡ ዘየኃትው ። ወረሰያ ፡ ለቤተ ፡ ጣዖታት ፡ ምዝብርተ ፡ ወዕርቅተ ። ወወፅአ ፡ ውእቱ ፡ ሊቀ ፡ መላእክት ፡ ምስሌሁ ፡ ወዓፀዉ ፡ አናቅጸ ፡ በከመ ፡ ከነ ፡ ቀዲሙ ። ወይቤሎ ፡ ቅዱስ ፡ ዮልዮስ ፡ ለሚካኤል ፡ አእግዚእየ ፡ እስመ ፡ መድኃንየ ፡ ኢየሱስ ፡ ክርስቶስ ፡ አይድዓኒ ፡ ከመ ፡ በዛቲ ፡ ዓመት ፡ ይትመላሕ ፡ ሥርወ ፡ አምልከ ፡ ጣዖታት ፡ እምውስተ ፡ ኵሉ ፡ ዓለም ። ወእለኒ ፡ ያመልክዎሙ ፡ ይትቀተሉ ፡ ወይትሐጐሉ ። ወይእዜኒ ፡ እፈቅድ ፡ ኵሉ ፡ መካን ፡ ዘሀለዉ ፡ ውስቴታ ፡ ጣዖታት ፡ ታሕጕሎሙ ። ወኢይትረከብ ፡ መነኒ ፡ ዘያመልክ ፡ ጣዖታተ ፡ በዲበ ፡ ምድር ። አውሥአ ፡ ሚካኤል ፡ ሊቀ ፡ መላእክት ፡ ወይቤ ፡ ናሁ ፡ ረከብከ ፡ ለከ ፡ ዘንተ ፡ እምኀበ ፡ እግዚአብሔር ፡ በሀገረ ፡ ሰምኑድ ፡ እስከ ፡ አኅጐልከሙ ፡ ለጣዖታት ፡ ምስለ ፡ ከህናቲሆሙ ፡ በኢያትርፎ ። ወሜጥኮ ፡ ለመኰንን ፡ ምስለ ፡ ሰብአ ፡ ቤቱ ፡ ኀበ ፡ ሃይማኖት ። ወበዛቲኒ ፡ መካን ፡ አኅጕል

ከ ፡ ዓዲ ፡ ጣዖታቲሆሙ ፡ ወሶበ ፡ ይሬእየከ ፡ መኰንን ፡ ጌሠመ ፡ እንዘ ፡ ሕያው ፡ አንተ ። ወይኔጽር ፡ ጥፍአተ ፡ አማልክቲሁ ፡ ውእቱ ፡ የአምን ፡ በኢየሱስ ፡ ክርስቶስ ፡ ወየሐውር ፡ ውእቱ ፡ ምስለ ፡ አርቅያኖስ ። ወመስፍን ፡ ፲፪ ዘአምጽአከ ፡ ዝየ ፡ የሐውሩ ፡ እሙንቱ ፡ ኀበ ፡ እንጽና ፡ ወበህየ ፡ ይፌጽሙ ፡ ገድሎሙ ፡ በእደ ፡ አርያኖስ ፡ መኰንን ፡ እንጽና ፡ ወብሕንሳ ። ወእምድኅረ ፡ ፍጻሜ ፡ ስምዖሙ ፡ ወክዕወተ ፡ ደሞሙ ፡ በእደዊሁ ። ውእቱኒ ፡ የአምን ፡ በኢየሱስ ፡ ክርስቶስ ፡ ወይመውት ፡ በእንተ ፡ ስሙ ። ወእምይእዜሰ ፡ አይድዖሙ ፡ ስመከ ፡ ከመ ፡ ይሰብሕዎ ፡ ለክርስቶስ ፡ በእንቲአከ ። ወእምድኅረ ፡ ዝንቱ ፡ ይመጽእ ፡ መስፍን ፡ ጽኑዕ ፡ እምኀበ ፡ ንጉሥ ፡ ወየሐውር ፡ ኀበ ፡ እለ ፡ እስክንድርያ ፡ ወየአስር ፡ መኰንና ። ወይወስዶ ፡ ኀበ ፡ ንጉሥ ። ወየዓፁ ፡ ኵሎ ፡ አናቅጸ ፡ ቤተ ፡ ጣዖታት ፡ ወያርኁ ፡ አናቅጸ ፡ አብያተ ፡ ክርስቲያናት ፡ ውስተ ፡ ኵሉን ፡ አህጉር ፡ ወበሐውርት ። ወይፌኑ ፡ ውስተ ፡ ኵሉን ፡ አህጉር ፡ ይግበሩ ፡ ከመዝ ፡ ወይሴባሕ ፡ ስመ ፡ ኢየሱስ ፡ ክርስቶስ ፡ ውስተ ፡ ኵሉን ፡ አህጉር ። ወአመ ፡ ይትፌጸም ፡ ዘይቤለከ ፡ ኢየሱስ ፡ ክርስቶስ ፡ ለሊሁ ፡ ዓዲ ፡ ይመጽእ ፡ ወይነግረከ ፡ በዘትገብር ። ወዘንተ ፡ ብሂሎ ፡ ሊቀ ፡ መላእክት ፡ ዓርገ ፡ ውስተ ፡ ሰማያት ፡ በዓቢይ ፡ ስብሐት ። ወሶበ ፡ ሰምዓ ፡ ብፁዕ ፡ ዮልዮስ ፡ እምነ ፡ ሚካኤል ፡ ዘንተ ፡ ነገረ ፡ ተፈሥሐ ፡ ጥቀ ፡ በእንተ ፡ ጥፍአቶሙ ፡ ለጣዖታት ።

ወእምዝ ፡ ተንሥአ ፡ ወሖረ ፡ ውስተ ፡ ቤተ ፡ ሞቅሕ ፡ ኀበ ፡ ቅዱሳን ። ወነገሮሙ ፡ ኵሎ ፡ ዘይቤሎ ፡ መልአከ ፡ እግዚአብሔር ፡ በእንተ ፡ ዕርዓተ ፡ አምልኮ ፡ ጣዖታት ፡ ወይቤሎ ፡ ፩እምቅዱሳን ፡ አአቡየ ፡ ኄር ። እስመ ፡ በዛቲ ፡ ሌሊት ፡ አይድዓኒ ፡ እግዚአብሔር ፡ ወይቤለኒ ፡ ኦኅሩይየ ፡ አክሎብስ ። ናሁ ፡ ዮልዮስ ፡ ዘአቅፋሕስ ፡ ይፈትሕ ፡ ኵሎ ፡ ሙቁሐነ ፡ እለ ፡ ውስተ ፡ ቤተ ፡ ሞቅሕ ፡ ዘሀለዉ ፡ ውስተ ፡ ዛቲ ፡ ሀገር ። ወውስተ ፡ ኵሉን ፡ አህጉር ፡ ዘሀሎ ፡ ውስቴታ ፡ ስደት ። ወው
* f. 48 v እቱ ፡ ይፌንወከ ፡ ኀበ ፡ ቡዲር ፡ ሀገ*ርከ ። ወለአኃዊከሂ ፡ ፪ ጽናዕ ፡ እስመ ፡ አነ ፡ ዓቀብክዎሙ ፡ በኵሉ ፡ ዕቀበት ። ወአክሊለ ፡ ስምዕሂ ፡

አስተዳለውኩ ፡ ለክሙ ፡ ወይእዜኒ ፡ አእኰነ ፡ ኢትርስአነ ። ወይቤሎሙ ፡ ቅዱስ ፡ ዮልዮስ ፡ እስመ ፡ ናሁ ፡ ሀለዉ ፡ ፪አግብርት ፡ ዝየ ፡ አነ ፡ እኤዝዞሙ ፡ ከመ ፡ ኢይትፈለጡ ፡ እምኔክሙ ፡ እስከ ፡ ይሥምር ፡ እግዚአብሔር ፡ ወይፌጽም ፡ ኵሎ ፡ ዘይቤለኒ ። ወዘንተ ፡ ብሂሎ ፡ ተአምኆሙ ፡ ወወፅአ ፡ ኀበ ፡ ቤተ ፡ ጣዖታት ፡ ወነበረ ፡ ውስተ ፡ መካን ፡ ሊሉየ ፡ በባሕቲቱ ፡ እስከ ፡ ይትጋብኡ ፡ ሕዝብ ፡ ወይኔጽሩ ፡ ዘኮነ ። ወአመ ፡ ሳኒታ ፡ ተንሥአ ፡ ሱፍያኖስ ፡ መኰንን ፡ ምስለ ፡ ዓበይቱ ፡ ወመጽአ ፡ ኀበ ፡ ዓውድ ፡ ወአዘዘ ፡ ለዓዋዲ ፡ ይዑድ ፡ ውስተ ፡ ኵላ ፡ ሀገር ፡ እንዘ ፡ ይብል ። አመበ ፡ ዘኢይመጽእ ፡ ኀበ ፡ ቤተ ፡ አማልክት ፡ ከመ ፡ ያብዕል ፡ ለስክላብዮስ ፡ ምስለ ፡ ቶራ ፡ እሙ ፡ በዕለተ ፡ በዓሎሙ ፡ ያውዕይዎ ፡ እንዘ ፡ ሕያው ፡ ውእቱ ። ወሶቤሃ ፡ ተጋብኡ ፡ ኵሎሙ ፡ ሕዝብ ፡ ወኢተድኅረ ፡ ፩እምኔሆሙ ፡ ወበጽሑ ፡ ኀበ ፡ ቤተ ፡ አማልክት ፡ ወይቤ ፡ መኰንን ፡ ለዓበይቱ ፡ እምሕል ፡ በጽድቆሙ ፡ ለአማልክት ፡ ከመ ፡ በልዕዎ ፡ አክልብት ፡ ለዝንቱ ፡ ገሊላዊ ፡ እንግዳ ፡ ዘኢያእመርነ ፡ ስሞ ። ወይእዜኒ ፡ ንሑር ፡ ኀበ ፡ ቤተ ፡ አማልክት ፡ ከመ ፡ ንሡዕ ፡ ለአማልክት ፡ ክቡራን ፡ ወንፈጽም ፡ መልእክቶሙ ። ወበይእቲ ፡ ሰዓት ፡ ተሠርገዉ ፡ ካህናተ ፡ ጣዖታት ። ወሖሩ ፡ ቅድሜሁ ፡ ለመኰንን ፡ ምስለ ፡ መዓጥን ፡ ዘምሉአ ፡ ዕጣነ ። ወሶበ ፡ በጽሐ ፡ አንቀጸ ፡ ቤተ ፡ ጣዖታት ፡ ረከብዎ ፡ ዕፅወ ፡ በከመ ፡ ነበረ ፡ ቀዲሙ ። ወሶበ ፡ ቦኡ ፡ ረከቡ ፡ አርእስተ ፡ አማልክቲሆሙ ፡ ውጉራነ ፡ ውስተ ፡ ዓዘቅተ ፡ እሳት ። ወገጸሙኒ ፡ ጸሊማን ፡ ወልቡጣን ፡ ሐመደ ። ወለአዕፁቀ ፡ በቀልትሂ ፡ ወዕፀው ፡ ረከብዎሙ ፡ ውዑያነ ፡ ወለቀናዲልሂ ፡ ስቡራነ ። ወረከቡ ፡ ቤተ ፡ አማልክቲሆሙ ፡ ከመ ፡ ማሰነት ፡ ፈድፋደ ፡ ወኮነ ፡ ኃፍረት ፡ ዐቢይ ፡ ለአማልክቲሆሙ ። ወገዓረ ፡ መኰንን ፡ ወኢየአምር ፡ ዘይነብብ ፡ በእንተ ፡ ኃፍረት ፡ ዘረከበ ። ወናሁ ፡ ቅዱስ ፡ ዮልዮስ ፡ ቦአ ፡ ምስለ ፡ ሕዝብ ፡ ወተመሰለ ፡ ከመ ፡ ፩ዘያንክር ፡ እምነ ፡ ግብር ፡ ዘኮነ ። ወቀርበ ፡ ኀበ ፡ መኰንን ፡ ወኀበ ፡ ዓበይቱ ። ወይቤሎሙ ፡ ምንተ ፡ ረከበሙ ፡ ለአማልቲክሙ ፡ አኮኑ ፡ ዛቲ ፡ ዕለት ፡ [ዕለተ ፡] በዓሎሙ ። ወመኑ ፡ ውእቱ ፡ ዘገብረ ፡ ላዕሌሆሙ ፡ ከመዝ ፡

ወቦኑ ፡ ኢዓቀቡ ፡ ቤቶሙ ፡ እስከ ፡ ገብሩ ፡ በሙ ፡ ከመዝ ። አይቴ ፡
ሥጋሆሙ ፡ ወኀሥዎሙኬ ፡ ወቦኑ ፡ ትረክብዎሙ ፡ እምሕል ፡ በእግ
ዚእየ ፡ ኢየሱስ ፡ ክርስቶስ ፡ ከመ ፡ ጠፍአ ፡ ተስፋክሙ ፡ ይእዜ ፡ ወ
መኑ ፡ ውእቱ ፡ ዘይረድአክሙ ። እመሰ ፡ አማልክቲክሙ ፡ ኢዓቀቡ ፡
ርእሶሙ ፡ ወኢክህሉ ፡ ይኅብእዋ ፡ እስከ ፡ ገብሩ ፡ በሙ ፡ ዘንተ ፡ ጽ
እለተ ። ወመተሩ ፡ አርእስቲሆሙ ። ወሰረቁ ፡ ሥጋሆሙ ። ወአጽለ
ሙ ፡ ገጾሙ ። ወቀብዕዎሙ ፡ ሐመደ ፡ ወረሰይዎሙ ፡ ከመ ፡ ሰረቅት ፡
ምኵራብ ። ወእፎኑ ፡ ይክሉ ፡ ይርድኡክሙ ፡ ወያድኅኑክሙ ፡ ወምን
ተኑ ፡ ትገብሩ ፡ አመ ፡ ትትፈደይ ፡ ኵሉ ፡ ነፍስ ፡ በዘገብረት ። ወሶ
* f. 49 r በ ፡ ይቤ ፡ ቅዱስ ፡ ዮልዮስ ፡ ዘንተ ፡ ነገ*ረ ፡ ከልሑ ፡ ኵሎሙ ፡ ሕዝ
ብ ፡ እለ ፡ ሀለዉ ፡ ውስተ ፡ ቤተ ፡ አማልክት ። ወይቤሉ ፡ ፩ውእቱ ፡
አምላከ ፡ ክርስቲያን ፡ ኢየሱስ ፡ ክርስቶስ ። እስመ ፡ ውእቱ ፡ ተሰብ
ሐ ፡ ውስተ ፡ ኵሉ ፡ መካን ፡ ወተኃፍሩ ፡ ጣዖታት ፡ ወውዕዩ ፡ አማል
ክት ፡ ወኵሉ ፡ ዘየአምን ፡ በሙ ። ወከልሐ ፡ መኰንን ፡ ወሀቤ ፡ ፲፪
እንዘ ፡ ይብሉ ፡ ፩ውእቱ ፡ አምላከ ፡ ክርስቲያን ፡ ኢየሱስ ፡ ክርስቶስ ፡
ወአልቦ ፡ ካልእ ፡ ዘእንበሌሁ ። ወጸውዖ ፡ ሱፍያኖስ ፡ ለቅዱስ ፡ ዮልዮ
ስ ፡ ወሰገደ ፡ ሎቱ ፡ ወይቤ ፡ አንተ ፡ ውእቱ ፡ ብእሲ ፡ ዘአምጻእከ ፡
እኪተ ፡ ላዕለ ፡ እሉ ፡ ጣዖታት ። አምሕለከ ፡ አነ ፡ በኃይለ ፡ አምላክ
ከ ፡ ኢየሱስ ፡ ክርስቶስ ፡ ዘኢይትመዋዕ ፡ ዝንቱ ፡ ዘአስተኃፈረ ፡ ኵ
ሎ ፡ አማልክተ ፡ ዛቲ ፡ ሀገር ፡ ከመ ፡ ታይድዓኒ ፡ ስመከ ። እስመ ፡ አ
ነ ፡ ርኢኩ ፡ ስብሐተ ፡ ዐቢየ ፡ እምእግዚአብሔር ፡ እንዘ ፡ የዓውደከ ።
አውሥአ ፡ ቅዱስ ፡ ወብፁዕ ፡ ዮልዮስ ፡ ወይቤሎ ፡ እምከመሰ ፡ አእ
መርከ ፡ ኃይለ ፡ አምላኪየ ፡ ከመ ፡ ዓባይ ፡ ይእቲ ፡ አነኒ ፡ አየድዓከ ፡
ስምየ ። ወባሕቱ ፡ እፈቅድ ፡ ከመ ፡ ትሰአሎሙ ፡ ለእሉ ፡ ካህናት ። መ
ኑ ፡ ውእቱ ፡ ዘአስተኃፈሮሙ ፡ ለአማልክት ፡ ወገብረ ፡ በሙ ፡ ዘንተ ።
እመሰ ፡ ይቤሉ ፡ ኃይለ ፡ ክርስቶስ ፡ አትርፎሙ ፡ ወኢታሕምሞሙ ።
ወለእመሰ ፡ ርኢከሙ ፡ ይፈቅዱ ፡ ያስሕቱከ ፡ በነገር ፡ ሙሱን ፡ የአዝ
ዝከ ፡ እግዚአብሔር ፡ ትግበር ፡ በሙ ፡ ከመ ፡ አማልክት ፡ ወታኅጕሎ
ሙ ። ወጸውዖሙ ፡ ሱፍያኖስ ፡ ለኵሎሙ ፡ ካህናት ። ወተስእሎሙ ፡

ወይቤሎሙ ፡ ምንተ ፡ ትብሉ ፡ አንትሙ ፡ በእንተ ፡ አማልክት ። መኑ ፡ ውእቱ ፡ ዘአጥፍአሙ ። ወይቤልዎ ፡ ኢትኅዝን ፡ ኦእግዚእነ ፡ በእንቲአሆሙ ። እስመ ፡ አንተ ፡ ትረክብ ፡ ብእሴ ፡ መሠርይ ፡ ቦአ ፡ ውስተ ፡ ቤተ ፡ አማልክት ፡ ወገብረ ፡ እሎንተ ፡ እከያተ ። ወባሕቱ ፡ ተዓገሥ ፡ ወንሕነ ፡ ንገብር ፡ ዘየዐቢ ፡ እምዝንቱ ። ወይቤ ፡ መኰንን ፡ ለሕዝብ ፡ እለ ፡ አምኑ ፡ እምኔክሙ ፡ እመቦ ፡ ዘያፈቅሮ ፡ ለክርስቶስ ፡ ይገብር ፡ እሎንተ ፡ አፅሬረ ፡ ክርስቶስ ። ወነሥአ ፡ ሀቤ ፡ ፲፪ወሕዝብ ፡ አርእስተ ፡ ጣዖታት ፡ ወወገርዎሙ ፡ ለ፪ወ፵ገነውተ ፡ አማልክት ፡ እስከ ፡ መጠዊ ፡ ነፍሶሙ ፡ ወተሐጕሉ ። ወሰብእሂ ፡ ካልአን ፡ አንሐሉ ፡ ቤተ ፡ አማልክት ፡ ላዕለ ፡ አርእስተ ፡ ካህናት ፡ ወላዕለ ፡ አማልክት ፡ እስከ ፡ ኢያስተርአዩ ፡ ለግሙራ ።

ወእምድኅረ ፡ ዝንቱ ፡ ዓፀወ ፡ መኰንን ፡ አንቀጸ ፡ ቤተ ፡ ጣዖታት ። ወወፅአ ፡ ውእቱ ፡ ወኵሎሙ ፡ ሕዝብ ፡ እንዘ ፡ ይሴብሕዎ ፡ ለእግዚእነ ፡ ኢየሱስ ፡ ክርስቶስ ። ወሶበ ፡ ቦአ ፡ ውስተ ፡ ሀገር ፡ ፈነወ ፡ ወአብጽሐ ፡ ለአርቅያኖስ ፡ መኰንን ። ወይቤሎ ፡ ቡርክት ፡ ይእቲ ፡ ሰዓት ፡ ዘበጻሕከ ፡ ውስቴታ ፡ ኀቤየ ፡ ምስለ ፡ ዝንቱ ፡ ዓቃቤ ፡ ሥራይ ፡ ዘይፌውስ ፡ ቍስላተ ፡ ዕልወት ፡ ወወሀበነ ፡ ፈውሰ ፡ ድኂን ፡ ከመ ፡ ናእምሮ ፡ ለፈጣሪነ ፡ ወንስግድ ፡ ሎቱ ። ወአምጽእዎ ፡ ለቅዱስ ፡ ዮልዮስ ፡ ወይቤልዎ ፡ ንስእለከ ፡ ከመ ፡ ታይድዓነ ፡ ስመከ ፡ ቅድስተ ፡ ወቡርክተ ። ወይቤሎሙ ፡ ቅዱስ ፡ አነ ፡ ውእቱ ፡ ዮልዮስ ፡ ዘአቅፋህስ ፡ ረዳኢ ፡ መቅለሊሆሙ ፡ ለእለ ፡ ውስተ ፡ ምንዳቤ ፡ ወመስተፍሥሒ*ሆሙ ፡ ለትኩዛን ። ወሶበ ፡ ሰምዑ ፡ ሱፍያኖስ ፡ ኮሞስ ፡ ወአርቅያኖስ ፡ መኰንን ፡ እንዘ ፡ ይብል ፡ አነ ፡ ውእቱ ፡ ዮልዮስ ፡ ዘሀገረ ፡ አቅፋህስ ፡ ወድቁ ፡ በገጾሙ ፡ ወቀነጹ ፡ እምነ ፡ ፍርሃት ። ወከልሑ ፡ እንዘ ፡ ይብሉ ፡ ከመዝ ፡ አንተኑ ፡ እግዚእነ ፡ አበ ፡ ነገሥት ። ወፍቁሮሙ ፡ ወመምክሮሙ ፡ ዘበአማን ። እስመ ፡ ንሕነ ፡ ሰማዕነ ፡ በእንቲአከ ፡ ከመ ፡ አንተ ፡ ኮንከሙ ፡ መምክረ ፡ ሠናያት ፡ ኵሎ ፡ አሚረ ። ወኢያገበረከ ፡ ፩ሂ ፡ እምኔሆሙ ፡ ከመ ፡ ትግበር ፡ ግብረ ፡ ዘእንበለ ፡ ፈቃድከ ። ኦእግዚእነ ፡ አይቴ ፡ ውእቱ ፡ ክብረ ፡ መንግሥትከ ፡ ዓባይ ፡ ወብዙኅ ፡

* f. 49 v

ንዋይከ ፡ ወአግብርቲከ ፡ ወአንተ ፡ ተሐውር ፡ ባሕቲትከ ፡ ዝየ ። እስመ ፡ ዜነወነ ፡ በእንቲአከ ፡ እለ ፡ የአምሩከ ፡ ከመ ፡ ለከ ፡ ብዕል ፡ ብዙኅ ፡ ወርቅ ፡ ወብሩር ፡ ዘአልቦ ፡ ኍልቍ ። ወይእዜኒ ፡ ናስተበቍዓከ ፡ ኦእግዚእነ ፡ ከመ ፡ ትስረይ ፡ ለነ ፡ ኵሎ ፡ ዘገበርነ ፡ ላዕሌከ ፡ በእንተ ፡ ክርስቶስ ። ወንሕነ ፡ ኢነሣእነ ፡ ዘንተ ፡ ሢመተ ፡ ዘእንበለ ፡ በዛቲ ፡ ዓመት ። ወበእንተ ፡ ዝንቱ ፡ ኢነአምር ፡ ክብረከ ። ወሶበ ፡ ይቤልዎ ፡ ዘንተ ፡ ይቤሎሙ ፡ ቅዱስ ፡ ዮልዮስ ፡ ጽንዑ ፡ ወኢትፍርሁ ፡ እስመ ፡ እግዚእነ ፡ አስተርአየ ፡ ሊተ ፡ አመ ፡ ሀሎኩ ፡ በእለ ፡ እስክንድርያ ፡ ውስተ ፡ ቤትየ ። ወአመረኒ ፡ ከመ ፡ አነ ፡ እመጽእ ፡ ኀቤክሙ ፡ ወእትሜጠው ፡ እሎንተ ፡ ሕማማተ ፡ በእንተ ፡ ስሙ ፡ ቅዱስ ። ወአይድዓኒ ፡ ዓዲ ፡ በእንቲአክሙ ፡ ከመ ፡ ሀለወክሙ ፡ ትትአመኑ ፡ በስሙ ፡ ቅዱስ ። ወይእዜኒ ፡ ተንሥኡ ፡ ምስለ ፡ እስጢፋኖስ ፡ ሀቤ ፡ ፲፪ወሐሩ ፡ ሀገረ ፡ እንጽና ፡ ኀበ ፡ አር[ቅ]ያኖስ ፡ መኰንን ። ወተአመኑ ፡ በስመ ፡ ኢየሱስ ፡ ክርስቶስ ፡ ወውእቱ ፡ ይመትር ፡ አርእስቲክሙ ፡ በሰይፍ ። ወትነሥኡ ፡ አክሊለ ፡ ዘኢይማስን ፡ ወስርየተ ፡ ኃጣውኢክሙ ፡ እስመ ፡ ውእቱ ፡ መካን ፡ ዘአስተዳለወ ፡ ለክሙ ፡ እግዚአብሔር ፡ ከመ ፡ ትፈጽሙ ፡ ውስቴቱ ፡ በድረክሙ ፡ ወበከመ ፡ አመንክሙ ፡ አንትሙ ፡ በላዕለ ፡ እደውየ ። ውእቱሂ ፡ የአምን ፡ በላዕለ ፡ እደዊክሙ ፡ ዘንተ ፡ ዘአይድዓኒ ፡ እግዚአብሔር ፡ ነገርኩክሙ ። ወበይእቲ ፡ ሰዓት ፡ ተንሥኡ ፡ ወተአምኃዎ ፡ ወሖሩ ፡ እምኀቤሁ ፡ እንዘ ፡ ይሴብሑ ፡ ስመ ፡ እግዚእነ ፡ ኢየሱስ ፡ ክርስቶስ ።

ክፍል ፡ ፫ ። ወእምድኅረ ፡ ዝንቱ ፡ ፈነወ ፡ እግዚአብሔር ፡ ሩፋኤልሃ ፡ ሊቀ ፡ መላእክት ፡ ሀገረ ፡ እስክንድርያ ፡ በአምሳለ ፡ ፩እምነ ፡ አግብርት ፡ እለ ፡ ያንሶስዉ ፡ ምስለ ፡ ቅዱስ ፡ ዮልዮስ ፡ ወምስሌሁ ፡ መላእክት ። ወመጠዎሙ ፡ ለአውክርስጦስ ፡ ወለቴዎድሮስ ፡ ደቂቀ ፡ ዮልዮስ ። ወይቤሎሙ ፡ እስመ ፡ አቡክሙ ፡ ይኤምኃክሙ ፡ ወይቤለክሙ ፡ አፍጥኑአ ፡ ወፈጽሙ ፡ ዘጸሐፍኩ ፡ ለክሙ ፡ ውስተ ፡ ዛቲ ፡ መልእክት ። ወሶበ ፡ ከሠትዋ ፡ ለመልእክት ፡ ረከቡ ፡ ውስቴታ ፡ ጽሑፈ ፡ ዘትብል ፡ ከመዝ ፡ ፈንውአ ፡ ኀቤየአ ፡ አግብርትየአ ፡ ፍጡነአ ። ምስ

ለ ፡ ዮንያስ ፡ እኍየ ። ወቴዎድሮስ ፡ ወልድየ ። ወ፵፻ዲናረ ፡ ከመ ፡ አሀብ ፡ በእንተ ፡ መልእክት ፡ ዘተአመነኒ ፡ እግዚአብሔር ፡ ለገቢሮታ ። ነጽርኬ ፡ አወልድየ ፡ አውክርስጦስ ፡ ወፈጽም ፡ ኵሎ ፡ ዘአዘዝኩከ ፡ ወሶበሂ ፡ ይፈትሕዎሙ ፡ ለቅዱሳን ፡ ሰማዕት ፡ እለ ፡ ውስተ ፡ ቤተ ፡ ሞቅሕ ፡ አብአመ ። ወኩኖሙ ፡ ላእከ ፡ *እስከ ፡ ይፈቅድ ፡ እግዚአብ * f. 50 r ሔር ፡ ይሚጥ ፡ ኵሎ ፡ ሰብአ ፡ ውስተ ፡ ቤቱ ፡ ወሀገሩ ። ወለእለሂ ፡ አዕረፉ ፡ ግንዝ ፡ ሥጋሆሙ ፡ ግንዘተ ፡ ሠናየ ፡ በክብር ። ወአንብሮሙ ፡ ውስተ ፡ ቤትከ ፡ ዘከመ ፡ ሀሎኩ ፡ ምስሌከ ። አብልዕ ፡ ርኁባነ ። ወአልብስ ፡ ዕሩቃነ ። ወቤትከሂ ፡ ይኩን ፡ ማኅደረ ፡ ለነዳያን ። ወለአናግድ ፡ ወለድውያን ። ወዓዲ ፡ ሐውፅ ፡ ድውያነ ። ወሕንፅ ፡ አብያተ ፡ ክርስቲያናት ፡ በስመ ፡ ቅዱሳን ። ከመ ፡ ተሀሉ ፡ በረከቶሙ ፡ ምስሌከ ፡ ወከመ ፡ ትርከብ ፡ ጸጋ ፡ ዘአስተዳለወ ፡ ለነ ፡ እግዚአብሔር ፡ እግዚእነ ፡ ኢየሱስ ፡ ክርስቶስ ፡ ሊተ ፡ ወለእኍየ ፡ ዮንያስ ፡ ወእኍከ ፡ ቴዎድሮስ ፡ ወኵሎሙ ፡ አግብርትየ ፡ ይእቲ ፡ ለነ ፡ ወለከሂ ፡ ኀቡረ ፡ በእግዚአብሔር ። ነጽርኬ ፡ ነፍሰከ ፡ ወአነ ፡ እመጽእ ፡ ኀቤከ ፡ ፍጡነ ፡ በስብሐተ ፡ እግዚእየ ፡ ኢየሱስ ፡ ክርስቶስ ፡ ንጉሥ ፡ ዐቢይ ። ጸሐፍኩ ፡ ለከ ፡ ዘንተ ፡ አወልድየ ፡ ፍቁር ፡ ወኩን ፡ ጥዑየ ፡ በእግዚአብሔር ፡ አሜን ።

ክፍል ፡ ፱ ። ወሶበ ፡ አንበበ ፡ መልእክተ ፡ አስተጋብአ ፡ ኵሎ ፡ አግብርቲሁ ፡ እምዐቢዮሙ ፡ እስከ ፡ ንኡሶሙ ፡ እለ ፡ ረከበሙ ፡ ውስተ ፡ ሀገር ። ወኮነ ፡ ኍልቆሙ ፡ ፲፻ ወ፫፻ እለ ፡ የአምሩ ፡ ጽሒፈ ፡ ወያሴንዩ ፡ እሉ ፡ እለ ፡ ነበሩ ፡ ምስለ ፡ ሰማዕታት ። እንዘ ፡ ይጽሕፉ ፡ ገድሎሙ ፡ ውስተ ፡ ኵሎን ፡ አህጉር ፡ ወኃደገ ፡ እምኔሆሙ ፡ ፫፻ ኀቤሁ ። ወፈነወ ፡ ሎቱ ፡ ፲፻ ምስለ ፡ ዮንያስ ፡ እኅወ ፡ አቡሁ ። ወቴዎድሮስ ፡ እኍሁ ።

ወእንዘ ፡ ሀሎ ፡ ብፁዕ ፡ ዮልዮስ ፡ ውስተ ፡ ቤተ ፡ ሞቅሕ ፡ ይጽሕፍ ፡ ገድለ ፡ ኵሉ ፡ ለለ ፩፩ ፡ እምሰማዕታት ። ወነዋ ፡ አስተርአዮ ፡ ሊቀ ፡ መላእክት ፡ ሚካኤል ። ወይቤሎ ፡ ተንሥእ ፡ ፍጡነ ፡ ወፍትሖሙ ፡ ለቅዱሳን ፡ እለ ፡ ሙቁሐን ፡ ውስተ ፡ ቤተ ፡ ሞቅሕ ፡ በዛቲ ፡ ሀገር ። ወሀቦሙ ፡

ዘይፈቅዱ ፡ ወፈንዎሙ ፡ ኀበ ፡ ሀገሮሙ ፡ በፍሥሐ ፡ ዘእንበለ ፡ ዝንቱ ፡ አረጋዊ ፡ ዘእምቡጺር ። ወአኃዊሁ ፡ ፪ ወኅድግ ፡ አሐደ ፡ እምአግብርቲከ ፡ ኀቤከ ፡ ወካልኡ ፡ ይሑር ፡ ምስሌሆሙ ። ወአንተሰ ፡ ሑር ፡ ሀገረ ፡ ኒቅዮስ ፡ ወትረክብ ፡ በኀበ ፡ ሙራደ ፡ ሀገር ፡ አሕማረ ፡ ብዙኃ ። እንዘ ፡ ይጼዓኑ ፡ ውስቴታ ፡ አግብርቲከ ፡ ወእኊከ ፡ ወቴዎድሮስ ፡ ወልድከ ። እሉ ፡ እለ ፡ ጸውዖሙ ፡ እግዚአብሔር ፡ ከመ ፡ ይፈጽሙ ፡ መልእክቶሙ ፡ ምስሌከ ። ወለእመ ፡ ሖርከ ፡ ህየ ፡ ትረክበ ፡ አንተ ፡ ለታኡፋንዮስ ፡ መኰንን ። በከመ ፡ ሖረ ፡ ኀበ ፡ ጣዋ ፡ ከመ ፡ የሐውጽ ፡ ለእለ ፡ እስክንድሮስ ፡ እኁሁ ። አፍጥንኬ ፡ ወፍትሖሙ ፡ ለቅዱሳን ፡ እለ ፡ ውስተ ፡ ቤተ ፡ ሞቅሕ ፡ ወፈንዎሙ ፡ ለለአህጉሪሆሙ ፡ ዘእንበለ ፡ ዝንቱ ፡ አረጋዊ ፡ ቀሲስ ፡ ዘስሙ ፡ ያዕቆብ ። ወለእሉ ፡ ፪ዲያቆናት ፡ አብስንጎስ ፡ ወአውስግንዮስ ፡ ዘእምሰብአ ፡ ሰካ ። ወእሙንቱሰ ፡ ይሑሩ ፡ ምስሌከ ፡ እስከ ፡ ህየ ። ወአመ ፡ ሖርከ ፡ ይትከሠት ፡ ለከ ፡ እግዚአብሔር ፡ ወያየድዓከ ፡ ዘትገብር ። ወዘንተ ፡ ብሂሎ ፡ ሊቀ ፡ መላእክት ፡ ዓርገ ፡ ውስተ ፡ ሰማያት ፡ በዐቢይ ፡ ስብሐት ።

* f. 50 v

ወብፁዕሰ ፡ ሰማዕት ፡ መስተጋድል ፡ ዮልዮስ ፡ አውጽአሙ ፡ ለኵሎሙ ፡ ቅዱሳን ፡ እለ ፡ ነበሩ ፡ ሙቁሐነ ፡ በሀገረ ፡ አትሬብ ። ወረከበ ፡ ኊልቆሙ ፡ ፪፻፹ወ፪ ወረከበ ፡ እምኔሆሙ ፡ ከመ ፡ ሐብጠ ፡ ሥጋሆሙ ፡ እምብዝኃ ፡ ቍስል ፡ ዘአቍሰልዎሙ ፡ *ወፈነወ ፡ ቅዱስ ፡ ወተሠየጠ ፡ ወይነ ፡ ብዙኃ ፡ ወአፈወ ። ወሐፀቦሙ ፡ ለኵሎሙ ፡ ቍስላቲሆሙ ፡ ወፈወሶሙ ። ወነበረ ፡ እንዘ ፡ ይትለአኮሙ ፡ ሰቡዓ ፡ መዋዕለ ፡ እስከ ፡ ጸንዓ ፡ ሥጋሆሙ ። ወፈነዎሙ ፡ ለለአህጉሪሆሙ ፡ በፍሥሐ ። ወወሀበ ፡ ለለ፩እምኔሆሙ ፡ ፹ዲናረ ፡ ከመ ፡ ይኩኖሙ ፡ ለመፍቅዶሙ ። ወቅዱሳንሰ ፡ እለ ፡ እምሰብአ ፡ ቡጺር ፡ ኮሎንዮስ ፡ ወአኃዊሁ ፡ ፪ኮኑ ፡ ረስዑ ። ወአዘዘ ፡ አሞንሃ ፡ ገብሮ ፡ ከመ ፡ ይሑር ፡ ምስሌሆሙ ፡ እስከ ፡ ያበጽሖሙ ፡ ኀበ ፡ ቡጺር ፡ ሀገሮሙ ። ወአብጽሖሙ ፡ ወኃደጎሙ ፡ ኀበ ፡ አባ ፡ ኤሲ ፡ ወአኃዊሁ ፡ ከመ ፡ ይጽሐቍ ፡ ሎሙ ። እስመ ፡ ኢሀሎ ፡ መኑሂ ፡ ህየ ፡ ዘይጽሕቅ ፡ ሎሙ ፡ ወይሁቦሙ ፡ መፍቅዶሙ ። ወተመይጠ ፡ አሞን ፡ ገብረ ፡ ቅዱስ ፡ ዮልዮስ ፡ ወረከበ ፡

ለእግዚኡ ፡ ከመ ፡ ረከበ ፡ አሕማረ ፡ ብዙኀ ፡ ዘመጽኡ ፡ እምእስክንድርያ ። ወከነ ፡ ይስእሎሙ ፡ ቅዱስ ፡ ዮልዮስ ፡ ወይቤሎሙ ፡ ምንትኑ ፡ ረከበክሙ ፡ ወመኑ ፡ አምጽአክሙ ፡ ዝየ ። ወአይድዮ ፡ ቴዎድሮስ ፡ ወልዱ ፡ ኵሎ ፡ ዘከነ ፡ እምኔሆሙ ። ወዘከመ ፡ ወሀብዎ ፡ መልእክተ ፡ ዚአሁ ። ወሶበ ፡ ሰምዓ ፡ ቅዱስ ፡ ዮልዮስ ፡ ዘንተ ፡ ሰብሐ ፡ ለእግዚአብሔር ። ወሶበ ፡ ከነ ፡ ጊዜ ፡ ፫ሰዓት ፡ ተዕዕነ ፡ ላዕለ ፡ ሐመር ፡ ዐቢይ ፡ ምስለ ፡ ወልዱ ፡ ወእኁሁ ፡ ወብዙኀን ፡ እምነ ፡ እግብርቲሁ ፡ ወብዙኀን ፡ ሕዝብ ፡ እምሰብአ ፡ ኒቅዩስ ። ወተናገረ ፡ ምስሌሆሙ ፡ በእንተ ፡ ኀይላት ፡ ዘገብረ ፡ እግዚአብሔር ፡ በላዕለ ፡ ቅዱሳን ፡ ሰማዕት ፡ ወሶበ ፡ ርእይዎ ፡ ሊቃውንተ ፡ ሀገር ፡ ለቅዱስ ፡ ዮልዮስ ፡ ወፅኡ ፡ ኵሎሙ ፡ ለቀበላሁ ፡ እንዘ ፡ ያከብርዎ ፡ ወይሰግዱ ፡ ሎቱ ። ወከነ ፡ ቅዱስ ፡ የአኵቶ ፡ ለእግዚአብሔር ፡ በእንተ ፡ ጸጋ ፡ ዘገብረ ፡ ምስሌሁ ። ወተስእሎሙ ፡ ለሰብአ ፡ ሀገር ፡ ወይቤሎሙ ፡ አይቴ ፡ ሀሎ ፡ ታኡፍንዮስ ፡ መኰንን ። ወይቤልዎ ፡ በጽሐ ፡ ኀቤሁ ፡ እለእክንድሮስ ፡ ይደዊ ፡ ወአልጸቀ ፡ ለመዊት ፡ ወነሥአ ፡ ኵሎ ፡ ሐራ ፡ ወሰብአ ፡ ቤቱሂ ፡ ምስሌሁ ። ወሖረ ፡ ኀቤሁ ። ወናሁ ፡ አመዝበረ ፡ ኵላ ፡ ሀገረ ፡ በእንተ ፡ አምልኮ ፡ ጣዖታት ፡ ርኩሳን ። ወሀለዉ ፡ ይእዜ ፡ ብዙኀን ፡ ውስተ ፡ ቤተ ፡ ሞቅሕ ፡ ዘሐብጠ ፡ ሥጋሆሙ ፡ እምብዝኀ ፡ ሥቃይ ፡ ዘሣቀይዎሙ ፡ ባቲ ። ወአቍሰልዎሙ ፡ በእንተ ፡ ስመ ፡ እግዚእነ ፡ ኢየሱስ ፡ ክርስቶስ ። ወሶበ ፡ ሰምዓ ፡ ቅዱስ ፡ ዮልዮስ ፡ ዘንተ ፡ ይቤሎሙ ፡ እምይእዜሰ ፡ ኢይትመየጥ ፡ ዝየ ፡ እስከ ፡ ለዓለም ። ወጣዖታትሂ ፡ ኢያስተርእዩ ፡ ዳግመ ፡ ላዕለ ፡ ምድር ። እስመ ፡ እግዚአብሔር ፡ ቀሠፎ ፡ ለዲዮቅልጥያኖስ ፡ ወአዖሮ ፡ አዕይንቲሁ ፡ ወሰደዶ ፡ እምጽርሐ ፡ መንግሥቱ ። ወውእቱ ፡ ይትመጸወት ፡ ላዕለ ፡ አንቀጸ ፡ ሀገረ ፡ አንጾኪያ ፡ ወአቀሞ ፡ ወአንገሦ ፡ ለቈስጠንጢኖስ ፡ ንጉሥ ፡ ጻድቅ ፡ ዘይመልሕ ፡ ሥርወ ፡ ጣዖታት ፡ እምውስተ ፡ ኵሉ ፡ ዓለም ።

ወሶቤሃ ፡ ቦአ ፡ ቅዱስ ፡ ዮልዮስ ፡ ውስተ ፡ ቤተ ፡ ሞቅሕ ፡ ከመ ፡ የሐውጾሙ ፡ ለቅዱሳን ። ወሶበ ፡ ርእይዎ ፡ ተፈሥሑ ፡ ወይቤልዎ ፡ አእኁነ ፡ ፍቁር ፡ ሰላም ፡ ለምጽአትከ ፡ ኀቤነ ፡ ዘምልእተ ፡ ፍሥሐ ።

ምንተ ፡ ንግበር ፡ ኦአቡነ ፡ ቅዱስ ፡ እስመ ፡ ኢ.ደለወነ ፡ ፈጽሞ ፡ ገድል ፡ * f. 51 r ከመ ፡ ንንሣእ ፡ አክሊለ ። ወያ*ዕቆብሰ ፡ ቀሲስ ፡ ወአብታንጎስ ፡ ወአውስግንዮስ ፡ ዲያቆናት ፡ ዘእምሰብአ ፡ ሰካ ፡ ይቤልዎ ፡ ለቅዱስ ፡ ዮልዮስ ፡ ኦእኁነ ፡ ኄር ፡ እስመ ፡ ናሁ ፡ አይድዓነ ፡ እግዚአብሔር ፡ ከመ ፡ ኢንትፈለጥ ፡ እምኔከ ፡ እስከ ፡ ንበጽሕ ፡ ኵልነ ፡ ውስተ ፡ ምሳሑ ። ወእምዝ ፡ አውፅአሙ ፡ ቅዱስ ፡ ዮልዮስ ፡ ለኵሎሙ ፡ ቅዱሳን ፡ እለ ፡ ረከቦሙ ፡ ውስተ ፡ ቤተ ፡ ሞቅሕ ። ወኮነ ፡ ኍልቆሙ ፡ ፩፻፵ወ፭ነፍስ ። ወሶፍያሂ ፡ ዘእምሰብአ ፡ ሰንሑር ፡ ወኢ.ራኢ. ፡ ወለታ ፡ ወኢ.ረከበ ፡ ፩ ደሂ ፡ እምኔሆሙ ፡ ጥዑየ ፡ ሥጋ ፡ ለግሙራ ፡ ወዳእሙ ፡ ቦእምኔሆሙ ፡ ምቱራነ ፡ አእዳው ፡ ወአእጋር ፡ ወካልአን ፡ እምኔሆሙ ፡ ምሉሐነ ፡ አዕይንት ። ወቦ ፡ እምውስቴቶሙ ፡ ዘደክመ ፡ ሥጋሆሙ ፡ እምነ ፡ ሥቃያት ፡ ዘሣቀይዎሙ ፡ ባቲ ። ወምስለ ፡ ዝንቱ ፡ ኵሉ ፡ ኮኑ ፡ የአኵትዎ ፡ ለእግዚአብሔር ፡ ዘረሰዮሙ ፡ ድልዋነ ፡ ከመ ፡ ይሕምሙ ፡ ወይትኰነኑ ፡ በእንተ ፡ ስሙ ፡ ቅዱስ ። ወይቤሎሙ ፡ ቅዱስ ፡ ዮልዮስ ፡ እመሰ ፡ ረሰይክሙኒ ፡ ድልወ ፡ ወይንግረኒኬ ፡ ገድሎ ፡ ኵሉ ፡ ለለ፩ ፡ እምኔክሙ ፡ ፃማሁ ፡ ወትሩፋቲሁ ፡ ከመ ፡ እጽሐፎሙ ፡ ወእፈንዎሙ ፡ ኀበ ፡ እስክንድርያ ፡ ለአውክርስጦስ ፡ ወልድየ ። ከመ ፡ ይኩኑ ፡ በኀቤሁ ፡ በረከተ ፡ ለዘያነብብ ፡ ውስቴቶሙ ። አሜሃ ፡ ከልሑ ፡ ኵሎሙ ፡ ቅዱሳን ፡ በ፩ቃል ፡ እንዘ ፡ ይብሉ ፡ እግዚአብሔር ፡ ዘይሄሉ ፡ እስከ ፡ ለዓለም ፡ ዘረሰየነ ፡ ድልዋነ ፡ ለዛቲ ፡ ጽዋዔ ፡ ቅድስት ። ይጽሐፍ ፡ ስመከ ፡ ውስተ ፡ መጽሐፈ ፡ ሕይወት ፡ እስከ ፡ ሳድስ ፡ ወሳብዕ ፡ ትውልድ ። ወአኀዘ ፡ ቅዱስ ፡ ዮልዮስ ፡ ይጽሐፍ ፡ ገድሎሙ ።

ወሀሎ ፡ እምኔሆሙ ፡ አባ ፡ አብርሃም ፡ ኤጲስ ፡ ቆጶስ ፡ ዘሀገረ ፡ መኑፍ ፡ ዘነበረ ፡ ፺ ዓመተ ፡ ወ፳አውራኃ ፡ በኵነኔ ፡ ወአሰፈዎ ፡ እግዚእነ ፡ ከመ ፡ የሀቦ ፡ ፫አክሊላተ ፡ እንበለ ፡ ክዕወተ ፡ ደም ። ፩በእንተ ፡ ንጽሕና ። ወካልእ ፡ በእንተ ፡ ክህነት ። ወሣልስ ፡ በእንተ ፡ ሥቃያት ፡ ዘተወከፈ ፡ በእንተ ፡ ስሙ ፡ ቅዱስ ። ወካልኡሂ ፡ አሞንዮስ ፡ አረጋዊ ፡ ቆሞስ ፡ ዘሀገረ ፡ ሐንጌር ፡ ወድንግል ፡ ውእቱ ። ወቴዎድሮስ ፡ ዲያቆን ፡ ዘእምሰብአ ፡ ሰጥኑፍ ። ወአሞንሃ ። ወአርዮን ፡ እኍሁ ።

ወጊዮርጊስ ። ወይስሐቅ ። እምሰብአ ፡ ዳህቱራ ። ወእንድርያስሂ ። ወያዕቆብ ። እምሰብአ ፡ አዎን ። ወኢንክል ፡ ንዝክር ፡ አስማቲሆሙ ፡ ለለ፩፩እምኔሆሙ ፡ ወሐፀበ ፡ ቍስላቲሆሙ ፡ ለኵሎሙ ። ወተሣየጠ ፡ አልባሰ ፡ ክቡራተ ፡ ወአልበሶሙ ። ወአዘዘሙ ፡ ለአግብርቲሁ ፡ ከመ ፡ ያብጽሕዎሙ ፡ ለለ፩፩እምኔሆሙ ፡ ኀበ ፡ ሀገሮሙ ። ወእሙንቱሰ ፡ ቅዱሳን ፡ ባረክዎ ፡ ኵሎሙ ፡ ለቅዱስ ፡ ዮልዮስ ፡ ወሖሩ ፡ ሀገሮሙ ።

ወእምዝ ፡ ይቤሎሙ ፡ ቅዱስ ፡ ለቴዎድሮስ ፡ ወልዱ ። ወለዮንያስ ፡ እኁሁ ፡ ወለአስጣክዮስ ፡ ሐሙሁ ። ወለአሞንዮስ ፡ መጋቢሁ ። አአኃውየ ፡ ተንሥኡ ፡ ንጸሊ ፡ ኀበ ፡ እግዚአብሔር ፡ ወንስአል ፡ እምኔሁ ፡ ከመ ፡ ይምርሐነ ፡ ፍኖተ ፡ እንተ ፡ ባቲ ፡ ነሐውር ። ወንፈጽም ፡ ሥርዓቶ ፡ ዘአምጽአነ ፡ በእንቲአሃ ። ወእንዘ ፡ እሙንቱ ፡ ይጼልዩ ፡ ወናሁ ፡ አስተርአዮ ፡ እግዚእነ ፡ ኢየሱስ ፡ ክርስቶስ ፡ ለቅ*ዱስ ፡ ዮልዮስ ፡ ወ[* f. 51 v]ይቤሎ ፡ ሰላም ፡ ለከ ፡ አፍቁርየ ። ሰላም ፡ ለከ ፡ አከዳኔ ፡ ኵሎሙ ፡ ቅዱሳን ፡ አሉቃስ ፡ ሐዲስ ፡ ሣልሶሙ ፡ ለወንጌላውያን ፡ ጸሐፌ ፡ ገድል ፡ ሰማዕታት ፡ ከመ ፡ ይስብኩ ፡ ቦቱ ፡ ውስተ ፡ ኵሉ ፡ ዓለም ። በአማን ፡ ፈጸምከ ፡ ኵሎ ፡ ሕጋተ ፡ ዘአዘዝኩ ፡ በወንጌል ፡ እንዘ ፡ እብል ፡ ርኅብኩ ፡ ወአብላዕክኒ ። ጸማዕኩ ፡ ወአስተይከኒ ፡ ወመትሎሆሙ ፡ ለእልክቱ ፡ ቃላት ። ወፈድፋደሰ ፡ አፍቀሮትከ ፡ ዐቢይ ፡ አናግደ ፡ ዘትትዌከፎሙ ፡ ኀቤከ ፡ ወትሴስዮሙ ፡ እምፃማከ ። ወለድውያንሂ ፡ ኮንከ ፡ ትሔውጸሙ ፡ ወትናዝዞሙ ፡ በውስተ ፡ ፃማሆሙ ። ወይእዜኒ ፡ አፍቁርየ ፡ ናሁ ፡ ቀርበ ፡ መዋዕል ፡ ከመ ፡ አሁብከ ፡ ዓስበከ ፡ ህየንተ ፡ ፃማ ፡ ዘተወከፍከ ፡ በእንተ ፡ ስምየ ። ወአውሥአ ፡ ቅዱስ ፡ ዮልዮስ ፡ ወይቤ ፡ አእግዚእየ ፡ ኄር ፡ ምንተ ፡ ትኤዝዘኒ ፡ እግበር ፡ አነ ፡ ወገብርከ ፡ ቴዎድሮስ ፡ ወልድየ ። ወዮንያስ ፡ እኁየ ። ወእለሂ ፡ አውፃእክዎሙ ፡ እምእለ ፡ እስክንድርያ ፡ በትእዛዝከ ፡ አእግዚእየ ። ወይቤሎ ፡ እግዚእነ ፡ ናሁ ፡ ፈጸምኩ ፡ እሉ ፡ ፫አህጉር ፡ ዘነበሩ ፡ ስጡማነ ፡ በአምልኮ ፡ ጣዖታት ፡ ከመ ፡ ኢይትመየጥ ፡ ፩እምኔሆሙ ፡ ብእሲ ፡ ይስግድ ፡ ሎሙ ፡ እስከ ፡ ለዓለም ፡ ከመ ፡ ይሰባሕ ፡ ስምየ ፡ ውስቴቶሙ ። ተንሥእኬ ፡ ወሑር ፡ ሀገረ ፡ ጠዋ ፡ ኀበ ፡ እለ ፡ እስክንድርያ ፡ እስመ ፡

አንተ ፡ ትረክብ ፡ በህየ ፡ አሕማረ ፡ ብዙኃ ፡ እለ ፡ አርሰንዩ ። ወውስቴቶሙ ፡ ሰብእ ፡ ብዙኃን ፡ ዘይፈቅዱ ፡ መዊተ ፡ በእንተ ፡ ስምየ ፡ ወኢፈቀደ ፡ ይቅትሎሙ ። ወሶበ ፡ ተሐውር ፡ ህየ ፡ ምላሕ ፡ ሰይፈከ ፡ ወአግብርቲከሂ ፡ ኵሎሙ ፡ ይምልሑ ፡ አስይፍቲሆሙ ፡ ምስሌከ ፡ ዘከመ ፡ ትፈቅድ ፡ ቀቲሎቶ ። ወውእቱ ፡ ይፈርህ ፡ ወይፈትሕ ፡ ላዕሌሆሙ ፡ ወይመትር ፡ አርእስቲሆሙ ። ወቅዱሳንሂ ፡ ዓዲ ፡ ይወዕኡ ፡ እምቤተ ፡ ሞቅሕ ፡ ወይትመተሩ ፡ አርእስቲሆሙ ። ወይፌጽሙ ፡ ገድሎሙ ፡ አመ ፡ ፳ወ፫ለወርኃ ፡ ሐምሌ ። ወአነ ፡ እመጽእ ፡ ምስለ ፡ መላእክትየ ፡ ወአዓርግ ፡ ነፍሳቲሆሙ ፡ ውስተ ፡ ሰማያት ፡ በዓቢይ ፡ ስብሐት ። ወአነብር ፡ ላዕሌሆሙ ፡ አክሊላተ ፡ ዘኢይማስን ። ወአንተሰ ፡ ንበር ፡ ውስተ ፡ ዛቲ ፡ ሀገር ፡ እስከ ፡ ይትመየጡ ፡ አግብርቲከ ፡ እመከን ፡ ዘሖሩ ፡ ኀቤሃ ፡ እንዘ ፡ ያስተፋንውዎሙ ፡ ለተአማንያን ። ወእምድኅረ ፡ ጸሐፍከ ፡ አንተ ፡ ገድሎሙ ፡ ለእለ ፡ ይትቀተሉ ፡ ይእዜ ፡ እመጽእ ፡ አነ ፡ ወአየድዓከ ፡ ዘከመ ፡ እፎ ፡ ትፌጽም ፡ ገድለከ ።

ክፍል ፡ ፲ ። ወዘንተ ፡ ብሂሎ ፡ መድኅን ፡ ለቅዱስ ፡ ዮልዮስ ፡ ወሀበ ፡ ሰላመ ፡ ወዓርገ ፡ ውስተ ፡ ሰማያት ፡ በዐቢይ ፡ ስብሐት ። ወሶበ ፡ ቦአ ፡ ቅዱስ ፡ ዮልዮስ ፡ ውስተ ፡ መከን ፡ ዘተናገረ ፡ በእንቲአሃ ፡ እግዚእነ ፡ ርእየ ፡ ብእሴ ፡ ዕውረ ፡ ክልኤሆን ፡ አዕይንቲሁ ። ወውስቴቱ ፡ ዓዲ ፡ መንፈስ ፡ ርኩስ ፡ ይመትር ፡ በአስናኒሁ ፡ ኵሎ ፡ አባላቲሁ ። ወሶበ ፡ ርእዮ ፡ ቅዱስ ፡ ዮልዮስ ፡ ወፅአ ፡ እምኔሁ ፡ ወከልሐ ፡ እንዘ ፡ ይብል ፡ ብፁዕ ፡ አንተ ፡ አማኅቶት ፡ ብሩህ ፡ ለኵሎሙ ፡ ቅዱሳን ። እስመ ፡ በእንቲአከ ፡ ይሴብሐ ፡ ኵሉ ፡ ዓለም ። ወበእንተ ፡ ሰማዕታት ፡ ቅዱሳን ፡ * f. 52 r ዘአንተ ፡ ሰበከ ፡ ሕማ*ሞሙ ፡ ውስተ ፡ ኵሉ ፡ ዓለም ፡ አብእሲ ፡ መሐሪ ። ወናሁ ፡ መልኡ ፡ አብያተ ፡ ክርስቲያናት ፡ ውስተ ፡ ኵሉ ፡ ዓለም ፡ በእንተ ፡ ሥጋ ፡ ሰማዕታት ፡ ዘፈነውከሙ ፡ ኀበ ፡ ማኅደሪሆሙ ። እምሕል ፡ በኃይል ፡ ዐቢይ ፡ ዘታንሶሱ ፡ ምስሌከ ፡ ከመ ፡ ጸበበኒ ፡ ግብር ፡ ጥቀ ፡ እምአመ ፡ ቦእከ ፡ አንተ ፡ ውስተ ፡ ዛቲ ፡ ሀገር ። ወባሕቱ ፡ እወፅእ ፡ እምኔሃ ፡ ወአሐውር ፡ ወአኃድር ፡ በርፎስ ፡ እስከ ፡ ይመጽእ ፡ ዝየ ፡ ወትፌውሶ ፡ አንተ ። ወውእቱሂ ፡ ዓዲ ፡ የአምን ፡ በከ

ርስቶስ ፡ ወይርኅቅ ፡ እምኵንኖ ፡ ቅዱሳን ፡ ሰማዕታት ። ወዘንተ ፡ ብሂሎ ፡ መንፈስ ፡ ርኩስ ፡ ወፅአ ፡ እምውእቱ ፡ ብእሲ ፡ ከመ ፡ ነበልባለ ፡ እሳት ። ወአኀዘ ፡ ቅዱስ ፡ ዮልዮስ ፡ እደዊሁ ፡ ለውእቱ ፡ ብእሲ ፡ ወአንሥአ ፡ ወአንበረ ፡ እደዊሁ ፡ ላዕለ ፡ አዕይንቲሁ ። ወይቤ ፡ ኦእግዚእየ ፡ ኢየሱስ ፡ ክርስቶስ ፡ ዘረሰይከኒ ፡ ድልወ ፡ ከመ ፡ እባእ ፡ ውስተ ፡ ርስትከ ፡ ወእርከብ ፡ መክፈልተ ፡ ምስለ ፡ ሰማዕታቲከ ፡ ንጹሐን ። ተወከፍ ፡ ስእለትየ ፡ ኦእግዚእየ ፡ ወአምላኪየ ፡ ከመ ፡ ሰማዕታቲከ ፡ ቅዱሳን ። ወጸግዎ ፡ ለዝንቱ ፡ ብእሲ ፡ ዕውር ፡ ይርአይ ፡ ብርሃነ ። ወዘንተ ፡ ብሂሎ ፡ ቅዱስ ፡ ዮልዮስ ፡ ዓተበ ፡ ላዕለ ፡ አዕይንቲሁ ፡ በትእምርተ ፡ መስቀል ። ወይቤ ፡ በስመ ፡ አብ ፡ ወወልድ ፡ ወመንፈስ ፡ ቅዱስ ፡ ፩አምላክ ። ወሶቤሃ ፡ ነጸረ ፡ ወሰብሐ ፡ ስመ ፡ እግዚእነ ፡ ኢየሱስ ፡ ክርስቶስ ፡ ወአእኰቶ ፡ ለቅዱስ ፡ ዮልዮስ ።

ወነበረ ፡ ቅዱስ ፡ ዮልዮስ ፡ በሀገረ ፡ ኒቅዮስ ፡ ፩ወርኃ ፡ ወ፳ዕለተ ፡ እንዘ ፡ ይገንዝ ፡ ሥጋሆሙ ፡ ለቅዱሳን ፡ ሰማዕታት ። ቦእምኔሆሙ ፡ ዘፈነዎሙ ፡ ኀበ ፡ አህጉሪሆሙ ፡ ወካልአን ፡ እምኔሆሙ ፡ አንበሮሙ ፡ በመካን ፡ ንጹሕ ። ወአመ ፡ ፱ለወርኃ ፡ ሐምሌ ፡ ተጋብኡ ፡ ኀቤሁ ፡ አግብርቲሁ ። ሶበ ፡ መጽኡ ፡ እምሀገረ ፡ ሰማዕታት ፡ ዘኮኑ ፡ ሖሩ ፡ ለአስተፋንዎቶሙ ። ወአዘዘሙ ፡ ከመ ፡ ያስተዳልዉ ፡ አሕማረ ፡ ሎቱ ፡ ወለኵሎሙ ፡ ማኅበሩ፡ኒሁ ። ወኮነ ፡ ኍልቆሙ ፡ ፲፪ወ፳፪ወ፴ነፍሳት ፡ እሊአሁ ፡ ለቅዱስ ፡ ዮልዮስ ፡ ወተፅዕኑ ፡ ኵሎሙ ፡ ላዕለ ፡ ሐመር ። ወቅዱስሂ ፡ ሰማዕት ፡ ተፅዕነ ፡ ምስሌሆሙ ፡ ወበጽሑ ፡ ሀገረ ፡ ጠዋ ፡ እንዘ ፡ ይሴብሕዎ ፡ ለእግዚአብሔር ። ጸሎቱ ፡ ለዝ ፡ ሰማዕት ፡ ዮልዮስ ፡ መስተጋድል ፡ ይዕቀበ ፡ እመሣግሪሁ ፡ ለሰይጣን ፡ ሕጉል ፡ ለፍቁሩ ፡ ወይመግበ ፡ በሣህል ፡ ለዓለመ ፡ ዓለም ፡ አሜን ።

ሣልስ ፡ ጉባኤ ፡ ዘቆመ ፡ ውስቴታ ፡ ቅዱስ ፡ ዮልዮስ ፡ በሀገረ ፡ ጠዋ ። ወተኰነነ ፡ በእንተ ፡ ፍቅረ ፡ እግዚእነ ፡ ኢየሱስ ፡ ክርስቶስ ፡ ወፈጸመ ፡ ባቲ ፡ ስምዖ ፡ ሠናየ ። ጸሎቱ ፡ ወሀብተ ፡ ረድኤቱ ፡ ትኩን ፡ ምስለ ፡ ፍቁሩ ፡ በኵሉ ፡ መዋዕል ፡ ለዓለመ ፡ ዓለም ፡ አሜን ።

ወሶበ ፡ በጽሑ ፡ ሀገረ ፡ ጠዋ ፡ ረከቡ ፡ ህየ ፡ ሐመረ ። ምሉአን ፡ ሰ

ብእ ፡ ውስቴታ ፡ ዘመጽኡ ፡ እምውስተ ፡ ኵሉ ፡ መካን ፡ እንዘ ፡ ይፈቅዱ ፡ መዊተ ፡ በእንተ ፡ ስመ ፡ እግዚእነ ፡ ኢየሱስ ፡ ክርስቶስ ። ወሰሚዖሙ ፡ ሕዝብ ፡ ከመ ፡ መጽአ ፡ ዮልዮስ ፡ ወፅኡ ፡ ለቀበላሁ ፡ ከመ ፡ ይስግዱ ፡ ሎቱ ። ወከማሁ ፡ ዓዲ ፡ ታኡፍንዮስ ፡ መኰንን ፡ ወፅአ ፡ ለቀበላሁ ፡ በዐቢይ ፡ ክብር ፡ እስመ ፡ የአምር ፡ ከመ ፡ ክቡር ፡ ውእቱ ፡ * f. 52 v ወዓርከሙ ፡ ለነገሥት ። ወመ*ምክሮሙ ፡ ወክቡር ፡ ፈድፋደ ፡ በኀቤሆሙ ።

ወአውሥአ ፡ ብፁዕ ፡ ዮልዮስ ፡ ወይቤሎ ፡ አይቴ ፡ ውእቱ ፡ እለ ፡ እስክንድሮስ ፡ እኁከ ፡ ከመ ፡ ይፍትሐሙ ፡ ለቅዱሳን ፡ እስመ ፡ ይጸንሕዎሙ ፡ መላእክት ። ወይቤሎ ፡ ለቅዱስ ፡ ዮልዮስ ፡ ድውይ ፡ ውእቱ ፡ ኦእግዚእየ ፡ ወለሊሁ ፡ ዓዲ ፡ ይቤ ፡ አንሰ ፡ ኢይቀትል ፡ መነሂ ፡ እምክርስቲያን ፡ እምይእዜ ። እስመ ፡ ተመልአት ፡ ኵላ ፡ ምድረ ፡ ግብጽ ፡ እምሥጋ ፡ መሰርያን ። ወሶበ ፡ ሰምዓ ፡ ቅዱስ ፡ ዮልዮስ ፡ ዘንተ ፡ አዘዘሙ ፡ ለአግብርቲሁ ፡ ከመ ፡ ይምልሑ ፡ አስይፍቲሆሙ ፡ ወይሑሩ ፡ ኀበ ፡ ሀሎ ፡ እለ ፡ እስክንድሮስ ፡ ወይክልሑ ፡ እንዘ ፡ ይብሉ ፡ ከመዝ ፡ ይቤለከ ፡ እግዚእነ ፡ ዮልዮስ ፡ እመሰ ፡ ኢትፈትሕ ፡ ላዕለ ፡ እሉ ፡ ሕዝብ ፡ እለ ፡ ሀለዉ ፡ ውስተ ፡ ዛቲ ፡ ሐመር ። ወእመ ፡ አኮ ፡ እቀትለከ ፡ አነ ፡ ምስለ ፡ ኵሎሙ ፡ ሠራዊትከ ። ወሖሩ ፡ ማኅበሩ ፡ ዮልዮስ ፡ ወነገርዎ ፡ ለመኰንን ፡ በከመ ፡ አዘዘሙ ፡ ዮልዮስ ፡ ወሶበ ፡ ሰምዓ ፡ ዘንተ ፡ እምኔሆሙ ፡ አዘዘ ፡ እለእስክንድሮስ ፡ ለእኁሁ ፡ አውፉንዮስ ፡ ከመ ፡ ይፍታሕ ፡ ላዕሌሆሙ ፡ ወላዕለ ፡ ኵሎሙ ፡ እለ ፡ ይነብሩ ፡ ሙቁሐነ ፡ ውስተ ፡ ቤተ ፡ ሞቅሕ ። ወመተሩ ፡ አርእስቲሆሙ ። ወከመዝ ፡ ፈጸሙ ፡ ስምዖሙ ፡ ወነሥኡ ፡ አክሊላተ ፡ ቅዱሳተ ፡ ዘኢይማስን ፡ በመንግሥተ ፡ ሰማያት ፡ አመ ፡ ፳ወ፫ለወርኃ ፡ ሐምሌ ። ትንብልናሆሙ ፡ ይዕቀቦ ፡ ለፍቁሮሙ ፡ በኵሉ ፡ መዋዕል ፡ ለዓለመ ፡ ዓለም ፡ አሜን ።

ወኮነ ፡ ኍልቆሙ ፡ ፻፳ወ፴ወ፫ነፍስ ፡ ወገነዘ ፡ ሥጋሆሙ ፡ ለኵሎሙ ፡ በአልባስ ፡ ክቡራት ። ወጸሐፈ ፡ አስማቲሆሙ ፡ ለኵሎሙ ። በእምኔሆሙ ፡ ዘፈነወ ፡ ሥጋሆሙ ፡ ኀበ ፡ አህጉሪሆሙ ። ወቦ ፡ እምኔ

ሆሙ ፡ ዘኃደጎሙ ፡ ኀቡአነ ፡ በሀገረ ፡ ጠዋ ፡ በመካን ፡ ዘተመትረ ፡ አርእስቲሆሙ ። ወእምድኅረ ፡ ፍጻሜ ፡ ስምዖሙ ፡ ለእሉ ፡ ሰማዕታት ፡ ቅዱሳን ፡ አስተርአዮ ፡ እግዚእነ ፡ ኢየሱስ ፡ ክርስቶስ ፡ ለብፁዕ ፡ ወቅዱስ ፡ ዮልዮስ ፡ ወይቤሎ ፡ ተፈሣሕ ፡ አፍቁርየ ፡ ዮልዮስ ፡ ሰላም ፡ ለከ ፡ ወለኵሉ ፡ ምግባርከ ፡ ዘበአማን ፡ ኮንከ ፡ ዓርከ ፡ ምእመነ ፡ ከመ ፡ አብርሃም ፡ ርእሰ ፡ አበው ። ወአዕረገ ፡ ሥጋከ ፡ መሥዋዕተ ፡ ከመ ፡ ይስሐቅ ፡ ሠውዕ ፡ ዘበአማን ። ወነደቀ ፡ ሊተ ፡ መቅደሳተ ፡ ቅዱሳተ ፡ በውስተ ፡ ኵሉ ፡ መካን ፡ ከመ ፡ ያዕቆብ ፡ እስራኤል ፡ አንተ ፡ ይእቲ ፡ ሥጋ ፡ ቅዱሳን ፡ ሰማዕት ። ወሴሰይከ ፡ ሕዝበ ፡ ከመ ፡ ዮሴፍ ፡ ጠቢብ ። ወተትሕትከ ፡ ከመ ፡ ሙሴ ፡ በዓለ ፡ ሕግ ። ወተወከፍከ ፡ ኀቤከ ፡ ሰማዕታተ ፡ በተዓግሦ ፡ ከመ ፡ ኢዮብ ፡ ጻድቅ ። ወአንሀልከ ፡ ኑኃ ፡ ጣዖታት ፡ ከመ ፡ ጌዴዎን ። ወአጥፋእከ ፡ አምልኮቶሙ ፡ ከመ ፡ ዳንኤል ፡ ነቢይ ፡ በውስተ ፡ ባቢሎን ። ወአዕረገ ፡ መሥዋዕተከ ፡ ኀቤየ ፡ ከመ ፡ ቆርኔሌዎስ ፡ ሀቤ ፡ ፱ ። ወገነዝከ ፡ ሥጋ ፡ ቅዱሳን ፡ ከመ ፡ ጦቢት ። ወጸሐፍከ ፡ ገድሎሙ ፡ ለኵሎሙ ፡ ከመ ፡ ሉቃስ ። አንሣእከ ፡ ሙታነ ፡ ከመ ፡ ጴጥሮስ ፡ ሊቀ ፡ ሐዋርያት ፡ ወረሰይከሙ ፡ ለሐንካሳን ፡ ይሑሩ ፡ ከመ ፡ ዮሐንስ ፡ ድንግል ። መኑ ፡ በውስተ ፡ ኵሎሙ ፡ ቅዱሳን ፡ *ዘኮነ ፡ ከማከ ፡ አፍቁረ ፡ አቡየ ፡ ወመንፈስ ፡ ቅዱስ ። እብለከ ፡ አ * f. 53 r
ኃሩይየ ፡ ዮልዮስ ፡ እስመ ፡ ኵሉ ፡ ቤት ፡ ዘያነብሩ ፡ ውስቴታ ፡ መጽሐፈ ፡ ገድልከ ፡ አነ ፡ እባርካ ። ወእለሂ ፡ ይጽሕፉ ፡ መጽሐፈ ፡ ስምዕከ ፡ አነ ፡ እጽሕፍ ፡ ስሞሙ ፡ ውስተ ፡ መጽሐፈ ፡ ሕይወት ። ወይእዜኒ ፡ አፍቁርየ ፡ ሑር ፡ ኀበ ፡ እለ ፡ እስክንድሮስ ፡ ወበሎ ፡ እመሰ ፡ ትፈቅድ ፡ ከመ ፡ አሰስል ፡ እምኔከ ፡ ዛተ ፡ ደዌ ፡ ዘታፃምወከ ፡ ፃእ ፡ ወፍታሕ ፡ ላዕሌየ ፡ ወላዕለ ፡ አኃውየ ፡ ወአግብርትየ ። ወሶበ ፡ ይሰምዕ ፡ እምኔከ ፡ ዘንተ ፡ ይትሀወክ ፡ ጥቀ ፡ ውእቱ ፡ ወታኡፋንዮስሂ ፡ እኁሁ ፡ ምስሌሁ ። ወይብል ፡ ከመዝ ፡ አሌ ፡ ሊተ ፡ አእግዚእየ ፡ ዮልዮስ ፡ አኮኑ ፡ አንተ ፡ ዓርከ ፡ ነገሥት ፡ ወመምክሮሙ ፤ መኑ ፡ ውእቱ ፡ ዘአገበረከ ፡ አእግዚእየ ፡ ከመ ፡ ትግበር ፡ ግብረ ፡ ዘእንበለ ፡ ፈቃድከ ። አኮኑ ፡ አንተ ፡ ዘወሀብከነ ፡ እሎንተ ፡ ሢመታተ ፡ ሶበ ፡ መጻእነ ፡ ኀ

ቤከ ፡ ሀገረ ፡ እስክንድርያ ፡ ወሕይወቶሙ ፡ ለአማልክት ፡ መዋዕያን ፡ ወነገሥት ፡ አዚዛን ፡ አንሰ ፡ ኢይፈትሕ ፡ ላዕሌከ ። ወሐራዊሂ ፡ ኢይወድዩ ፡ አስይፍቲሆሙ ፡ ላዕሌከ ፡ እስከ ፡ ለዓለም ። ወኢ ፡ ላዕለ ፡ ፩ሂ ፡ እምእሊአከ ። ወሶበ ፡ ይቤለከ ፡ ዘንተ ፡ አነ ፡ አመጽእ ፡ ላዕሌሁ ፡ መንፈሰ ፡ ርኩሰ ፡ ይኰንኖ ፡ ወይሐኪ ፡ ልሳኖ ፡ ወሥጋሁ ፡ ወይፃሙ ፡ ጥቀ ፡ እምነ ፡ ሰይጣን ፡ ዘኅዱር ፡ ውስቴቱ ። ወከመዝ ፡ ይጽሕፍ ፡ ፍጻሜ ፡ ገድልከ ፡ ምስለ ፡ ኵሎሙ ፡ እለ ፡ ሀለዉ ፡ ምስሌከ ። ወበዝንቱ ፡ ትፌጽም ፡ ስምዓከ ፡ በሰላም ፡ ወተዓርግ ፡ ኀቤየ ፡ ኀበ ፡ መዛግብት ፡ ሠናያትየ ፡ ዘድልው ፡ ለከ ፡ ወአግብርቲከ ። ወለአስታንከስሂ ፡ ወአጥራኒፎስ ፡ አዓቅቦሙ ፡ አነ ፡ ይትርፉ ፡ ወኢይትቀተሉ ፡ ከመ ፡ ይግንዙ ፡ ሥጋከ ፡ ወሥጋ ፡ ወልድከ ፡ ወእኁከ ፡ ወይዕቀብዎመ ። እስከ ፡ ይወስድዎሙ ፡ ሀገረ ፡ እስክንድርያ ። ወያነብርዎሙ ፡ ኀበ ፡ ሥጋ ፡ አግናኒቆስ ። ወዮሐንስ ፡ እኁሁ ፡ ሐራ ፡ እስክንድራዊያን ፡ እሉ ፡ እለ ፡ ፈጸሙ ፡ ስምዖሙ ፡ በሣልስ ፡ ዓመት ፡ ስደት ፡ ዘመንግሥተ ፡ ዲዮቅልጥያኖስ ፡ ዕልው ። ወነሥኡ ፡ ሥጋሆሙ ፡ ንጽሕተ ፡ ወአንበርዎሙ ፡ ታሕተ ፡ ኰኵሕ ፡ በመካን ፡ ዘፈጸመ ፡ ውስቴታ ፡ ስምዖ ፡ ቅዱስ ፡ ማርቆስ ፡ ወንጌላዊ ። ወአልቦ ፡ መኑሂ ፡ ዘየአምር ፡ ውእተ ፡ መካነ ፡ ዘእንበለ ፡ አስታንከስ ፡ ዓቃቤ ፡ ቤተ ፡ ክርስቲያን ፡ ዘማርቆስ ፡ ወንጌላዊ ፡ ወእለ ፡ እስክንድሮስ ፡ ወልዱ ። ወእሙንቱ ፡ ይነሥኡ ፡ ሥጋከ ፡ ቅዱሰ ፡ ወሥጋ ፡ ወልድከ ፡ ወእኁከ ። ወያነብርዎሙ ፡ ኀበ ፡ ሥጋሆሙ ፡ ወይትከሠት ፡ እምኔሁ ፡ ኃይላት ፡ ወተአምራት ፡ ወመንክራት ። አማን ፡ እብለከ ፡ አፍቁርየ ፡ ዮልዮስ ፡ ኵሉ ፡ ብእሲ ፡ ዘይጽሕፍ ፡ ፃማከ ፡ ወገድለከ ፡ ወኵሎ ፡ ሠናያተ ፡ ዘገበርከ ፡ ምስለ ፡ ቅዱሳን ፡ አነ ፡ እከድኖሙ ፡ በሕይወቶሙ ፡ ወኢይቀርብ ፡ ኀቤሆሙ ፡ ምንትኒ ፡ እምፍትወታተ ፡ ሰይጣን ፡ ለግሙራ ። ወሶበሂ ፡ ይወፅኡ ፡ እምዝንቱ ፡ ዓለም ፡ አነ ፡ አበውኦሙ ፡ ውስተ ፡ መንግሥትየ ፡ ወእሁቦሙ ፡ ለከ ፡ ከመ ፡ ይትፈግዑ ፡ ምስሌከ ፡ በመንግሥትየ ። ወኵሉ ፡ ዘይገብር ፡ ምሕረተ ፡
* f. 53 v ምስለ ፡ ነዳያን ፡ በዕለተ ፡ ተዝካርከ ፡ ቅድስ*ት ፡ ኢይከውን ፡ ውስተ ፡ ቤቱ ፡ ረኃብ ፡ ወኢሕማመ ፡ ብድብድ ፡ እስከ ፡ ለዓለም ። ወእለሂ ፡ ያ

በውኡ ፡ ቍርባነ ፡ ወማኅቶተ ፡ በአምጣነ ፡ ክሂሎቶሙ ፡ ለቤተ ፡ ክርስቲያን ፡ በዕለተ ፡ ተዝካርከ ፡ አነ ፡ እገብር ፡ ምስሌሆሙ ፡ ምሕረተ ፡ በኵሉ ፡ መዋዕለ ፡ ሕ[ይ]ወቶሙ ። ወሶበሂ ፡ ይወፅኡ ፡ እምዝንቱ ፡ ዓለም ፡ አነ ፡ አበውአሙ ፡ ውስተ ፡ መንግሥትየ ፡ ከመ ፡ ያብዕሉ ፡ ምስለ ፡ ኵሎሙ ፡ ቅዱሳን ። ወአነ ፡ እገብር ፡ ምስሌከ ፡ ጸጋ ፡ ዐቢየ ፡ አፍቁርየ ፡ ዮልዮስ ፡ ዘኢገበርኩ ፡ ከማሃ ፡ ምስለ ፡ መኑሂ ፡ እምቅዱሳን ፡ ዘፈጸሙ ፡ ስምዖሙ ፡ እምቅድሜከ ። እመበ ፡ ብእሲ ፡ ዘወድቀ ፡ ውስተ ፡ ኃጢአተ ፡ ሥጋ ፡ ወይትመየጥ ፡ በአሐቲ ፡ ዕለት ፡ ወይገዕር ፡ እንዘ ፡ ይብል ። አአምላከ ፡ ቅዱስ ፡ ዮልዮስ ፡ ስረይ ፡ ሊተ ። ወለልየ ፡ ስምዕ ፡ ላዕሌየ ፡ ከመ ፡ አነ ፡ ኢይትመየጥ ፡ እዝከር ፡ ሎቱ ፡ ኃጢአውኢሁ ፡ እመ ፡ ኢተመይጠ ፡ ኀቤሁ ፡ ዳግመ ፡ ወእጼግወከ ፡ ለከ ። ወለእንታክቲሂ ፡ ኃጢአት ፡ ኢይትመየጥ ፡ እዝከራ ፡ ወአነ ፡ እኤዝዝ ፡ መልአኪየ ፡ ይዕቀበ ፡ በኵሉ ፡ ፍናው ። እስመ ፡ ውእቱ ፡ በፅዓ ፡ ላዕለ ፡ ነፍሱ ፡ ከመ ፡ ያእምር ፡ ኵሎ ፡ ኃይለ ፡ ዐቢየ ፡ ዘእገብር ፡ በስምከ ። ወእለሂ ፡ የሐውሩ ፡ ውስተ ፡ ባሕር ። አው ፡ ውስተ ፡ አፍላግ ። አው ፡ ውስተ ፡ ኵሉ ፡ ፍናዋት ። አው ፡ ዘሀሎ ፡ ውስተ ፡ ኵሉ ፡ ምንዳቤ ፡ ሶበ ፡ ይዜከሩ ፡ ስመከ ፡ ወይተነብሉ ፡ ብከ ፡ እረድአሙ ፡ አነ ፡ ወኢየኃድጎሙ ፡ እስከ ፡ ለዓለም ። ወናሁ ፡ ከሠትኩ ፡ ለከ ፡ ኵሎ ፡ ግብረ ፡ አፍቁርየ ፡ ዮልዮስ ፡ ሰላምየ ፡ የሀሉ ፡ ምስሌከ ፡ እስከ ፡ ለዓለም ።

ክፍል ፡ ፲ወ፩ ። ወዘንተ ፡ ብሂሎ ፡ መድኃኒነ ፡ ኄር ፡ ሰዓሞ ፡ ወዓርገ ፡ ውስተ ፡ ሰማያት ፡ በዐቢይ ፡ ስብሐት ። ወተንሥአ ፡ ብፁዕ ፡ ዮልዮስ ፡ በፍሥሐ ፡ ዐቢይ ፡ ወሖረ ፡ ኀበ ፡ እለ ፡ እስክንድሮስ ፡ ወእኁሁ ፡ ታኡፋንዮስ ። ወይቤሎ ፡ ለእለ ፡ እስክንድሮስ ፡ አእምር ፡ እመሰ ፡ ኢፈታሕከ ፡ ላዕሌየ ። ወእመ ፡ አኮ ፡ ኢትድኅን ፡ እምዝንቱ ፡ ደዌ ። ወባሕቱ ፡ ይፀንዕ ፡ ላዕሌከ ፡ ፈድፋደ ። ወናሁ ፡ ይእዜ ፡ ቀርቡ ፡ መዋዕል ፡ ከመ ፡ ትብጥል ፡ አምልኮትክሙ ፡ ርኵስት ። ወይእዜኒ ፡ ፍታሕ ፡ ላዕሌየ ፡ ወላዕለ ፡ ኵሎሙ ፡ እለ ፡ ሀለዉ ፡ ምስሌየ ፡ አምጣነ ፡ ሀሎ ፡ ገድል ። ወሶበ ፡ ሰምዓ ፡ እለ ፡ እስክንድሮስ ፡ ዘንተ ፡ ነገረ ፡

እምነ ፡ ቅዱስ ፡ ወብፁዕ ፡ ዩልዩስ ፡ ተሀውከ ፡ ወመሐለ ፡ እንዘ ፡ ይብል ፡ እምሕል ፡ በአማልክት ፡ መዋዕያን ። ወነገሥት ፡ አዚዛን ፡ አንሰ ፡ ኢይፈትሕ ፡ ላዕሌክሙ ፡ እስከ ፡ ለዓለም ። ወኢያነብር ፡ መኑሂ ፡ እምነ ፡ ሐራየ ፡ ሰይፎ ፡ ላዕለ ፡ ፩ሂ ፡ እም[እ]ሊአከ ። ትፈቅዱኑ ፡ አእግዚእየ ፡ እሙት ፡ በእንቲአከ ። መኑ ፡ ውእቱ ፡ እምነ ፡ ነገሥት ፡ አው ፡ እምነ ፡ መኳንንት ፡ ወመሳፍንት ፡ ዘአገበረከ ፡ ከመ ፡ ታዕርግ ፡ ዕጣነ ። አው ፡ መኑ ፡ ዘአምጽአከ ፡ ዝየ ። አው ፡ አይኑ ፡ መልእክት ፡ ዘሀሎ ፡ ውስተ ፡ እዴከ ፡ እምኀበ ፡ ነገሥት ፡ ወፈነወከ ፡ ኀቤየ ፡ እፍታሕ ፡ ላዕሌከ ፡ ከመ ፡ ትኩን ፡ በእዴየ ፡ ምክንያተ ፡ ለአድኅኖትየ ። ወእፎ ፡ ነበርከ ፡ ዘንተ ፡ ኵሎ ፡ መዋዕለ ፡ እንዘ ፡ ትገንዝ ፡ ሥጋ ፡ አዕሩረ ፡ ነገሥት ፡ ወአማልክት ፡ ወኢፈትሑ ፡ ላዕሌከ ፡ አሐተ ፡ ዕለተ ። ወይእዜኒ ፡ አእግዚእየ ፡ ዩልዩስ ፡ ሊተሰ ፡ አልብየ ፡ ዘእንበለ ፡ አሐቲ ፡ ሢመት ።
* f. 54 r ወኢይክል ፡ እግበር ፡ ዘንተ ፡ ዘእንበለ ፡ ት*እዛዝ ፡ ዘየዓቢ ፡ እምኔየ ። ወይቤሎ ፡ ቅዱስ ፡ ዩልዩስ ፡ እስመ ፡ እግዚአብሔር ፡ ፈትሐ ፡ ላዕለ ፡ ዐቢይ ፡ ወንኡስ ፡ እምኔክሙ ። ከመ ፡ ኢይትመየጥ ፡ ይዝክር ፡ ስመ ፡ ጣዖታት ፡ እስከ ፡ ለዓለም ። ዘእንበለ ፡ በዛቲ ፡ ሀገር ፡ በሕቲታ ፡ ወአኮ ፡ በካልእ ፡ መካን ። ወይቤሎ ፡ እለ ፡ እስክንድሮስ ፡ ለቅዱስ ፡ ዩልዩስ ፡ አንተ ፡ ውእቱ ፡ ዘትብል ፡ ዘንተ ፡ ከመ ፡ አማልክት ፡ ወአምልኩቶሙ ፡ ይበጥል ፡ ወያስተርኢ ፡ ገሊላዊ ፡ ወያመልክዎ ። ወዘንቱሰ ፡ ኢይከውን ፡ አእግዚእየ ፡ ዩልዩስ ። ወሰበ ፡ ይቤ ፡ ዘንተ ፡ መኰንን ፡ ቀነጸ ፡ ላዕሌሁ ፡ መንፈስ ፡ ርኩስ ፡ ወሕሱም ፡ ጥቀ ። ወሐነቆ ፡ እስከ ፡ በልዓ ፡ ሥጋሁ ። ወኮነ ፡ ይረውጽ ፡ ድኅረ ፡ ሐራ ፡ ወያወፅአሙ ፡ በትእዛዝ ፡ ሰይጣን ፡ ሙሱን ። ወአውሥአ ፡ ቅዱስ ፡ ዩልዩስ ፡ ወይቤ ፡ አእለ ፡ እስክንድሮስ ፡ እመ ፡ ኢትፈትሕ ፡ ላዕሌየ ፡ ወላዕለ ፡ ኵሎመ ፡ እለ ፡ ሀለዉ ፡ ምስሌየ ። ወእመ ፡ አኮሰ ፡ ኢትድኅን ፡ አንተ ፡ እምዝንቱ ፡ መንፈስ ፡ ርኩስ ። ወሶቤሃ ፡ ነበረ ፡ እምነ ፡ ፍርሃት ፡ ወጸሐፈ ፡ ፍጻሜ ፡ ስምዑ ፡ ለቅዱስ ፡ ዩልዩስ ፡ እንዘ ፡ ይብል ። እስመ ፡ ዝንቱ ፡ ዩልዩስ ፡ ረዳኢ ፡ ዘአቅፋህስ ፡ ፍቁረ ፡ ነገሥት ፡ ወዩንያስ ፡ እኁሁ ። ወቴዎድሮስ ፡ ወልዱ ፡ ወአግብርቲሁ ፡ ወኵሎሙ ፡ ማኅበሩኒሁ ። እስ

መ ፡ ዘእንበለ ፡ ፈቃድየ ፡ ወሥምረትየ ፡ አገበረኒ ፡ ከመ ፡ እጽሐፍ ፡ ፍጻሜ ፡ ስምዑ ፡ ወገድሉ ። ወእምትር ፡ ርእሶ ፡ ምስለ ፡ ኵሎሙ ፡ እለ ፡ ሀለዉ ፡ ምስሌሁ ። ወይእዜኒ ፡ ንጹሐን ፡ ንሕነ ፡ እምደሙ ፡ ወእምፍትሐ ፡ ወመጠወ ፡ መልእክተ ፡ ለሊቃውንተ ፡ ሀገረ ፡ ጠዋ ።

ወነሥእዎሙ ፡ ሐራ ፡ ለቅዱስ ፡ ዮልዮስ ፡ ወለቴዎድሮስ ፡ ወልዱ ። ወዮንያስ ፡ እኁሁ ፡ ኀበ ፡ መከን ፡ በባሕቲቶሙ ፡ ከመ ፡ ይምትሩ ፡ ርእሶሙ ፡ ቅድስተ ። ወናሁ ፡ እግዚእነ ፡ ኢየሱስ ፡ ክርስቶስ ፡ ወረደ ፡ እምሰማይ ፡ ምስለ ፡ ማኅበረ ፡ ቅዱሳን ፡ እሉ ፡ ዘጸሐፈ ፡ ቅዱስ ፡ ዮልዮስ ፡ ገድሎሙ ፡ ወፃማሆሙ ፡ ዘተወከፍዎ ፡ በእንተ ፡ ስመ ፡ አምላከሙ ። ወቆመ ፡ ኀቤሁ ፡ መድኅን ፡ ወይቤሎ ፡ በቃል ፡ ዘምሉእ ፡ ፍሥሐ ። ሰላም ፡ ለከ ፡ አፍቁርየ ፡ ዮልዮስ ፡ ናሁ ፡ አምጻእኩ ፡ ምስሌየ ፡ ማኅበረ ፡ ቅዱሳን ፡ ከመ ፡ ይብጽሑ ፡ ለፍጻሜ ፡ ገድልከ ፡ ንጽሕት ። ወቀርቡ ፡ ኀቤሁ ፡ ኵሎሙ ፡ ቅዱሳን ፡ ለለ፩፩ ፡ ወተአምኅዎ ፡ እንዘ ፡ ይብሉ ። ሰላም ፡ ለከ ፡ ኦእኁነ ፡ ፍቁር ፡ አፍጥንኬ ፡ ከመ ፡ ትሑር ፡ በሰላም ። ወሶበ ፡ ይቤልዎ ፡ ዘንተ ፡ ቅዱሳን ፡ ሰማዕት ፡ መተሩ ፡ ሐራ ፡ ርእሶ ፡ ቅድስተ ። ወሰፍሐ ፡ መድኅን ፡ እዴሁ ፡ ወነሥአ ፡ ነፍሶ ፡ ንጽሕተ ፡ ወወደያ ፡ በልብሱ ፡ ወናዘዛ ። ወሰዓማ ፡ ወአዕረጋ ፡ ውስተ ፡ ሰማያት ፡ ምስለ ፡ ነፍሰ ፡ ቴዎድሮስ ፡ ወልዱ ። ወዮንያስ ፡ እኁሁ ። ወአግብርቲሁ ፡ ኵሎሙ ፡ ወለብሱ ፡ አክሊላተ ፡ ብርሃናውያተ ። ወመተሩ ፡ ሐራ ፡ አርእስተ ፡ ኵሎሙ ፡ እለ ፡ ነበሩ ፡ ምስሌሁ ፡ ዘእንበለ ፡ አስታንኮስ ፡ ወኤርናዎስ ፡ አግብርቲሁ ። ወከለለ ፡ መድኅን ፡ ነፍሳቲሆሙ ፡ ለኵሎሙ ፡ ቅዱሳን ። ወአስተቀ[ጸ]ለ ፡ አርእስቲሆሙ ፡ በአክሊላት ፡ ዘእምዕንቍ ። ወአዕረጎሙ ፡ ውስተ ፡ ሰማያት ፡ በዓቢይ ፡ ስብሐት ፡ እንዘ ፡ ይሔልዩ ፡ ቅድሜሆሙ ፡ መላእክት ፡ ወሊቃነ ፡ መላእክት ፡ ወኵሎሙ ፡ ሰማዕታት ። ወኮነ ፡ ዝንቱ ፡ አመ ፡ ፳ወ፪*ለወር * f. 54 v
ኃ ፡ መስከረም ። ወአስተንኮስሰ ፡ ወኤርናዎስ ፡ አግብርተ ፡ ቅዱስ ፡ ዮልዮስ ፡ ወሀቡ ፡ ለሐራ ፡ ፫ዲናረ ። ወነሥኡ ፡ ሥጋሆሙ ፡ ለሠለስቲሆሙ ፡ ቅዱሳን ፡ ሥጋ ፡ ቅዱስ ፡ ዮልዮስ ፡ ወሥጋ ፡ ወልዱ ፡ ወእኁሁ ። ወገነዝዎሙ ፡ ግንዘተ ፡ ሠናየ ። ወሥጋ ፡ ሰማዕታትሰ ፡ እለ ፡ ተ

ርፉ ፡ ኃደግዎሙ ፡ በሀገረ ፡ ጠዋ ፡ ወጸሩ ፡ ሥጋሆሙ ፡ ለ፫ቅዱሳን ፡ በውስተ ፡ ሐመር ፡፡ ወአብጽሕዎሙ ፡ ሀገረ ፡ እስክንድርያ ፡ ኀበ ፡ አውክርስጦስ ፡ ወልዱ ፡ ወገነዘ ፡ አውክርስጦስ ፡ ወልዱ ፡ ሥጋሆሙ ፡ በአልባስ ፡ ክቡራት ፡ ወኅሩያት ፡ በአልባሰ ፡ ሐሪር ፡ ወድዮ ፡ አፈዋት ፡ ብዙኃ ፡፡ ወአንበሮሙ ፡ ኀበ ፡ ሥጋ ፡ ቅዱሳን ፡ አጋታኒቆስ ፡ ወዮሐንስ ፡ ሐራ ፡ እስክንድራውያን ፡ ሰማዕታት ፡፡ ወእምድኅረ ፡ ኃለፈ ፡ መዋዕለ ፡ ስደት ፡ ሐነፀ ፡ ሎሙ ፡ ቤተ ፡ ክርስቲያን ፡ ሠናይተ ፡፡ ወአሠርገውዋ ፡ በኵሉ ፡ ሠርጕ ፡ ሠናይ ፡፡ ወአንበሩ ፡ ውስቴታ ፡ ሥጋሆሙ ፡ ለቅዱሳን ፡ እንዘ ፡ ይሴብሕዎ ፡ ለእግዚአብሔር ፡ እግዚእነ ፡ ኢየሱስ ፡ ክርስቶስ ፡፡ ወኍልቆሙስ ፡ ለእለ ፡ ኮኑ ፡ ሰማዕተ ፡ ምስለ ፡ ቅዱስ ፡ ዮልዮስ ፡ በእንተ ፡ ስመ ፡ እግዚእነ ፡ ኢየሱስ ፡ ክርስቶስ ፡ በሀገረ ፡ ሰምኑድ ፡ ፲፻ወ፮፻ወ፴ነፍስ ፡፡ ወበሀገረ ፡ አትሪብሂ ፡ ፳፻፵ወ፪ዘእንበለ ፡ ኮሞስ ፡ ወሀቤ ፡ ፲፻እለ ፡ ፈጸሙ ፡ ስምዖሙ ፡ በሀገረ ፡ እንጽና ፡ ውስተ ፡ እደ ፡ አርያኖስ ፡ መኰንን ፡፡ ወበሀገረ ፡ ጠዋሂ ፡ ፵፻ወ፳፻፹ወ፳ዘእንበለ ፡ ቅዱስ ፡ ዮልዮስ ፡፡ ወቴዎድሮስ ፡ ወልዱ ፡፡ ወዮንያስ ፡ እኍሁ ፡ ወ፳፻ ፡ አግብርት ፡ ሎቱ ፡ እሉ ፡ እለ ፡ ፈጸሙ ፡ ስምዖሙ ፡ ምስለ ፡ ቅዱስ ፡ ዮልዮስ ፡ ወኮነ ፡ ኍልቆሙ ፡ ለኵሎሙ ፡ ሰማዕታት ፡ እለ ፡ ኮኑ ፡ ሰማዕተ ፡ ምስለ ፡ ቅዱስ ፡ ዮልዮስ ፡ ፸ወ፱፻፸ወ፮ነፍስ ፡፡ ወተመጠዉ ፡ አክሊለ ፡ ዘኢይማስን ፡ እምእግዚእነ ፡ ኢየሱስ ፡ ክርስቶስ ፡ ዘሎቱ ፡ ይደሉ ፡ ክብር ፡ ወስብሐት ፡ ወሰጊድ ፡ ምስለ ፡ ኄር ፡ አቡሁ ፡ ወመንፈስ ፡ ቅዱስ ፡ ማኅየዊ ፡ ዘዕሩይ ፡ ምስሌሁ ፡ ይእዜኒ ፡ ወዘልፈኒ ፡ ወለዓለመ ፡ ዓለም ፡ አሜን ፡፡ ወአሜን ፡፡ ለይኩን ፡፡

ጸሎቱ ፡ ወበረከቱ ፡ ለዮልዮስ ፡ ሰማዕት ፡ ለፍቁሩ ፡ ዘወልደ ፡ ማርያም ፡ ይክፍሎ ፡ መንግሥተ ፡ ሰማያት ፡፡ ምስለ ፡ ጻድቃን ፡ ወሰማዕት ፡፡ ለዓለመ ፡ ዓለም ፡ አሜን ፡፡

II

MIRACOLI DI GIULIO DI AQFAHS

*በስመ ፡ አብ ፡ ወወልድ ፡ ወመንፈስ ፡ ቅዱስ ፡ ፩አምላክ ። ንዌጥን ፡ መጽሐፈ ፡ ዜናሁ ፡ ወተአምራቲሁ ፡ ለቅዱስ ፡ ዩልዮስ ፡ አበ ፡ ሰማዕታት ፡ ኵሉ ፡ እምድኅረ ፡ ተከለለ ፡ አክሊለ ፡ ስምዕ ። ሀብተ ፡ በረከቱ ፡ ትሩፍ ፡ የሀሉ ፡ ምስለ ፡ ፍቁሩ ፡ ዘወልደ ፡ ማርያም ፡ ለዓለመ ፡ ዓለም ፡ አሜን ። ወአሜን ። ለይኩን ። * f. 55 r

ስምዑ ፡ አኃው ፡ መፍቀርያነ ፡ ክርስቶስ ፡ እመሰ ፡ ኖሎት ፡ አባግዕ ፡ ያወፍሩ ፡ አባግዒሆሙ ፡ ኀበ ፡ ሠናይ ፡ ምርዓይ ፡ ከመ ፡ ይርአይዎሙ ፡ ህየ ። ወእምድኅረ ፡ ገብሩ ፡ ሎሙ ፡ ዘንተ ፡ ይበልዑ ፡ ወይጸግቡ ፡ እምይእቲ ፡ ምርዓይ ። ወእምዝ ፡ ይነድዕዎሙ ፡ ኀበ ፡ መከነ ፡ ምስታይ ፡ ይሬእይዎሙ ፡ ሶበ ፡ ይሰትዩ ፡ ወያዓነዝሩ ፡ ሎሙ ፡ በጐሬዒቶሙ ፡ በቃል ፡ ጥዑም ። ወእሙንቱኒ ፡ አባግዕ ፡ በእንተ ፡ ቃለ ፡ ማኅሌተ ፡ ኖሎት ፡ ሎሙ ፡ ይሰትዩ ፡ ወይትፌሥሑ ፡ እንበይነ ፡ ብዙኅ ፡ ተቀንዮ ፡ ኖሎት ፡ ሎሙ ። ወበዝ ፡ ኵሉ ፡ ኢያረምሙ ፡ በእንቲአሆሙ ፡ አላ ፡ ይነድዕዎሙ ፡ ወያስተጋብእዎሙ ፡ ኀበ ፡ መከነ ፡ ምጽላል ፡ ወታሕተ ፡ አዕዋም ። ወይነሥኡ ፡ ዕንዚራ ፡ ወያዓነዝሩ ፡ ሎሙ ። ወእሉ ፡ አባግዕ ፡ ሶበ ፡ ይሰምዑ ፡ ቃለ ፡ ኖሎት ፤ ይትመየጡ ፡ ወያንፈርዕፁ ፡ ወይቀንፁ ፡ እምነ ፡ ፍሥሐ ። ወከማሁ ፡ አነ ፡ ሐካይ ፡ እለእስክንድሮስ ፡ ዘተሠየምኩ ፡ ላዕሌክሙ ፡ ኖላዌ ፡ ዘእንበለ ፡ ድልወትየ ፡ አንትሙ ፡ አባግዒሁ ፡ ለኖላዊ ፡ ነባቢ ። ወእፈቅድ ፡ ከመ ፡ እሚጥክሙ ፡ እምነ ፡ ኵሉ ፡ ፍኖት ፡ እኪት ። ወአብጽሕክሙ ፡ ኀበ ፡ ምጽላል ፡ ወዓባይ ፡ ዮም ፡ እንተ ፡ ይእቲ ፡ ቤተ ፡ ክርስቲያን ፡ ቅድስት ። ወእርአይክሙ ፡ ውስተ ፡ ምርዓይ ፡ ሠናይ ፡ እንተ ፡ ይእቲ ፡ ትምህርት ፡ መንፈሳዊት ። ወአዓነዝር ፡ ለክሙ ፡ እንበይነ ፡ ተዝካረ ፡ ዩልዮስ ፡ ቅዱስ ፡ ዘአስተጋብአነ ፡ ዮም ፡ ኀበ ፡ ዝንቱ ፡ መካን ፡ ቅዱስ ፡ በሀልዎ

ተ ፡ ዐቢይ ፡ ዘበአማን ፡ በውስተ ፡ ሰማዕታት ፡ ቅዱሳን ፡ ወፈድፋደ ፡ አበ ፡ ኵሎሙ ፡ ሰማዕታት ፡ ቅዱስ ፡ ዮልዮስ ። ዝውእቱ ፡ ዘተጋደለ ፡ ፈድፋደ ፡ ውስተ ፡ ዓውደ ፡ ምኵናን ፡ ወዓቀበ ፡ ሃይማኖቶ ፡ ሠናየ ። ወነሥአ ፡ አክሊለ ፡ ዘኢይማስን ፡ እምኀበ ፡ እግዚእነ ፡ ኢየሱስ ፡ ክርስቶስ ።

ወእፈቅድ ፡ ይእዜ ፡ ሶበ ፡ ርኢኩ ፡ ፍሥሐ ፡ ተጋብአትክሙ ፡ ክብርት ፡ አሐውስ ፡ አርጋኖን ፡ ልሳንየ ፡ ወአቀድም ፡ ወድሶተ ፡ ቅዱስ ፡ ዮልዮስ ፡ ወእዜኑ ፡ ንስቲተ ፡ እምነ ፡ ኃይሉ ፡ ዐቢይ ፡ አምጣነ ፡ ይሁበኒ ፡ ክርስቶስ ፡ ፈልፈለ ፡ ሕይወት ። እስመ ፡ ንሕነ ፡ ኢኮነ ፡ ድልዋነ ፡ ከመ ፡ ንንብብ ፡ ኵሎ ፡ ኃይሎ ፡ በፈጽሞ ፡ ዳእሙ ፡ ይኄይስ ፡ ከመ ፡ ነሀብ ፡ ንስቲተ ፡ እምነ ፡ ዘኢይሁብ ፡ ምንትኒ ፡ ጥቀ ። አነ ፡ እስእለክሙ ፡ አሕዝብ ፡ ክቡራን ፡ ከመ ፡ ትትራድኡኒ ፡ በዝንቱ ፡ ድርሳን ፡ ከመ ፡ ያርኁ ፡ ክርስቶስ ፡ ልብየ ። ከመ ፡ አውሥእ ፡ ነገረ ፡ ሠናየ ፡ ለሰማዕያን ፡ እስመ ፡ ከመ ፡ ሕዝብ ፡ የኃሥሡ ፡ ካህነ ፡ ከመ ፡ ይጸሊ ፡ በእንቲአሆሙ ፡ ኀበ ፡ እግዚአብሔር ፡ ከመ ፡ ይስረይ ፡ ሎሙ ፡ ኃጣውኢሆሙ ። ወከማሁ ፡ ካዕበ ፡ ካህንኒ ፡ የኃሥሥ ፡ ወይትመኃፀን ፡ በጸ * f. 55 v ሎተ ፡ ጻድቅ ፡ ከመ ፡ ይስአል ፡ ሎቱ ፡ ኵሎ ፡ *ጊዜ ፡ ከመ ፡ ይትዓቀብ ፡ በሃይማኖት ፡ አርቶዶክሳዊት ፡ እስከ ፡ ነፍስ ፡ ደኃሪት ።

ወእንተሰ ፡ ዘናብዕል ፡ ሎቱ ፡ ዮም ፡ ኢኮነ ፡ ውእቱ ፡ ብእሴ ፡ ዕውረ ፡ ወኢ ፡ ብእሴ ፡ ዓሳበ ፡ ዘየሐዩ ፡ በግብረ ፡ እደዊሁ ፡ ዘድካመ ፡ ዝንቱ ፡ ዓለም ። ዳእሙ ፡ ኀደገ ፡ ዘንተ ፡ ዓለመ ፡ ወኵሎ ፡ ዘሀሎ ፡ ውስተ ፡ ዓለም ። ወሞተ ፡ በእንተ ፡ ስመ ፡ እግዚእነ ፡ ኢየሱስ ፡ ክርስቶስ ፡ እስመ ፡ ውእቱ ፡ ሊቅ ፡ ዐቢይ ፡ በመንግሥተ ፡ ሰማያት ፡ ወዓርከሙ ፡ ውእቱ ፡ ለነገሥተ ፡ ምድር ። ወካዕበ ፡ ባዕል ፡ ውእቱ ፡ በንዋየ ፡ ዝንቱ ፡ ዓለም ፡ በወርቅ ፡ ወበብሩር ፡ በአግብርት ፡ ወአእማት ፡ ብዙኅ ። ወፈድፋደሰ ፡ ልዑል ፡ በመንግሥተ ፡ ሰማያት ፡ ወባዕል ፡ ስፉሕ ፡ ውስተ ፡ መካነ ፡ ዕረፍት ፡ ብዙኅ ፡ ዘይበዝኅ ፡ እምነ ፡ ካልአን ፡ ጻድቃን ፡ በእንተ ፡ ዘኃደገ ፡ ንዋየ ፡ ዝንቱ ፡ ዓለም ፡ ዘየኃልፍ ፡ ወይማስን ፡ ፍጡነ ፡ ወአፍቀረ ፡ ርስተ ፡ ዘይነብር ፡ ለዓለም ። እመ ፡ ትቤ ፡

በምንት ፡ ወበአይ ፡ መክፈልት ፡ ወረሰ ፡ መዝገበ ፡ ዘይነብር ፡ ለዓለመ ፡ ዓለም ። አነ ፡ እነግረከ ፡ አፍቁር ፡ በእንተ ፡ ጸውዖቱ ፡ ነዳያነ ፡ ወበረከታት ፡ ሰማዕታት ፡ ቅዱሳን ። ወጸውዖቱ ፡ እኁለ ፡ ማውታ ፡ ወሐውጾ ፡ እሱራን ፡ እለ ፡ ውስተ ፡ ቤተ ፡ ሞቅሕ ። ወእለሂ ፡ ተሰዱ ፡ እሉ ፡ ኵሎሙ ፡ ነበሩ ፡ እንዘ ፡ ይሴስዩ ፡ እማዕደ ፡ ዚአሁ ፡ ኵሎ ፡ ዕለተ ። ወይሁቦሙ ፡ ኵሎ ፡ ዘይፈቅዱ ። ወበእንተ ፡ ዝንቱ ፡ ነሥአ ፡ በረከተ ፡ ዲበ ፡ በረከት ። ወፈድፋደሰ ፡ በረከተ ፡ ሰማዕታት ፡ እለ ፡ ሀለዉ ፡ ውስተ ፡ ቤተ ፡ ሞቅሕ ፡ ዘየሐውር ፡ ኀቤሆሙ ፡ ወይናዝዞሙ ፡ ወያፀንዕ ፡ ልቦሙ ፡ እስመ ፡ ከነ ፡ ወትረ ፡ ይሄሉ ፡ እንዘ ፡ ይሔውጾሙ ። በእምኔሆሙ ፡ ዘያበልዖሙ ፡ ወያሰትዮሙ ፡ በእደዊሁ ፡ ወያስተጻንዖሙ ፡ ወይናዝዝ ፡ ልቦሙ ፡ ውስተ ፡ ኵሉ ፡ መከን ፡ ዘየሐውሩ ፡ ኀቤሃ ። ወብዙኃ ፡ ጊዜ ፡ ከነ ፡ እንዘ ፡ የሐውር ፡ ኀበ ፡ ብሔረ ፡ መንግሥት ፡ በትእዛዘ ፡ እግዚአብሔር ፡ ወበመበሕተ ፡ ነገሥት ፡ ከመ ፡ የሐውጾሙ ፡ ለመፍቀርያነ ፡ ክርስቶስ ፡ እለ ፡ ሀለዉ ፡ ውስተ ፡ ውእቱ ፡ መከን ፡ ያጸግብ ፡ ርኁባነ ፡ እምኔሆሙ ። ወያለብስ ፡ ዕሩቃኒሆሙ ። ወለእለኒ ፡ ፈጸሙ ፡ በድሮሙ ፡ በእንተ ፡ ስመ ፡ ክርስቶስ ፡ በእምኔሆሙ ፡ ዘይገንዝ ፡ ሥጋሆሙ ፡ ወይቀብሮሙ ። ወበ ፡ እምኔሆሙ ፡ ዘይጽሕፍ ፡ ገድለ ፡ ስምዖሙ ፡ ወትዕግሥቶሙ ። ወበ ፡ እምኔሆሙ ፡ ዘይፌንዎሙ ፡ ኀበ ፡ መከናቲሆሙ ፡ ለኵሎሙ ፡ በበጸታሆሙ ። ወዝንቱ ፡ ፈቃደ ፡ እግዚአብሔር ፡ ውእቱ ፡ ዘፈነወ ፡ ሎሙ ፡ ዘንተ ፡ ቅዱሰ ፡ ይግበር ፡ ከመዝ ። እስመ ፡ እግዚአብሔር ፡ ውእቱ ፡ ዘይሔሊ ፡ ለኵሉ ፡ ለ፩፩ከመ ፡ ይርድኦሙ ፡ ለአግብርቲሁ ፡ ቅዱሳን ፡ ዘበአማን ። ወለሊሁ ፡ እግዚአብሔር ፡ ወሀበ ፡ ጸጋ ፡ ለዝንቱ ፡ ቅዱስ ፡ በኀበ ፡ ነገሥት ፡ ወመኳንንት ፡ ወመሳፍንት ፡ ወዓበይት ፡ ወኵሎሙ ፡ ሥዩማነ ፡ ቤተ ፡ መንግሥት ። ወሀበ ፡ ክብረ ፡ ወሞገሰ ፡ ወአምጽአ ፡ እግዚአብሔር ፡ ላዕሌሆሙ ፡ ዑረተ ፡ ልብ ፡ ከመ ፡ ኢይዕበዮ ፡ ፩እምኔሆሙ ፡ ከመ ፡ ይግበር ፡ ዘፈቀደ ፡ ለቅዱሳነ ፡ እግዚአብሔር ። ኮኑ ፡ ባሕቱ ፡ እንዘ ፡ ይሬእዩ ፡ ኵሎ ፡ ዘይገብር ፡ ዝንቱ ፡ ቅዱስ ፡ ዮልዮስ ፡ ወረሰየ ፡ አ*ምላክ ፡ በአፈ ፡ ኵሎሙ ፡ ልጓመ ፡ ወሕፁፀ ፡ አእምሮ ፡ ውስተ ፡ * f. 56 r

ልበሙ ፡ ከመ ፡ ኢይሰአልዎ ፡ ወኢይበልዎ ። ምንትኑ ፡ ዘትገብር ፡ ዳእሙ ፡ እግዚአብሔር ፡ ኮነ ፡ እንዘ ፡ የዓቅቦ ፡ ከመ ፡ ይኩን ፡ ረዳኤ ፡ ለአግብርቲሁ ፡ ኀበ ፡ ኵሉ ፡ መካን ፡ ወውስተ ፡ ኵሉ ፡ ገጸ ፡ ምድር ። ወነገሥት ፡ ሶበ ፡ ይኤዝዙ ፡ ግብረ ፡ መፍቅዶሙ ፡ ኮኑ ፡ ዘይትማከርዎ ፡ እስመ ፡ አቡሆሙ ፡ ውእቱ ፡ ወዓርከሙ ። ወዝንቱ ፡ ዘኮነ ፡ እምኀበ ፡ እግዚአብሔር ፡ ውእቱ ፡ ይፌኑ ፡ መልአከ ፡ ኀበ ፡ ነገሥት ። ወያሜኒ ፡ ልበሙ ፡ ከመ ፡ ይልአኩ ፡ ኀቤሁ ፡ ወያብጽሕዎ ፡ ኀቤሆሙ ፡ ብዙኃ ፡ ጊዜ ፡ ወይነሥኡ ፡ ምክሮ ። እስመ ፡ ኮነ ፡ ምሉአ ፡ ጥበብ ፡ ወዐቢይ ፡ ውእቱ ፡ መከር ፡ ወልብው ፡ በመግበ ፡ ግብረ ፡ ቤተ ፡ መንግሥት ። ወፍጹም ፡ በኵሉ ፡ ጥቀ ፡ ጥዑም ፡ በኀቤሆሙ ፡ በእንተ ፡ ጸጋ ፡ እግዚአብሔር ፡ ዘኀዱር ፡ ላዕሌሁ ፡ ወጥበብ ፡ ዘቦቱ ። ወበእንተ ፡ ዝንቱ ፡ ነገር ፡ መሳፍንት ፡ ወመኳንንት ፡ ወሥዩማን ፡ እለ ፡ ይሠይምዎሙ ፡ በአህጉረ ፡ ምክር ፡ ኮኑ ፡ እንዘ ፡ ይትማከርዎ ፡ እምቅድመ ፡ ይሁብዎሙ ፡ ሢመተ ። ለእመ ፡ ኄረወ ፡ ልቡ ፡ ወሠምረ ፡ ልበሙ ፡ ይሠይምዎሙ ። ወለእመ ፡ ኢሠምረ ፡ ቦሙ ፡ መኑሂ ፡ ፩ኢኮነ ፡ ዘይገብር ፡ ምንተኒ ፡ ዘእንበለ ፡ ፈቃዱ ። ወበእንተ ፡ ዝንቱ ፡ ሶበ ፡ ይሁብዎሙ ፡ ሢመተ ፡ ኮኑ ፡ ይነሥእዎ ፡ ምስሌሆሙ ፡ ኀበ ፡ ኵሉ ፡ አድያመ ፡ ምክር ። ወውእቱኒ ፡ ኮነ ፡ ይሔሊ ፡ በእንተ ፡ ኵሎሙ ፡ ቅዱሳን ፡ እለ ፡ ይመውቱ ፡ ውስተ ፡ ኵሉ ፡ መካን ፡ በእንተ ፡ ስመ ፡ እግዚእነ ፡ ኢየሱስ ፡ ክርስቶስ ፡ በፈቃድ ፡ ወበሥምረት ፡ እምኀበ ፡ እግዚአብሔር ። ወበእንተ ፡ ዝንቱ ፡ ዘይሰመይ ፡ አበ ፡ ወመምክረ ፡ ለመኳንንት ፡ ወለመሳፍንት ፡ እለ ፡ ይሠየሙ ፡ እምኀበ ፡ ነገሥት ። ወኢተሀበሉ ፡ ከመ ፡ ይትናገርዎ ፡ በእንተ ፡ ኵሉ ፡ ግብር ፡ ዘይገብር ፡ በዲበ ፡ ቅዱሳን ፡ እንዘ ፡ የሐዕብ ፡ ቍስሊሆሙ ፡ ወይኤምኖሙ ። ለሐራኒ ፡ ወለመኳንንትኒ ፡ ሢመቶሙ ፡ እምኀቤሁ ፡ ውእቱ ፡ ወበእንተ ፡ ዝንቱ ፡ ኢሎቱ ፡ ወኢለ፩ ፡ እምአግብርቲሁ ፡ እለ ፡ ይፌንዎሙ ፡ ኢክህሉ ፡ ኢተሀበሉ ፡ ከመ ፡ ይክልእዎሙ ፡ ዘይገብሩ ፡ ኵሎ ፡ በአግብርተ ፡ እግዚአብሔር ። ወበእንተ ፡ ዝንቱ ፡ እብል ፡ እስመ ፡ ኢኮነ ፡ ብእሴ ፡ ዓሳበ ፡ ዘየሐዩ ፡ በግብረ ፡ እደዊሁ ። ዳእሙ ፡ ዐቢይ ፡ ውእቱ ፡ በብዕለ ፡ ዝን

ቱ ፡ ዓለም ። ወዐቢይ ፡ ካዕበ ፡ በመንግሥተ ፡ ሰማያት ፡ ፈድፋደ ፡ እምነ ፡ ብዙኃን ። ወባሕቱ ፡ ለእመ ፡ ትቤለኒ ፡ አሰማዒ ፡ አኮ ፡ እግዚአብሔር ፡ ዘይሁብ ፡ ዓስበ ፡ ለብእሲ ፡ ነዳይ ፡ እመ ፡ ሞተ ፡ በእንተ ፡ ስሙ ፡ ከመ ፡ እንተ ፡ ባዕል ፡ ወአነ ፡ አወሥእከ ፡ ወእብለከ ፡ እስመ ፡ እግዚአብሔርሰ ፡ ኢያደሉ ፡ ለገጽ ። ለቡ ፡ ወተዓቀቡ ፡ እምግዕዝየ ፡ ኢይፈቅድኑ ፡ እኩን ፡ ባዕለ ፡ እፈቅድኑ ፡ እንበር ፡ በንዴት ፡ ዐቢይ ፡ ሀሎኑ ፡ ፩እምነ ፡ ሰብእ ፡ ዘየኃሪ ፡ ንዴተ ፡ ፈድፋደ ፡ ለርእሱ ፡ ዘይትሜነይ ፡ ኀጥእና ። አምላክነሰ ፡ ኢያፈቅር ፡ ነዳየ ፡ እምነ ፡ ባዕል ። ወኢባዕለ ፡ እምነ ፡ ነዳይ ፡ ዘእንበለ ፡ ለለ ፡ ፩፩ በከመ ፡ ምግባሩ ። ስማዕ ፡ ከመ ፡ አጠይቀ ፡ አፍቁር ፡ ብዙኃን ፡ እምነ ፡ ሰብእ ፡ ይግዕሩ ፡ እምንግህ ፡ እስከ ፡ ሰርክ ፡ በድካ*ም ፡ ወበምንዳቤ ። ወሶበሂ ፡ የአትዉ ፡ * f. 56 v ውስተ ፡ ማኅደሪሆሙ ፡ ምሴተ ፡ ይሬእዩ ፡ ካዕበ ፡ ንዴተ ፡ ዘሀሎ ፡ ውስተ ፡ አብያቲሆሙ ። እስመ ፡ እምድኅረ ፡ ኵሉ ፡ ዝንቱ ፡ ድካም ፡ ኢይረክቡ ፡ መፍቅዶሙ ፡ ምንተኒ ፡ ፍጹመ ። ወእምዝ ፡ ይብል ፡ ፩፩እምኔሆሙ ፡ እንዘ ፡ ይኬልሕ ፡ ኀበ ፡ እግዚአብሔር ፡ ወይብል ፡ እግዚኦ ፡ ለእመ ፡ ከነ ፡ ትገድፈኒ ፡ ወተኃድገኒ ፡ ከመዝ ፡ ንሥአኒ ፡ ኀቤከ ፡ ፍጡነ ። ወፈድፋደሰ ፡ እመ ፡ ሀለወ ፡ ጥቃሁ ፡ ባዕል ፡ ወይሬእዮ ፡ እንዘ ፡ ይበልዕ ፡ ወይሰቲ ፡ እምነ ፡ ኵሉ ፡ ሠናይቱ ። ወውእቱኒ ፡ በይእቲ ፡ ኀጥእና ፡ ጥቀ ፡ ይግዕር ፡ ወይትመነደብ ፡ ፈድፋደ ። ወይብል ፡ በድውይ ፡ ልብ ፡ ለምንት ፡ ሊተ ፡ ዘኢይሁበኒ ፡ እግዚአብሔር ፡ ከመ ፡ ዝንቱ ፡ ብእሲ ፡ እንዘ ፡ ኢይገብር ፡ ምንተኒ ፡ አኮኑ ፡ ይበልዕ ፡ ወይሰቲ ።

ወካዕበ ፡ አጽምዑ ፡ አጠይቅሙ ፡ እስመ ፡ ብዙኃን ፡ በዘከመዝ ፡ ግብር ፡ ተባደሩ ፡ ኀበ ፡ ዓውደ ፡ ስምዕ ፡ በውእቱ ፡ መዋዕል ። ወብዙኃን ፡ እምነ ፡ ሰብእ ፡ እለ ፡ ከኑ ፡ መነኮሳተ ፡ እንዘ ፡ ይብሉ ፡ በልቦሙ ፡ እስከ ፡ ማእዜኑ ፡ ንሄሉ ፡ ከመዝ ፡ በዝንቱ ፡ ምንዳቤ ። ወኢንረብሕ ፡ ምንተኒ ፡ ዘእንበለ ፡ ድካም ፡ ወገዓር ። ወይ ፡ ሊተ ፡ ዘኢኮንኩ ፡ መነኮሰ ፡ ለምንት ፡ ሊተ ፡ እግዕር ፡ በዝንቱ ፡ ዓለም ። ወሶበሂ ፡ የሐውሩ ፡ ኀበ ፡ ዓውደ ፡ ኵነኔ ፡ በዝንቱ ፡ ሐልዮ ፡ ይወድቁ ፡ ካዕበ ፡ በብዙኀ ፡ ምንዳቤያት ። እስፍንቱ ፡ ብዙኃን ፡ እለ ፡ የሐውሩ ፡ በዘከመ

ዝ ፡ ግብር ፡ እንበይነ ፡ ተድላ ፡ ውብዕል ፡ ወዕረፍት ። እስመ ፡ ጸላኢ ፡ ኢይዔምፅ ፡ እሎንተ ፡ ከመ ፡ እንተ ፡ እለ ፡ ተባደሩ ፡ ኀበ ፡ ዓውደ ፡ ምኵናን ፡ እንዘ ፡ ብዑላን ፡ እሙንቱ ፡ ነበሩ ፡ በብዙኅ ፡ ዕረፍት ። እስመ ፡ አብዕልት ፡ እለ ፡ ይትሐፀኑ ፡ በዕረፍት ፡ ውብዕል ፡ እምንእሰሙ ፡ ለእመ ፡ ኮነ ፡ እግዚአብሔር ፡ ሜጠ ፡ ብዙኃነ ፡ በዝንቱ ፡ ምክንያት ፡ ወገድል ፡ ሠናይ ። ወሶበ ፡ የሐውሩ ፡ ኀበ ፡ ተጋድሎ ፡ ልዑል ፡ ይወድቁ ፡ በምንዳቤ ፡ ንስቲት ። ወበጊዜሃ ፡ ይወዲ ፡ ሰይጣን ፡ አኅፃሁ ፡ ውስተ ፡ ልበሙ ። ወይብሉ ፡ በሕሊናሆሙ ፡ ለምንት ፡ ሊተ ፡ አነ ፡ እረክብ ፡ ዘንተ ፡ ምንዳቤ ። ወአነ ፡ ባሕቲትየ ፡ ለልየ ፡ አግባእኩ ፡ ነፍስየ ፡ ለዝንቱ ፡ ምንዳቤ ። ነበርኩኑ ፡ ርኁበ ፡ አው ፡ ነዳየ ፡ አው ፡ ፅኑሰ ፡ በውስተ ፡ ቤትየ ። አኮኑ ፡ ነበረ ፡ ተድላየ ፡ ድልው ፡ በውስተ ፡ ቤትየ ፡ እስመ ፡ ኮኑ ፡ ብዙኃን ፡ እንዘ ፡ ያከብሩኒ ፡ ወይትለአኩኒ ። ወናሁ ፡ አነ ፡ ረሰይኩ ፡ ርእስየ ፡ ነዳየ ። አይቴ ፡ ሀለዉ ፡ እለ ፡ ነበሩ ፡ በትእዛዝየ ፡ አመ ፡ ሀለውኩ ፡ በቤትየ ፡ እንዘ ፡ ብዙኅ ፡ ተድላየ ። ወናሁ ፡ አነ ፡ እመውት ፡ በዝየ ፡ በረኃብ ። አኮኑ ፡ እኄይስ ፡ እምአብርሃም ፡ ይስሐቅ ፡ ወያዕቆብ ፡ ወዳዊት ፡ ወሰሎሞን ፡ ንጉሥ ። ኢሰማዕኩኑ ፡ በእንቲአሆሙ ፡ ከመ ፡ ኢመነኑ ፡ ንዋዮሙ ፡ ወኢወፅኡ ፡ ገዳመ ፡ ወአሥመርዎ ፡ ለእግዚአብሔር ፡ ውስተ ፡ ማኅደሪሆሙ ። ወፀግቡ ፡ እምሠናያቲሆሙ ፡ ለእግዚአብሔርኒ ፡ ዘከመ ፡ አሥመርዎ ፡ እሙንቱ ፡ በዝየ ። አነኒ ፡ ካዕበ ፡ አሠምሮ ፡ በውስተ ፡ ቤትየ ፡ ወእሁብ ፡ ምጽዋተ ፡ * f. 57 r ይኄይሰኒ ፡ እምዝንቱ ፡ መከን ። እስመ ፡ አ*ብርሃም ፡ ኮነ ፡ ዓርከ ፡ እግዚአብሔር ፡ በእንተ ፡ ምጽዋት ፡ ወምሕረት ። ወበዘአሥመሮ ፡ ቦቱ ፡ አብርሃም ፡ ለእግዚአብሔር ፡ አነኒ ፡ እገብሮ ፡ ወአሠምሮ ፡ ዘውእቱ ፡ ምሕረት ፡ ወምጽዋት ፡ በዘከመዝ ፡ ግብር ፡ ወበዘይመስሎ ፡ ይትቃረኖሙ ፡ ሰይጣን ። ከመ ፡ ያኅጕሎሙ ፡ ዕሤቶሙ ፡ ለእመ ፡ ኢኮኑ ፡ ፅኑዓነ ፡ ወተባዓነ ፡ ፈድፋደ ፡ ከመ ፡ እንተ ፡ ዘናብዕል ፡ ሎቱ ። ዮም ፡ ይትመውዑ ፡ እሙንቱ ፡ ወይትመየጡ ፡ ቤቶሙ ፡ ዳግመ ።

ርኢ ኮኑ ፡ ይእዜ ፡ ወለበውከ ፡ ዘከመ ፡ ዕፁብ ፡ ላዕሌሆሙ ፡ መንኖ ፡ ንዋይ ፡ ለአብዕልት ። ርኢ ፡ ኀበ ፡ አበዊነ ፡ ሐዋርያት ፡ ጴጥሮስ ። ወ

እንድርያስ ፡ ያዕቆብ ፡ ወዮሐንስ ፡ እኁሁ ፡ እሙንቱ ፡ ነበሩ ፡ ኵሎ ፡ መዋዕለ ፡ ሕይወቶሙ ፡ በተዕናስ ። በእንተ ፡ ሥነ ፡ ሃይማኖቶሙ ፡ ወጸውዖሙ ፡ እግዚአብሔር ። አውሥኦሙ ፡ ወይቤሎሙ ፡ ነዑ ፡ ትልዉኒ ፡ ከመ ፡ እረሲክሙ ፡ መሠግራነ ፡ ሰብእ ። ወእሙንቱኒ ፡ በጊዜሃ ፡ ሐለዩ ፡ በልበሙ ፡ እንዘ ፡ ይብሉ ። እስመ ፡ ዝንቱ ፡ ብእሲ ፡ ይምዕደነ ፡ ነገረ ፡ ሠናየ ፡ ዘንረክብ ፡ ቦቱ ፡ ረባሐ ። ንዑ ፡ ንትልዎ ፡ እስመ ፡ ንነሥእ ፡ እምኔሁ ፡ ጥበበ ፡ ዘትሜኒ ፡ ቦቱ ፡ እምግብርነ ፡ ከመ ፡ ንሕየው ፡ ባቲ ። እስመ ፡ ናሁ ፡ ይቤለነ ፡ አነ ፡ እሬስየክሙ ፡ ከመ ፡ ታሥግሩ ፡ ሰብአ ፡ ነገረ ፡ ዘኢነአምሮ ፡ ወኢሰማዕናሁ ፡ እምነ ፡ ካልእ ፡ ዘእንበለ ፡ ዮም ፡ እምዝንቱ ፡ ወበጊዜሃ ፡ ተለውዎ ፡ ርቱዓ ።

ለበውከኑ ፡ ይእዜ ፡ እስፍንቱ ፡ አብዕልት ፡ ዘዕፁብ ፡ ላዕሌሆሙ ፡ መንኖ ፡ እለ ፡ እኁዛን ፡ እሙንቱ ፡ በንዋየ ፡ ዝንቱ ፡ ዓለም ። አእምሩ ፡ ይእዜ ፡ እስመ ፡ ንዴት ፡ ቀሊል ፡ ኀበ ፡ ብእሲ ፡ ዘሀሎ ፡ ውስቴታ ፡ ከመ ፡ ይቀርብ ፡ ኀበ ፡ እግዚአብሔር ። ይኄይስ ፡ እምነ ፡ ባዕል ፡ በውስተ ፡ ዝንቱ ፡ ዓለም ፡ በከመ ፡ ይቤ ፡ እግዚእነ ፡ ኢየሱስ ፡ ክርስቶስ ፡ በወንጌል ፡ ዕፁብ ፡ ለባዕል ፡ በዊእ ፡ ውስተ ፡ መንግሥተ ፡ ሰማያት ። ወለእመ ፡ ትቤለኒ ፡ አተዋሣኢ ፡ እስመ ፡ ለአበዊነሰ ፡ ሐዋርያት ፡ ሜጠ ፡ እግዚአብሔር ፡ ልበሙ ፡ ኀቤሁ ፡ ወተለውዎ ፡ ወአነ ፡ አውሥአከ ፡ በእንተ ፡ ዝንቱ ፡ እንዘ ፡ እብል ፡ ወመኑ ፡ ሰብእ ፡ ዘይፌኑ ፡ ልበ ፡ ኀበ ፡ እግዚአብሔር ፡ ወኢየኀርዮ ። እስመ ፡ እግዚአብሔር ፡ ይሬኢ ፡ ልበ ፡ ኵሉ ፡ ፩፩በከመ ፡ ባዕል ። ከማሁ ፡ ነዳይኒ ፡ በኀቤሁ ፡ ነዳይ ፡ ውእቱ ፡ አልዓዛር ፡ ውስተ ፡ ዓለም ፡ በከመ ፡ ተነግረ ፡ በእንቲአሁ ። ወካዕበ ፡ አብርሃም ፡ ባዕል ፡ ውእቱ ፡ እስመ ፡ ነገረ ፡ እግዚእነ ፡ በእንቲአሆሙ ፡ ከመ ፡ እሙንቱ ፡ ክልኤሆሙ ፡ ሀለዉ ፡ ውስተ ፡ ፩መካን ፡ በመንግሥተ ፡ ሰማያት ። ኤልያስ ፡ ነቢይ ፡ ውእቱኒ ፡ ካዕበ ፡ ነዳይ ፡ ውስተ ፡ ዝንቱ ፡ ዓለም ፡ ወንብረቱ ፡ ውስተ ፡ ገዳም ፡ ኵሎ ፡ አሚረ ። ወሙሴኒ ፡ ካዕበ ፡ ባዕል ፡ ውእቱ ፡ ይበልዕ ፡ ወይሰቲ ፡ እስመ ፡ ዜነዉነ ፡ በእንቲአሆሙ ፡ ከመ ፡ አስተርአዩ ፡ ወተራከቡ ፡ መልዕልተ ፡ ፩ደብር ። ወውእቶሙ ፡ በክብር ፡ ዐቢይ ፡ ምስለ ፡ መድኀኒ

ነ ፡ ኢየሱስ ፡ ክርስቶስ ፡ ነዳይ ፡ ውእቱ ፡ ፈያታዊ ፡ ወበንዴቱ ፡ ነበበ ፡
አሐደ ፡ ቃለ ። ወወረሰ ፡ መንግሥተ ፡ ሰማያት ። ወሊቃነ ፡ ካህናትኒ ፡
* f. 57 v አብዕልት ፡ እሙንቱ ፡ እስመ ፡ ቦኡ ፡ * ውስተ ፡ ብካይ ፡ ወሐቅየ ፡ ስነ
ን ፡ ኀበ ፡ እሳቱ ፡ ኢየሐልቅ ፡ ወዕመቀ ፡ ሲኦል ።

ወለእመ ፡ ትቤለኒ ፡ አሰማዒ ፡ ለእመ ፡ ኮነ ፡ ከመ ፡ እንተ ፡ ባዕል ፡ ከማሁ ፡ ነዳይኒ ፡ ኀበ ፡ እግዚአብሔር ። ወለምንት ፡ ኢገብረ ፡ እግዚአብሔር ፡ ሰብአ ፡ ኵሎ ፡ ዕሩየ ፡ ውስተ ፡ ዓለም ፡ ፩ምስለ ፡ ካልኡ ፡ ኢትበል ፡ ዘንተ ፡ በአፉከ ፡ አሕፁፀ ፡ ትምህርት ፡ እስመ ፡ ልቦ ፡ ለእግዚአብሔር ፡ አልቦ ፡ ዘየአምር ፡ መኑሂ ። ባሕቱ ፡ ለቡ ፡ አንተ ፡ እምርእስከ ፡ እስመ ፡ ብከ ፡ ፳አፃብዕ ፡ ወአልቦ ፡ ፩እምውስቴቶሙ ፡ ዕሩይ ፡ ምስለ ፡ ካልኡ ። ቦ ፡ ንኡሳን ፡ እምኔሆሙ ፡ ወዐቢያን ፡ ወኵሎሙ ፡ ኀቤከ ። ሀለዉ ፡ ዘየዓቢኒ ፡ ሀሎ ፡ በአካሉ ፡ ወዘይንእስሂ ፡ ሀሎ ፡ በአካሉ ፡ ወአምጣኑ ፡ ከማሁ ፡ ወለኵሉ ፡ ፩፩እምኔሆሙ ፡ ትሰምዮሙ ፡ በበስም ። ወእሙንቱ ፡ ሀለዉ ፡ ኅቡረ ፡ ውስተ ፡ ፩ሥጋ ። ወኵሉ ፡ ፩፩እምኔሆሙ ፡ በሙ ፡ ገቢር ፡ ለእመ ፡ ኮኑ ፡ አፃብዕ ፡ እለ ፡ ኢኮኑ ፡ ዕሩያነ ፡ ፩ምስለ ፡ ካልኡ ፡ እፎኑ ፡ ኵሎሙ ፡ ሰብእ ፡ ዕሩያነ ፡ ይከውኑ ። አንቃዕዱ ፡ ወነጽር ፡ ሰማየ ፡ ወኵሎ ፡ ከዋክብተ ፡ ከመ ፡ ኢኮኑ ፡ ዕሩያነ ፡ ፩ምስለ ፡ ካልኡ ። ቦእምኔሆሙ ፡ ከዋክብት ፡ ዓበይት ። ወቦ ፡ ንኡሳን ። ወቦ ፡ ጽዱላን ፡ ፈድፋደ ፡ ወቦ ፡ ሠናያን ፡ ለርእይ ። ወካልአን ፡ ንኡሳን ፡ ሕፁፃነ ፡ ብርሃን ። አኮኑ ፡ ትክል ፡ ነጽሮቶሙ ፡ እንዘ ፡ ይትባረዩ ። ወኮከብ ፡ እምኮከብ ፡ ይኄይስ ፡ ክብሩ ፡ በከመ ፡ ይቤ ፡ ጳውሎስ ፡ ሐዋርያ ። ተሰምዮቶሙሰ ፡ ፩ውእቱ ፡ ለኵሎሙ ፡ ወለእመ ፡ ከዋክብት ፡ እሙንቱ ፡ ከመዝ ፡ ኢኮኑ ፡ ዕሩያነ ፡ እፎመ ፡ ፈድፋደ ፡ እጓለ ፡ እመሕያው ፡ ሰብእ ፡ ይከውን ፡ ዕሩየ ፡ ፩ምስለ ፡ ካልኡ ። ዳእሙ ፡ ኢነሐሊ ፡ ወኢንዝክር ፡ ኵሎ ፡ ከመ ፡ ኢይኑኅ ፡ ወኢይብዛኅ ፡ ነገር ። እስመ ፡ የአክለነ ፡ ነገረ ፡ ዳዊት ፡ መዘምር ፡ ዘይብል ። ወኵሎ ፡ በጥበብ ፡ ገበርከ ። መልአ ፡ ምድረ ፡ ዘፈጠርከ ። ወይእዜኒ ፡ አፍቁራንየ ፡ ለእመ ፡ እግዚአብሔር ፡ ኢረሰየ ፡ እሎንተ ፡ ከመዝ ፡ እፎ ፡ ይገብር ፡ ኵሎ ፡ እጓለ ፡ እመሕያው ፡ ዕሩያነ ፡ ፩ምስለ ፡ ካልኡ ። ዳእሙ ፡

ፈጣሪነ ፡ ጠቢብ ፡ ውእቱ ። በኵሉ ፡ ፍጥረቱ ፡ በእንተ ፡ ዝንቱ ፡ ገብረ ፡ ጠባይዓተ ፡ ሰብእ ፡ ፩ይትጋነይ ፡ ለካልኡ ። ወገብረ ፡ ፩ዘይከብር ፡ እም፩ወ፩የኃሥሥ ፡ መፍቅዶ ፡ እምካልኡ ፡ እስከ ፡ ንጉሥኒ ፡ የኃሥሥ ፡ መፍቅዶ ፡ እምኀበ ፡ ብእሲ ፡ ነዳይ ፡ ወመልአክ ። ዘይቤ ፡ ልዑል ፡ አነ ፡ ይስእል ፡ ፍትወቶ ፡ እምኀበ ፡ ብእሲ ፡ ነዳይ ፡ ወእምኀበ ፡ ብእሲት ፡ ምስኪናይት ። ሶበሰ ፡ እግዚአብሔር ፡ ገብረ ፡ ኵሎ ፡ ሰብአ ፡ ዕሩያነ ፡ ወእሙንቱ ፡ ዲበ ፡ ፩መዓርግ ፡ እምአዕበየ ፡ ብእሲ ፡ ልበ ፡ ወእምኮነ ፡ ዕቡየ ፡ ፈድፋደ ፡ ወእመ ፡ ኢተአዘዘ ፡ ፩ለካልኡ ። ወእመ ፡ ኢያክበረ ፡ ፩ካልአ ። ዳእሙ ፡ እግዚአብሔር ፡ አቅደመ ፡ አእምሮ ፡ ዘንተ ፡ ኵሎ ፡ ወገብሮሙ ፡ ከመዝ ።

ይእዜ ፡ ኄረወኑ ፡ ልብከ ፡ አሰማዒ ፡ በኵሉ ፡ ዘነገርኩከ ፡ ርኢክሙኑ ፡ አፍቁራን ። እስመ ፡ ኀበ ፡ ኵሉ ፡ ዘተናገርነ ፡ ረሳዕነ ፡ ነገረ ፡ ዘስፉሕ ፡ ለነ ፡ እንበይነ ፡ ተዝካረ ፡ ቅዱስ ፡ ወፍቁር ፡ ዩልዮስ ፡ ባሕቱ ፡ ዘአውሣእነ ፡ ወመሰልነ ፡ በእንቲአሁ ፡ ከመ ፡ ናጠይቅሙ ፡ ተድላ ፡ ወፍግዓ ፡ ዘኀደገ ፡ በዝንቱ ፡ ዓለም ። *ወተለዎ ፡ ለክርስቶስ ። * f. 58 r

ወይእዜኒ ፡ ንትመየጥኬ ፡ ኀበ ፡ ነገረ ፡ ድርሳኑ ፡ ለብፁዓዊ ፡ ዩልዮስ ፡ ወንወድሶ ፡ በከመ ፡ ይደሉ ። በከመ ፡ ይቤ ፡ እግዚእነ ፡ ለዘያከብረኒ ፡ አነሂ ፡ አከብሮ ። ይእዜኒ ፡ አጠየቁክሙ ፡ ገሃደ ፡ ከመ ፡ እግዚአብሔር ፡ አክበሮ ፡ ለቅዱስ ፡ ዩልዮስ ፡ ወአልዓሎ ፡ ፈድፋደ ፡ ውስተ ፡ ኵሉ ፡ ዓለም ። ምንት ፡ ውእቱ ፡ ልዕልና ፡ ዘየዐቢ ፡ እምዝንቱ ፡ ዘአልዓሎ ፡ እግዚአብሔር ፡ በሰማያት ፡ ውእቱዝ ። ወበእንተ ፡ ዝንቱ ፡ ተሰምየ ፡ አበ ፡ ሰማዕታት ፡ ኵሎሙ ። ወኮነ ፡ ስሙ ፡ ህልወ ፡ ወቀውመ ፡ በሰማይ ፡ ወበምድር ፡ ኵለንታሃ ። ወይእዜኒ ፡ አፍቁራን ፡ ንቅድም ፡ ወንክሥት ፡ ለክሙ ፡ ዘንተ ፡ ሰማዕተ ፡ ቅዱሰ ። ወናጠይቅሙ ፡ ኀዳጠ ፡ እምኃይላት ፡ ወተአምራት ፡ እንተ ፡ ኮነ ፡ እምኔሁ ። ወእምድኅረ ፡ ንዜኑ ፡ ኀዳጠ ፡ እምክብሩ ፡ ወውዳሴሁ ። ወእምዝ ፡ ናጤይቀክሙ ፡ መንክራቲሁ ፡ ወዐቢየ ፡ ኃይሎ ። መድኃኒነ ፡ ዮም ፡ ሀሎ ፡ ማእከሌነ ፡ ወመላእክቲሁ ፡ ቅዱሳን ፡ ያብዕሉ ፡ ለቅዱስ ፡ ዩልዮስ ፡ በዕለተ ፡ በዓሉ ፡ ኵሉ ፡ ሠራዊተ ፡ ሰማያት ፡ ጉቡአን ፡ ምስሌነ ፡ ዮም ፡ ከመ ፡ ይ

ወድስዎ ፡ ለዘመነነ ፡ ዓለመ ። ወኵሎ ፡ ዘውስቴቱ ፡ እስከ ፡ ረከበ ፡ መንግሥተ ፡ ወብዕለ ፡ ዘይነብር ፡ በሰማያት ። ነቢያት ፡ ወሐዋርያት ፡ ማእከሌነ ፡ ዮም ፡ ያብዕሉ ፡ ለዘአፍቀሮ ፡ እግዚአብሔር ። ወአስተቀጸሎ ፡ አክሊለ ፡ በመንግሥተ ፡ ሰማያት ። አክሉል ፡ በአክሊለ ፡ ኵሎሙ ፡ ቅዱሳን ፡ ኦእግዚእ ፡ ቅዱስ ፡ ዮልዮስ ፡ ፍቁረ ፡ እግዚእነ ፡ ኢየሱስ ፡ ክርስቶስ ። አመስተጋድል ፡ ዘእንበለ ፡ ምግዔ ፡ እስከ ፡ አጥረየ ፡ አክሊለ ፡ ዘበአማን ። አንተ ፡ ረሰየ ፡ ሥጋሁ ፡ መሥዋዕተ ፡ ሕይወት ፡ ውክፍተ ፡ በኀበ ፡ እግዚአብሔር ፡ ከመ ፡ መልከ ፡ ጼዴቅ ፡ ካህነ ፡ አብ ። አመፍቀሬ ፡ ነግድ ፡ ከመ ፡ አብርሃም ፡ ርእሰ ፡ አበው ። አዘአዕረገ ፡ ሥጋሁ ፡ ቍርባነ ፡ ከመ ፡ ይስሐቅ ። አዘንደቀ ፡ መሥዋዕተ ፡ ለእግዚአብሔር ፡ ውስተ ፡ ኵሉ ፡ መካናት ፡ ከመ ፡ ያዕቆብ ፡ ዘውእቶሙ ፡ ሥጋ ፡ ሰማዕታት ፡ ቅዱሳን ፡ እለ ፡ ፈነዎሙ ፡ ኀበ ፡ ኵሉ ፡ መካን ። ወኮንከ ፡ መሴስዮሙ ፡ ለሕዝበ ፡ እግዚአብሔር ፡ ከመ ፡ ዮሴፍ ፡ ጠቢብ ። ወኮነ ፡ አንቀጽከ ፡ ርኅወ ፡ ኵሎ ፡ ጊዜ ፡ ከመ ፡ ኢዮብ ፡ በእንተ ፡ ብዝኃ ፡ ምጽዋትከ ። አንኃልከ ፡ ኑኃ ፡ ጣዖታት ፡ ከመ ፡ ጌዴዎን ። ወአብጠልከ ፡ አምልኮቶሙ ፡ ከመ ፡ ዳንኤል ። አዘዓርገት ፡ ቍርባኑ ፡ ኀበ ፡ መንበረ ፡ እግዚአብሔር ፡ ከመ ፡ ቆርኔሌዎስ ፡ ሀቤ ፡ ፲ ። ወገነዝከ ፡ ሥጋ ፡ ቅዱሳን ፡ ከመ ፡ ጦቢት ። ወጸሐፍከ ፡ ገድሎሙ ፡ ዕፁበ ፡ ወመድምመ ፡ ከመ ፡ ሉቃስ ፡ ወንጌላዊ ። ወአንሣእከ ፡ ሙታነ ፡ ከመ ፡ ጴጥሮስ ። ወፈወስከ ፡ ድውየነ ፡ ከመ ፡ ዮሐንስ ። አጻድቅ ፡ እምጥንቱ ። ወፍጹም ፡ ከመ ፡ ኢዮብ ፡ ንጹሕ ፡ ዘበአማን ። አንተ ፡ ዮሴፍ ፡ ዘአርማትያስ ፡ ሐዲስ ፡ ዘገነዘ ፡ ሥጋ ፡ እግዚእነ ፡ ኢየሱስ ፡ ክርስቶስ ። አንተ ፡ ካዕበ ፡ ኦእግዚእ ፡ ቅዱስ ፡ ዮልዮስ ፡ ዘገነዝከ ፡ ሥጋ ፡ ፳፻ ወትእልፊተ ፡ አእላፋት ፡ ሰማዕታት ። ወጸሐፍከ ፡ ገድሎሙ ፡ ቅዱሰ ፡ ዘእንበለ ፡ ፳፻ ወ ፱፻፳ ወ ፫ ነፍስ ፡ ዘረሰይከሙ ፡ ይንሥኡ ፡ አክሊለ ፡ ሕይወ
* f. 58 v ት ፡ እምቅድመ ፡ ይትከዓው ፡ ደምከ ፡ በእንተ ፡ ስመ ፡ እግ*ዚእነ ፡ ኢየሱስ ፡ ክርስቶስ ፡ ወከመ ፡ ቅዱስ ፡ ማር ፡ ጊዮርጊስ ፡ እንተ ፡ አዕርዓ ፡ አምልከ ፡ ጣዖታት ፡ በመዋዕለ ፡ ዱድያኖስ ፡ ሶበ ፡ ጸለየ ፡ ኀበ ፡ እግዚአብሔር ። ወወረደት ፡ እሳት ፡ እምሰማይ ። ወአውዓየቶሙ ፡ ለ፸ነገ

ሥት ፡ ምስለ ፡ እሊአሆሙ ። ወአንተኒ ፡ ካዕበ ፡ ኦእግዚእየ ፡ ቅዱስ ፡ ዮልዮስ ፡ ዓያከ ፡ መከናተ ፡ ፍትሕ ፡ ዘምንዳቤ ፡ ዘያመነድቡ ፡ ቦቱ ፡ ሰማዕታተ ፡ እለ ፡ ሀለዉ ፡ ውስተ ፡ ኵሉ ፡ መከናት ። ዘንተ ፡ ኵሎ ፡ ዘገበርከ ፡ እምቅድመ ፡ ይትከዓው ፡ ደምከ ፡ ንጹሕ ፡ በእንተ ፡ ስመ ፡ እግዚእነ ፡ ኢየሱስ ፡ ክርስቶስ ። ምንተ ፡ እነግር ፡ ወምንተ ፡ እዜኑ ፡ በእንቲአከ ፡ ኦቅዱስ ፡ ዮልዮስ ፡ ሰማዕተ ፡ ክርስቶስ ፡ እስመ ፡ በጽሐ ፡ ጊዜ ፡ ከመ ፡ ንክሥት ፡ ለክሙ ፡ ኃይላተ ፡ ወተአምራተ ፡ እንተ ፡ ከሠተ ፡ እግዚአብሔር ፡ እምቅዱስ ፡ ዮልዮስ ፡ ከመ ፡ ይሰባሕ ፡ ስመ ፡ ሥሉስ ፡ ቅዱስ ። ጸሎቱ ፡ ይዕቀበ ፡ ለፍቁሩ ፡ ዘወልደ ፡ ማርያም ፡ ለዓለመ ፡ ዓለም ፡ አሜን ።

ክፍል ፡ ፩ ። ተአምሪሁ ፡ ለቅዱስ ፡ ዮልዮስ ፡ ሰማዕተ ፡ ኢየሱስ ፡ ክርስቶስ ። ትንብልናሁ ፡ የሀሉ ፡ ምስለ ፡ ፍቁሩ ፡ ዘወልደ ፡ ማርያም ፡ ለዓለመ ፡ ዓለም ፡ አሜን ።

ወኮነ ፡ እምድኅረ ፡ አሰሰላ ፡ እግዚአብሔር ፡ ለመንግሥተ ፡ ዲዮቅልጥያኖስ ፡ ንጉሥ ፡ ርኩስ ፡ ፀረ ፡ ኢየሱስ ፡ ክርስቶስ ። ወኮነ ፡ ሰአሌ ፡ ምጽዋት ፡ ውስተ ፡ አንቀጸ ፡ ሀገረ ፡ አንጾኪያ ፡ በሥምረተ ፡ እግዚአብሔር ። ወበምክረ ፡ መሳፍንት ፡ ወመኳንንት ፡ ዓበይት ፡ አንበርዎ ፡ ለቈስጠንጢኖስ ፡ ንጉሠ ፡ ህየንቴሁ ፡ በሀገረ ፡ አንጾኪያ ። ወኮነ ፡ ዝንቱ ፡ ቈስጠንጢኖስ ፡ እምትካት ፡ በሀገረ ፡ ሮምያ ፡ ወበአፍራሲስኒ ፡ ብዙኃ ፡ ዓመታተ ። ወሶበ ፡ ተንሥኡ ፡ ይዕብእዎሙ ፡ ፋርስ ፡ ለሮማውያን ፡ ኀደገ ፡ ቤተ ፡ አቡሁ ። ወነሥአ ፡ እሞ ፡ ወእኅቶ ፡ ድንግለ ። ወሖረ ፡ ኀበ ፡ አንጾኪያ ፡ ወነበረ ፡ ህየ ፡ ወበህየ ፡ ነሥአ ፡ ጌራ ፡ መንግሥት ። ወሶበ ፡ ተሰደ ፡ ዲዮቅልጥያኖስ ፡ እምነ ፡ ጽርሐ ፡ መንግሥት ፡ በከመ ፡ አቅደምነ ፡ ነጊረ ፡ አንበርዎ ፡ ለቈስጠንጢኖስ ፡ ህየንቴሁ ፡ በትእዛዘ ፡ እግዚአብሔር ፡ ወእምዝ ፡ ተእኅዘ ፡ ወፀንዓ ፡ ሃይማኖት ፡ አርቶዶክሳዊ ፡ በምልአ ፡ ልቡ ፡ እስከ ፡ ለዓለም ፡ አኮ ፡ ከመ ፡ ፩ እምነ ፡ ካልአን ፡ ነገድ ። ዳእሙ ፡ ኮነ ፡ ኅሩየ ፡ ወምእመነ ፡ አርቶዶክሳዌ ፡ ወቅኑየ ፡ ለአምላከ ፡ ሰማይ ። ወእምዝ ፡ ሶበ ፡ ተፃብኡ ፡ ፋርስ ፡ ምስለ ፡ ሮም ፡ ወፅአ ፡ ከመ ፡ ይፅብኦሙ ፡ ለፋርስ ፡ ወሶበ ፡ ርእይዎ ፡

ሰብአ ፡ ፋርስ ፡ ለንጉሥ ፡ በኍልቍ ፡ ውሑድ ፡ ወሠራዊት ፡ ውሑዳን ። ዘውእቶሙ ፡ ሰብአ ፡ ሮም ፡ ጥቀ ፡ ተፈሥሑ ። ወፋርስሰ ፡ ኮኑ ፡ ብዙኃን ፡ ፈድፋደ ፡ ከመ ፡ ኆፃ ፡ ባሕር ። ወእምዝ ፡ ተማከሩ ፡ እንዘ ፡ ይብሉ ፡ ኢንቅትሎሙ ፡ ዳእሙ ፡ ንንሥእ ፡ ለእግዚኦሙ ፡ ንጉሥ ፡ ቈስጠንጢኖስ ፡ ምስለ ፡ ሠራዊቱ ። እመ ፡ አኮ ፡ ንነፍዮ ፡ ወእመ ፡ አኮ ፡ ናንብሮ ፡ ኀቤነ ፡ ወትከውን ፡ ለነ ፡ መንግሥቱ ፡ ወኵሉ ፡ ንዋዩ ፡ ከመ ፡ ብዙኃን ፡ እምነ ፡ ነገሥት ፡ እንተ ፡ ኮኑ ፡ ታሕተ ፡ እዴሁ ፡ ለንጉሥን ፡ ወተቀንዩ ፡ ሎቱ ። ወእምድኅረ ፡ መከሩ ፡ ዘንተ ፡ ዓገትዎሙ ፡ ሰብአ ፡ ፋርከ ፡ ለሠራዊተ ፡ ንጉሥ ፡ ቈስጠንጢኖስ ። ወኮኑ ፡ ቈስጠንጢኖስ ፡ ወሠራዊቱ ፡ ማእከሌሆሙ ፡ ከመ ፡ ማዕድ ። ወተመጠውዎሙ ፡ * f. 59 r *እደ ፡ በእድ ። ወዝንቱ ፡ ቈስጠንጢኖስ ፡ እምቅድመ ፡ ይጽናዕ ፡ ኀበ ፡ ፀብእ ፡ ነሥአ ፡ መጽሐፈ ፡ ቤተ ፡ መንግሥት ። ወአንበበ ፡ ስመ ፡ ዓበይት ፡ ጽርሐ ፡ ወረከበ ፡ ዘይብል ፡ ከመዝ ። ዲዮቅልጥያኖስ ፡ ቀተለ ፡ ሕዝበ ፡ ብዙኃነ ፡ በእንተ ፡ ስመ ፡ እግዚእነ ፡ ኢየሱስ ፡ ክርስቶስ ። ወከዕበ ፡ ረከበ ፡ ስመ ፡ ቅዱስ ፡ ዩልዮስ ፡ ጽሑፈ ። ወዘከመ ፡ ነበረ ፡ መምክረ ፡ ነገሥት ። ወአጠየቅዎ ፡ ከመ ፡ ፈጸመ ፡ ስምዖ ፡ በሀገረ ፡ አጥፌህ ፡ በእደ ፡ መስፍነ ፡ ጠዋ ፡ እንተ ፡ ይእቲ ፡ እምአህጉረ ፡ ምስር ፡ አኮ ፡ በትእዛዘ ፡ ንጉሥ ፡ ዳእሙ ፡ በትእዛዘ ፡ እግዚአብሔር ። ወቦቱ ፡ ኮነ ፡ ፍጻሜ ፡ መከናት ፡ መናብርተ ፡ ፍትሕ ፡ ዘምንዳቤ ፡ ዘአምልኮ ፡ ጣዖታት ። ወከዕበ ፡ አጠየቅዎ ፡ በእንተ ፡ ሠናያት ፡ እንተ ፡ ኮነ ፡ ይገብሮሙ ፡ ለአግብርተ ፡ ክርስቶስ ፡ ወለብዙኃን ፡ ሕዝብ ፡ ዘከመ ፡ ሜጦሙ ፡ ኀበ ፡ እግዚአብሔር ፡ አእላፈ ፡ አእላፋት ። ወእምነ ፡ ሰማዕታት ፡ ዘከመ ፡ ገነዘ ፡ ሥጋሆሙ ፡ ወጸሐፈ ፡ ድካሞሙ ። ወእምድኅረ ፡ እሙንቱ ፡ ለሊሁ ፡ ዘከመ ፡ ፈጸመ ፡ ስምዖ ፡ ምስለ ፡ ዮንያስ ፡ እኁሁ ። ወቴዎድሮስ ፡ ወልዱ ። በትእዛዘ ፡ እለ ፡ እስክንድሮስ ፡ መስፍን ። ወታኡፋንዮስ ፡ እኁሁ ። ዘንተ ፡ ኵሎ ፡ ነገርዎ ፡ ለንጉሥ ፡ ቈስጠንጢኖስ ። ወዘከመ ፡ ውእቶሙ ፡ ዓበይት ፡ አንጾኪያ ። ወዘከመ ፡ ፻ወ፬፻፳ወ፺ነፍስ ፡ ኮኑ ፡ ሰማዕተ ፡ ምስሌሁ ። ወሶበ ፡ ሰምዓ ፡ ንጉሥ ፡ ቈስጠንጢኖስ ፡ ዘንተ ፡ ነገረ ፡ አንከረ ፡ ወሰብሖ ፡ ለእግዚአብሔር ፡

ወለቅዱስ ፡ ዮልዮስ ። ወሶቤሃ ፡ ጸሐፈ ፡ ስሞ ፡ ለቅዱስ ፡ ዮልዮስ ፡ ወነሥአ ፡ ምስሌሁ ፡ ከመ ፡ ይኩኖ ፡ ረድኤተ ፡ ወመስተቃትለ ፡ ለኀበ ፡ ጸላእቱ ። ወኮኑ ፡ ሎቱ ፡ ቦቱ ፡ አሚን ፡ ጽኑዕ ፡ ወሖረ ፡ ኀበ ፡ ፀብዕ ፡ ከመ ፡ ይትቃተል ፡ ምስለ ፡ ፋርስ ፡ ወፀንዑ ፡ ላዕሌሁ ፡ ሰብአ ፡ ፋርስ ፡ ወአኃዝዎ ፡ እደ ፡ በእድ ። ወቈስጠንጢኖስሰ ፡ ሶቤሃ ፡ አንቃዕደወ ፡ አዕይንቲሁ ፡ ውስተ ፡ ሰማይ ፡ እንዘ ፡ ይብል ፡ አአምላከ ፡ ቅዱስ ፡ ዮልዮስ ፡ ርድአኒ ፡ በዛቲ ፡ ሰዓት ፡ ወአድኅነኒ ። ወአንተኒ ፡ ኦሰማዕት ፡ እስመ ፡ አነ ፡ አአምን ፡ ኦእግዚእ ፡ ከመ ፡ እግዚአብሔር ፡ ወሀበከ ፡ ክብረ ፡ ወሞገሰ ፡ በዲበ ፡ ምድር ። ወኮንከ ፡ አበ ፡ ለኵሎሙ ፡ ነገሥታተ ፡ ምድር ። ወካዕበ ፡ አነ ፡ አአምን ፡ ከመ ፡ ኮንከ ፡ አበ ፡ ለኵሎሙ ፡ ሰማዕታት ፡ በከመ ፡ ዜነወኒ ፡ በእንተ ፡ ሠናያት ፡ እንተ ፡ ኮንከ ፡ ትገብሮሙ ። ወዘከመ ፡ ነሣእከ ፡ በረከቶሙ ። ወአንተኒ ፡ ቅሩብ ፡ ኀበ ፡ እግዚአብሔር ፡ ፈድፋደ ፡ እምነ ፡ ብዙኃን ። ወሶበ ፡ ይቤ ፡ ከመዝ ፡ ንጉሥ ፡ እንዘ ፡ ውእቱ ፡ ማእከለ ፡ ሰብአ ፡ ፋርስ ፡ እምቅድመ ፡ ይግሥሥዎ ፡ በሐዊን ።

በጊዜሃ ፡ ፈነወ ፡ እግዚአብሔር ፡ ደመና ፡ ብርሃን ፡ ወቅዱስ ፡ ዮልዮስ ፡ ዕዑን ፡ ላዕሌሃ ፡ ወመሠጠ ፡ ፈረሰ ፡ ዘዕዑን ፡ ላዕሌሁ ፡ ንጉሥ ። ወኵሎሙ ፡ ሠራዊተ ፡ ፋርስ ፡ እንዘ ፡ ይኔጽርዎ ፡ ለቈስጠንጢኖስ ፡ ንጉሥ ። አኀዘ ፡ ይስርር ፡ ምስለ ፡ ፈረሱ ፡ ውስተ ፡ አየር ፡ እስከ ፡ አብጽሖ ፡ ኀበ ፡ ለስድያ ፡ ደሴት ፡ ዘኢበጽሐ ፡ ውስቴታ ፡ ሰብእ ፡ ምንተኒ ፡ ፍጹመ ። ወአውሥአ ፡ ቅዱስ ፡ ዮልዮስ ፡ ለንጉሥ ፡ ወይቤሎ ፡ ተአምረኒኑ ፡ መኑ ፡ አነ ። ወይቤሎ ፡ ንጉሥ ፡ አልቦ ፡ እግዚእየ ። ወይቤሎ ፡ ቅዱስ ፡ አነ ፡ *ውእቱ ፡ ዮልዮስ ፡ ዘሰአልከ ፡ ኀበ ፡ እግዚአብሔር ፡ (* f. 59 v) በስምየ ። ወአነ ፡ ካዕበ ፡ ሰአልክዎ ፡ ለእግዚአብሔር ፡ ወፈነወኒ ፡ በዛቲ ፡ ደመና ፡ ወመሠጥኩከ ፡ እምእደ ፡ ጸላእትከ ። ወይእዜኒ ፡ ከመዝ ፡ ይቤ ፡ እግዚአብሔር ፡ እስመ ፡ መከን ፡ ዘአንበረከ ፡ ውስቴታ ፡ ንድቅ ፡ በህየ ፡ ሀገረ ፡ በስምከ ። እስመ ፡ ይእቲ ፡ ሀገር ፡ አልቦ ፡ ውስቴታ ፡ ዝክረ ፡ መምለክያነ ፡ ጣዖት ። ይቤ ፡ እግዚአብሔር ፡ ወበዛቲ ፡ ዓመት ፡ ይለብስ ፡ አቡነ ፡ ጴጥሮስ ፡ ሊቀ ፡ ጳጳሳት ፡ ዘእለ ፡ እስክ

ንድርያ ፡ አክሊለ ፡ ስምዕ ። ወይሠየም ፡ እምድኅሬሁ ፡ አርከላዎስ ፡ ወእምድኅረ ፡ ሞቱ ፡ በኀዳጥ ፡ መዋዕል ፡ ይነብር ፡ ህየንቴሁ ፡ እለ ፡ እስክንድሮስ ። ወይመጽእ ፡ ኀቤከ ፡ በእንተ ፡ አስተፃንዖ ፡ ሃይማኖት ። ወለእመ ፡ ፈቀደ ፡ ይትመየጥ ፡ ኀበ ፡ እስክንድርያ ፡ ፈኑ ፡ ምስሌሁ ፡ ሊቀ ፡ ሐራ ፡ እምኀቤከ ፡ ከመ ፡ ይሕንፅ ፡ ሊተ ፡ ቤተ ፡ ክርስቲያን ፡ ህየ ፡ ዲበ ፡ ዓፀድ ፡ ዘይእቲ ፡ ሊተ ፡ ወያንብሩ ፡ ሥጋየ ፡ ውስቴታ ፡ ምስለ ፡ ሥጋ ፡ ዮንያስ ፡ እኁየ ። ወቴዎድሮስ ፡ ወልድየ ። ወአንተኒ ፡ ካዕበ ፡ እመ ፡ ነደቀ ፡ ዘንተ ፡ ሀገረ ፡ ወአሠርገውከ ፡ ፈድፋደ ፡ ሕንፅ ፡ ሊተ ፡ ውስቴታ ፡ ቤተ ፡ ክርስቲያን ። ወአነ ፡ እመጽእ ፡ ወእሄሉ ፡ ውስቴታ ። ወሶበ ፡ ይቤሎ ፡ ከመዝ ፡ ቅዱስ ፡ ለንጉሥ ፡ ኃደጎ ፡ ውስተ ፡ ደሴት ፡ ወተሰወረ ፡ እምኔሁ ።

ወቈስጠንጢኖስሰ ፡ ሶበ ፡ ርእየ ፡ ረድኤተ ፡ ዘተፈነወ ፡ ሎቱ ፡ እምኀበ ፡ እግዚአብሔር ፡ ወቅዱስ ፡ ዮልዮስ ፡ አንከረ ፡ ፈድፋደ ፡ ወነደቀ ፡ ሀገረ ፡ በልስድያ ፡ ደሴት ፡ ዘይእቲ ፡ መካን ። ዘአንበሮ ፡ ውስቴታ ። ወተሰምየ ፡ ስሙ ፡ ውስቴታ ፡ ወተብህለት ፡ ሀገር ፡ ቈስጠንጢኖሳዊት ፡ እስከ ፡ ዛቲ ፡ ዕለት ። ከመ ፡ ይሰባሕ ፡ ስመ ፡ እግዚእነ ፡ ኢየሱስ ፡ ክርስቶስ ፡ ወሰማዕቱ ፡ ንጹሕ ፡ ቅዱስ ፡ ዮልዮስ ።

ርኢክሙኑ ፡ አፍቁራን ፡ እስመ ፡ ቅዱስ ፡ ዮልዮስ ፡ ጽኑዕ ፡ ውእቱ ፡ እስከ ፡ ዝንቱ ፡ ዓቅም ፡ ወይሰምዕ ፡ እምእለ ፡ ይስእልዎ ፡ በኵሉ ፡ አልባቢሆሙ ። ወይእዜኒ ፡ አፍቁራን ፡ ሕዝብ ፡ መፍቀርያነ ፡ ክርስቶስ ፡ ንረስዮ ፡ ለነ ፡ መተንብለ ፡ ኀበ ፡ እግዚአብሔር ። እስመ ፡ ቅሩብ ፡ ኀቤሁ ፡ ይስአል ፡ በእንቲአነ ፡ ከመ ፡ ይስረይ ፡ ኃጢአተነ ፡ ስብሐት ፡ ሎቱ ፡ ወለቅዱሳኒሁ ፡ እስከ ፡ ለዓለም ፡ አሜን ። በረከቱ ፡ ለዮልዮስ ፡ አብ ፡ የሀሉ ፡ ላዕለ ፡ ፍቁሩ ፡ ዘወልደ ፡ ማርያም ፡ በሀብተ ፡ ጥበብ ፡ ዘያፈቅሮ ፡ እምሕሊና ፡ ልብ ፡ ለዓለመ ፡ ዓለም ፡ አሜን ።

ክፍል ፡ ፱ ። ተአምሬሁ ፡ ለቅዱስ ፡ ዮልዮስ ፡ ፍትው ። እግዚአብሔር ፡ ይዕቀቦ ፡ በስእለቱ ፡ ለፍቁሩ ፡ ዘወልደ ፡ ማርያም ፡ እምአርዌ ፡ ለዋው ። ወይጸግዎ ፡ ዘመነ ፡ ሐይው ። ወዓስበ ፡ በረከት ፡ ድልው ፡ ለዓለመ ፡ ዓለም ። ወኮነ ፡ እምድኅረ ፡ ሞተ ፡ አቡነ ፡ አባ ፡ አርከላዎስ ፡

ሊቀ ፡ ጳጳሳት ፡ ዘእለእስክንድርያ ፡ ዓቀሙኒ ፡ ውስተ ፡ መከኑ ፡ ሀየንቴሁ ፡ ሊተ ፡ ለአባሲ ፡ እለ ፡ እስክንድሮስ ። ወተንሥአ ፡ ላዕሌየ ፡ አርዮስ ። ዝውእቱ ፡ ዘተዓየሮ ፡ ወተቃወሞ ፡ ለክርስቶስ ፡ ወረሰዮ ፡ ፍጡረ ። ወዘንተ ፡ ጸሐፍኩ ፡ ወፈኖኩ ፡ ኀበ ፡ ቈስጠንጢኖስ ፡ ንጉሥ ፡ ጽእለቶ ፡ ለአርዮስ ። ወሶበ ፡ ሰምዓ ፡ ቈስጠንጢኖስ ፡ ዘንተ ፡ አዘዘ ፡ ከመ ፡ ይትጋብኡ ፡ ጳጳሳት ፡ በእንተ ፡ ፍልጠት ፡ ወጽእለት ፡ እንተ ፡ ኮነ ። *ወሶበ ፡ በጽሐኒ ፡ ዝንቱ ፡ ጽዋዔ ፡ ተፈሣሕኩ ፡ ጥቀ ። ወአዘዘ ፡ ንጉሥ ፡ ከመ ፡ ይትጋብኡ ፡ በኒቅያ ፡ ሀገር ፡ ዓባይ ፡ እንተ ፡ ይእቲ ፡ ቢታንያ ። ወተጋብኡ ፡ ህየ ፡ ፫፻፲ወ፰ ጳጳሳት ፡ ወ፩መናብርት ፡ ዓበይት ። ወውስተ ፡ ማእከሎሙ ፡ አውሳብዮስ ፡ ሊቀ ፡ ጳጳሳት ፡ ዘሮምያ ። ወዲዮናስዮስ ፡ ሊቀ ፡ ጳጳሳት ፡ ዘአንጾኪያ ። ወልዮርዮስ ፡ ሊቀ ፡ ጳጳሳት ፡ ዘኤፌሶን ። ወአነ ፡ እለ ፡ እስክንድሮስ ፡ ዘእስክንድርያ ። ወንጉሥኒ ፡ ነበረ ፡ ውስተ ፡ ማእከሎሙ ፡ በዕበዩ ፡ ወኢኮነ ፡ በበይናቲነ ፡ ምንተኒ ፡ እምነ ፡ ሁከት ፡ ወኑፋቄ ። እስመ ፡ ንጉሠ ፡ ምድር ፡ ሀልወ ፡ ማእከሌነ ፡ ወበሥምረተ ፡ ሥሉስ ፡ ቅዱስ ፡ ተነበይነ ፡ ሃይማኖተ ፡ አርቶዶክሳዊተ ። ወጸሐፍነ ፡ ግዘተ ፡ ኑፋቄ ፡ አርዮስ ፡ በትእዛዘ ፡ ንጉሥ ። ወሶበ ፡ ፈነወነ ፡ ንጉሥ ፡ ከመ ፡ ንሑር ፡ ውስተ ፡ አህጉሪነ ፡ አስተርአዮ ፡ ቅዱስ ፡ ዮልዮስ ፡ ለንጉሥ ። ወይቤሎ ፡ ሰላም ፡ ለከ ፡ ኦጥቡዕ ፡ በሃይማኖተ ፡ ክርስቶስ ፡ ሰላም ፡ ለከ ፡ ኦንጉሥ ፡ ጻድቅ ፡ ብፁዕ ፡ አንተ ፡ ዘበአማን ። እስመ ፡ ናሁ ፡ ተደለወ ፡ ለከ ፡ መንበር ፡ በሰማያት ፡ እስከ ፡ ለዓለም ፡ ውስተ ፡ ማእከለ ፡ ኵሎሙ ፡ ቅዱሳን ። ወይእዜኒ ፡ ዝንቱ ፡ ውእቱ ፡ ጊዜ ፡ ዘትፌጽም ፡ ቦቱ ፡ ኵሎ ፡ ዘተአዘዝከ ፡ ከመ ፡ ትሕንፅ ፡ ሊተ ፡ ቤተ ፡ ክርስቲያን ፡ ወታንብር ፡ ሥጋየ ፡ ውስቴታ ። ወአዝዞ ፡ ለአቡነ ፡ እለ ፡ እስክንድሮስ ፡ ሊቀ ፡ ጳጳሳት ። ውእቱኒ ፡ ከመ ፡ ይሕንፅ ፡ ሊተ ፡ ቤተ ፡ ክርስቲያን ፡ ወያንብር ፡ ሥጋየ ፡ ውስቴታ ፡ በሀገረ ፡ እስክንድርያ ። በከመ ፡ ዜነውኩከ ፡ እንዘ ፡ ሀለውነ ፡ ኅቡረ ፡ መልዕልተ ፡ ደመና ። ወይእዜኒ ፡ ፈኑ ፡ መኰንነ ፡ ምስለ ፡ ሐራሁ ፡ ከመ ፡ ይትገበሩ ፡ በአስተሐምሞ ፡ ቤትየ ፡ ዝውእቱ ፡ ዘእብለ

* f. 60 r

ከ ። ወእምድኅረ ፡ አጠየቆ ፡ ኵሎ ፡ ቅዱስ ፡ ዮልዮስ ፡ ለንጉሥ ፡ ቄስጠንጢኖስ ፡ ተሰወረ ፡ እምኔሁ ።

ወሶበ ፡ ኮነ ፡ ጽባሐ ፡ ጸውዓኒ ፡ ንጉሥ ፡ ቄስጠንጢኖስ ፡ ወነገረኒ ፡ ዘኮነ ። ወአነኒ ፡ ኮንኩ ፡ ፍሡሐ ፡ ወኃሡየ ፡ በእንተ ፡ ዝንቱ ፡ ነገር ። አውሣእኩ ፡ ወእቤሎ ፡ አንጉሥ ፡ መፍቀሬ ፡ አምላክ ፡ እግዚአብሔር ፡ አኀዜ ፡ ኵሉ ፡ ይዕቀብ ፡ መንግሥተከ ፡ በጽድቅ ፡ እምኵሉ ፡ እኩይ ፡ ወያስተዳሉከ ፡ ኵሎ ፡ ጊዜ ፡ ውስተ ፡ ሠናይቱ ፡ ዘበአማን ። አንጉሥ ፡ እስመ ፡ ኮንከ ፡ በኀቤየ ፡ መተንብለ ፡ ወምእመነ ፡ ወኄረ ፡ ዘበአማን ። እስመ ፡ ዓፀድ ፡ ታስተጋብእ ፡ ባሕርየ ፡ ክቡረ ። ወተቀዋም ፡ ትፈቅድ ፡ ማኅቶተ ፡ ፅዱለ ። ወንጉሥኒ ፡ ጻድቅ ፡ ይፈቅድ ፡ አበ ፡ ነገሥት ፡ ወመኳንንት ፡ ወሰማዕታት ፡ ኵሎሙ ። እስመ ፡ አነ ፡ ፈኖኩ ፡ ለከ ፡ ኅዳጠ ፡ ክብረ ፡ ወልዕልና ፡ ወዕበየ ፡ ዘወሀበ ፡ እግዚአብሔር ፡ ለቅዱስ ፡ ዮልዮስ ፡ ወድካማተ ፡ እንተ ፡ ተዓገሦሙ ፡ ወለቅዱሳን ፡ ዘከመ ፡ እፎ ፡ ተልእከሙ ፡ ወጸጋ ፡ ወክብረ ፡ እንተ ፡ ወሀበ ፡ እግዚአብሔር ፡ ሶበ ፡ ሰምዓ ፡ ንጉሥ ፡ አንከረ ። ወሰብሐ ፡ ለእግዚአብሔር ፡ ወለቅዱስ ፡ ዮልዮስ ።

ወእምዝ ፡ ነሥአ ፡ ክርታሰ ፡ በእዴሁ ፡ ወጸሐፈ ፡ ውስቴቱ ፡ ኵሎ ፡ ዘኮነ ፡ ወዘተገብረ ፡ ሎቱ ፡ እምኀበ ፡ ቅዱስ ፡ ዮልዮስ ፡ ዘከመ ፡ እፎ ፡ አኀዝዎ ፡ ፋርስ ፡ እደ ፡ በእድ ። ወመሠጦ ፡ ወዘከመ ፡ እፎ ፡ አኀዘ ፡ ቅዱስ ፡ ወነሥኦ ፡ እማእከሎሙ ። ወዘከመ ፡ ነገሮ ፡ እንዘ ፡ ሀሎ ፡ ፅዑ
* f. 60 v ን ፡ ምስሌሁ ፡ *ላዕለ ፡ ደመና ። ወዘከመ ፡ ተከሥተ ፡ ሎቱ ፡ በሌሊት ፡ እንተ ፡ ሀሎነ ፡ ባቲ ፡ ንትፌነው ። ወአነኒ ፡ ሰባሕክዎ ፡ ለእግዚአብሔር ፡ ወለሰማዕቱ ፡ ንጹሕ ፡ ቅዱስ ፡ ዮልዮስ ። ወእምድኅረዝ ፡ አዘዘ ፡ ንጉሥ ፡ መስፍነ ፡ እመሳፍንቲሁ ፡ ከመ ፡ ይሑር ፡ ምስሌነ ፡ ወምስሌሁ ፡ ብዙኃን ፡ ሐራ ። ወንዋይ ፡ ብዙኅ ። ወኵሎ ፡ ዘይትፈቀድ ፡ ለአስተዳልዎ ፡ ቤት ፡ ዘቅዱስ ። ወእምዝ ፡ ጸለይነ ፡ ጸሎተ ፡ ወባረክነ ፡ ላዕለ ፡ ንጉሥ ፡ ወተፈኖነ ፡ በሰላም ። እንዘ ፡ ንሴብሖ ፡ ለግእዚአብሔር ፡ እግዚእነ ፡ ኢየሱስ ፡ ክርስቶስ ፡ ወኵሎሙ ፡ ቅዱሳኒሁ ። ጸሎቱ ፡ ለዮል

ዮስ ፡ ሰማዕት ፡ ለፍቁሩ ፡ ዘወልደ ፡ ማርያም ። ያብእ ፡ መንግሥተ ፡ ሰማያት ፡ ለዓለመ ፡ ዓለም ።

ክፍል ፡ ፫ ። ተአምሪሁ ፡ ለቅዱስ ፡ ዮልዮስ ፡ ጥቡብ ፡ ዘሐፀነቶ ፡ ለፍቁሩ ፡ ዘወልደ ፡ ማርያም ፡ እግዚአብሔር ፡ ይጸግዎ ፡ በረከቶ ፡ ለዓለመ ፡ ዓለም ፡ አሜን ። ወሶበ ፡ ተንሣእነ ፡ እምሀገረ ፡ ቍስጥንጥንያ ፡ ወሖርነ ፡ መጠነ ፡ ፴መዋዕል ፡ እስመ ፡ ነፋስ ፡ ወሰደነ ፡ ኀበ ፡ ደሴት ። ወአርሰይነ ፡ ህየ ፡ ሐመረነ ፡ ወነበርነ ፡ ውስቴታ ። ወሖርነ ፡ ካዕበ ፡ ኀበ ፡ ካልእ ፡ ደሴት ፡ ወአርሰይነ ፡ ፪ኤ ፡ መዋዕለ ። እስመ ፡ ለሊቀ ፡ ሐመርሰ ፡ ተሀውከ ፡ ልቡ ፡ እስመ ፡ ኢቦአ ፡ ወኢሖረ ፡ ይእተ ፡ ፍኖተ ፡ ግሙራ ። ወእንዘ ፡ ንሔሊ ፡ ንሕነ ፡ በእንተ ፡ ሐዊር ፡ ግብተ ፡ አስተርአየ ፡ ተአምር ፡ ዐቢይ ፡ በውእቱ ፡ ጊዜ ። እስመ ፡ ፪አሕማር ፡ መጽኡ ፡ እንዘ ፡ ይፀብቱ ፡ ዲበ ፡ ባሕር ፡ እንተ ፡ ኮነ ፡ ንጉሠ ፡ ህንድ ፡ ፈነዎሙ ፡ ኀበ ፡ ቈስጠንጢኖስ ። ወቦሙ ፡ እምነ ፡ ኵሉ ፡ ሠናያት ፡ እምነ ፡ ወርቅ ፡ ወብሩር ፡ ወአዕናቍ ፡ ክቡራት ፡ ወዕንቍ ፡ ዘብዙኅ ፡ ሤጦሙ ። ወሠናይት ፡ ብዙኅ ፡ ወመዝገብ ፡ ፍድፉድ ፡ ምሉእ ፡ ውስቴቶሙ ። ወመልኡ ፡ እሉ ፡ አሕማር ፡ ወአርሰዩ ፡ በገቦ ፡ ደሴት ፡ እንተ ፡ ንሕነ ፡ አርሰይነ ፡ ላዕሌሃ ። ወንሕነኒ ፡ አንከርነ ፡ ሶበ ፡ ርኢናሆሙ ። ወእምድኅረዝ ፡ ሖርነ ፡ ወወረድነ ፡ ውስተ ፡ እሙንቱ ፡ አሕማር ፡ ወበርበርናሆሙ ፡ ወኢረከብነ ፡ በሙ ፡ ፩ደ ፡ ብእሴ ፡ ዘእንበለ ፡ እሉ ፡ ሠናያት ፡ ባሕቲቱ ። ወሶቤሃ ፡ ደንገፅነ ፡ እምርእየ ፡ ዝንቱ ። ወመስፍንሰ ፡ ዘሀሎ ፡ ምስሌነ ፡ ወሀቢ ፡ ዖዱ ፡ ወኃሠሡ ፡ ውስተ ፡ አሕማር ። ወረከቡ ፡ መጽሐፈ ፡ ንጉሠ ፡ ህንድ ፡ ዘከመ ፡ ፈነዎሙ ፡ ኀበ ፡ ቈስጠንጢኖስ ፡ ንጉሥ ፡ ለእሉ ፡ አሕማር ፡ ሠናያት ፡ ወክቡራት ፡ ወመዝገበ ፡ ዘሀሎ ፡ ውስቴቶን ። ወሶበ ፡ አንበብነ ፡ መጽሐፈ ፡ ረከበተነ ፡ ፍርሃት ፡ ዓባይ ፡ ወተበሀልነ ፡ ንርአይ ፡ ዘኮነ ፡ በእንተ ፡ ዕደው ፡ እለ ፡ ኮኑ ፡ ዕዑናነ ፡ ላዕለ ፡ ኵሉ ፡ አሕማር ። ወአነኒ ፡ አውሣእክዎ ፡ ለመስፍን ፡ ወእቤሎ ፡ አወልድየ ፡ ዘበአማን ። እስመ ፡ ዝንቱ ፡ ውእቱ ፡ ፈቃደ ፡ እግዚአብሔር ፡ ዘአምጽአተነ ፡ ዝየ ፡ እስከ ፡ ረከብነ ፡ ዘንተ ፡ መዛግብተ ፡ ክቡራተ ፡ እንተ ፡ ፈነውዋ ፡ ኀበ ፡ ንጉሥ ። ወበጊዜሃ ፡ አንሣእኩ ፡ አዕይ

* f. 61 r

ንትየ ፡ ውስተ ፡ ሰማይ ፡ እንዘ ፡ እብል ፡ አአምላከ ፡ ቅዱስ ፡ ዮልዮስ ፡ አብጽሐነ ፡ ኀበ ፡ ፍኖት ፡ ርትዕት ፡ ወክሥት ፡ ለነ ፡ ነገረ ፡ እሉ ፡ አሕማር ። ወእምድኅረ ፡ ንቤ ፡ ከመዝ ፡ ተንሣእነ ፡ እምውእቱ ፡ መካን ፡ እንዘ ፡ አሕማር ፡ ምስሌነ ፡ ወሶበ ፡ ፈጸምነ ፡ ክልኤተ ፡ ዕለታተ ፡ እንዘ ፡ ነሐውር ፡ *ውስተ ፡ ባሕር ። ወሶበ ፡ አንሣእነ ፡ አዕይንቲነ ፡ ርኢነ ፡ ብዙኃ ፡ ጉባኤ ፡ ሰብእ ፡ እንዘ ፡ ንቡራን ፡ ዲበ ፡ ደሴት ። ወይእቲ ፡ ተሐውር ፡ ምስሌሆሙ ፡ ውስተ ፡ ባሕር ፡ ወትፈቅድ ፡ ታሥጥሞሙ ። ወኮኑ ፡ እንዘ ፡ ይኬልሑ ፡ በቃል ፡ ዐቢይ ፡ ወብካይ ፡ ብዙኅ ፡ ወምረት ፡ ልብ ። ወሶቤሃ ፡ ሐለይኩ ፡ በልብየ ፡ ወበሕሊናየ ፡ ተሐዘብኩ ። እንዘ ፡ እብል ፡ እሉ ፡ እሙንቱ ፡ መስተዕዕናነ ፡ አሕማር ፡ ነዮሙ ። ወበጊዜሃ ፡ ሰፋሕኩ ፡ እደውየ ፡ ወሰአልኩ ፡ ኀበ ፡ እግዚአብሔር ፡ እንዘ ፡ እብል ፡ አአምላከ ፡ ቅዱስ ፡ ዮልዮስ ፡ ሰማዕተ ፡ ክርስቶስ ፡ ነጽር ፡ ኀበ ፡ ፍጥረትከ ፡ እስመ ፡ ዝንቱ ፡ ነፍሳት ፡ ምንዱባን ፡ ውስተ ፡ ዝንቱ ፡ ሞገደ ፡ ባሕር ። ወፈኑ ፡ ሎሙ ፡ ረድኤተከ ፡ ፍጡነ ፡ ከመ ፡ ይሰባሕ ፡ ስምከ ፡ ቅዱስ ። ወሶበ ፡ ንቤ ፡ ከመዝ ፡ አነ ፡ ወእለ ፡ ሀለው ፡ ምስሌየ ። ወአውሣእነ ፡ እንዘ ፡ ንብል ፡ ፫፻ ጊዜ ፡ ኪርያላይሶን ፡ በልዑል ፡ ቃል ። ወእምድኅረ ፡ ፈጸምነ ፡ እንዘ ፡ ቀውማን ፡ ንሕነ ፡ ግብተ ፡ አስተርአየት ፡ ተአምር ፡ ዓባይ ፡ በውእቱ ፡ ጊዜ ። አአበውየ ፡ ቅዱሳን ፡ ሕዝብ ፡ መሲሐውያን ፡ እስመ ፡ ናሁ ፡ ቅዱስ ፡ ዮልዮስ ፡ ወረደ ፡ እምሰማይ ፡ እንዘ ፡ ይዴዓን ፡ ላዕለ ፡ ደመና ፡ ብርህት ። ወበረቀ ፡ ሱራሄ ፡ ገጹ ፡ ዲበ ፡ ማይ ፡ ወአብርሃ ፡ ውስቴታ ፡ ፈድፋደ ፡ ወሶቤሃ ፡ ቀርበ ፡ ኀቤነ ። ወአመረነ ፡ በእዴሁ ፡ እንዘ ፡ ይብል ፡ ሰላም ፡ ለክሙ ፡ ምንተ ፡ ኮንክሙ ፡ ዘትጸርሑ ፡ ከመዝ ፡ ኀበ ፡ እግዚአብሔር ፡ በዝንቱ ፡ ኀብረተ ፡ ቃል ። ውእቱሰ ፡ ተመሲሎ ፡ ንጉሠ ፡ ክቡረ ፡ ዘይበውእ ፡ ውስተ ፡ ባሕር ፡ ወ፬መላእክት ፡ ሀለዉ ፡ ምስሌሁ ፡ በአምሳለ ፡ ኖትያት ። ተሠጠውክዎ ፡ አነሂ ፡ ወእቤሎ ፡ ሐዊሳ ፡ ለምጽአትከ ፡ አፍቁረ ፡ አምላክ ፡ እስመ ፡ ንሕነ ፡ ህውካነ ፡ አልባብ ፡ በእንተ ፡ እሉ ፡ ሰብእ ፡ ብዙኃን ፡ እለ ፡ ይፈቅዱ ፡ ይሠጠሙ ፡ ውስተ ፡ ዝንቱ ፡ ባሕር ። ወነዋ ፡ አንተ ፡ ትሬእዮሙ ፡ ወትሰምዖሙ ፡ እንዘ ፡ ይጸርሑ ፡

ወይበክዩ ። አውሥአ ፡ ውእቱኒ ፡ ወይቤለነ ፡ ይእዜ ፡ አድኀኖሙ ፡ በኃይል ፡ ንጉሥየ ፡ ዘበአማን ፡ ኢየሱስ ፡ ክርስቶስ ። ወበጊዜሃ ፡ ሖረ ፡ ኀቤሆሙ ። ወእሙንቱሰ ፡ ዓዲሆሙ ፡ ሀለዉ ፡ ላዕለ ፡ ይእቲ ፡ ደሴት ፡ አከ ፡ ደሴት ፡ አላ ፡ አንበሪ ፡ ሎሙሰ ፡ ይመስሎሙ ፡ ደሴተ ፡ በጊዜ ፡ በጽሑ ፡ ኀቤሁ ። ወረከብዎ ፡ ውስተ ፡ ባሕር ፡ አርሰዩ ፡ ዲቤሁ ፡ ዘእንበለ ፡ አእምሮ ። ወእምድኅረ ፡ ፪ መዓልት ፡ ወ፪ሌሊት ፡ እንዘ ፡ እሙንቱ ፡ ላዕለ ፡ ዘባኑ ። ሶቤሃ ፡ አእመረ ፡ ውእቱ ፡ አንበሪ ፡ ከመ ፡ ሀለዉ ፡ ሰብእ ፡ ላዕለ ፡ ዘባኑ ፡ ተሀውከ ፡ ለፌ ፡ ወለፌ ። ወሰሐቦሙ ፡ ለአሕማር ፡ ከመ ፡ ያሥጥሞሙ ፡ ምስለ ፡ ኵሉ ፡ ዘዲቤሆሙ ፡ ወበፈቃደ ፡ እግዚአብሔር ፡ ተመትሩ ፡ ሰናስል ። ወመጽኡ ፡ አሕማር ፡ ኀቤነ ፡ ወዕደው ፡ መስተዕዕናን ፡ አሕማር ፡ ኮኑ ፡ ላዕለ ፡ ዘባኑ ፡ ለውእቱ ፡ አንበሪ ። ወናሁ ፡ ይፈቅድ ፡ ከመ ፡ ያሥጥሞሙ ። ወበጊዜ ፡ ፲ሰዓት ፡ ሖረ ፡ ኀቤሆሙ ፡ ቅዱስ ፡ ዮልዮስ ፡ በክብር ፡ ዐቢይ ፡ እንዘ ፡ ዕዑን ፡ ዲበ ፡ ደመና ፡ ብሩህ ። አውሥአሙ ፡ ወይቤሎሙ ፡ ሰላም ፡ ለክሙ ፡ አኃው ። ወእሙንቱሂ ፡ አውሥእዎ ፡ ወይቤልዎ ፡ ንስእለከ ፡ ከመ ፡ ታድኅነነ ፡ አእግዚእነ ፡ መስፍን ። ወበጊዜሃ ፡ ዓርገ ፡ ወተዕዕነ ፡ ምስሌሆሙ ፡ ላዕለ ፡ ዘባን ፡ አንበሪ ። ወይቤሎሙ ፡ ኢትፍርሁ ፡ እግዚአብሔር ፡ ሀሎ ፡ ምስሌክሙ ። ወሶበ ፡ ተዕዕነ ፡ ቅዱስ ፡ ዮልዮስ ፡ ዲበ ፡ አንበሪ ፡ ምስለ ፡ ዕደው ፡ ተከለ ፡ ምርጕዞ ፡ ዲበ ፡ ሥጋሁ ፡ ለአንበሪ ። ወይቤሎ ፡ እኤዝዘከ ፡ *አአንተ ፡ አንበሪ ፡ በስሙ ፡ ለእግዚእየ ፡ ኢየሱስ ፡ ክርስቶስ ፡ ከመ ፡ ትፁር ፡ እሎንተ ፡ ዕደወ ፡ ዘእንበለ ፡ ድካም ፡ ወፍርሀት ። ወትሰዶሙ ፡ ኀበ ፡ እሉ ፡ ፲አሕማር ፡ ወትደይ ፡ ሰናስሎሙ ፡ ዲበ ፡ ክሳድከ ። ወትሰድ ፡ ኵሎሙ ፡ ኅቡረ ፡ ኀበ ፡ ሀገረ ፡ እስክንድርያ ፡ እምቅድመ ፡ ሥርቀተ ፡ ፀሐይ ፡ ጌሠመ ፡ ጽባሐ ። ወበጊዜሃ ፡ ተመይጠ ፡ ውእቱ ፡ አንበሪ ፡ ኀቤነ ፡ ፍጡነ ። ወኮነት ፡ ሐመር ፡ ርሲት ፡ በውእቱ ፡ ጊዜ ፡ እስመ ፡ ነፋስ ፡ ኢነፍሐ ፡ ለነ ። ወበጽሐ ፡ ውእቱ ፡ አንበሪ ፡ ኀበ ፡ አሕማር ፡ ወውኅጠ ፡ አዕባነ ፡ ወመልህቃተ ። ወሰናስለ ፡ እንተ ፡ ያረስዩ ፡ በሙ ፡ ወአኀዘ ፡ ይስሐቦመ ። ወአሮጾሙ ፡ ከመ ፡ እንተ ፡ ዖፍ ፡ ዘይሰርር ፡ በአክናፊሁ ። ወአብጽሖሙ ፡ እስከ ፡

* f. 61 v

ኀበ ፡ እለእስክንድርያ ። ወኮነ ፡ ውእቱ ፡ ጊዜ ፡ ዘአብጽሐ ፡ አንበሪ ፡ እሎንተ ፡ አሕማረ ፡ ፯ሰዓተ ፡ መዓልት ። ወሶበ ፡ ሠረቀ ፡ ብርሃን ፡ አርሰይነ ፡ ኀበ ፡ ሀገረ ፡ እስክንድርያ ፡ እመከን ፡ ዘነሥአነ ፡ አንበሪ ፡ እስከ ፡ ሀገረ ፡ እስክንድርያ ፡ የአክል ፡ መጠነ ፡ ፫መዋዕል ፡ ወ፫ለያልይ ፡ ለዘየሐውር ፡ ፍጡነ ፡ ምሕዋረ ፡ በከመ ፡ ነገሩ ፡ ኖትያት ፡ ለሰብአ ፡ እስክንድርያ ። እስመ ፡ እሙንቱ ፡ ኖትያት ፡ ኮኑ ፡ ይዜያንዉ ፡ ኵሉ ፡ ለለ ፡ ፩፩ምስለ ፡ ካልኡ ፡ ኵሎ ፡ ነገረ ፡ ዘኮነ ፡ ላዕሌነ ። ወቅዱስሰ ፡ ዮልዮስ ፡ ተሰወረ ፡ እምኔነ ፡ ወኢርኢናሁ ፡ ዳግመ ። አይ ፡ ክላህ ፡ እንተ ፡ ኮነ ፡ በውስተ ፡ ሕዝብ ፡ በእንተ ፡ ተአምር ፡ ዘርእዩ ፡ ወሰምዑ ። ወበጊዜሃ ፡ ኵሎሙ ፡ ከልሑ ፡ ወይቤሉ ፡ ኪርያላሶን ፡ ፩ውእቱ ፡ አምላከ ፡ ቅዱስ ፡ ዮልዮስ ፡ ሰማዕት ፡ ንጹሕ ። ወአንበሪሰ ፡ እስመ ፡ ወዓለ ፡ ሠሉሰ ፡ መዋዕለ ፡ ወሠሉሰ ፡ ለያልየ ፡ እንዘ ፡ ስኩብ ፡ ውእቱ ፡ዲበ ፡ የብስ ፡ ኀበ ፡ ጽንፈ ፡ ባሕር ። ወኵሎሙ ፡ ሰብአ ፡ ሀገር ፡ ይወፅኡ ፡ ይርአይዎ ፡ ወይትለሀዩ ፡ ላዕሌሁ ። ወእምድኅረዝ ፡ ገደፈ ፡ እምውስተ ፡ አፉሁ ፡ መልህቃተ ፡ ወሰናስለ ፡ ወአዕባነ ፡ ዘ፫አሕማር ፡ ወፀበተ ፡ ውስተ ፡ ባሕር ፡ ወኢርኢናሁ ፡ ዳግመ ። ወዕደውሰ ፡ ሀንዳውያን ፡ ዜነውዎ ፡ ለመስፍን ፡ ኵሎ ፡ ዘኮነ ፡ ላዕሌሆሙ ፡ ወዘኮኑ ፡ ቦቱ ። ወእምድኅረዝ ፡ ፈነዎሙ ፡ በሐሤት ፡ እንዘ ፡ ይሴብሕዎ ፡ ለእግዚአብሔር ፡ ወለቅዱስ ፡ ዮልዮስ ፡ በእንተ ፡ ጸጋ ፡ ዘረከበቶሙ ። ንሕነኒ ፡ ወኵሉ ፡ ሰብአ ፡ እስክንድርያ ፡ ጠየቅነ ፡ እንበለ ፡ ሐሰት ፡ ወኢኑፋቄ ፡ ከመ ፡ ቅዱስ ፡ ዮልዮስ ፡ መጽአ ፡ ኀቤነ ፡ ወአድኃነነ ፡ እምነ ፡ ባሕር ። ወይቤ ፡ መስፍን ፡ እስመ ፡ ዝንቱ ፡ መዛግብት ፡ ክቡራት ፡ ኵሎሙ ፡ ዘፍነው ፡ እምኀበ ፡ እግዚእየ ፡ ንጉሥ ። ናሁ ፡ እግዚአብሔር ፡ ወሀቦሙ ፡ በእንተ ፡ ክብሩ ፡ ለዝንቱ ፡ ቅዱስ ። ወውእቱ ፡ ዘአድኃኖሙ ፡ ወዓቀቦሙ ፡ እምተኀጕሎ ፡ በባሕር ። ወእምዝ ፡ አዘዘ ፡ ከመ ፡ ይፅዓኑ ፡ እሎንተ ፡ መዛግብተ ፡ ኅቡረ ፡ እለ ፡ ውስተ ፡ አሕማር ፡ ወይሰዱ ፡ ኀበ ፡ ጽርሕ ፡ በትረ ፡ ያርካዊት ። ወጸሐፈ ፡ ኀበ ፡ ንጉሥ ፡ ወአጠየቆ ፡ ኵሎ ፡ ዘኮነ ። ወንጉሥኒ ፡ አንከረ ፡ ፈድፋደ ፡ ወሰብሐ ፡ ለእግዚ

አብሔር ፡ ወለሰማዕቱ ፡ ቅዱስ ፡ ዮልዮስ ፡ ንጹሕ ። ትንብልናሁ ፡ ይዕቀብ ፡ ለፍቁሩ ፡ ዘወልደ ፡ ማርያም ፡ ለዓለመ ፡ ዓለም ፡ አሜን ።

ክፍል ፡ ፬ ። ተአምሪሁ ፡ ለቅዱስ ፡ ዮልዮስ ፡ ሰማዕተ ፡ ኢየሱስ ፡ ክርስቶስ ። ጸሎቱ ፡ ወበረከቱ ፡ የሀሉ ፡ ምስለ ፡ ፍቁሩ ፡ ዘወልደ ፡ ማርያም ፡ ለዓለመ ፡ ዓለም ፡ አሜን ።

ወእምድኅረ ፡ አጥብዓ ፡ መስፍን ፡ ሐኒፀ ፡ ቤተ ፡ ክርስቲያን ፡ ጸውዓኒ ፡ ሊተ ፡ ለንዳይ ፡ እለ ፡ እስክንድሮስ ። ወይቤለኒ ፡ አይቴ ፡ ውእቱ ፡ ሥጋሁ ፡ ለቅዱስ ፡ ዮልዮስ ፡ አርእየኒ ፡ ከመ ፡ እግነይ ፡ * ሎቱ ። * f. 62 r ወአነኒ ፡ ነሣእክዎ ፡ ኀበ ፡ መከነ ፡ ቅዱሳን ፡ አቅበንዮስ ፡ ወዮሐንስ ፡ ሐራ ፡ እስክንድራዊያን ፡ እስመ ፡ ሥጋ ፡ ብፁዓዊ ፡ ዮልዮስ ፡ ንቡር ፡ ማእከሎመ ። ወሥጋ ፡ ዮንያስ ፡ እኁሁ ። ወቴዎድሮስ ፡ ወልዱ ። እስመ ፡ አውክርስጦስ ፡ ወልዱ ፡ ኃብአሙ ፡ ወአንበሮሙ ፡ ህየ ፡ በመክን ፡ ዘፈጸመ ፡ ቡቱ ፡ ማርቆስ ፡ ወንጌላዊ ፡ ዘይሰመይ ፡ ዓፀደ ፡ ላህም ። ወሶበ ፡ ርእየ ፡ መስፍን ፡ ሥጋ ፡ ቅዱሳን ፡ ወዕጣነ ፡ ዘይወፅእ ፡ እምኔሆሙ ፡ አንከረ ፡ ወሰብሐ ፡ ለእግዚአብሔር ፡ ወለቅዱሳኒሁ ። ወእምድኅረዝ ፡ አዘዘ ፡ ከመ ፡ ይሣርሩ ፡ ዓፀዶ ፡ ለቅዱስ ፡ መጠነ ፡ ፺፻ በእመት ፡ ኑኃ ፡ ወግድማ ። ስፍሐ ፡ ወርኅባ ። በአምጣነ ፡ ቤተ ፡ ክርስቲያን ። ወዕደውሰ ፡ ህንዳውያን ፡ ዘዘከርነ ፡ ቀዲሙ ፡ እለ ፡ ድኅኑ ፡ እምባሕር ፡ ኮነ ፡ ኍልቆሙ ፡ ፴ወ ፯ ነፍስ ፡ እሉ ፡ እለ ፡ ኮኑ ፡ ውስተ ፡ ፪ አሕማር ። እስመ ፡ በፅዑ ፡ ርእሶሙ ፡ ከመ ፡ ኢይሑሩ ፡ ኀበ ፡ በሐውርቲሆሙ ፡ ዘእንበለ ፡ ይፈጽሙ ፡ ሐኒፀ ፡ ቤተ ፡ ክርስቲያን ፡ ዘሰማዕት ፡ ቅዱስ ፡ ዮልዮስ ፡ ወኮኑ ፡ እንዘ ፡ ይትጌበሩ ፡ በምልአ ፡ ልበሙ ፡ በመክን ፡ ኀበ ፡ ወጠኑ ። ከመ ፡ ይሣርሩ ፡ ቤተ ፡ ክርስቲያን ። ወሀለዉ ፡ ምስለ ፡ መስፍን ፡ ፫፻ ሐራ ፡ ወ ፯፻ ዕደው ፡ ካልኣን ፡ እምሰብአ ፡ እስክንድርያ ። ወኮኑ ፡ ኵሎሙ ፡ እንዘ ፡ ይትጌበሩ ፡ ይእተ ፡ ምኔተ ፡ በዐቢይ ፡ ፍሥሐ ። ወዕለት ፡ ዘወጠነ ፡ ባቲ ፡ ሐኒፀ ፡ አመ ፡ ፩ለታኅሣሥ ፡ ውእቱ ፡ ወንሕነኒ ፡ አፅናዕነ ፡ ሃይማኖተ ፡ አመ ፡ ፱ለኅዳር ፡ ወበጕጕዓ ፡ በጻሕነ ፡ እስክንድርያ ፡ አመ ፡ ፍጻሜ ፡ ወርኅ ፡ በሥምረተ ፡ እግዚአብሔር ። ወበጥብዓተ ፡ መስፍን ። ወበሙቀተ ፡ ልበሙ ፡ ለመ

ስተገብራን ። ተፈጸመት ፡ ይእቲ ፡ ቤተ ፡ ክርስቲያን ፡ በ፱አውሬ / ፡ ወተሠርዓት ፡ በከመ ፡ ይደሉ ፡ በኵሉ ፡ ሠናያት ፡ እንዘ ፡ መንፈስ ፡ ቅዱስ ፡ ይረድአሙ ። ወኃይል ፡ ልዕልት ፡ ዘቅዱስ ፡ ዮልዮስ ፡ ወእምዝ ፡ ሰአለኒ ፡ መስፍን ፡ እንዘ ፡ ይብል ። አአቡየ ፡ ቀድሳ ፡ ለቤተ ፡ ክርስቲያን ፡ ወኅድገኒ ፡ እሑር ። ወአነኒ ፡ አውሣእክዎ ፡ እንዘ ፡ እብል ። ተዓገሥ ፡ አወልድየ ፡ ፳ዕለታተ ፡ ካልአነ ፡ እስከ ፡ ይበጽሕ ፡ ዕለት ፡ ዘፈጸመ ፡ ቦቱ ፡ ቅዱስ ፡ ስምዖ ፡ ወነሥአ ፡ አክሊለ ፡ ይደሉ ፡ ወየኃብር ። ውእቱ ፡ ዕለት ፡ ለቅዳሴ ፡ ቤተ ፡ ክርስቲያን ። ወትነሥእ ፡ በረከተ ፡ ሠናየ ፡ ወትሬኢ ፡ ፍሥሐ ፡ በዙኃ ፡ ወብዕለ ፡ ዐቢየ ፡ ዘይትገበር ፡ ለቅዱስ ፡ ዮልዮስ ፡ ወሣህል ። ወፈውስ ፡ ዘይክውን ፡ እምኀቤሁ ። ወበእንተ ፡ ስእለትየ ፡ ሎቱ ፡ ከመዝ ፡ ተመይጠ ፡ እምክሩ ፡ ወአሆ ፡ ይቤለኒ ። ወካዕበ ፡ አውሣእክዎ ፡ እንዘ ፡ እብል ፡ አእግዚእየ ፡ እስመ ፡ ተድኅረነ ፤ ካልእ ፡ ነገር ፡ ዘነኃሥሦ ፡ ለመፍቅድነ ፡ ዘንገብሮ ፡ ለቤተ ፡ ክርስቲያን ። ወይቤለኒ ፡ ምንት ፡ ውእቱ ፡ አአቡየ ። ወእቤሎ ፡ ንፈቅድ ፡ ሥዕለ ፡ ቅዱስ ፡ ሥዑለ ፡ ዲበ ፡ ለውሐ ፡ ዕፅ ። ወሥዕለ ፡ እኍሁ ፡ በየማኑ ። ወዘወልዱ ፡ በፀጋሙ ። ወሰሚዖ ፡ ዘንተ ፡ ተፈሥሐ ፡ ልቡ ፡ ዲበ ፡ ቅዱስ ፡ ዮልዮስ ፡ ወበጊዜሃ ፡ ፈትሐ ፡ እግዚአብሔር ፡ አዕይንቲሁ ። ወርእዮ ፡ ለቅዱስ ፡ ዮልዮስ ፡ በማእከለ ፡ ዕደው ፡ እለ ፡ ይትጌበሩ ፡ ቤተ ፡ ክርስቲያን ፡ እንዘ ፡ ይረድአሙ ፡ በኵሉ ፡ ውስተ ፡ ኵሉ ፡ ዘይትጌበሩ ። ወእምዝ ፡ አፍጠነ ፡ ወአስተጋብአ ፡ ወርቀ ፡ ዘተርፈ ፡ እምግብረ ፡ ቤተ ፡ ክርስቲያን ፡ ወሀበኒ ፡ ወይቤለኒ ፡ ኵሎ ፡ ዘፈቀድከ ፡ ግበር ። ወአነኒ ፡ እቤሎ ፡ ለእመ ፡ ከነ ፡ ከመዝ ፡ ንግበር ፡ ፫ሥዕላተ ። ወ * f. 62 v በጊዜሃ ፡ አዘዘ ፡ ውእቱ ፡ *መስፍን ፡ ወአብጽሐሙ ፡ ለነሀብት ። ወወሀቦሙ ፡ ፯ልጥረ ፡ ወርቅ ፡ ከመ ፡ ይግበሩ ፡ ፫ሥዕለ ፡ ወርቅ ፡ ዘዘ፫ኑኖሙ ፡ በእመት ። ወካዕበ ፡ ወሀቦሙ ፡ ፱ልጥረ ፡ ብሩር ፡ ያሠርግዉ ፡ ቦሙ ፡ ሥዕለ ፡ ከመ ፡ ያንጸብርቁ ፡ ወያስተፍሥሑ ፡ ለዘርእዮሙ ፡ ወይሰብሕዎ ፡ ለእግዚአብሔር ። ወለኵሎሙ ፡ ቅዱሳኒሁ ፡ ለባስያነ ፡ ክብር ። ጸሎቶሙ ፡ ሥሙር ፡ የሀሉ ፡ ምስለ ፡ ፍቁሮሙ ፡ ዘወልደ ፡ ማርያም ፡ ለዓለመ ፤ ዓለም ፡ አሜን ። ወአሜን ።

ክፍል ፡ ፳ ተአምሪሁ ፡ ለቅዱስ ፡ ዮልዮስ ፡ ኬሪ ፡ በጸሎቱ ፡ ይምሐሮ ፡ ለፍቁሩ ፡ ዘወልደ ፡ ማርያም ፡ ለዓለመ ፡ ዓለም ፡ አሜን ። ወሶበ ፡ ወሀብነ ፡ ወርቀ ፡ ለነሀብት ። ወአዘዝናሆሙ ፡ ከመ ፡ ይግበሩ ፡ ፫ሥዕላተ ፡ እስመ ፡ ፩እምኔሆሙ ፡ መምህሮሙ ። ወእለ ፡ ተርፉ ፡ ላእከኒሁ ፡ እሙንቱ ፡ ወነሢኦሙ ፡ ወርቀ ፡ ሖሩ ፡ ኀበ ፡ ማኅደሪሆሙ ፡ ወሠለስቲሆሙ ፡ አይሁድ ፡ እሙንቱ ፡ አብያጺሁሰ ፡ ሰበ ፡ ኃደግዎ ፡ ወሖሩ ፡ ውስተ ፡ ምሳሕ ፡ ቦአ ፡ ሰይጣን ፡ ውስተ ፡ ልቡ ፡ ለውእቱ ፡ ነሀቢ ፡ ዘውእቱ ፡ ሊቆሙ ፡ ከመ ፡ ይንሣእ ፡ እምውእቱ ፡ ወርቅ ፡ ወብሩር ፡ ዘቅዱስ ፡ ዮልዮስ ፡ ውእቱሰ ፡ ረሲዕ ፡ ሶበ ፡ በጽሐ ፡ ኀበ ፡ ማኅደሩ ፡ ነሥአ ፡ እም፲ልጥረ ፡ ወርቅ ፡ ፩ልጥረ ። ወእምነ ፡ ብሩር ፡ ፱ልጥረ ። ወበጊዜሁ ፡ በይእቲ ፡ ሌሊት ፡ አስተርአዮ ፡ ቅዱስ ፡ ዮልዮስ ፡ ለውእቱ ፡ ኃጥእ ፡ ወይቤሎ ፡ ኢያእመርከኒኑ ፡ መኑ ፡ አነ ። ወውእቱኒ ፡ ይቤሎ ፡ እፎ ፡ አአምረከ ፡ ግሙራ ፡ ዘኢርኢኩከ ። ወይቤሎ ፡ ቅዱስ ፡ አነ ፡ ውእቱ ፡ ዘእፌልጥ ፡ ነፍሰከ ፡ እምሥጋከ ፡ በዛቲ ፡ ሌሊት ። ወአንተኒ ፡ ኢመሐከ ፡ ዳእሙ ፡ ነሣእከ ፡ እምዘውእቱ ፡ ሊተ ። ወይእዜኒ ፡ ኩን ፡ ዕውረ ፡ ወኢትርአይ ፡ ብርሃነ ፡ ዝንቱ ፡ ዓለም ፡ እስከ ፡ ይጼውዕዎ ፡ ለመስፍን ፡ ወለሊቀ ፡ ጳጳሳት ። ወትነግሮሙ ፡ ኵሎ ፡ ዘገበርከ ። ወእምዝ ፡ ወደየ ፡ ላዕሌሁ ፡ ረዓደ ፡ ወተሰወረ ፡ እምኔሁ ።

ወሶበ ፡ ጸብሐ ፡ ሖሩ ፡ ኀቤሁ ፡ አብያጺሁ ፡ ከመ ፡ ይግበሩ ፡ ግብሮሙ ፡ ዘተአዘዙ ፡ ምስሌሁ ። ወረከብዎ ፡ እንዘ ፡ ዕውር ፡ ክልኤሆን ፡ አዕይንቲሁ ፡ ወኵሉ ፡ ሥጋሁ ፡ እንዘ ፡ ይርዕድ ። አውሥእዎ ፡ ወይቤልዎ ፡ ምንት ፡ ውእቱ ፡ ዘረከበከ ፡ ወይቤሎሙ ፡ ንዑ ፡ ርእዩ ፡ ዘኮነ ፡ ላዕሌየ ። ወዜነዎሙ ፡ ኵሎ ፡ ዘኮነ ፡ ወእምዝ ፡ ይቤሎሙ ፡ ግበሩ ፡ ምስሌየ ፡ ምሕረተ ። ወጸውዕዎ ፡ ሊተ ፡ ለሊቀ ፡ ጳጳሳት ፡ ወለመስፍን ፡ ከመ ፡ እንግሮሙ ፡ ግብርየ ። ወእሙንቱሰ ፡ ተንሥኡ ፡ ፍጡነ ፡ ወመጽኡ ፡ ኀቤነ ፡ ወአመሩነ ፡ ዘኮነ ፡ ወሖርነ ፡ ኀቤሁ ፡ በጊዜሃ ፡ ወረከብናሁ ፡ እንዘ ፡ ዕውር ፡ ክልኤሆን ፡ አዕይንቲሁ ፡ ወኵሉ ፡ ሥጋሁ ፡ ይርዕድ ። ወሶበ ፡ አእመረነ ፡ በከየ ፡ በዐቢይ ፡ ክላህ ፡ እንዘ ፡ ይብል ፡ አበስኩ ፡ ስረዩ ፡ ሊተ ፡ አአጋእዝትየ ፡ ወአበውየ ። ወአነኒ ፡ አውሣእ

ክዎ ፡ ወእቤሎ ፡ ኵሉ ፡ ዘይኤብስ ፡ ለርእሱ ፡ ይኤብስ ። ወባሕቱ ፡ ንግረን ፡ ዘገበርከ ፡ ጽሑፍ ፡ ዘይብል ፡ አውሉድየ ፡ ተአመኑ ፡ ኃጣውኢክሙ ፡ በበይናቲክሙ ፡ ስርየተ ፡ ኃጢአትስ ፡ ኢገቢእ ፡ ውስቴቱ ፡ ዳግመ ። ወይቤለኒ ፡ አአቡየ ፡ ዐቢይ ፡ ውእቱ ፡ ኃጢአትየ ። ወእቤሎ ፡ ምንት ፡ ውእቱ ፡ ንግረኒ ። ወይቤ ፡ ወርቀ ፡ ዘወሀብክሙኒ ፡ ትማልም ፡ ቦአ ፡ ሰይጣን ፡ ውስተ ፡ ልብየ ፡ ወሰረቁ ፡ እምኔሁ ፡ ልጥረ ። ወርኢኩ ፡ ፩መጽአ ፡ ኀቤየ ፡ በዛቲ ፡ ሌሊት ፡ ወአውረደ ፡ ላዕሌየ ፡ ፍርሃተ ፡ ዐቢየ ። ወይቤለኒ ፡ በእንተ ፡ ምንት ፡ ጠባዕከ ፡ ከመ ፡ ትሥር
* f. 63 r ቅ ፡ መባዕየ ። ወይእዜኒ ፡ ኩን ፡ ዕውረ ፡ እስከ ፡ ትነግር ፡ * ለሊቀ ፡ ጳጳሳት ፡ ወለመስፍን ፡ ዘገበርከ ። አአጋእዝትየ ፡ ወአበውየ ፡ ህየንተ ፡ ልጥረ ፡ ወርቅ ፡ ዘነሣእኩ ፡ እሁብ ፡ አነ ፡ ክልኤ ፡ ልጥረ ፡ ወርቅ ፡ ወ፬ተ ፡ ልጥረ ፡ ብሩር ፡ ዘእንበለ ፡ ዘአኅድግ ፡ ዓስብየ ፡ ወኢትኅድጉኒ ፡ ውስተ ፡ ዝንቱ ፡ ምንዳቤ ። ወእነኒ ፡ በጊዜሃ ፡ አዘዝኩ ፡ ያምጽኡ ፡ ሊተ ፡ ኀዳጠ ፡ ዘይት ፡ እምነ ፡ ቀንዲል ፡ ዘሀሎ ፡ ቅድመ ፡ ቅዱስ ፡ ዮልዮስ ፡ ወቀባዕክዎ ፡ አዕይንቲሁ ፡ በትእምርተ ፡ መስቀል ። እንዘ ፡ እብል ፡ እእግዚእየ ፡ ኢየሱስ ፡ ክርስቶስ ፡ መሐር ፡ ዘንተ ፡ ነዳየ ፡ እስመ ፡ አልቦ ፡ መኑሂ ፡ ንጹሐ ፡ ዘእንበለ ፡ ኃጢአት ፡ በቅድሜከ ። ወአንተኒ ፡ እእግዚእየ ፡ ዮልዮስ ፡ ነጽር ፡ ኀበ ፡ ዛቲ ፡ ነፍስ ፡ ወመሐራ ። ወእምድኅረ ፡ እቤ ፡ ከመዝ ፡ ቀባዕክዎ ፡ እምውእቱ ፡ ዘይት ። ወሶቤሃ ፡ ተፈትሐ ፡ አዕይንቲሁ ። ወሶቤሃ ፡ ተንሥአ ፡ ውእቱ ፡ ብእሲ ፡ ወሰገደ ፡ ሊተ ፡ ውስተ ፡ ምድር ። ወአምጽአ ፡ ዘሰረቀ ። ወካዕበ ፡ አምጽአ ፡ እምኀቤሁ ፡ ፪ተ ፡ ልጥረ ፡ ወርቅ ፡ ወ፬ተ ፡ ልጥረ ፡ ብሩር ፡ እንተ ፡ ኮነ ፡ በዕፆሙ ። ወሶበ ፡ ወሀበነ ፡ እሎንተ ፡ ተአተተ ፡ እምኔሁ ፡ ፍርሃት ፡ ወረዓድ ፡ እንተ ፡ ኮነ ፡ ላዕሌሁ ። ወሶበ ፡ ርኢነ ፡ ዘንተ ፡ አንከርነ ፡ ወሰባሕናሁ ፡ ለእግዚአብሔር ፡ ወለቅዱስ ፡ ዮልዮስ ፡ በትንብልናሁ ፡ ይዕቀበ ፡ ለፍቁሩ ፡ ዘወልደ ፡ ማርያም ፡ ለዓለመ ፡ ዓለም ።

፯ ፡ ተአምሪሁ ፡ ለቅዱስ ፡ ዮልዮስ ፡ እግዚአብሔር ፡ ይዕቀቦ ፡ በትንብልናሁ ፡ ወይክፍሎ ፡ እምጸጋሁ ፡ ለፍቁሩ ፡ ዘወልደ ፡ ማርያም ፡ ለዓለመ ፡ ዓለም ።

ወእምድኅረዝ ፡ እስመ ፡ ብእሲ ፡ አይሁዳዊ ፡ ዘውእቱ ፡ ነህቢ ፡ ገብረ ፡ ፫ሥዕለ ፡ ዘወርቅ ፡ በጥበብ ፡ ብዙኀ ፡ ወበአስተሐምሞ ፡ እማዕምቀ ፡ ልቡ ፡ ዘኍልቄ ፡ ድልወቶን ፡ ለወርቅ ፡ ወለብሩር ። ፳ ልጥረ ፡ ወርቅ ፡ ወ፫፻ ልጥረ ፡ ብሩር ። ወካዕበ ፡ ገብረ ፡ ፫ሥዕለ ፡ ካልአነ ፡ ሠናያነ ፡ ፈድፋደ ፡ ፩እምእሉ ፡ ሥዕለ ፡ እግዝእትነ ፡ ማርያም ፡ ቅድስት ። ወ፪ካልአነ ፡ ዘሊቃነ ፡ መላእክት ፡ ሚካኤል ፡ ወገብርኤል ፡ ወኵሎ ፡ ኀብረ ፡ አሠነየ ፡ ወፈጸመ ፡ አመ ፡ ፳ወ፩ለመስከረም ። ወለጸቢሐ ፡ ፳ወ፪ለመስከረም ፡ ነሥእነ ፡ እሎንተ ፡ ሥዕላተ ፡ ጊዜ ፡ መንፈቀ ፡ ሌሊት ። ወሖርነ ፡ ኀበ ፡ መከን ፡ ዘሀሎ ፡ ውስቴቱ ፡ ሥጋ ፡ ጻድቃን ፡ ንጹሐን ። ወጾርናሆሙ ፡ ወአባእናሆሙ ፡ ውስተ ፡ ቤተ ፡ ክርስቲያን ፡ እንዘ ፡ ንዜምር ፡ ቅድሜሆሙ ፡ ስብሐታተ ፡ ወውዳሴ ፡ ወማኅሌተ ። ወተጋብኡ ፡ ሕዝብ ፡ ብዙኃን ፡ ጥቀ ፡ እምነ ፡ ኵሉ ፡ አህጉር ። ወአነኒ ፡ ነዳይ ፡ እለ ፡ እስክንድሮስ ፡ ቀደስክዋ ፡ ለቤተ ፡ ክርስቲያን ፡ ቅድስት ፡ በስመ ፡ እግዚአብሔር ፡ ወቅዱስ ፡ ዮልዮስ ፡ አመ ፡ ፳ወ፪ለመስከረም ።

እስፍንቱ ፡ ፈውስ ፡ ወሣህል ፡ ዘኮነ ፡ ውስተ ፡ ይእቲ ፡ ቤተ ፡ ክርስቲያን ፡ በውእቱ ፡ ዕለት ። ወእምኔሁ ፡ ንነግረክሙ ፡ ኅዳጠ ፡ አአኃው ። ወሀሎ ፡ ብእሲ ፡ እምሰብአ ፡ መርዩጥ ፡ ዘዕውር ፡ አዕይንቲሁ ፡ መጠነ ፡ ፳ ዓመት ፡ ወኢይሬኢ ፡ እስመ ፡ ዝድሪ ፡ በቈለ ፡ ውስተ ፡ ብንተ ፡ ዓይኑ ፡ ወያረ ፡ ወኢይሬኢ ፡ ፍጹመ ። ወሰበ ፡ ሰምዓ ፡ ከመ ፡ ያብዕሉ ፡ በዓላ ፡ ለይእቲ ፡ ቤተ ፡ ክርስቲያን ፡ መጽአ ፡ በአሚን ፡ ወበትውክልት ፡ ኀበ ፡ ይእቲ ፡ ቤተ ፡ ክርስቲያን ፡ ወቆመ ፡ ውስቴታ ። ወኮነ ፡ በጊዜ ፡ ጾርነ ፡ ሥዕለ ፡ ቅዱስ ፡ ዮልዮስ ፡ ወአባእነ ፡ ውስተ ፡ ቤተ ፡ ክርስቲያን ፡ ተጸዓቁ ፡ ሕዝብ ፡ ላዕሌሁ ፡ ከመ ፡ ይስግዱ ፡ ሎቱ ። እስመ ፡ ኢሰገደ ፡ ሎቱ ፡ መኑሂ ፡ ፩እምቅድመ ፡ አሜሃ ፡ ግሙራ ፡ * ዘእንበለ ፡ ይእቲ ፡ ዕለት ፡ እምአመ ፡ ኃብአ ፡ አውክርስጦስ ፡ ወልዱ ፡ ውስተ ፡ ዓፀደ ፡ አልህምት ። ወበጊዜሃ ፡ ሰገደ ፡ ውእቱ ፡ ብእሲ ፡ ዕውር ፡ ኀበ ፡ ሥጋሁ ፡ ለቅዱስ ፡ ወተከሥተ ፡ አዕይንቲሁ ፡ ግብተ ። ወርእየ ፡ ርቱዓ ፡ ወኵሎ ፡ ዘርእየ ፡ ወሰምዓ ፡ ሰብሐ ፡ ለእግዚአብሔ

* f. 63 v

ር ፡ ወለቅዱስ ፡ ዮልዮስ ፡ ጸሎቱ ፡ ወበረከቱ ፡ የሀሉ ፡ ምስለ ፡ ፍቁሩ ፡ ዘወልደ ፡ ማርያም ፡ ለዓለመ ፡ ዓለም ፡ አሜን ።

ክፍል ፡ ፲ ። ተአምሪሁ ፡ ለቅዱስ ፡ ዮልዮስ ፡ ተጋዳሊ ፡ ዘወልደ ፡ ማርያም ፡ ወዓሊ ። ትንብልናሁ ፡ የሀሉ ፡ ምስለ ፡ ፍቁሩ ፡ ዘወልደ ፡ ማርያም ፡ ኀበ ፡ አምላኩ ፡ በእንቲአሁ ፡ ይጸሊ ፡ ለዓለመ ፡ ዓለም ።

ወሀሎ ፡ ፩ብእሲ ፡ በሀገረ ፡ እስክንድርያ ፡ እስመ ፡ ኢሐረ ፡ በአፅጋሪሁ ፡ ግሙራ ፡ እስመ ፡ ኮነ ፡ ላዕሌሁ ፡ ነቅረስ ፡ ዘውእቱ ፡ ስላቅ ፡ ወአረሚ ፡ ብእሲሁ ። ወሶበ ፡ ሰምዓ ፡ ዜና ፡ ውእቱ ፡ ዕውር ፡ ዘከመ ፡ ርእየ ፡ አዘዘ ፡ ከመ ፡ ይጹርዎ ፡ ወያብእዎ ፡ ውስተ ፡ ቤተ ፡ ክርስቲያን ፡ ዘቅዱስ ፡ ዮልዮስ ፡ ወእንዘ ፡ የሐውር ፡ ይብል ፡ ለእመ ፡ ገሠሥክዎ ፡ አነ ፡ በአሚን ፡ አሐዩ ፡ ፍጡነ ። ወሶበ ፡ አብእዎ ፡ ውስተ ፡ ይእቲ ፡ ቤተ ፡ ክርስቲያን ፡ ሰገደ ፡ ኀበ ፡ ሥጋሁ ፡ ለቅዱስ ፡ ዮልዮስ ፡ እንዘ ፡ ይብል ፡ ኦእግዚእየ ፡ እስእለከ ፡ በእንተ ፡ ድካም ፡ ዘተዓገሥከ ፡ እንበይነ ፡ ስመ ፡ ክርስቶስ ። በከመ ፡ ወሀብኮ ፡ ብርሃነ ፡ ለዕውር ፡ ሊተኒ ፡ ሀበኒ ፡ ፈውሰ ፡ ለአእጋርየ ። ወሶበ ፡ ይቤ ፡ ከመዝ ፡ ወድቀ ፡ በገጹ ፡ ኀበ ፡ ሥጋሁ ፡ ለቅዱስ ፡ ዮልዮስ ።

ወናሁ ፡ ቅዱስ ፡ ዮልዮስ ፡ ቦአ ፡ በጊዜሁ ፡ ውስተ ፡ ቤተ ፡ ክርስቲያን ፡ በግርማ ፡ ዐቢይ ፡ ተመሲሎ ፡ መኰንነ ። ወሶበ ፡ ርእዮ ፡ ውእቱ ፡ ከሐዲ ፡ ደንገፀ ። ወቅዱስሰ ፡ ሮፀ ፡ ኀቤሁ ፡ ወይቤሎ ፡ ለምንት ፡ ቦእከ ፡ አንተ ፡ ዝየ ፡ ዘኢኮንከ ፡ ክርስቲያናዌ ፡ ወዓረገ ፡ ኀበ ፡ ሥጋሁ ፡ ለቅዱስ ፡ ከመ ፡ ትስግድ ፡ ሎቱ ። ወሶቤሃ ፡ አኀዞ ፡ እገሪሁ ፡ ወሰሐቦ ፡ ከመ ፡ ይንጽሖ ፡ ውስተ ፡ ምድር ፡ ወተፈልጡ ፡ አእጋሪሁ ። ወወድቀ ፡ ዲበ ፡ ምድር ፡ ወነሥአ ፡ በትረ ፡ ዘሀሎ ፡ ውስተ ፡ እዴሁ ፡ ከመ ፡ ይዝብጦ ፡ ርእሶ ። ወውእቱሰ ፡ ፈርሀ ፡ በእንተ ፡ ሥጋሁ ፡ ወተሐውሰ ፡ ለፌ ፡ ወለፌ ፡ ወጸንዓ ፡ እገሪሁ ፡ ተንሥአ ፡ ወጐየ ። ወወፅአ ፡ እምአንቀጸ ፡ ቤተ ፡ ክርስቲያን ፡ እንዘ ፡ ይረውጽ ፡ ከመ ፡ ኄር ፡ ላእክ ፡ እስከ ፡ ተሰወረ ፡ እምአዕይንት ፡ ወኢርእይዎ ፡ ዳግመ ። ወኵሉ ፡ ሕዝብ ፡ ሶበ ፡ ርእዩ ፡ ዘኮነ ፡ አእኰትዎ ፡ ለእግዚአብሔር ፡ ወለሰማዕቱ ፡ ቅዱስ ፡ ዮልዮስ ። አይ ፡ ክላህ ፡ ዘኮነ ፡ በይእቲ ፡ ዕለት ፡ እንዘ ፡ ይብሉ ፡

በአማን ፡ ዝውእቱ ፡ ቅዱስ ፡ ዮልዮስ ፡ እስመ ፡ ርኢናሁ ፡ በአዕይንቲነ ፡ ክሡተ ። ኃይለ ፡ ጸሎቱ ፡ ለፍቁሩ ፡ ዘወልደ ፡ ማርያም ፡ ይዕቀቦ ፡ ለዓለመ ፡ ዓለም ፡ አሜን ።

ክፍል ፡ ፲ ። ተአምሪሁ ፡ ለቅዱስ ፡ ዮልዮስ ፡ ሰማዕት ። ጸሎቱ ፡ ወበረከቱ ፡ የሀሉ ፡ ምስለ ፡ ፍቁሩ ፡ ዘወልደ ፡ ማርያም ፡ ለዓለመ ፡ ዓለም ፡ አሜን ።

ወሀሎ ፡ ፩ብእሲ ፡ በውስተ ፡ ሀገር ፡ ዘትሰመይ ፡ ምኔተ ፡ አቡሚና ። ወከነት ፡ ሎቱ ፡ አሐቲ ፡ ወለት ፡ ዘባቲ ፡ መንፈስ ፡ ርኩስ ፡ ነሥአ ፡ ወወሰዳ ፡ ኀበ ፡ ቤተ ፡ ክርስቲያን ፡ ለበዓል ፡ እንዘ ፡ ይብል ፡ ለእመ ፡ ይረክባ ፡ ንስቲተ ፡ እምነ ፡ ምሕረት ። እስመ ፡ ሰይጣን ፡ ኮነ ፡ ያሜክራ ፡ ብዙኃ ። ወእንዘ ፡ ቀውም ፡ ውእቱ ፡ ብእሲ ፡ ምስለ ፡ ወለቱ ፡ ውስተ ፡ ቤተ ፡ ክርስቲያን ፡ በጊዜ ፡ አንብቦ ፡ ወንጌል ፡ ዘቅዳሴ ፡ ቍርባን ። ወናሁ ፡ ተሰምዓ ፡ ድምፅ ፡ ወዐቢይ ፡ ክላሀ ፡ ከመ ፡ ቃለ ፡ ሐራውያ ፡ ዘሐቅል ፡ ወከመ ፡ ቃለ ፡ አንበሳ ፡ ዘይጥህር ። ወበጊዜሃ ፡ ተሰቅለት ፡ በሥዕርተ ፡ ርእሳ ። ወአኀዘ ፡ ቅዱስ ፡ ዮልዮስ ፡ ይሣቅዮ ፡ * ወያመንድበ [* f. 64 r] ፡ በኀቡእ ፡ ለመንፈስ ፡ ርኩስ ፡ በማእከለ ፡ ሕዝብ ። ወይኬልሕ ፡ ውእቱ ፡ መንፈስ ፡ ርኩስ ፡ እንዘ ፡ ይብል ፡ ከመዝ ፡ መሐረኒ ፡ ኦአበ ፡ ሰማዕታት ። መሐልኩ ፡ ሶበ ፡ ርኢኩ ፡ ዘንተ ፡ ስብሐተ ፡ ዘየዓውደከ ፡ ወኃይለ ፡ ዘገብሩ ፡ ክርስቶስ ፡ ውስተ ፡ ቤተ ፡ ክርስቲያንከ ፡ ቅድስት ፡ አነ ፡ እወፅእ ፡ ዮም ፡ እምኔሃ ፡ ወኢይገብእ ፡ ዳግመ ፡ ላዕሌሃ ፡ እስከ ፡ ለዓለም ። ወእምድኅረ ፡ ትቤ ፡ ከመዝ ፡ ይእቲ ፡ ወለት ፡ ወትኬልሕ ፡ ከመ ፡ ሐራዊያ ፡ ሐቅል ፡ ወድቀት ፡ ውስተ ፡ ምድር ። ወጊዜሁሰ ፡ ጊዜ ፡ ቡራኬ ፡ ጻሕል ፡ ወጽዋዕ ፡ እምድኅረ ፡ ቀረቡ ፡ ሕዝብ ። ወወፅአ ፡ እምላዕሌሃ ፡ ከመ ፡ እንተ ፡ መብረቅ ፡ እመንገለ ፡ አንቀጸ ፡ ቤተ ፡ ክርስቲያን ፡ እንዘ ፡ ይሬእይዎ ፡ ኵሎሙ ፡ ጉቡአን ። ወሶቤሃ ፡ አልዓሉ ፡ ሕዝብ ፡ ቃላቲሆሙ ፡ ወሰብሕዎ ፡ ለእግዚአብሔር ፡ እንዘ ፡ ይብሉ ። በአማን ፡ ርኢነ ፡ አድኅኖተከ ፡ እግዚኦ ፡ ዘከሠትከ ፡ እምነ ፡ ሰማዕትከ ፡ ንጹሕ ፡ ዮልዮስ ። ዝውእቱ ፡ ቤተ ፡ እግዚአብሔር ፡ በአማን ። ዝቤት ፡ አንቀጸ ፡ ሰማይ ፡ ውእቱ ። ወካዕበ ፡ ሰብሕዎ ፡ ለእግዚ

አብሔር ፡ ስብሐተ ፡ ሐዲሰ ፡ ስብሐቲሁ ፡ ውስተ ፡ ቤተ ፡ ክርስቲያን ፡ ዘቅዱሳን ። ውእቱሰ ፡ ብእሲ ፡ ዘሐይወት ፡ ወለቱ ፡ ወሀበ ፡ ፻ዲናረ ፡ ለቤተ ፡ ክርስቲያን ። ወሖረ ፡ ቤቶ ፡ እንዘ ፡ ይሴብሖ ፡ ለእግዚአብሔር ፡ ወለቅዱስ ፡ ዮልዮስ ።

ወንሕነኒ ፡ ፈኖን ፡ ሕዝበ ፡ በሰላም ። ወሖርነ ፡ ኀበ ፡ ማኅደሪነ ፡ እንዘ ፡ ንሴብሖ ፡ ለእግዚአብሔር ፡ ወለሰማዕቱ ፡ ቅዱስ ፡ ዮልዮስ ። ወጸቢሖ ፡ ተደለወ ፡ መስፍን ፡ ለነጊድ ፡ ከመ ፡ ይሖር ፡ ኀበ ፡ ንጉሥ ። ወአነኒ ፡ እለ ፡ እስክንድሮስ ፡ ጸሐፍኩ ፡ መልእክተ ፡ ኀበ ፡ ንጉሥ ፡ እንተ ፡ ምልእት ፡ እምነ ፡ ኵሉ ፡ ሐሜት ፡ ወኑዛዜ ፡ እንዘ ፡ እብል ፡ ከመዝ ። ሰላም ፡ ለከ ፡ እንጉሥ ፡ ጻድቅ ። ወሰላም ፡ ለጽርሐ ፡ መንበርከ ፡ ኵሉ ፡ አጥቡዕ ፡ አዘይሔሊ ፡ በእንተ ፡ ኵሎሙ ፡ ቅዱሳን ፡ ዘበአማን ፡ ኦእግዚእየ ፡ ቈስጠንጢኖስ ። እስመ ፡ ኃሠሥከ ፡ ወረከብከ ፡ ባሕርየ ፡ ዘያሐቱ ፡ ውስተ ፡ ኵሉ ፡ መካን ፡ ዘውስተ ፡ መንግሥትከ ። ከመ ፡ ይኩንከ ፡ ረድኤተ ፡ በኀበ ፡ ኵሉ ፡ ፀብእ ፡ ዘተሐውር ፡ ኀቤሁ ፡ ብፁዕ ፡ አንተ ፡ ወሠናይት ፡ ትኩን ፡ ለከ ። እስመ ፡ ሐነፅከ ፡ ለከ ፡ ምሥዋዕ ፡ እግዚአብሔር ፡ ወመቅደሰ ፡ በሰማያት ። እስመ ፡ ተፈጸመ ፡ ላዕሌከ ፡ ነገረ ፡ ነቢይ ፡ ዘይቤ ፡ ወወሀብክዎ ፡ ፍትወተ ፡ ልቡ ፡ ወስእለተ ፡ ከናፍሪሁ ፡ ኢከላእክዎ ። ብፁዕ ፡ አንተ ፡ እስመ ፡ ተኃድገ ፡ ለከ ፡ ኃጢአትከ ፡ ኵሉ ፡ ወተደምሰሰ ፡ አበሳከ ። ወይእዜኒ ፡ ኦእግዚእየ ፡ ንጉሥ ፡ በትእዛዘ ፡ እግዚአብሔር ። ወበረ[ድ]ኤተ ፡ ቅዱስ ፡ ዮልዮስ ፡ ወበጥብዓተ ፡ ዚአከ ፡ ሐነፅናሃ ፡ ለቤተ ፡ ክርስቲያን ፡ ወአሠርገውናሃ ፡ ፈድፋደ ፡ በኵሉ ፡ ሠናያት ። ወሐወዘት ፡ ለኵሉ ፡ ዘይሬእያ ። ወገብረ ፡ እግዚአብሔር ፡ ውስቴታ ፡ ኃይላተ ፡ ብዙኃ ፡ ዘኢይትኌለቍ ፡ አመ ፡ ቀዳሴሃ ። ዕውራን ፡ ርእዩ ። ወበሐማን ፡ ተናገሩ ። ወጽሙማን ፡ ሰምዑ ። ወመካናት ፡ ወለዳ ። ወብዙኃን ፡ ድኅኑ ፡ እሞተ ፡ ኃጢአት ። በ ፡ እምነገርጋር ። ወበ ፡ እምሕማመ ፡ ከብድ ። ወበ ፡ እምአስተቃ ። ወበ ፡ እምአበቅ ። ወበ ፡ እምፈጻንት ። ወሐንካሳን ፡ ሮፁ ፡ ወለኵሎሙ ፡ አሮጸሙ ፡ እግዚአብሔር ፡ ኀቤሃ ፡ ለከሚተ ፡ ተአምራት ፡ ወመንክራት ፡ በጸሎተ ፡ ዮልዮስ ፡ ንጹሕ ። ስማዕ ፡ ኦእግዚእየ ፡ ንጉሥ ፡ እስመ ፡ መ

ዝገብ ፡ ክቡር ፡ ቦአ ፡ ለቤተ ፡ ክርስቲያን ፡ ዘፈነወ ፡ ለከ ፡ ንጉሠ ፡ ህንድ ፡ ቀዳሚ ፡ ዘአድኃኖሙ ፡ ቅዱስ ፡ ዮልዮስ ፡ እምነ ፡ ባሕር ። ለእመ ፡ ፈቀድከ ፡ ከመ ፡ ትኩን ፡ ዓስብከ ፡ ህሉተ ፡ ምስለ ፡ ቅዱስ ፡ ሕንፅ ፡ ቤተ ፡ ክርስቲያን ፡ ሠናይተ ፡ ኀቤከ ፡ ከመ ፡ ይምጻእ ፡ ቅዱስ ፡ *ዮልዮ * f. 64 v ስ ፡ ወየሀሉ ፡ ውስተ ፡ ብሔርከ ፡ በከመ ፡ ነገረከ ፡ ቀዳሚ ። ወዘንተ ፡ ዘጸሐፍነ ፡ እንበይነ ፡ ዘአፍቀርከ ፡ ለአምላክ ። ወንሕነኒ ፡ ንስእል ፡ በእንቲአከ ፡ ከመ ፡ ተሀሉ ፡ ዳኅነ ፡ ወትትዓቀብ ፡ በኃይለ ፡ ሥሉስ ፡ ቅዱስ ፡ ወከመዝ ፡ ጽሒፈነ ፡ ወሀብነ ፡ ለመስፍን ። ወጸለይኩ ፡ ላዕሌሁ ፡ ወፈነውክዎ ፡ በሰላም ። ወሶበ ፡ አንበባ ፡ ንጉሥ ፡ ለመልእክት ፡ አእመረ ፡ ኵሎ ። ወሐነፀ ፡ ቤተ ፡ ክርስቲያን ፡ ዓባየ ፡ ወርኅብተ ፡ በስመ ፡ ቅዱስ ፡ ዮልዮስ ፡ ወአሠርገዋ ፡ በከመ ፡ ነገረኒ ፡ በመጽሐፈ ፡ መልእክት ፡ ዘፈነዋ ፡ ኀቤየ ፡ እንዘ ፡ ይብል ፡ በአማን ፡ ህልወ ፡ ተናገሩ ። ወኵሉ ፡ እሙነ ፡ ኮነ ፡ እስመ ፡ ርእይ ፡ በዓይን ፡ ይኄይስ ፡ እምሰሚዕ ፡ በእዝን ፡ እስመ ፡ ርኢኩ ፡ በዓይንየ ፡ ወሰማዕኩ ፡ በእዝንየ ፡ ፈውሰ ፡ ዘኮነ ፡ እምኀበ ፡ ቅዱስ ፡ ዮልዮስ ። ስማዕ ፡ ይእዜኒ ፡ እንግርከ ፡ አነ ፡ እንተ ፡ ኮነ ፡ ምክሕ ፡ ወክብር ፡ እምቅዱስ ፡ ዮልዮስ ፡ ሰማዕተ ፡ ክርስቶስ ። ወሶበ ፡ በጽሐ ፡ ኀቤየ ፡ ነገረ ፡ ሕይወት ፡ እንተ ፡ ተሠጠውኩከ ፡ ኢተጐናደይኩ ፡ ዳእሙ ፡ ሐነፅኩ ፡ ቤተ ፡ ክርስቲያን ፡ በአምጣነ ፡ ክሂሎትየ ። ወአንበርኩ ፡ ሥጋሁ ፡ ለቅዱስ ፡ ኀበ ፡ ምሥዋዕ ። ወናሁ ፡ ተአምር ፡ ዐቢይ ፡ ኮነ ፡ በጊዜ ፡ ቅዳሴ ፡ ቤተ ፡ ክርስቲያን ፡ እስመ ፡ አእጋረ ፡ ቅዱስ ፡ ርኅፁ ። ወወፅአ ፡ እምኔሆን ፡ ቅብዕ ፡ ብዙኅ ። ወሶበ ፡ አለድ⟨ላ⟩ናሁ ፡ መልአ ፡ ፫፱ቀሱታተ ። ወኮነ ፡ ፈውሰ ፡ ለብዙኃን ፡ በውእቱ ፡ ዕለት ። ወአነ ፡ ሶበ ፡ አስተጋባእኩ ፡ ዝኰ ፡ አንከርኩ ። ወሰባሕክዎ ፡ ለእግዚአብሔር ፡ ወለቅዱስ ፡ ዮልዮስ ፡ ሰማዕት ፡ ዕኑዕ ። ጸሎቱ ፡ ወበረከቱ ፡ የሀሉ ፡ ምስለ ፡ ፍቁሩ ፡ ዘወልደ ፡ ማርያም ፡ ለዓለመ ፡ ዓለም ፡ አሜን ።

ክፍል ፡ ፱ ። ተአምሪሁ ፡ ለቅዱስ ፡ ዮልዮስ ፡ አቡሆሙ ፡ ለሰማዕታት ። እግዚአብሔር ፡ ይምሐሮ ፡ በጸሎቱ ፡ ለፍቁሩ ፡ ዘወልደ ፡ ማርያም ፡ ለዓለመ ፡ ዓለም ፡ አሜን ።

ስምዑ ፡ ካዕበ ፡ ዘንተ ፡ ተአምረ ፡ ዐቢየ ፡ እንተ ፡ ኮነት ፡ እምኀበ ፡
ቅዱስ ፡ ዮልዮስ ፡ ሰማዕተ ፡ እግዚእነ ፡ ኢየሱስ ፡ ክርስቶስ ። ወሀሎ ፡
ብእሲ ፡ ክቡር ፡ ዘይነብር ፡ በሀገረ ፡ እስክንድርያ ፡ ዘስሙ ፡ ሴት ። ወ
ዕውቅ ፡ ውእቱ ፡ በሀገረ ፡ እስክንድርያ ፡ በእንተ ፡ ሥራዊ ፡ ወምግባሩ ፡
እኪት ። ወእምዝ ፡ ኮነ ፡ ጽጋብ ፡ ዐቢይ ፡ ውስተ ፡ ኵሉ ፡ ምድር ፡ እ
ስከ ፡ ተሠይጠ ፡ ፩፻ወ፶መስፈርተ ፡ እክል ፡ በድርህም ፡ ወተረፈ ። ወኢ
ተረክበ ፡ መኑሂ ፡ ዘይሣየጥ ፡ እክለ ። እስመ ፡ ዓበይተ ፡ እስክንድርያ ፡
እለ ፡ እሙንቱ ፡ ነጋድያን ፡ በእክል ። ወሶበ ፡ ርእዩ ፡ ከመ ፡ አልቦ ፡ ዘ
የኃሥሥ ፡ እምኔሆሙ ፡ እክለ ፡ ወተኃጥአ ፡ ዘይሣየጥ ፡ እምኔሆሙ ፡
ተጋብኡ ፡ ኵሎሙ ፡ ወተማከሩ ፡ ወይቤሉ ፡ ለእመ ፡ ነበርነ ፡ በዝንቱ ፡
ሀገር ፡ ዐቢይ ፡ እስመ ፡ ይነቅዝ ፡ እክልነ ፡ ወኢይትረከብ ፡ ዘይሣየጠ ፡
እምኔነ ። እምዝ ፡ ዳግመ ፡ ንዑ ፡ ንሑር ፡ ኀበ ፡ ሴት ፡ መሠርይ ። ወ
ጠቢብ ፡ ወነሀቦ ፡ ንዋየ ፡ ውእቱ ፡ የአምር ፡ ዘከመ ፡ ይገብር ፡ ወይሬ
ሲ ፡ ዘከመ ፡ ይሣየጡ ፡ እምኔነ ፡ እክለ ። ወአደሞሙ ፡ ዝምክር ፡ ለኵ
ሎሙ ፡ ወነሥኡ ፡ ፪፻ልጥረ ፡ ወርቅ ፡ ወብሩር ፡ ብዙኀ ፡ ወንዋየ ፡ ከ
ልአ ፡ ለተራክቦተ ፡ ገጹ ። ወሖሩ ፡ ኀበ ፡ ውእቱ ፡ መሠርይ ፡ ወይቤል
ዎ ፡ ሰላም ፡ ለከ ፡ አእግዚእ ፡ ላእክ ። ናሁ ፡ መጻእነ ፡ ኀቤከ ፡ ንስአል
ከ ፡ መፍቅደ ፡ ወትንግረነ ። እስመ ፡ ሀሎነ ፡ በኀዘን ፡ ዐቢይ ፡ እክለ ፡
ዚአነ ፡ ኢይሠየጥ ፡ በእንተ ፡ ጽጋብ ። ወናሁ ፡ ይጠፍእ ፡ በከንቱ ፡ ን
ሣእ ፡ ዘንተ ፡ መዝገበ ፡ ወረሲ ፡ ከመ ፡ ይኩን ፡ ረኀበ ። ወነሥአ ፡ እ
* f. 65 r ምኔሆሙ ፡ ውእተ ፡ ንዋየ ፡ ወይቤሎሙ ፡ ሑሩ ፡ * ወኢትኅዝኑ ፡ አን
ሀዩ ፡ ልበክሙ ። እስመ ፡ ይትገበር ፡ ለክሙ ፡ ኵሎ ፡ ዘትፈቅዱ ። ወ
እሙንቱሰ ፡ ሖሩ ፡ እንዘ ፡ ይትፌሥሑ ፡ እስመ ፡ የአምሩ ፡ ኵሎ ፡ ዘ
ይፈቅዱ ፡ ከመ ፡ ይገብር ፡ ሎሙ ፡ በኃይለ ፡ ሥራዊ ፡ እኪት ። ወእም
ዝ ፡ ተንሥአ ፡ ውእቱ ፡ መሰርይ ፡ ወአኃዘ ፡ ይግበር ፡ ግብረ ፡ ሥራይ ፡
በኪኑ ፡ እኪት ፡ ዘያምዕዕ ፡ ለእግዚአብሔር ፡ ወኮነ ፡ ኀቤሁ ፡ ሕፃና
ት ፡ ዘይትሜህሩ ፡ ጽሒፈ ፡ እስመ ፡ መምህረ ፡ እከይ ፡ ውእቱ ። ወሀ
ሎ ፡ ኀቤሁ ፡ ወልድ ፡ ድኩቱም ፡ ዋሕድ ፡ ውእቱ ፡ ለእሙ ። ወአውሥ
አ ፡ ወይቤላ ፡ ውእቱ ፡ መሠርይ ፡ ናሁ ፡ አንቲ ፡ ብእሲት ፡ መበለት ፡

ኃጥእት : አንቲ : ኵሎ : መፍቅደ : ሥጋ : በዝንቱ : ዓለም ። ወይእዜኒ : ሁብኒ : ወልደኪ : ከመ : እረስዮ : ሊተ : ወልደ : ዘይትለአከኒ ። ወእምህሮ : ኵሎ : ግብርየ : ዘሀሎ : ውስተ : ልብየ : እንበለ : አትርፎ ። ወትሬእይዮ : ኵሎ : ዕለተ : ወይትፌሣሕ : ልብኪ : በጥበቡ : ዘተምህረ ። ወይእቲሰ : ብእሲት : ነዳይት : ዘአልበቲ : ምንትኒ : ወሀበቶ : ውእተ : ሕፃነ : በፍሥሐ : እንዘ : ትሔሊ : ዘይገብር : ምስሌሁ : ሠናያተ : በከመ : ይቤ ። ወኢኮነት : ዘተአምር : ዘያመጽእ : ላዕሌሁ : ምንዳቤ : ብዙኃ ። ወሶቤሃ : ውእቱ : ንፉቅ : ዘኢየኃፍር : ወከሐዲ : ዘኢየአምን ። ነሥአ : ምስሌሁ : ብዙኃነ : መሰርያነ : ከመ : ይትራድእዎ : በገቢረ : ሥራይ : በብዙኃ : ፍናዋት ። ወነገሮሙ : እንበይነ : ተኃጥአተ : እክል : ወይፈደፍድ : ረኃብ ። ወእሙንቱኒ : አኀዙ : የዓዝሙ : በዘይረድእዎ ። ውእቱሰ : መሰርይ : ዘውእቱ : ሴት : ነሥአ : ለውእቱ : ሕፃን : ድክቱም : ወልደ : ብእሲት : ዘዘከርናሃ : ቀዳሚ : ወአብኦ : ውስተ : መካን : ጸሊም : በውሣጤ : ቤቱ : ወሰቀሎ : በእደዊሁ : ወአሰረ : እገሪሁ : ዲበ : ምድር : ወሰፍሖ ። ወወጠነ : ውእቱ : ርኩስ : ወአብያጺሁ : ኃጥአን : ይግበሩ : ግብረ : ዘኢይደሉ ። ወተግሁ : በአስተሐምሞ : ወእክልሰ : ዓዲሁ : ፲አርደብ : በዲናር ። አርደብ : ብሂል : መስፈርት : ብሂል : ዘያገምር : በመስፈርተ : ብሔርነ : ፲ወ፫መስፈርተ : ፩አርደብ ። ወበሳኒታሁ : አኀዘ : ውእቱ : መሠርይ : ይጥብሖ : ለሕፃን : በበንስቲት : ኵሎ : ዕለተ : እኂዘ : እምርእሱ : እስከ : ገጹ ። ወእምገጹ : እስከ : መታክፍቲሁ : ወተፈጸመ : ፫መዓልት : ወ፫ሌሊት : እንዘ : ውእቱ : በዝንቱ : ምንዳቤ ። ውእቱሰ : እምተፈሥሐ : ሶበ : ቀተሎ : በአሐቲ : ጊዜ : ከመ : ያዕርፍ : እምዘቦቱ : ምንዳቤ ። ውእቱሰ : ከሐዲ : ኢተሣሃለ : ላዕሌሁ : ዳእሙ : ኮነ : እንዘ : ያመነድቦ : ኵሎ : ዕለተ : ከመ : ይትወሰክ : መዓተ : እግዚአብሔር : ወይፈደፍድ : ረኃበ : እክል ። ወኮነ : ረኃብ : ዐቢይ : ውስተ : ኵሉ : ምድር : ኃሠሥዎ : ለእክል : ውስተ : ኵሉ : መካን : ወኢረከብዎ ። ወእምድኅረዝ : ተንሥአት : ይእቲ : ብእሲት : እመ : ውእቱ : ሕፃን : ሖረት : ኀበ : ውእቱ : ከሐዲ ። ወትቤሎ : አይቴ : ውእ

* f. 65 v

ቱ ፡ ወልድየ ፡ ኦእግዚእየ ፡ እስመ ፡ ኢርኢክዎ ፡ እምአመ ፡ ሣልስት ፡ ዕለት ፡ እስከ ፡ ዮም ። ወውእቱሰ ፡ ረሲዕ ፡ አመክነየ ፡ ላዕሌሃ ፡ ምክንያተ ፡ እንዘ ፡ ይብል ፡ አኮኑ ፡ አነ ፡ እዴመም ፡ እምኔኪ ፡ ወእምነ ፡ ነገርኪ ። እምአመ ፡ ተፈልጠ ፡ እምኔየ ፡ ከመ ፡ ይምጻእ ፡ ኀቤኪ ፡ ኢተመይጠ ፡ ኀቤየ ፡ ዳግመ ። ወአነኒ ፡ ኮንኩ ፡ እንዘ ፡ እሔሊ ፡ ወእብል ፡ ቦኑ ፡ ፩እምሰብእ ፡ ሆከ ፡ ልቦ ፡ ላዕሌየ ፡ በቅንዓት ፡ በእንተ ፡ ዘወሀብክኒዮ ፡ ሊተ ፡ ይኩንኒ ፡ ከመ ፡ ወልድ ። ወሶበ ፡ መጽአ ፡ ኀቤኪ ፡ *አንበርዎ ፡ እኁዘሙ ፡ በኵርህ ፡ ወአአምር ፡ ከመ ፡ አንቲኒ ፡ ውዒት ፡ በፍቅሩ ፡ ወተዓገሥኪ ፡ ድካመ ። በእንተ ፡ ዝንቱ ፡ ኢተስእልኩኪ ። ወይእቲሰ ፡ ብእሲት ፡ አተወት ፡ ቤታ ፡ በኀዘን ፡ ዐቢይ ፡ እንዘ ፡ ትኬልሕ ፡ ወትበኪ ፡ በድውይ ፡ ልብ ፡ ወሰቆቃው ፡ መሪር ። ወሰሚዖሙ ፡ አግዋሪሃ ፡ ወሰብአ ፡ ሀገር ፡ ተጋብኡ ፡ ከመ ፡ ይናዝዝዋ ። ቦዘይብል ፡ እምድኅረ ፡ ህቀ ፡ ትረክቢዮ ። ወመንፈቆሙ ፡ ይብልዋ ። ቦኑ ፡ ይከውን ፡ ተሠጥመ ፡ ውስተ ፡ ባሕር ። ወቦ ፡ ዘይቤሉ ፡ ንሕነሰ ፡ ንትሔዘብ ፡ ወንብል ፡ ሖረ ፡ ኀበ ፡ ባሕር ፡ ከመ ፡ ይትዋነይ ። ወርእዮ ፡ ሐርገፅ ፡ ወቀነጸ ፡ ላዕሌሁ ፡ ወመሠጦ ። ወካልአን ፡ ይብሉ ፡ ወሚመ ፡ ኖትያት ፡ ርእይዎ ፡ እንዘ ፡ ባሕቲቱ ፡ ወነሥእዎ ፡ ምስሌሆሙ ። ኵሉ ፡ ፩፩ወአሐቲ ፡ ወአሐቲ ፡ ኮኑ ፡ እንዘ ፡ ይብልዋ ፡ ከመ ፡ ዝንቱ ፡ ነገር ፡ ወዘይመስሎ ። ወበሳኒታሁ ፡ ኦደት ፡ ኵሎ ፡ መካናተ ፡ ወኢረከበት ፡ ዜናሁ ፡ እስመ ፡ ውእቱሰ ፡ ሕፃን ፡ ሀለወ ፡ ሕያወ ፡ እንዘ ፡ ያመነድቦ ፡ ውእቱ ፡ መሠርይ ፡ ለለጽባሑ ። ወውእቱኒ ፡ ይስእሎ ፡ እንዘ ፡ ይብል ፡ ቅትለኒ ፡ በአሐቲ ፡ ጊዜ ፡ ከመ ፡ አዕርፍ ፡ እምዝንቱ ፡ ምንዳቤ ፡ ወድካም ፡ ዘታመነድበኒ ፡ ቦቱ ፡ ኵሎ ፡ ዕለተ ። ወዘንተ ፡ ሰሚዖ ፡ ኢተሠሃለ ፡ ላዕሌሁ ። ወኮነ ፡ ውእቱ ፡ ወልድ ፡ ይትናገር ፡ ነገረ ፡ ዘያውዒ ፡ አማዑተ ፡ በተመስክኖ ፡ ቅድመ ፡ ውእቱ ፡ ከሐዲ ፡ ወሕፁፀ ፡ ምሕረት ። ውእቱሰ ፡ ይጠብሕ ፡ ማዕሰ ፡ ወኢየኃድጎ ፡ ወእምብዝኃ ፡ ሕማም ፡ በከየ ፡ እንዘ ፡ ይብል ፡ አሌ ፡ ሊተ ፡ ኦእምየ ። ወአሌላ ፡ ለቍስልኪ ፡ ዘይፈደፍድ ፡ እምኔየ ፡ እስመ ፡ ኢተአምሪ ፡ ዘኮነ ፡ ላዕሌየ ፡ ምንዳቤ ። ወካዕበ ፡ አሌላ ፡ ለማኅፀንኪ ፡ ዘጾረተኒ ፡ ወለአጥባት ፡ ዘጠበውኩ ፡ እምኔ

ሆን ፡ ሐሊበ ። አይቴ ፡ አንቲ ፡ ይእዜ ፡ ኦእምየ ፡ ከመ ፡ ትምጽኢ ፡ ወትርአዩ ፡ ተጋንዮ ፡ ወድካመ ፡ ዘወልድኪ ። ለምንት ፡ ኢሞትኩ ፡ ምስሌኪ ፡ ሶበ ፡ ፀነስክኒ ፡ በከርሥኪ ። ወእመ ፡ አኮ ፡ እምድኅረ ፡ ወለድክኒ ፡ ለምንት ፡ ኢሞትኩ ፡ ከመ ፡ ኵሉ ፡ ሰብእ ፡ እምእርከብ ፡ ዘንተ ፡ ምንዳቤ ፡ መሪረ ። አይቴ ፡ እማንቱ ፡ አዕይንትኪ ፡ ኦእምየ ፡ እለ ፡ ከና ፡ እንዘ ፡ ያስተሐይጻ ፡ በጕጕዓ ፡ በኵሎን ፡ ሰዓታት ፡ ይምጽእ ፡ ዮም ፡ ወይርአያ ፡ ሥቃያትየ ። አጥበብየ ፡ እንተ ፡ ጠፍአት ፡ በግብረ ፡ ሰይጣን ፡ መሪር ። አይቴ ፡ ውእቱ ፡ አእዳውኪ ፡ እለ ፡ ጾራኒ ፡ ፫ ዓመተ ። ንዒ ፡ ነጽሪ ፡ ወልደኪ ፡ ዋሕደ ፡ እንዘ ፡ ውእቱ ፡ ስፉሕ ፡ ወስቁል ። ወእንዘ ፡ ይጠባሕ ፡ ማዕሰ ፡ እምኀበ ፡ አበ ፡ ሐሰት ፡ ወከሐዲ ። ሶበሰ ፡ ሀለወ ፡ አእዳውየ ፡ ምስሌየ ፡ እምቀተልኩ ፡ ርእስየ ፡ ከመ ፡ አዕርፍ ፡ እምዝንቱ ፡ ሥቃይ ። ወይእቲሰ ፡ ብእሲት ፡ ነዳይት ፡ እሙ ፡ ለሕፃን ፡ አደት ፡ ኵሎን ፡ መከናተ ፡ ወኢረከበቶ ፡ በአሐቲ ፡ እምኔሆን ። ወቦአት ፡ ውስተ ፡ ቤታ ፡ እንዘ ፡ ትበኪ ፡ መሪረ ።ወእምዝ ፡ ረሰየት ፡ ውስተ ፡ ልባ ፡ አሚነ ፡ ዐቢየ ፡ ላዕለ ፡ ቅዱስ ፡ ዮልዮስ ፡ ወኮነት ፡ እንዘ ፡ ትኬልሕ ፡ ወትብል ፡ ኦአምላከ ፡ ቅዱስ ፡ ዮልዮስ ፡ ሰማዕተ ፡ ክርስቶስ ፡ ለእመ ፡ ረሰይከኒ ፡ እርአይ ፡ ገጸ ፡ ወልድየ ። እምዝ ፡ ዳግመ ፡ መሐልኩ ፡ በኃይላት ፡ እንተ ፡ ገበርከሙ ፡ በስመ ፡ ክርስቶስ ፡ አምላክከ ፡ አነ ፡ ወወልድየ ፡ ንከውን ፡ ክርስቲያነ ። ወንትለአክ ፡ ለቤተ ፡ ክርስቲያንከ ፡ በምልአ ፡ ልብነ ፡ በኵሉ ፡ መዋዕለ ፡ ሕይወትነ ። ወዘንተ ፡ ብሂላ ፡ ቦአት ፡ ውስተ ፡ ቤታ ፡ ወረከበት ፡ ፪ተ ፡ ኅብስተ ፡ ነሥአት ፡ ወበ፩ ፡ ተማየጠት ፡ ዘይተ ፡ ወበካልኡ ፡ ዕጣነ ። ወነሥአቶሙ ፡ ወሖረት ፡ ኀበ ፡ ቤተ ፡ ክርስቲያን ፡ *እንዘ ፡ ውስተ ፡ ልባ ፡ ይነድድ ፡ ኀዘን ፡ ወቀርበት ፡ ኀበ ፡ ሥጋሁ ፡ ለቅዱስ ፡ ዮልዮስ ፡ ሰማዕት ፡ ንጹሕ ። ወትቤሎ ፡ ኦቅዱሱ ፡ ለእግዚአብሔር ፡ አበ ፡ ደክታም ። ወእጓለ ፡ ማውታ ። ወነዳያን ፡ ወፈላስያን ። እምአመ ፡ ሀሎከ ፡ ውስተ ፡ ዓለም ፡ እስከ ፡ ተሐውር ፡ ኀበ ፡ እግዚአብሔር ፡ ዘአፍቀርከ ። ወካዕበ ፡ ነገሩነ ፡ ዘከመ ፡ ሜጥከ ፡ ብዙኃነ ፡ እምስሕተት ፡ ኀበ ፡ እግዚአብሔር ፡ አምላክከ ። ኦእግዚእየ ፡ ፍጡነ ፡ ለእመ ፡ ሰማዕከ ፡ ቃለ ፡ ብካይየ ፡

* f. 66 r

ወትካዘ ፡ ልብየ ። ወእሳተ ፡ ኀዘን ፡ ዘይነድድ ፡ ውስተ ፡ ቀስለ ፡ ከርሥየ ፡ ወድንጋጼ ፡ ዘሀሎ ፡ ውስተ ፡ ነፍስየ ። ወረሰይከኒ ፡ እርአይ ፡ ገጾ ፡ ወልድየ ፡ ዳግመ ። መሐልኩ ፡ በስብሐት ፡ ወበክብር ፡ ዐቢይ ፡ እንተ ፡ ነሣእከ ፡ እምኀበ ፡ እግዚእነ ። አነ ፡ አአምን ፡ በእግዚእነ ፡ ኢየሱስ ፡ ክርስቶስ ፡ ወልደ ፡ እግዚአብሔር ፡ ሕያው ፡ ዘተክዕወ ፡ ደምከ ፡ በእንተ ፡ ስሙ ። ወአንተ ፡ ተአምር ፡ ንዴትየ ፡ ከመ ፡ አልብየ ፡ ንዋይ ፡ ዘእሁብ ፡ ለቤተ ፡ ክርስቲያንከ ፡ ኵሎ ፡ መዋዕለ ፡ ሕይወትየ ። ወዘንተ ፡ ብሂላ ፡ ከዓወት ፡ ውእተ ፡ ዘይተ ፡ ወወሀበት ፡ ዕጣነ ፡ ለቀሲስ ፡ እንዘ ፡ የዓውድ ፡ በዕጣን ፡ ላዕለ ፡ ሕዝብ ። ወነሢአ ፡ እምኔሃ ፡ አንበሮ ፡ ኀበ ፡ ሥጋ ፡ ቅዱሳን ። ወሰአለቶ ፡ ከመ ፡ ይጸሊ ፡ በእንቲአሃ ፡ ኀበ ፡ እግዚአብሔር ፡ ወቅዱስ ፡ ዮልዮስ ፡ ከመ ፡ ያርእያ ፡ ወልዳ ፡ ዳግመ ። ወሶበ ፡ ርእየ ፡ ሃ[ይ]ማኖታ ፡ ወአሚኖታ ፡ እንዘ ፡ አረማይት ፡ ይእቲ ፡ አንከረ ፡ ወሰብሐ ፡ ለእግዚአብሔር ። ወእምዝ ፡ ሖረት ፡ ኀበ ፡ ማኅደራ ፡ ወገደፈት ፡ ርእሳ ፡ ውስተ ፡ ምድር ፡ በእንተ ፡ ኃዘና ፡ ብዙኅ ። ወመንፈቀ ፡ ሌሊት ፡ ከዊኖ ፡ ቅዱስ ፡ ዮልዮስ ፡ አስተርእያ ፡ ወይቤላ ፡ በጽባሕ ፡ ተንሥኢ ፡ ወሑሪ ፡ ኀበ ፡ መኰንን ፡ ዝንቱ ፡ ሀገር ፡ ወበሊዮ ፡ እስመ ፡ ሴት ፡ ላእከ ፡ ሐሰት ፡ መጽአ ፡ ኀቤየ ፡ ወይቤለኒ ፡ ሀበኒ ፡ ወልደኪ ፡ ከመ ፡ እረስዮ ፡ ሊተ ፡ ከመ ፡ ወልድ ። እስመ ፡ ብእሲት ፡ ነዳይት ፡ አንቲ ፡ ወአልብኪ ፡ ዘትሴስይዮ ። ወሶበ ፡ ይቤለኒ ፡ ከመዝ ፡ ወሀብክዎ ፡ ወልድየ ፡ ነሥአ ፡ ወአብአ ፡ ውስተ ፡ መካነ ፡ ጽልመት ፡ ወሰቀሎ ። ወናሁ ፡ ሎቱ ፡ ሰዱስ ፡ መዋዕል ፡ እንዘ ፡ ይጠብሕ ፡ ማዕሰ ፡ እስከ ፡ ተምዕዓ ፡ እግዚአብሔር ፡ ወአምጽአ ፡ ረኀበ ፡ ዲበ ፡ ምድር ። ወይእዜኒ ፡ ነዓ ፡ ምስሌየ ፡ ከመ ፡ ትርአዮ ፡ ወትንሣእ ፡ ሊተ ፡ ፍትሐ ፡ እምኔሁ ፡ ከመ ፡ ኢይቅትል ፡ ወልድየ ፡ በግፍዕ ። ወሰሚዖ ፡ ዘንተ ፡ እምኔኪ ፡ ይብለኪ ፡ ተአምሪኑ ፡ መካኖ ። ወበልዮ ፡ እወ ፡ አአምር ። ወሶበ ፡ ተንሥአ ፡ ውእቱ ፡ ወእለ ፡ ምስሌሁ ፡ ጉቡአን ፡ ወይበውኡ ፡ ቤተ ፡ ውእቱ ፡ ከሐዲ ፡ አነ ፡ እሄሉ ፡ ምስሌሆሙ ። ወበከመ ፡ አብአ ፡ ውስተ ፡ ቤተ ፡ ጽልመት ፡ ለወልድኪ ፡ ወአመንደቦ ፡ አነሂ ፡ አመንድቦ ፡ ከማሁ ። ወኵሎ ፡ ቤቶ ፡ ወንዋዮ ፡ ዘአጥረየ ። አነ ፡ እሁበኪ ፡ ወእፌውሶ ፡ ለወልድኪ ፡ እምነ ፡ ቀስሊሁ ።

ወዘንተ ፡ እምድኅረ ፡ ይቤላ ፡ ቅዱስ ፡ ዮልዮስ ፡ ለብእሲት ፡ ተሰወረ ፡ እምኔሃ ።

ወይእቲሰ ፡ ሶበ ፡ ነቅሐት ፡ እምንዋማ ፡ ወርእየት ፡ ብርሃነ ፡ ወረከበት ፡ ከመ ፡ ሠረቀ ፡ ፀሐይ ። ወተንሥአት ፡ ፍጡነ ፡ ወኢኃሠሠት ፡ ወኢተስእለት ፡ በከመ ፡ ልማዳ ፡ ዳእሙ ፡ አርመመት ። ወሖረት ፡ ኀበ ፡ መስፍን ፡ ወአጠየቀቶ ፡ ኵሎ ፡ ዘነገሩ ፡ ቅዱስ ፡ ዮልዮስ ፡ ወመስፍንሂ ፡ ኢተገምናደየ ። ዳእሙ ፡ አዘዘ ፡ በጊዜሁ ፡ ያዑዱ ፡ አዋዴ ፡ በውስተ ፡ ሀገር ፡ ኵለንታሃ ፡ ከመ ፡ ይትጋብኡ ፡ ሥዩማን ፡ ወሰብአ ፡ ሀገር ። ወሶበ ፡ ተጋብኡ ፡ ተንሥአ ፡ ወተፅዕነ ፡ ዲበ ፡ ሠረገላሁ ። ወሖረ ፡ ምስለ ፡ ጉቡአኒሁ ፡ ወብእሲት ፡ ተሐውር ፡ ቅድሜሆሙ ። * ወበጽሑ ፡ ኀበ ፡ ቤተ ፡ ውእቱ ፡ መሰርይ ፡ ወረከቡ ፡ ፫አናቅጺሁ ፡ ዕፁዋነ ፡ ፩ቅድመ ፡ ካልኡ ። ወሣልሳይ ፡ እምቅድመ ፡ ይበኡ ፡ ኀበ ፡ ዳህሊዝ ፡ ዘውእቱ ፡ ቤተ ፡ ምቅዋም ። ወበጊዜሃ ፡ አስተርአየ ፡ ቅዱስ ፡ ዮልዮስ ፡ በማእከለ ፡ ጉቡአን ፡ ከመ ፡ ፩እምኔሆሙ ። ወሖረ ፡ ቅድሜሆሙ ፡ ወአንበረ ፡ በትሮ ፡ ዲበ ፡ አንቀጽ ፡ ቀዳማዊ ፡ ወተርኅወ ፡ በጊዜሁ ። ወበጽሑ ፡ ኀበ ፡ ካልእ ፡ ወሣልስ ፡ አንቀጽ ። ወገብረ ፡ ከማሁ ፡ ወተርኅዉ ። ወቦኡ ፡ ኵሉ ፡ ጉባኤ ፡ ሕዝብ ፡ እንዘ ፡ ይመርሖሙ ፡ በጽሑ ፡ ኀበ ፡ መካን ፡ ዘሀሎ ፡ ውስቴቱ ፡ ወልድ ፡ ስቁለ ፡ ዘውእቱ ፡ ቤተ ፡ ጽልመት ። ወቦአ ፡ ውስቴቱ ፡ ቅዱስ ፡ ዮልዮስ ፡ ወወለጠ ፡ ጽልመቶ ፡ በብርሃን ፡ ዘያፀድል ፡ ወኮነ ፡ ከመ ፡ ዘኢኮነ ፡ ጽልመት ፡ ግሙራ ። ወበትር ፡ ዘውስተ ፡ እዴሁ ፡ ኮነት ፡ ከመ ፡ ማኅቶት ፡ ዘይነድድ ። ወአልዓሎ ፡ ከመ ፡ ይርአዩ ፡ ኵሎሙ ፡ ወአኀዘ ፡ እዴሁ ፡ ለመስፍን ፡ ወለዓበይት ። ወአብኦሙ ፡ ከመ ፡ ይርአዩ ፡ ኵሎሙ ። ወርእዩሙ ፡ ውእተ ፡ ወልደ ፡ ወድኩመ ፡ ዘሀለወ ፡ ቦቱ ፡ ወዘከመ ፡ ስቁል ፡ ወስፉሕ ። ወዘከመ ፡ ዘብሐ ፡ ሥጋሁ ፡ ወአስተርአየ ፡ አዕፅምቲሁ ። ርእዮ ፡ መስፍን ፡ ወእለ ፡ ምስሌሁ ፡ ዘንተ ፡ ግብረ ፡ ዘኢይደሉ ፡ ለገቢር ፡ ዘውእቱ ፡ ግብረ ፡ ከህድ ፡ ቦአ ፡ ላዕሌሆሙ ፡ ዐቢይ ፡ ፍርሀት ፡ ወድንጋፄ ። ወአዘዘ ፡ መስፍን ፡ ከመ ፡ ያውርድዎ ፡ ወያውፅእዎ ፡ ኀበ ፡ ሕዝብ ፡ እለ ፡ ሀለዉ ፡ አፍአ ፡ ይርአይዎ ። ወርእዮሙ ፡ አንከሩ ፡ ዘከመ ፡ እኅ

* f. 66 v

ዘት ፡ ትፃእ ፡ ነፍሱ ፡ ወኢተርፎ ፡ ዘእንበለ ፡ ንስቲት ። ወይቤሎ ፡ ቅዱስ ፡ ዮልዮስ ፡ ለመስፍን ፡ በእንተ ፡ ሴት ፡ ከሐዲ ፡ አንሰ ፡ ፈታሕኩ ፡ መቅድመ ፡ ኵሉ ፡ ምትር ፡ ልሳኖ ። ወእምዝ ፡ ምትር ፡ እደዊሁ ፡ እለ ፡ ኮኑ ፡ እንዘ ፡ ያመነድብዎ ፡ ለዝንቱ ፡ ሕፃን ፡ ወምትር ፡ እዘኒሁ ፡ እሉ ፡ እለ ፡ ነበሩ ፡ እንዘ ፡ ይሰምዕ ፡ በሙ ፡ ክላሆ ፡ ወኢተሠሃለ ፡ ላዕሌሁ ። ወከዕበ ፡ ምላሕ ፡ አዕይንቲሁ ፡ እሉ ፡ እለ ፡ ነበሩ ፡ እንዘ ፡ ይሬኢ ፡ በሙ ፡ ክዕወተ ፡ ደሙ ፡ ለዝ ፡ ሕፃን ፡ ወኢመሀሮ ። ወእምድኅረዝ ፡ ምትር ፡ ርእሶ ፡ ወአውዒ ፡ ሥጋሁ ፡ በእሳት ። ወንዋዮሰ ፡ ኵሎ ፡ መንፈቆ ፡ ሀብ ፡ ለቤተ ፡ ንጉሢ ። ወካልአ ፡ መንፈቆ ፡ ሀበ ፡ ለዛቲ ፡ ብእሲት ፡ ምስለ ፡ ወልዳ ። ወአደሞ ፡ ለመኰንን ፡ ወለኵሎመ ፡ ጉቡአን ፡ ዝነገር ፡ ወነሥእዎ ፡ ለውእቱ ፡ ከሐዲ ፡ ወመሠርይ ፡ ሴት ። ወመተርዎ ፡ በበንስቲት ፡ ንስቲተ ፡ ወአውዓይዎ ፡ በእሳት ። ወረከቡ ፡ ኀቤሁ ፡ ብዙኀ ፡ ንዋየ ፡ ወነሥኡ ፡ መንፈቆ ፡ ለቤተ ፡ ንጉሢ ። ወካልአ ፡ መንፈቆ ፡ ወሀብዋ ፡ ለብእሲት ፡ ምስለ ፡ ወልዳ ።

ወእምድኅረዝ ፡ አስተርአያ ፡ ቅዱስ ፡ ዮልዮስ ፡ ለይእቲ ፡ ብእሲት ፡ ምስለ ፡ ወልዳ ። ወይቤላ ፡ ናሁ ፡ ናዘዝኩ ፡ ልበኪ ፡ ወርኢኪ ፡ ወልደኪ ፡ እንዘ ፡ ሕያው ፡ ውእቱ ፡ ወሎቱኒ ፡ አድኀንክዎ ፡ እሞት ። ወካዕበ ፡ አነ ፡ እፌውስ ፡ ቍሰሊሁ ፡ በከመ ፡ ነገርኩኪ ። ወጸቢሖ ፡ ሌሊት ፡ ተንሥኢ ፡ ወሑሪ ፡ ኀበ ፡ ቤተ ፡ ክርስቲያንየ ። ወንሥኢ ፡ ኅዳጠ ፡ ዘይተ ፡ እምውስተ ፡ ቀንዲል ፡ ወቅብዒ ፡ ሎቱ ፡ ሥጋሁ ፡ ለወልድኪ ፡ ወየሐዩ ። ወእምዝ ፡ ተጠመቂ ፡ ምስለ ፡ ወልድኪ ፡ ወኩኑ ፡ ክርስቲያነ ። ወሰብሕዎ ፡ ለእግዚአብሔር ፡ ወለቅዱሳኒሁ ። ወይእቲሰ ፡ ገብረት ፡ በከመ ፡ አዘዛ ፡ ቅዱስ ፡ ዮልዮስ ፡ ወሖረት ፡ ኀበ ፡ ቤተ ፡ * f. 67 r ክርስቲያኑ ፡ ቅድ*ስት ። ወነሥአት ፡ ዘይተ ፡ እምውስተ ፡ ቀንዲል ፡ ዘየሐቱ ፡ ቅድመ ፡ ሥጋሁ ፡ ለቅዱስ ፡ ዮልዮስ ፡ ወቀብአት ፡ ሥጋሁ ፡ ለወልዳ ፡ ወተፈወሰ ፡ በጊዜሃ ። ወይእቲኒ ፡ ብእሲት ፡ ለሊሃ ፡ አፍጠነት ፡ ወመጽአት ፡ ኀቤየ ፡ አነ ፡ ነዳይ ፡ እለ ፡ እስክንድሮስ ፡ ሊቀ ፡ ጳጳሳት ። ወአይድዓተኒ ፡ ኵሎ ፡ ዘኮነ ፡ ወዘተገብረ ፡ ላቲ ። ወአነኒ ፡ አጠመቅዋ ፡ ምስለ ፡ ወልዳ ፡ በስመ ፡ አብ ፡ ወወልድ ፡ ወመንፈስ ፡ ቅዱስ ፡

፩አምላክ ። ወኮነት ፡ እንዘ ፡ ትትለአክ ፡ ለቤተ ፡ ክርስቲያን ፡ ዘቅዱስ ፡ ዮልዮስ ፡ ይእቲ ፡ ምስለ ፡ ወልዳ ፡ እስከ ፡ አመ ፡ ዕለተ ፡ ሞቶሙ ። ወኵሉ ፡ ዘርእየ ፡ ወሰምዓ ፡ አንከረ ፡ ወሰብሐ ፡ ለእግዚአብሔር ፡ እግዚእነ ፡ ኢየሱስ ፡ ክርስቶስ ፡ ወለሰማዕቱ ፡ ቅዱስ ፡ ዮልዮስ ፡ ጸሎቱ ፡ ወበረከቱ ፡ የሀሉ ፡ ምስለ ፡ ፍቁሩ ፡ ዘወልደ ፡ ማርያም ፡ ለዓለመ ፡ ዓለም ፡ አሜን ።

ክፍ[ል] ፡ ፲ ። ተአምሪሁ ፡ ለቅዱስ ፡ ዮልዮስ ፡ ሰማዕት ። ጸሎቱ ፡ ወበረከቱ ፡ የሀሉ ፡ ምስለ ፡ ፍቁሩ ፡ ዘወልደ ፡ ማርያም ፡ ለዓለመ ፡ ዓለም ፡ አሜን ።

ስምዑ ፡ ካዕበ ፡ ዘንተ ፡ ተአምረ ፡ ዐቢየ ፡ እንተ ፡ ኮነት ፡ እምኀበ ፡ እግዚአብሔር ፡ ወሰማዕቱ ፡ ቅዱስ ፡ ዮልዮስ ፡ ሰማዕት ፡ ንጹሕ ። ወሀሎ ፡ ብእሲ ፡ ዘይነብር ፡ በሀገር ፡ እምነ ፡ አህጉረ ፡ ምስር ፡ ዘትሰመይ ፡ አምሊጥ ። ወስመ ፡ ብእሲሁ ፡ ዮሐንስ ፡ መቃሬ ። ወቦቱ ፡ ብእሲት ፡ መሃይምንት ፡ ወማዕምንት ፡ ዘስማ ፡ ሳራ ። ዛቲ ፡ ኢኮነት ፡ ሕፅፀተ ፡ እምግብረ ፡ ሳራ ፡ ብእሲተ ፡ አብርሃም ፡ ርእሰ ፡ አበው ፡ በምንትኒ ፡ በምጽዋታት ፡ እንተ ፡ ኮነት ፡ ትገብሮሙ ። ወዮሐንስ ፡ መቃሬ ፡ ውእቱኒ ፡ ካዕበ ፡ ኮነ ፡ መፍቀሬ ፡ ምጽዋት ፡ ወምሕረት ፡ ከመ ፡ ኢዮብ ፡ ንጹሕ ፡ ወጻድቅ ፡ እስመ ፡ ኮነ ፡ ሎሙ ፡ ብዕል ፡ ዐቢይ ፡ በወርቅ ፡ ወበብሩር ፡ ወብዙኅ ፡ ጥሪት ፡ ዘኢይትኌለቍ ። አግብርት ፡ ወአእማት ። አባግዕ ፡ ወአልህምት ፡ አግማል ፡ ወአእዱግ ፡ ወገነታት ። ወአሕማር ፡ በውስተ ፡ ባሕር ፡ ብዙኃን ፡ ፈድፋደ ። ወበኵሉ ፡ ኮኑ ፡ ፍጹማነ ፡ በተድላ ፡ ዐቢይ ። ወባሕቱ ፡ አልቦሙ ፡ ወልድ ፡ ዘየሐውር ፡ ቅድሜሆሙ ፡ ወድኅሬሆሙ ፡ ወዘይወርስ ፡ ንዋዮሙ ። እስመ ፡ ዝንተ ፡ ዮሐንስ ፡ ወለደ ፡ ፬ደቂቀ ፡ ወ፪አዋልደ ፡ ወኢሐይወ ፡ ፩ሂ ፡ እምኔሆሙ ፡ ዘይወርስ ፡ ብዕሎሙ ፡ እስመ ፡ እግዚአብሔር ፡ ዓቀበ ፡ ከመ ፡ ያርኢ ፡ መንክራቲሁ ፡ ላዕሌሁ ፡ በከመ ፡ ይቤ ፡ ዳዊት ፡ ቅዱስ ፡ ነቢይ ። መንክር ፡ እግዚአብሔር ፡ በላዕለ ፡ ኵሎሙ ፡ ቅዱሳኒሁ ። እምዕለት ፡ ለዕለት ፡ ኮነት ፡ ይእቲ ፡ ብእሲት ፡ ማዕምንት ፡ በኀዘነ ፡ ልብ ፡ ወገዓር ። በእንተ ፡ ኃጢአ ፡ ውሉድ ። ወሰበ ፡ ቀርበ ፡ በዓለ ፡ ሰማዕት ፡ ንጹሕ ፡ ወ

ቅዱስ ፡ ዮልዮስ ፡ ዘውእቱ ፡ አመ ፡ ፳ወ፪ለመስከረም ። ወመጽአት ፡
ኀበ ፡ ይእቲ ፡ ብእሲት ፡ ማእምንት ፡ አሐቲ ፡ ብእሲት ፡ እምአግዋሪ
ሃ ። ወትቤላ ፡ ለእመ ፡ ሰማዕኪ ፡ እምኔየ ፡ ወገበርኪ ፡ ዘእቤለኪ ፡ አነ ፡
እትአመን ። ወአአምር ፡ ከመ ፡ እግዚአብሔር ፡ ይናዝዝ ፡ ልበኪ ፡ እ
ስመ ፡ እሬእየኪ ፡ ከመ ፡ ሀለውኪ ፡ አንቲ ፡ በዝንቱ ፡ ክብር ፡ ወብዕ
ል ፡ ዐቢይ ። ባሕቱ ፡ ሕምምተ ፡ ልብ ፡ አንቲ ፡ በእንተ ፡ ኃጢአ ፡ ው
ሉድ ፡ እስመ ፡ ካልእ ፡ ይወርስ ፡ ንዋየክሙ ፡ ኵሎ ። ወይእዜኒ ፡ ስም
ዒ ፡ እምኔየ ፡ አእኅትየ ፡ ሑሪ ፡ ኀበ ፡ እስክንድርያ ፡ ምስለ ፡ ዝንቱ ፡
ሕዝብ ፡ እለ ፡ የሐውሩ ፡ ኀበ ፡ ቤተ ፡ ክርስቲያን ፡ ዘቅዱስ ፡ ዮልዮስ ፡
ወስግዲ ፡ ኀበ ፡ ሥጋሁ ፡ ቅዱስ ። ወሰአሊ ፡ እምኔሁ ፡ ወአብኢ ፡ ሎ
* f. 67 v ቱ ፡ መባአ ። እስመ ፡ አነ ፡ እትአመን ፡ ከ*መ ፡ ይናዝዝ ፡ እግዚአብ
ሔር ፡ ልበኪ ። እስመ ፡ አነ ፡ ሰማዕኩ ፡ አእኅትየ ፡ እምእለ ፡ የሐው
ሩ ፡ ኀበ ፡ ቤተ ፡ ክርስቲያን ፡ ከመ ፡ ሀሎ ፡ ውስቴቱ ፡ ዐቢይ ፡ ፈው
ስ ። እስመ ፡ ብዙኃን ፡ እለ ፡ ከማኪ ፡ ሖሩ ፡ ኀቤሃ ፡ ወተፈጸመ ፡ ሎ
ሙ ፡ ኵሉ ፡ መፍቅዶሙ ። ወናሁ ፡ እምዝየ ፡ ሰብእ ፡ ብዙኃን ፡ ወእ
ምካልአን ፡ አህጉር ፡ እለ ፡ የሐውሩ ፡ ኀበ ፡ ይእቲ ፡ ቤተ ፡ ክርስቲያ
ን ፡ ተንሥኢ ፡ ወሑሪ ፡ ምስሌሆሙ ፡ ከመ ፡ ትርከቢ ፡ ዘሰአልኪ ። ወ
ይእቲሰ ፡ ብእሲት ፡ ማእምንት ፡ አደማ ፡ ዝነገር ፡ ወምክር ፡ ፈድፋደ ።
ወሰምዓት ፡ እምይእቲ ፡ ብእሲት ፡ ኵሎ ፡ ዘነገረታ ። ወለበወት ፡ ምክ
ሩ ። በከመ ፡ ይቤ ፡ ሰሎሞን ፡ ቤተ ፡ ክርስቲያናዊ ፡ እስመ ፡ ሰሚዕ ፡
ይኄይስ ፡ እምሠዊዕ ። ወእምዝ ፡ አውሥአቶ ፡ ለምታ ፡ ወትቤሎ ፡ አ
ፍቁር ፡ ወኄር ። እስመ ፡ አንተ ፡ ተአምር ፡ ከመ ፡ ዐቢይ ፡ ኀዘን ፡ ወ
ሕማመ ፡ ልብ ፡ ዘአነ ፡ ሀሎኩ ፡ ቦቱ ፡ በእንተ ፡ ዘአልብነ ፡ ውሉድ ።
እስመ ፡ ሰማዕኩ ፡ በእንተ ፡ ኃይላት ፡ ወመንክራት ፡ ዘይትገበር ፡ በቤ
ተ ፡ ክርስቲያን ፡ ዘቅዱስ ፡ ዮልዮስ ፡ ዘእስክንድርያ ፡ ወሰብእ ፡ ብዙኃ
ን ፡ እምዝየ ፡ እለ ፡ የሐውሩ ፡ ኀቤሃ ። ወይእዜኒ ፡ እሑር ፡ ምስሌሆ
ሙ ፡ ወአብእ ፡ ሎቱ ፡ መባአ ፡ ወእስአሎ ፡ ለእመ ፡ ትረክበነ ፡ ምሕረ
ቱ ፡ በከመ ፡ ረከቦሙ ፡ ለብዙኃን ። ወሶበ ፡ ሰምዓ ፡ ዘንተ ፡ ብእሲ ፡
ምእመን ፡ እምብእሲቱ ፡ ማእምንት ፡ ተፈሥሐ ፡ ጥቀ ። ወይቤ ፡ እስ

መ ፡ ይክል ፡ እግዚአብሔር ፡ ከመ ፡ ይግበር ፡ ዘንተ ፡ ግብረ ፡ ገቢረ ። ወሶቤሃ ፡ አውሥአ ፡ ዮሐንስ ፡ መቃሬ ። ወይቤላ ፡ ለብእሲቱ ፡ ለእመ ፡ ፈጸመ ፡ ለነ ፡ እግዚአብሔር ፡ ወቅዱሱ ፡ ፈቃደነ ፡ አነ ፡ እገብር ፡ ፩መስቀላተ ፡ ዘወርቅ ፡ ዘዘልጥር ፡ ወእሁብ ፡ ለቤተ ፡ ክርስቲያኑ ፡ ቅድስት ። ወእሬሲ ፡ ይግልፉ ፡ ሥዕሎ ፡ በማእከለ ፡ መስቀላት ። ወአዘዘ ፡ በጊዜሃ ፡ ውእቱ ፡ ብእሲ ፡ ዘውእቱ ፡ ዮሐንስ ፡ መቃሬ ፡ ከመ ፡ ያምጽእ ፡ ፩ሐመረ ፡ እምአሕማሪሁ ። ወፀዓነ ፡ ላዕሌሁ ፡ ፪፻አርደበ ፡ እክለ ፡ ወ፫፻ቀሡታተ ፡ ዘይተ ። ወ፻መሳብክተ ፡ ወይነ ፡ ለግብረ ፡ መልእክተ ፡ ቍርባን ፡ ወዕጣነ ፡ ኅሩየ ፡ ወብዙኃ ፡ አምኃ ። ወኵሎ ፡ ዘትፈቅድ ፡ ሳሬ ፡ ብእሲቱ ፡ ነሥአ ፡ ፈነዋ ፡ ምስለ ፡ አንስት ፡ ኄራት ፡ ወምእመናት ፡ እለ ፡ ኮና ፡ የሐውሬ ፡ ኀበ ፡ ይእቲ ፡ ቤተ ፡ ክርስቲያን ፡ ከመ ፡ ይትባረካ ፡ ወአስተፋነዎሙ ፡ በሰላም ። ወተመይጠ ፡ ማኅደሩ ፡ እንዘ ፡ ይሴብሖ ፡ ለእግዚአብሔር ፡

ወሶበ ፡ በጽሐ ፡ መንፈቃ ፡ ለፍኖት ፡ ኮነት ፡ ግብር ፡ እንተ ፡ ኮነት ፡ እምኀበ ፡ ጸላኢ ፡ ዘውእቱ ፡ ሰይጣን ፡ ጸላኤ ፡ ኵሉ ፡ ሠናያት ። እስመ ፡ ብእሲተ ፡ ዮሐንስ ፡ ዘይእቲ ፡ ሳሬ ፡ ዓርገት ፡ እምውስተ ፡ ሐመር ። ከመ ፡ ታዕርፍ ፡ ንስቲተ ፡ እስመ ፡ ረከበት ፡ ግብረ ፡ ዕፁብ ፡ በፍኖት ፡ ዘኢኮነ ፡ ርእየቶ ፡ ግሙሬ ። ወእንዘ ፡ ይእቲ ፡ ታንሶሱ ፡ ለፌ ፡ ወለፌ ፡ ሀሎ ፡ ሀየ ፡ በድው ፡ ብዙኅ ፡ ወጽንፈ ፡ ባሕር ፡ ዘቦቱ ፡ አንበሳ ፡ መሣጢ ። ወርእያ ፡ ለሳሬ ፡ እንዘ ፡ ታንሶሱ ፡ ለዝየ ፡ ወለዝየ ፡ ቀነጸ ፡ ወመሠጣ ፡ እማእከለ ፡ አንስት ፡ እለ ፡ ሀለዋ ፡ ጥቃሃ ። ወሖረ ፡ ወአብአ ፡ ውስተ ፡ በድው ፡ ምንባሪሁ ። አይ ፡ ክላህ ፡ ወእስፍንቱ ፡ ጽራሕ ፡ ዘኮነ ፡ እምነ ፡ ሕዝብ ፡ በውእቱ ፡ ጊዜ ። ወሀለዉ ፡ ሀየ ፡ ፩አሕማር ፡ ካልአን ፡ እንተ ፡ አርሰዩ ። እስመ ፡ እሙንቱ ፡ ኢክህሉ ፡ ሐዊረ ፡ እስከ ፡ የአምሩ ፡ ዘከመ ፡ እፎ ፡ ትከውን ፡ ሳሬ ። ወእሙንቱሂ ፡ ዘከመ ፡ እፎ ፡ ይከውኑ ። ወሳሬሰ ፡ እንዘ ፡ ሀለወት ፡ ው*ስተ ፡ አፋሁ ፡ [* f. 68 r] ለአንበሳ ፡ ሰአለቶ ፡ በውስተ ፡ ልባ ፡ ለቅዱስ ፡ ዮልዮስ ፡ ወልሳናሰ ፡ ጠግዓ ፡ በጕርዔሃ ፡ ወአርመማ ፡ ከናፍሪሃ ፡ ተናቀወ ፡ አዕፅምቲሃ ። ወለስሐ ፡ ኃይላ ። ኃጥአት ፡ ልባ ። ወረስዓት ፡ ክዋኔሃ ፡ በእንተ ፡ ብዙኅ ፡

ፍርሃት ፡ ወድንጋጌ ፡ ኢተክህለት ፡ ተናግሮ ። ወሶበ ፡ አጥበበ ፡ እግዚአብሔር ፡ ወአብርሃ ፡ አዕይንተ ፡ ልባ ፡ ከመ ፡ ያርኢ ፡ ኃይለ ፡ ሰማዕቱ ፡ ወይሰብሐ ፡ ቦቱ ፡ ሰአለቶ ፡ ለቅዱስ ፡ ዮልዮስ ፡ እንዘ ፡ ትብል ፡ ኦእግዚእየ ፡ ለእመ ፡ አድኃንከኒ ፡ እምዝንቱ ፡ ሞተ ፡ ሙስና ፡ ወኃሣር ፡ ዘበጽሐኒ ፡ ግብተ ፡ ዘእንበለ ፡ ደዌ ፡ ወንስሐ ። እለሰ ፡ ይደውዩ ፡ ሰኪቦሙ ፡ ዲበ ፡ ዓራቶሙ ፡ ውስተ ፡ ጠፈረ ፡ ቤቶሙ ። ሰብአሙ ፡ ወአዝማዲሆሙ ፡ ዘርኁቅ ፡ ወዘቅሩብ ፡ ይመጽኡ ፡ ኀቤሆሙ ። ወይስእልዎሙ ፡ ኵሎ ፡ ዘይፈቅዱ ፡ እምነ ፡ መባልዕት ፡ ወመስቴ ፡ ወዘፈተዉ ፡ ያቄርቡ ፡ ሎሙ ። ወእምዝ ፡ በዘይበ[ይ]ት ፡ ወበ ፡ ዘየሐውር ፡ ለእመ ፡ ተፈወሱ ፡ ወጥዕዩ ፡ ይትፌሥሑ ፡ ቦሙ ። ወለእመ ፡ አልፀቁ ፡ ለመዊት ፡ ይጼውዑ ፡ ሎሙ ፡ ቀሲሰ ፡ ይትአመኑ ፡ አበሳሆሙ ፡ ወይመውቱ ። ወእምዝ ፡ ይገንዝዎሙ ፡ በክብር ፡ ወያነብቡ ፡ ላዕሌሆሙ ፡ በከመ ፡ ይደሉ ። ወይቀብርዎሙ ፡ እንዘ ፡ ይበክዩ ፡ ውስተ ፡ ቤተ ፡ ክርስቲያን ። ወዘከመዝሰ ፡ ሞት ፡ ኢኮነ ፡ ሞተ ፡ አላ ፡ ሕይወት ፡ ውእቱ ። ሞትሰ ፡ ዝንቱ ፡ ዘአነ ፡ እመውት ፡ ቦቱ ፡ እንዘ ፡ አልብየ ፡ ዘያመጽእ ፡ ሊተ ፡ ቀሲሰ ፡ በዘእትአመን ፡ ወእኤስሕ ፡ እምኃጢአትየ ፡ ወአልብየ ፡ ዘይቤለኒ ፡ ምንተ ፡ ዘትፈቅዲ ። ወአልቦ ፡ ዘይበይት ፡ ኀቤየ ፡ ወቤት ፡ አልብየ ። ወዓራት ፡ አልብየ ፡ ዘእሰክብ ፡ ቦቱ ። አልብየ ፡ መግንዝ ፡ ወኢመቃብር ። ኢሀለዉ ፡ መብክያን ፡ ቅድሜየ ። ወመስቆቅዋት ፡ ድኅሬየ ። አስናን ፡ አንበሳ ፡ ደዌ ፡ ሞትየ ። ወአፉሁ ፡ ዓራት ፡ ምስካብየ ። ወከናፍሪሁ ፡ መግንዝየ ። ወከርሡኒ ፡ መቃብርየ ። ወይ ፡ ሊተ ፡ ዘእመውት ፡ ግብተ ። ወዘንተ ፡ ብሂላ ፡ ሰአለቶ ፡ ለቅዱስ ፡ ዮልዮስ ፡ ወበፅዓት ፡ ሎቱ ፡ ብፅዓተ ፡ እንዘ ፡ ትብል ፡ ለእመ ፡ አንገፍከኒ ፡ እምአፈ ፡ ዝንቱ ፡ አንበሳ ፡ ወሐየውከኒ ፡ እምዝ ፡ ዳግመ ፡ አነ ፡ አሐንፅ ፡ ቤተ ፡ ክርስቲያን ፡ በስምከ ፡ በሀገርየ ። ወእጽሕፍ ፡ ላቲ ፡ ኵሎ ፡ዘብየ ። ወሶበ ፡ ትቤ ፡ ዘንተ ፡ እንዘ ፡ ይእቲ ፡ ውስተ ፡ አፈ ፡ አርዌ ። ወውእቱኒ ፡ እንዘ ፡ ያረውፃ ፡ ውስተ ፡ በድው ፡ ወእንዘ ፡ ይረውጽ ፡ ምስሌሃ ። ወናሁ ፡ በጽሐ ፡ ቅዱስ ፡ ዮልዮስ ፡ ተዳደቀ ፡ ወቆመ ፡ ቅድሜሁ ፡ ወተቀበሎ ፡ ተዕዒኖ ፡ ላዕለ ፡ ፈረሱ ። ወብዙኃን ፡ እምነ ፡

መላእክት ፡ እንዘ ፡ ይትልውዎ ፡ ከመ ፡ እንተ ፡ ሐራ ። ወሶበ ፡ ርእዮሙ ፡ አንበሳ ፡ ፈርሀ ፡ ወተሐዘበ ፡ ከመ ፡ ዘየዓግትዎ ፡ ወያሠግርዎ ፡ ለቀቲል ፡ ገደፋ ፡ ለብእሲት ፡ እምውስተ ፡ አፉሁ ፡ ወጐየ ። ወቅዱስ ፡ ዮልዮስ ፡ ቆመ ፡ ኀበ ፡ ርእሰ ፡ ብእሲት ፡ ወአእተተ ፡ እምላዕሌሃ ፡ ፍርሃተ ። ወይቤላ ፡ አሳራ ፡ ብእሲተ ፡ ምእመን ፡ ዮሐንስ ፡ መቃራ ፡ ኢትፍርሂ ። እስመ ፡ አነ ፡ ሀሎኩ ፡ ምስሌኪ ። ወዓተበ ፡ ላዕሌሃ ። ወበጊዜሃ ፡ ከሠተት ፡ አዕይንቲሃ ፡ ወርእየት ፡ ስብሐቲሁ ። ወትቤሎ ፡ መኑ ፡ አንተ ፡ አእግዚእየ ፡ ወአንተ ፡ በዝንቱ ፡ ክብር ፡ ዐቢይ ። ወይቤላ ፡ አነ ፡ ዮልዮስ ፡ ዘአንቲ ፡ ተዓርጊ ፡ ኀቤየ ። ወይእዜኒ ፡ ለእመ ፡ ሖርኪ ፡ ወበጻሕኪ ፡ ወቦእኪ ፡ ውስተ ፡ ቤተ ፡ ክርስቲያን ። ወሰገድኪ ፡ ኀበ ፡ ሥጋየ ፡ በሊዮ ፡ ለላእክ ፡ ዘየሐቱ ፡ ቀንዲለ ፡ ሀበኒ ፡ ዘንተ ፡ ክልኤ ፡ ፍሬያተ ፡ እለ ፡ ውስተ ፡ ቀንዲል ። ወለእመ ፡ ወሀበኪ ፡ ብል*ዲዮሙ ፡ * f. 68 v ወአመ ፡ ሖርኪ ፡ ወተመየጥኪ ፡ ኀበ ፡ ማኅደርኪ ፡ ትፀንሲ ፡ ወትወልዲ ፡ ክልኤ ፡ ደቂቀ ፡ ስምይዮ ፡ ለ፩አውክርስጦስ ። ወለካልኡ ፡ ቴዎድሮስ ። በስመ ፡ ደቂቅየ ፡ ፬ ። ወካዕበ ፡ ትፀንሲ ፡ ወትወልዲ ፡ ክልኤተ ፡ ደቂቀ ፡ ካልአነ ። ስምይዮ ፡ ለ፩ዮልዮስ ። ወለካልኡ ፡ ዮንያስ ፡ በስምየ ፡ ወበስመ ፡ እኁየ ። ወአነ ፡ እሬሲ ፡ በረከትየ ፡ ምስሌክሙ ፡ እስከ ፡ ለዓለም ። ወሕንጺ ፡ ሊተ ፡ ቤተ ፡ ክርስቲያን ፡ ኀቤኪ ። ወአሥዕሊ ፡ ሥዕልየ ፡ ወሥዕለ ፡ እኁየ ፡ ወዘክልኤ ፡ ደቂቅየ ፡ ውስቴቱ ። ወንሕነ ፡ ንመጽእ ፡ ወንኄሉ ፡ ውስቴታ ፡ ከመ ፡ ይኩን ፡ ህየ ፡ ፈውስ ፡ ዐቢይ ፡ በኃይለ ፡ እግዚእነ ፡ ኢየሱስ ፡ ክርስቶስ ። ወይእዜኒ ፡ ተንሥኢ ፡ ከመ ፡ እሰድኪ ፡ ኀበ ፡ አሕማር ፡ ወይርአይ ፡ ኵሉ ፡ ፩፩እምነ ፡ ሰብእ ። ወይሰብሖ ፡ ለእግዚአብሔር ፡ ወለቅዱሳኒሁ ። ወይኩን ፡ ስምኪ ፡ ስሙዓ ፡ ውስተ ፡ ኵሉ ፡ መካን ። ወበጊዜሃ ፡ መሠጣ ፡ ዲበ ፡ ፈረሱ ፡ ወአብጽሐ ፡ ኀበ ፡ መካን ፡ ዘሀለዉ ፡ ቦቱ ፡ አሕማር ። ወአንበራ ፡ ማእከለ ፡ አብያጺሃ ፡ ወሖረ ፡ ኵሉ ፡ ፩፩እንዘ ፡ ይኔጽርዎ ። ወሰብእሰ ፡ ኵሎሙ ፡ ሶበ ፡ ርእይዋ ፡ ለብእሲት ፡ እንዘ ፡ ይእቲ ፡ ድኅንት ፡ ወፍጽምት ፡ ከልሑ ፡ እንዘ ፡ ይብሉ ፡ ኪርያላይሶን ፡ ፩ውእቱ ፡ እግዚአብሔር ፡ አምላከ ፡ ቅዱስ ፡ ዮልዮስ ። ወሶቤሃ ፡ ተስእልዋ ፡ በእንተ ፡ ክዋኔሃ ። ወዘከ

መ ፡ እፎ ፡ ድኅነት ፡ እምአፈ ፡ አንበሳ ። ወይእቲኒ ፡ ነገረቶሙ ፡ ኵሎ ፡ ዘበጽሐ ፡ ላዕሌሃ ። አይ ፡ ክላሀ ፡ ዘኮነ ፡ በውእቱ ፡ ጊዜ ፡ እምነ ፡ ሕዝብ ፡ በእንተ ፡ ፍሥሐ ፡ ወኃሤት ፡ እንዘ ፡ ይሴብሕዎ ፡ ለእግዚአብሔር ፡ ዘአድኃና ፡ ለሳራ ፡ እምአፈ ፡ አንበሳ ። ወእንዘ ፡ ይሴብሑ ፡ ወይጠፍሑ ፡ እደዊሆሙ ፡ ወይዜምሩ ፡ ቦኡ ፡ ውስተ ፡ ቤተ ፡ ክርስቲያን ። ወሰብሕዎ ፡ ለእግዚአብሔር ፡ ወለቅዱስ ፡ ዮልዮስ ፡ ወዓደው ፡ ፲ አሕማር ፡ እለ ፡ መጽኡ ፡ ምስለ ፡ ሐመረ ፡ ሳራ ። ውእቶሙኒ ፡ አኀዙ ፡ ይዜንዉ ፡ ለኵሉ ፡ ዘረከቡ ፡ ውስተ ፡ ቤተ ፡ ክርስቲያን ፡ ወበውስተ ፡ ፍኖት ፡ ውእተ ፡ ተአምረ ፡ ዘተገብረ ። ወኮኑ ፡ ኵሎሙ ፡ ኅቡረ ፡ እንዘ ፡ ይሴብሕዎ ፡ ለእግዚአብሔር ፡ በእንተ ፡ ኃይል ፡ ዘገብረ ፡ በእደ ፡ ቅዱስ ፡ ዮልዮስ ፡ ወይእቲሰ ፡ ብእሲት ፡ ዘይእቲ ፡ ሳራ ። አብአት ፡ አምኃቲሃ ፡ ወመበአቲሃ ፡ ለቤተ ፡ ክርስቲያን ፡ ዘቅዱስ ፡ ዮልዮስ ፡ ወሰገደት ፡ ኀበ ፡ ሥጋሁ ፡ ለቅዱስ ፡ ዮልዮስ ፡ ወነሥአት ፡ እሎንተ ፡ ክልኤተ ፡ ፍሬያተ ፡ እምፈውሰ ፡ ቀንዲል ፡ ወበልዓቶሙ ። ወወዓለት ፡ ክልኤተ ፡ ዕለታተ ፡ ውስተ ፡ ቤተ ፡ ክርስቲያን ። ወገብረት ፡ ምሳሐ ፡ ለካህናት ፡ ይእቲ ፡ ምኔት ፡ ወአጽገበት ፡ ነዳያነ ፡ ወምስኪናነ ። ድውያነ ፡ ወእጓለ ፡ ማውታ ። ወኮነት ፡ ትዜኑ ፡ ለኵሉ ፡ ሰብእ ፡ ወለዓቃቤ ፡ ቤተ ፡ ክርስቲያን ፡ ዘበጽሐ ፡ ላዕሌሃ ። ወሰሚዖሙ ፡ ሰብሕዎ ፡ ለእግዚአብሔር ፡ ወለቅዱስ ፡ ዮልዮስ ። ወነገረቶመ ፡ ከመ ፡ በፅዓ ፡ ምታ ፡ ብፅዓተ ፡ ከመ ፡ ያግብር ፡ መስቀለ ፡ ወርቀ ፡ ዘድልወቱ ፡ ፩ልጥር ፡ ለግብረ ፡ መልእክተ ፡ ቤተ ፡ ክርስቲያን ፡ ለእመ ፡ ፈጸመ ፡ ሎቱ ፡ እግዚአብሔር ፡ ስእለቶ ። ወኵሉ ፡ ሕዝብ ፡ ኮኑ ፡ እለ ፡ ይባርኩ ፡ ላዕሌሃ ፡ ወይብሉ ፡ እግዚአብሔር ፡ አምላክ ፡ ወሰማዕቱ ፡ ቅዱስ ፡ ዮልዮስ ፡ ይፈጽም ፡ ለኪ ፡ ሥምረተኪ ። ወእምድኅረዝ ፡ ተመይጠ
* f. 69 r ት ፡ ብእሲት ፡ ኀበ ፡ ብሔራ ። ወኃይለ ፡ እግዚአብሔር ፡ ወቅዱ*ስ ፡ ዮልዮስ ፡ እንዘ ፡ ይረድእ ።

ወበጺሖ ፡ ነገረቶ ፡ ለምታ ፡ ኵሎ ፡ ዘኮነ ፡ ላዕሌሃ ፡ ወሰሚዖ ፡ አእኰቶ ፡ ለእግዚአብሔር ፡ ወለቅዱስ ፡ ዮልዮስ ፡ ወእምዝ ፡ አእመራ ፡ ዮሐንስ ፡ መቃሬ ፡ ለብእሲቱ ፡ ወፀንሰት ፡ ወወለደት ፡ ሎቱ ፡ ክልኤ

ተ ፡ ደቂቀ ። ወሰመዮ ፡ ስሞ ፡ ለ፩አውክርስጦስ ። ወለካልኡ ፡ ቴዎድሮስ ፡ ዘከመ ፡ ነገሩ ፡ ቅዱስ ፡ ዮልዮስ ። ወእምዝ ፡ ተአመሩ ፡ በበይናቲሆሙ ፡ ወፀንሰት ፡ ሳራ ፡ ወወለደት ፡ ክልኤተ ፡ ደቂቀ ፡ ወፀውዖ ፡ ስሞ ፡ ለ፩ዮልዮስ ፡ ወለካልኡ ፡ ዮንያስ ። ወኮነ ፡ ውስተ ፡ ቤቶሙ ፡ ወበኵሉ ፡ አህጉሪሆሙ ፡ ዐቢይ ፡ ፍሥሐ ፡ ለዐቢያን ፡ ወለንኡሳን ። ወአግበረ ፡ ዮሐንስ ፡ መስቀለ ፡ ዘወርቅ ፡ ዘድልወቱ ፡ ፬ልጥር ፡ ዘሥርግው ፡ በዕንቍ ፡ ፀዓዳ ። ወበማእከሉ ፡ አሥዓለ ፡ እንዘ ፡ ያገልፍ ፡ ሥዕለ ፡ ቅዱስ ፡ ዮልዮስ ፡ ወነሥአ ፡ ምስሌሁ ፡ መባአ ፡ ወአምኃ ፡ ብዙኃ ። ወሖረ ፡ ኀበ ፡ ይእቲ ፡ ቤተ ፡ ክርስቲያን ፡ ወተሳለመ ፡ ወሰገደ ፡ ኀበ ፡ ሥጋሁ ፡ ለቅዱስ ፡ ዮልዮስ ፡ ወፈደየ ፡ ብፅዓቶ ፡ ወተመይጠ ፡ ብሔሮ ፡ እንዘ ፡ ይሴብሖ ፡ ለእግዚአብሔር ፡ ወለቅዱስ ፡ ዮልዮስ ። ወእምዝ ፡ ሐነፀ ፡ ቤተ ፡ ክርስቲያን ፡ በስመ ፡ ቅዱስ ፡ ዮልዮስ ፡ ወአሠርገዋ ፡ በኵሉ ፡ ሠናያት ፡ ወአሥዓለ ፡ ውስቴታ ፡ ፬ሥዕለ ፡ ዘወርቅ ፡ ኀሩይ ፡ ወውስቴቶሙ ፡ ሥዕለ ፡ ቅዱስ ፡ ዮልዮስ ፡ ወዘእኁሁ ፡ ወዘደቂቁ ፡ ፪ወኮነ ፡ ላእከ ፡ ለቤተ ፡ ክርስቲያኑ ፡ ከመ ፡ ፩እምአግብርት ፡ እስከ ፡ ኮነ ፡ ድልወ ፡ ከመ ፡ ያስተርኢ ፡ ሎቱ ፡ ቅዱስ ፡ ዮልዮስ ፡ ወነገሮ ፡ ኵሎ ፡ ዘይደሉ ፡ ለመድኃኒተ ፡ ነፍሱ ። ወኮነ ፡ እንዘ ፡ ይሴብሖ ፡ ለእግዚአብሔር ፡ ወለቅዱስ ፡ ዮልዮስ ፡ እስከ ፡ ዕለተ ፡ ሞቱ ፡ ጸሎቱ ፡ ወበረከቱ ፡ የሀሉ ፡ ምስለ ፡ ፍቁሩ ፡ ዘወልደ ፡ ማርያም ፡ ለዓለመ ፡ ዓለም ።

ክፍል ፡ ፲፩ ። ተአምሪሁ ፡ ለቅዱስ ፡ ዮልዮስ ፡ ሰማዕቱ ፡ ለአዶናይ ። ጸሎቱ ፡ ወበረከቱ ፡ የሀሉ ፡ ምስለ ፡ ፍቁሩ ፡ ዘወልደ ፡ ማርያም ፡ ለዓለመ ፡ ዓለም ፡ አሜን ።

ስምዑ ፡ ዘንተ ፡ ካልአ ፡ ተአምረ ፡ እንተ ፡ ኮነት ፡ እምኀበ ፡ እግዚአብሔር ፡ ወቅዱስ ፡ ዮልዮስ ፡ ወሶበ ፡ ወሀበ ፡ መቃረ ፡ መስቀለ ፡ ወርቅ ፡ ለቤተ ፡ ክርስቲያን ፡ ዘቅዱስ ፡ ዮልዮስ ፡ ወሖረ ፡ ብሔሮ ፡ እንዘ ፡ ይሴብሖ ፡ ለእግዚአብሔር ። ወሀሎ ፡ ዲያቆን ፡ በቤተ ፡ ክርስቲያን ፡ ዘቅዱስ ፡ ዮልዮስ ፡ ወባዕል ፡ ውእቱ ፡ ፈድፋደ ፡ በወርቅ ፡ ወበብሩር ፡ ወበኵሉ ፡ ዘይትፈቀድ ። ወዝንቱ ፡ ኮነ ፡ ጸሐፌሁ ፡ ለ፩ነጋዲ ፡ ዐቢይ ፡ ወአረሚ ፡ ብእሲሁ ። ወኮነ ፡ ይሜየጥ ፡ አልባሰ ፡ ቀጠንተ ፡ ወ

አፈዋተ ፡ እምሀገረ ፡ እስክንድርያ ፡ ወይወስዶሙ ፡ አንጾኪያ ፡ ወቍስጥንጥንያ ፡ ወይሠይጦሙ ፡ በህየ ። ወይሣየጥ ፡ ካዕበ ፡ እምህየ ፡ አልባሰ ፡ ወአፈዋተ ። ወካልአተ ፡ ሠናያተ ፡ ወክቡራተ ፡ ወቢረሌ ፡ ወዘይመስሎ ፡ ወረሰየ ፡ ዘንተ ፡ መንግደ ። እስመ ፡ ለእመ ፡ ረከቦሙ ፡ በመካን ፡ ርኁቅ ፡ በንዋይ ፡ ውሑድ ፡ ይሣየጦሙ ፡ ወይወስዶሙ ፡ እስክንድርያ ፡ ወምስር ፡ ወይሠይጦሙ ፡ በብዙኀ ፡ ንዋየ ፡ ወርቅ ። ወዲያቆንሰ ፡ ዘዘከርነ ፡ ቀዲሙ ፡ እንተ ፡ ኮነ ፡ ጸሐፌሁ ፡ ለባዕል ። ሰበ ፡ ርእየ ፡ ሞገሰ ፡ ሥነ ፡ መስቀል ፡ ዘአግበሮ ፡ ዮሐንስ ፡ አንከረ ፡ ግብረቶ ። ወሥነ ፡ ሥዕል ፡ ዘሥዑል ፡ ውስቴቱ ፡ እስመ ፡ ኮነ ፡ ግቡረ ፡ በጥበብ ፡ ብዙኅ ፡ ወመድምም ፡ ፈድፋደ ። ወለዝንቱሰ ፡ ዲያቆን ፡ ኮነ ፡ ሎቱ ፡ አሚን ፡ ወትውክልት ፡ ላዕለ ፡ ቅዱስ ፡ ዮልዮስ ፡ ወሖረ ፡ ኀበ ፡ ሊቃናት ። ወይቤሎሙ ፡ አነ ፡ እፈቅድ ፡ ኦአበዊየ ፡ ለእመ ፡ ትሰምዑ ፡ እ
* f. 69 v ምኔየ ፡ ዘእቤለክሙ ፡ * ወይሔውዘክሙ ፡ ምክርየ ፡ አብሑኒ ፡ ከመ ፡ እትናገር ። ወይቤልዎ ፡ በ፩ልብ ፡ በል ፡ ዘብከ ፡ ለአግብርቲከ ። ወንሕነ ፡ ድልዋን ፡ ለፈጽሞ ፡ ስእለትከ ፡ በፍሥሐ ። ውእቶሙኒ ፡ እስመ ፡ ያፈቅርዎ ፡ ፈድፋደ ። ወውእቱኒ ፡ መፍቀሬ ፡ እግዚአብሔር ፡ ወመ[ፍ]ቀሬ ፡ ምጽዋት ። አውሥአ ፡ ወይቤሎሙ ፡ አንትሙ ፡ ተአምሩ ፡ እስመ ፡ ዐቢይ ፡ ሞገስ ፡ ወሥነ ፡ ቦቱ ፡ ለመስቀለ ፡ ዮሐንስ ፡ መቃረ ። ወይእዜኒ ፡ ኢትቀድስዎ ፡ ዘእንበለ ፡ አመ ፡ ፲ወ፯ለመስከረም ፡ በዓለ ፡ አስተርእዮቱ ፡ መስቀሉ ፡ ለእግዚእነ ፡ ኢየሱስ ፡ ክርስቶስ ፡ እስመ ፡ ዕለት ፡ ዘወሀበ ፡ ቦቱ ፡ መስቀለ ፡ ለቤተ ፡ ክርስቲያን ፡ ኮነ ፡ አመ ፡ ፳ወ፪ለነሐሴ ። ወካዕበ ፡ እፈቅድ ፡ አነ ፡ ፩ዓምደ ፡ ዘይከውን ፡ ኑኁ ፡ ፲ወ፪እመተ ፡ ከመ ፡ ናንብር ፡ መስቀለ ፡ ዲቤሁ ፡ ወናቅም ፡ ቅድመ ፡ ቅዱሳን ፡ ከመ ፡ እለ ፡ ይመጽኡ ፡ ይስግዱ ። በሕቱ ፡ ከመ ፡ ይስግዱ ፡ ቅድመ ፡ ለመስቀል ፡ እንበለ ፡ ይሑሩ ፡ ኀበ ፡ ሥጋሆሙ ፡ ለጻድቃን ። ወእምዝ ፡ ለሥጋ ፡ ቅዱሳን ፡ ሰማዕታት ። ወሰሚዖሙ ፡ ሠምሩ ፡ በዝንቱ ፡ ነገር ።

ወእምድኅረ ፡ ተማከሮሙ ፡ ዘንተ ፡ ነገሮሙ ፡ እንዘ ፡ ይብል ፡ ሀሎ ፡ ዓምድ ፡ በቤተ ፡ ዝንቱ ፡ አረሚ ፡ ጸሐፌሁ ፡ ዘያበውእ ፡ ወዘያወፅእ ። እ

ማየጠ ፡ አነ ፡ በእንተ ፡ ክብረ ፡ መስቀል ፡ ወፍቅረ ፡ ሰማዕታት ፡ እስመ ፡ ሜጡሰ ፡ በእንታክቲ ፡ መከን ፡ ርሕቅት ፡ ፫፻ዲናር ። ወበዝየ ፡ ፮፻ዲናር ፡ ወኑኃ ፡ ቆሙ ፡ ፲ወ፪እመት ፡ ወ፰አፃብዕ ፡ ውእቱ ፡ ፈድፋደ ፡ ይደሉ ፡ ለክብረ ፡ መስቀል ። ወእሙንቱኒ ፡ ሰሚዖሙ ፡ ይቤልዎ ፡ እግዚአብሔር ፡ ይዕሢከ ፡ ወሰማዕቱ ፡ ቅዱስ ፡ ዮልዮስ ፡ ወያንኅ ፡ ተድላከ ፡ ወያስተዳሉከ ፡ በኵሉ ፡ ሠናያት ። ወእምድኅረ ፡ ባረክዎ ፡ ከመዝ ፡ ሖረ ፡ ውእቱ ፡ ዲያቆን ፡ ኀበ ፡ ውእቱ ፡ አረማዊ ፡ ወወዓለ ፡ ይእተ ፡ ዕለተ ፡ እንዘ ፡ ይትዓሰበ ። ውእቱኒ ፡ ኮነ ፡ እንዘ ፡ ያዜክሮ ፡ በከመ ፡ ልማዱ ፡ እምጽባሕ ፡ እስከ ፡ ምሴት ። ወእምድኅረዝ ፡ ቀርበ ፡ ኀቤሁ ፡ ወይቤሎ ፡ እፈቅድ ፡ ኦእግዚእየ ፡ ከመ ፡ ትንግረኒ ፡ እስፍንቱ ፡ ሤጠ ፡ ዝንቱ ፡ ዓምድ ፡ ሠናይ ፡ ዘይንእስ ፡ ዘሀሎ ፡ በመከን ፡ ዘይሰመይ ፡ እገሌ ። እስመ ፡ አነ ፡ አኃሥሥ ፡ ለግብረ ፡ መፍቅድ ። ወአውሥአ ፡ ውእቱ ፡ አረሚ ፡ ወይቤሎ ፡ ንግረኒ ፡ ምንት ፡ ዘትገብር ፡ ቦቱ ፡ ከመ ፡ አሀብከ ፡ በሤጥ ፡ ዘተማየጥክዎ ። ወዘንተ ፡ ብሂሎ ፡ አውፅአ ፡ መጽሐፈ ፡ ዘጽሑፍ ፡ ውስቴቱ ፡ ሤጡ ፡ ዘይብል ። እስመ ፡ ተማየጥክዎ ፡ ለዝንቱ ፡ ዓምድ ፡ በ፫፻ዲናር ፡ እምሀገረ ፡ ቍስጥንጥንያ ። ወበዝየሰ ፡ ፮፻ዲናር ፡ ሤጡ ። አኮኑ ፡ አንተ ፡ ኢተአምር ፡ እስመ ፡ እገሌ ፡ ነጋዲ ፡ ዘሀሎ ፡ ውስተ ፡ ሀገር ፡ አምጽአ ፡ ሊተ ፡ በቅድሜከ ፡ ፮፻ዲናረ ፡ ዘእንበለ ፡ ፲ዲናራት ፡ ዘይቤለኒ ፡ ኅድግ ፡ ሊተ ፡ እላ ፡ ወአበይክዎ ፡ ከመ ፡ አሀብ ፡ ሎቱ ። ወይቤሎ ፡ ዲያቆን ፡ እሙን ፡ ዝንቱ ፡ ነገር ፡ ወአረማዊኒ ፡ ይቤሎ ። ወሕይወተ ፡ አዕይንትየ ፡ ዘእሬኢ ፡ በሙብርሃን ፡ ለእመ ፡ ነገርከኒ ፡ ምንት ፡ ዘትገብር ፡ ቦቱ ፡ አው ፡ ለመኑ ፡ ትሁቦ ፡ አነ ፡ እሁበከ ፡ ኪያሁ ፡ በ፫፻ዲናር ። ለእመ ፡ ነገርከኒ ፡ እሙነ ፡ በመሐላ ፡ ከመ ፡ መኑ ፡ ዘትሁቦ ፡ አነ ፡ እሁበከ ፡ ኪያሁ ። ወዲያቆንሰ ፡ ይቤሎ ፡ እፈቅድ ፡ ከመ ፡ አሀቦ ፡ ለቤተ ፡ ክርስቲያን ። ወእሬስዮ ፡ በመከን ፡ ኀበ ፡ ይደልዎ ። ወተሠጥዎ ፡ ውእቱ ፡ አረሚ ። ወይቤሎ ፡ ለእመ ፡ [ወ]ሀብከኒ ፡ ፮፻ዲናረ ፡ ኢይሁበከ ። ወይቤሎ ፡ ዲያቆን ፡ ንሣእ ፡ ለከ ፡ ፮፻ዲናረ ፡ ወናሁ ፡ አነኒ ፡ ነጋዲ ፡ * ኢይረብሐኑ ፡ ዘንተ ፡ በ፩ወርኅ ፡ ባሕቱ ፡ አሆ ፡ በለኒ ። ወይቤሎ ፡ አይ ፡ ይእቲ ፡ ቤተ ፡ ክርስቲያን ፡ ዘ

* f. 70 r

ትሁብ ፡ ኪያሁ ። ወይቤሎ ፡ ዲያቆን ፡ ለቤተ ፡ ክርስቲያን ፡ ዘቅዱስ ፡ ዮልዮስ ፡ እሁብ ። ወዘንተ ፡ ሰሚዖ ፡ ውእቱ ፡ አረሚ ፡ መሐለ ፡ እንዘ ፡ ይብል ፡ የአምር ፡ ጽድቀ ፡ አማልክትየ ፡ ለእመ ፡ ወሀብከኒ ፡ አምጣነ ፡ ድልወቱ ፡ ወርቀ ፡ ኢይሁበከ ፡ ከመ ፡ ተሀብ ፡ ለቤተ ፡ ውእቱ ፡ መሠርይ ፡ በኵሉ ። ወዲያቆንሰ ፡ ሶበ ፡ አእመረ ፡ ከመ ፡ ግዙፈ ፡ ልብ ፡ ውእቱ ። ወኢይፈቅድ ፡ የሀብ ፡ ዘእንበለ ፡ ዳእሙ ፡ ጸረፈ ፡ ላዕሌሁ ፡ ወሖረ ፡ ትኩዘ ፡ ውስተ ፡ ቤቱ ።

ወእንዘ ፡ የሐውር ፡ ሐለየ ፡ በልቡ ፡ ወይቤ ፡ እግዚአብሔር ፡ ይፍዲከ ፡ ወቅዱስ ፡ ዮልዮስ ፡ ሰማዕቱ ፡ በአምጣነ ፡ ክህደትከ ፡ ወኑፋቄከ ፡ ወብዙኅ ፡ ስሕተትከ ። ወዘእንበለ ፡ ይፈጽም ፡ ዘንተ ። ወናሁ ፡ ቅዱስ ፡ ዮልዮስ ፡ በይእቲ ፡ ሰዓት ፡ ቦአ ፡ ኀበ ፡ ውእቱ ፡ ረሲዕ ፡ ስቡሐት ፡ ብዙኅ ፡ እንዘ ፡ የዓውዶ ። ወሐራ ፡ ሰማይ ፡ ዘውእቶሙ ፡ መላእክት ፡ እንዘ ፡ የሐውሩ ፡ ምስሌሁ ፡ ወተከለ ፡ ምርጕዘ ፡ በገቦሁ ፡ ለውእቱ ፡ አረሚ ፡ ወአንቅሆ ። ውእቱሰ ፡ ቀነጸ ፡ በአዕብዮ ፡ ልብ ። ወርእዮ ፡ ለቅዱስ ፡ ዮልዮስ ፡ ወመሰሎ ፡ ከመ ፡ መኰንነ ፡ ሀገር ፡ ቦአ ፡ ኀቤሁ ፡ ወእምፍርሃት ፡ ወድቀ ፡ ቅድሜሁ ፡ ወሰገደ ፡ ሎቱ ። ወቅዱስኒ ፡ ዘበጠ ፡ ርእሶ ፡ በበትር ፡ ዘሀሎ ፡ ውስተ ፡ እዴሁ ። ወይቤሎ ፡ ኢያእመርከኒኑ ፡ መኑ ፡ አነ ። ወውእቱኒ ፡ ይቤሎ ፡ አልቦ ፡ እግዚእየ ። ወይቤሎ ፡ ቅዱስ ፡ አነ ፡ ውእቱ ፡ ዘትቤሎ ፡ ለዲያቆን ፡ በእንተ ፡ ዓምድ ። እስመ ፡ ኢይሁበከ ፡ ዘንተ ፡ ዓምደ ፡ ከመ ፡ ተሀቦ ፡ ለቤተ ፡ ውእቱ ፡ መሠርይ ። ወይእዜኒ ፡ ይጽልማ ፡ ክልኤሆን ፡ አዕይንቲከ ፡ ወሕማመ ፡ ዝብጠተ ፡ ርእስ ፡ ይኩን ፡ ዲቤከ ፡ እስከ ፡ ትሁብ ፡ ውእተ ፡ ዓምደ ፡ ወዘይበዝኅ ፡ እምኔሁ ። ወዘንተ ፡ ብሂሎ ፡ ተሰወረ ፡ እምኔሁ ።

ወበጊዜሁ ፡ ሐመ ፡ ርእሶ ፡ ወዖሩ ፡ አዕይንቲሁ ፡ ወሶበ ፡ ርእየ ፡ ንዴተ ፡ እንተ ፡ ረከበቶ ፡ ግብተ ፡ ከልሐ ፡ በዐቢይ ፡ ቃል ፡ ወበድውይ ፡ ልብ ። ወይቤ ፡ ወይ ፡ ሊተ ፡ አሌ ፡ ሊተ ፡ በእንተ ፡ ንዴት ፡ ወጽልመት ፡ እንተ ፡ ረከበተኒ ፡ ፈድፋደ ። አይ ፡ ኃሣር ፡ ወኃፍረት ፡ እንተ ፡ ረከበተኒ ፡ ማእከለ ፡ አኃውየ ። ወአዝማድየ ፡ ምንተ ፡ እገብር ፡ በዝ ፡ ንዋይ ፡ ወብዕል ። እስመ ፡ ናሁ ፡ ነሥኡ ፡ እምኔየ ፡ ብርሃነ ፡ ዝንቱ ፡ ዓለም ፡ በእ

ንተ ፡ ፩ዓምድ ። አሌ ፡ ሊተ ፡ ምንተ ፡ እገብር ፡ ወምንተ ፡ እሬሲ ፡ በእንተ ፡ መሥገርት ፡ ዘወደቁ ፡ ቦቱ ። ወኮነ ፡ ይብል ፡ ከመዝ ፡ ወዘይመስሎ ፡ በሕማመ ፡ ልብ ፡ ወበምንዳቤ ፡ ዐቢይ ። ወእምዝ ፡ ጸውዓ ፡ ለብእሲቱ ፡ ወነገራ ፡ ኵሎ ፡ ዘረከቦ ። ወይእቲሰ ፡ ጠባብ ፡ ይእቲ ፡ ወትቤሎ ፡ አሌ ፡ ለከ ፡ አድኩም ፡ ወለኃፍረት ፡ ዘረከበከ ፡ በውስተ ፡ ዓበይት ፡ ዝንቱ ፡ ሀገር ። ወይእዜኒ ፡ ስማዕ ፡ እምኔየ ፡ ዘእቤለከ ፡ ወለአክ ፡ ኀበ ፡ ዲያቆን ፡ ወሀቦ ፡ ውእተ ፡ ዓምደ ፡ ከመ ፡ ይሰድ ፡ ለቤተ ፡ ክርስቲያን ። ወይጸሊ ፡ ለከ ፡ አንሰ ፡ አአምር ፡ ወእትአመን ፡ ከመ ፡ አንተ ፡ ትትፌወስ ። ኢሰማዕከኑ ፡ አንተ ፡ በእንተ ፡ ብዙኃ ፡ ፈውስ ፡ ዘሀሎ ፡ ውስተ ፡ ውእቱ ፡ መካን ። እሮ ፡ ጠባዕከ ፡ ከመዝ ፡ ወፈታሕከ ፡ አፉከ ፡ ወጸረፍከ ፡ ላዕለ ፡ ይእቲ ፡ ቤተ ፡ ክርስቲያን ። እስመ ፡ ዝንቱ ፡ ኵሉ ፡ ዘረከበከ ፡ በእንቲአሃ ፡ ውእቱ ። አውሥአ ፡ ወይቤላ ፡ ለብእሲቱ ፡ መሐልኩ ፡ በዝንቱ ፡ ምንዳቤ ፡ ዘአነ ፡ ሀለውኩ ፡ ቦቱ ። ወዛቲ ፡ ፃዕር ፡ እንተ ፡ ረከበተኒ ፡ ለእመ ፡ ርኢኩ ፡ በአዕይንትየ ፡ እምዝ ፡ ዳግመ ። ወሰሰለ ፡ እምርእስየ ፡ ዝንቱ ፡ ደዌ ፡ ዝብጠት ። አኮ ፡ ውእቱ ፡ *ዓምደ ፡ ባሕቲቶ ፡ ዘእሁብ ። አላ ፡ እሁብ ፡ ካልአ ፡ ዳግመ ፡ ፴፪ዲናረ ፡ ዘእንበለ ፡ ዘአበውእ ፡ ሎቱ ፡ ካልአ ፡ መባአ ፡ ብዙኃ ፡ በኵሉ ፡ መዋዕለ ፡ ሕይወትየ ። ይእቲኒ ፡ ትቤሎ ፡ አአምር ፡ ወእትአመን ፡ ለእመ ፡ ወሀብከ ፡ ዘንተ ፡ ውእቱኒ ፡ ይፌውሰከ ፡ በዛቲ ፡ ሌሊት ፡ ዘእንበለ ፡ ይሥርቅ ፡ ፀሐይ ።

* f. 70 v

አረሚሰ ፡ ጸውዓ ፡ እምአግብርቲሁ ፡ ክልኤተ ፡ ወፈነዎሙ ፡ ኀበ ፡ ዲያቆን ፡ ከመ ፡ ያብጽሕዎ ፡ ፍጡነ ። ወጊዜሁሰ ፡ መንፈቀ ፡ ሌሊት ፡ ውእቱ ። ሖሩ ፡ ወአብጽሕዎ ፡ ኀበ ፡ እግዚአሙ ። ወሶበ ፡ ቦአ ፡ ኀቤሁ ፡ ከልሐ ፡ አረሚ ፡ ወበከየ ፡ በድውይ ፡ ልብ ። ወይቤሎ ፡ አሌ ፡ ሊተ ፡ አሌ ፡ ሊተ ፡ አማኅፈርየ ፡ ቴዎድሮስ ፡ እስመ ፡ ዝንቱ ፡ ውእቱ ፡ ስሙ ፡ ለዲያቆን ፡ ጸሐፊሁ ። ወይቤሎ ፡ አረሚ ፡ ነዓ ፡ ወርኢ ፡ ኃፍረተ ፡ ዘበጽሐተኒ ፡ በዛቲ ፡ ሌሊት ። ወአነ ፡ እስእለከ ፡ ከመ ፡ ትንሣእ ፡ ውእቱ ፡ ዓምደ ፡ ዘተናገርከ ፡ ምስሌየ ፡ በእንቲአሁ ። ወትቤለኒ ፡ ሀቦ ፡ ለቤተ ፡ ክርስቲያን ፡ ዘቅዱስ ፡ ዮልዮስ ፡ ወገአዝኩከ ፡ ወእቤ ፡ ኢይሁበከ ።

እስመ ፡ ውእቱ ፡ መጽአ ፡ ኀቤየ ፡ በዛቲ ፡ ሌሊት ፡ ወአውረደ ፡ ላዕሌየ ፡ ምንዳቤ ፡ ዐቢየ ። ወነሥአ ፡ እምኔየ ፡ ብርሃነ ፡ አዕይንትየ ፡ ወገብረ ፡ ዝብጠተ ፡ ዐቢየ ፡ ዲበ ፡ ርእስየ ። ወይእዜኒ ፡ ተሣሃል ፡ ላዕለ ፡ ንዴትየ ፡ ወንሣእ ፡ ውእተ ፡ ዓምደ ፡ ወ፴፻ዲናረ ፡ ሰድ ፡ ሎቱ ፡ ወሰአሎ ፡ በእንቲአየ ፡ ለእመ ፡ ይሣሃል ፡ ላዕሌየ ፡ ወእርአይ ፡ እምዝ ፡ ዳግመ ። ወዲያቀንኒ ፡ ሶበ ፡ ሰምዓ ፡ ዘንተ ፡ ነገረ ፡ ተፈሥሐ ፡ ወአንከረ ፡ ወሰብሐ ፡ ለእግዚአብሔር ። ወዲበ ፡ ዘገብሮ ፡ ቅዱስ ፡ ዮልዮስ ፡ በውእቱ ፡ ብእሲ ፡ አረሚ ፡ በይእቲ ፡ ሌሊት ። ወእምዝ ፡ ሖረ ፡ ወነሥአ ፡ ውእተ ፡ ዓምደ ፡ ወ፴፻ዲናረ ። ወወሰዶመ ፡ ኀበ ፡ ቤተ ፡ ክርስቲያን ፡ እንዘ ፡ ፍሡሕ ፡ ውእቱ ። ወጸውዖ ፡ ለሊቀ ፡ ካህናት ፡ ወለዓቃቤ ፡ ምኔት ። ወወሀቦሙ ፡ ውእተ ፡ ዓምደ ፡ ወእሎንተ ፡ ፴፻ዲናራተ ። ወነገሮሙ ፡ ዘከመ ፡ ውእቱ ፡ ተገዓዘ ፡ ምስለ ፡ አረማዊ ፡ በእንቲአሁ ። ወዘከመ ፡ ተበቀለ ፡ ሎቱ ፡ እግዚአብሔር ፡ እስከ ፡ ወሀበ ፡ ውእተ ፡ ዓምደ ። ወወርቀኒ ፡ ካዕበ ። እሙንቱሰ ፡ ሶበ ፡ ርእይዎ ፡ ለዓምደ ፡ ርኢም ፡ አንከሩ ፡ ሞገሰ ፡ ወተደሙ ፡ እምስኑ ። ወከልሑ ፡ እንዘ ፡ ይብሉ ። ዋሕድ ፡ ውእቱ ፡ እግዚአብሔር ፡ አምላከ ፡ ቅዱስ ፡ ዮልዮስ ፡ ወነሥኡ ፡ ኀዳጠ ፡ ዘይተ ፡ እምውስተ ፡ ቀንዲል ፡ ዘየሐቱ ፡ ቅድመ ፡ ሥጋሁ ፡ ለቅዱስ ፡ ወሖሩ ፡ ሠለስቲሆሙ ፡ ኀበ ፡ ቤተ ፡ ውእቱ ፡ አረማዊ ፡ ወቀብዕዎ ፡ አዕይንቲሁ ፡ ወርእሶ ። ወጸለዩ ፡ ላዕሌሁ ፡ እንዘ ፡ ይብሉ ፡ እግዚአብሔር ፡ አምላክ ፡ ወጸሎተ ፡ ቅዱስ ፡ ዮልዮስ ፡ ይሚጥ ፡ ለከ ፡ ብርሃነ ፡ አዕይንቲከ ፡ ወያሰስል ፡ ዘንተ ፡ ዝብጠተ ፡ እምርእስከ ። አይ ፡ ተአምር ፡ እንተ ፡ ኮነት ፡ በጊዜሃ ፡ በቤተ ፡ ውእቱ ፡ አረማዊ ፡ እስመ ፡ ርግብ ፡ ፀዓዳ ፡ ቦአ ፡ ውስተ ፡ ማእከሎሙ ። ወጠፍሐ ፡ አክናፊሁ ፡ በገጸ ፡ ውእቱ ፡ አረማዊ ፡ ወበጊዜሃ ፡ ርእየ ፡ ወእምዝ ፡ ዳግመ ፡ ኢርእይዎ ። ወሶበ ፡ ርእዩ ፡ ዘንተ ፡ ካህን ፡ ወዓቃቤ ፡ ምኔት ፡ ወዲያቆን ፡ ከልሑ ፡ እንዘ ፡ ይብሉ ፡ ኪርያላይሶን ። ዋሕድ ፡ ውእቱ ፡ እግዚአብሔር ፡ ወቅዱስ ፡ ዮልዮስ ፡ ሰማዕት ፡ ንጹሕ ፡ ዘእግዚእነ ፡ ኢየሱስ ፡ ክርስቶስ ።

አረማዊሰ ፡ ሶበ ፡ ርእየ ፡ ዘንተ ፡ ተአምረ ፡ ረከቦ ፡ ዐቢይ ፡ ድንጋ

ፄ ፡ ወጕንደየ ፡ ዐቢየ ፡ ሰዓተ ፡ እንዘ ፡ ውእቱ ፡ ዕንቡዘ ፡ ልብ ። ወእምድኅረ ፡ ኃድአ ፡ ወአርመማ ፡ ኀዋሳቲሁ ፡ ተንሥአ ፡ ወ*ቦአ ፡ ውስ * f. 71 r ተ ፡ መካን ፡ ኀቡእ ፡ ዘሀሎ ፡ ውስተ ፡ ቤቱ ። ወአውፅአ ፡ መዝሬዕተ ፡ ወርቅ ፡ ዘድልወቱ ፡ ፩ልጥር ፡ ወ፩አዕናቍ ፡ ግቡራት ፡ ወውዱዳት ፡ ውስተ ፡ ማእከሉ ። ዝንቱ ፡ ኮነ ፡ በኀቤሁ ፡ ዐቢይ ፡ ወክቡር ፡ ወፍቁር ፡ ጥቀ ፡ ፈድፋደ ፡ እምነ ፡ ኵሉ ፡ ብዕሉ ። ወከማሁ ፡ አልባሰ ፡ ቀጠንተ ፡ ወአፈዋተ ፡ ክቡራተ ፡ ወወሀቦ ፡ ለዲያቆን ። ወይቤሎ ፡ ሀቦሙ ፡ ለቤተ ፡ ክርስቲያን ፡ በእንተ ፡ ፈውስ ፡ እንተ ፡ ረከበተኒ ። ወእምድኅረ ፡ ዝንቱ ፡ ተመይጠ ፡ ውእቱ ፡ አረማዊ ፡ እምፍኖተ ፡ ስሕተት ፡ ወኮነ ፡ ክርስቲያናዌ ፡ ምስለ ፡ ኵሉ ፡ ሰብአ ፡ ቤቱ ። ወወሀበ ፡ ንዋዮ ፡ ለቤተ ፡ ክርስቲያን ፡ ወመጽወተ ፡ ብዙኃ ፡ ወርቀ ፡ ወኮነ ፡ ንዋየ ፡ ኅሩየ ፡ ወፍጹመ ፡ በኵሉ ፡ ምግባረ ፡ ሠናይ ፡ ከመ ፡ ይሰባሕ ፡ ስመ ፡ እግዚእነ ፡ ኢየሱስ ፡ ክርስቶስ ፡ ወሰማዕቱ ፡ ንጹሕ ፡ ወቅዱስ ፡ ዮልዮስ ፡ በረከቱ ፡ የሀሉ ፡ ምስለ ፡ ፍቁሩ ፡ ዘወልደ ፡ ማርያም ፡ ለዓለመ ፡ ዓለም ፡ አሜን ።

ክፍል ፡ ፲፪ ። ተአምሪሁ ፡ ለቅዱስ ፡ ዮልዮስ ፡ ሰማዕት ፡ በረከቱ ፡ የሀሉ ፡ ምስለ ፡ ፍቁሩ ፡ ዘወልደ ፡ ማርያም ፡ ለዓለመ ፡ ዓለም ።

ወእምድኅረዝ ፡ ጠብዓ ፡ ዲያቆን ፡ ወዓቀሞ ፡ ለዓምድ ፡ ቅድመ ፡ ቅዱሳን ፡ ወቀደስዎ ፡ ለመስቀል ፡ ቅዱስ ፡ አመ ፡ ፲ወ፯ለመስከረም ፡ ወአንበርዎ ፡ ላዕለ ፡ ዓምድ ፡ ከመ ፡ ይሰባሕ ፡ ስመ ፡ እግዚእነ ፡ ኢየሱስ ፡ ክርስቶስ ። ወተጋብኡ ፡ ሰብአ ፡ ሀገር ፡ ኵሎሙ ፡ ዐቢዮሙ ፡ ወንኡሶሙ ። ወሖሩ ፡ ኀበ ፡ ይእቲ ፡ ቤተ ፡ ክርስቲያን ፡ ከመ ፡ ይርአዩ ፡ መስቀለ ፡ ዘወርቅ ፡ ዘትኩል ፡ ላዕለ ፡ ዓምድ ።

ወሀለወት ፡ ብእሲት ፡ አይሁዳዊት ፡ እምሰብአ ፡ እስክንድርያ ። ዛቲ ፡ ሰበ ፡ ሰምዓት ፡ ክብሮ ፡ ለመስቀል ፡ እምእለ ፡ ይነብሩ ፡ ጥቃሃ ፡ እንዘ ፡ ይብሉ ። ነዑ ፡ ንሑር ፡ ኀበ ፡ ቤተ ፡ ክርስቲያን ፡ ዘቅዱስ ፡ ዮልዮስ ፡ ዮም ፡ ወንርአይ፡መስቀለ ፡ ዘወርቅ ፡ እንተ ፡ አዕረግዎ ፡ ላዕለ ፡ ዓምድ ። አልቦ ፡ ዘይመስሎ ፡ ምንትኒ ፡ ዘሀሎ ፡ ውስተ ፡ ኵሉ ፡ ዓለም ። ወይእቲ ፡ ምስኪናይት ፡ ሮጸት ፡ ወቦአት ፡ ውስተ ፡ ቤተ ፡ ክርስቲያን ፡ በዐቢ

ይ ፡ ጕጕዓ ። ወቆመት ፡ ቅድመ ፡ መስቀል ፡ እንዘ ፡ ትክት ፡ ይእቲ ፡ ወእንዘ ፡ ትሬኢ ፡ ሥዕሎ ፡ ለቅዱስ ፡ ዮልዮስ ፡ እንተ ፡ ሀለወ ፡ ላዕለ ፡ መስቀል ። ወእንዘ ፡ ይእቲ ፡ ታነክር ፡ ወበጊዜሃ ፡ አብቀወት ፡ ምድር ፡ አፉሃ ፡ ወውኅጠታ ፡ እስከ ፡ መንፈቀ ፡ ቆማ ፡ አይ ፡ ተአምር ፡ ወመንክር ፡ ዘኮነ ፡ በጊዜሃ ። ንክሥት ፡ ለክሙ ፡ ኦደቂቀ ፡ ፍቁራን ፡ ወሕዝበ ፡ ክርስቶስ ፡ ምእመናን ፡ ዕበያተ ፡ እግዚአብሔር ፡ ወሰማዕቱ ፡ ንጹሕ ፡ ወቅዱስ ፡ ዮልዮስ ፡ እስመ ፡ ናሁ ፡ እሳት ፡ ወረደ ፡ እመልዕልተ ፡ ዓምድ ፡ ዘሀሎ ፡ ላዕሌሁ ፡ መስቀል ፡ ወአውዓየ ፡ አልባሲሃ ፡ ርሱሐተ ፡ ዘትክቶ ፡ እንተ ፡ ሀለወት ፡ ላዕሌሃ ፡ ለይእቲ ፡ ምንድብት ። ወሥዕርተ ፡ ርእሳ ፡ ምስለ ፡ ገጻ ፡ አሕለለ ። ወሕዝብሰ ፡ እለ ፡ ሀለው ፡ ህየ ፡ ከልሑ ፡ ወዓገትዋ ፡ ከመ ፡ ይርአይዋ ። ወይእቲሰ ፡ ኮነት ፡ እንዘ ፡ ትኬልሕ ፡ ወትብል ፡ አሴ ፡ ሊተ ፡ ኦአበውየ ፡ ቅዱሳን ። በአማን ፡ ይደልወኒ ፡ መዊት ፡ ፈድፋደ ፡ እንበይነ ፡ ኵሉ ፡ እከያትየ ፡ እንተ ፡ ጠባዕኩ ። ወቦእኩ ፡ ዮም ፡ ውስተ ፡ ዝንቱ ፡ መካን ፡ ቅዱስ ፡ እንዘ ፡ ሀሎኩ ፡ አነ ፡ በሥርዓተ ፡ አንስት ፡ ዘውእቱ ፡ ትክቶ ። ወይእዜኒ ፡ አነ ፡ እስእለክሙ ፡ ኦአበውየ ፡ ቅዱሳን ፡ ከመ ፡ ትጸልዩ ፡ በእንቲአየ ፡ ከመ ፡ * f. 71 v ይፍልጥ ፡ እግ*ዚአብሔር ፡ ነፍስየ ፡ እምሥጋየ ። እስመ ፡ መዊት ፡ ይኄይሰኒ ፡ እምዝንቱ ፡ ምንዳቤ ፡ ዘአነ ፡ ሀለውኩ ፡ ይእዜ ፡ ውስቴቱ ። አለዛቲ ፡ ኃፍረት ፡ እንተ ፡ ኮነት ፡ ላዕሌየ ፡ ፈድፋደ ፡ እምኵሎን ፡ አንስት ፡ እለ ፡ ይነብሩ ፡ ውስተ ፡ ምድር ። ኦለዛቲ ፡ ኃጢአት ፡ ዓባይ ፡ እንተ ፡ ገበርክዋ ፡ ዘእንበለ ፡ አእምሮ ፡ በዕበድ ፡ ዳእሙ ፡ ጽሑፍ ፡ ዘይብል ። እስመ ፡ ለሕዝብ ፡ አብድ ፡ ዘይኤብስ ፡ በኢያእምሮ ፡ ኢይትኈለቍ ፡ ላዕሌሁ ፡ ኃጢአት ። ወዘንተ ፡ ብሂላ ፡ ሰአለቶ ፡ ለእግዚአብሔር ፡ ወለቅዱስ ፡ ዮልዮስ ፡ እንዘ ፡ ትብል ፡ ተሣሃል ፡ ላዕለ ፡ ንዴትየ ፡ እስመ ፡ ድክምት ፡ አነ ፡ ፈድፋደ ። መሐልኩ ፡ በስብሐት ፡ ዘየዓውደከ ፡ ወበፍርሃት ፡ ዘርኢክዋ ፡ ውስተ ፡ ቤተ ፡ ክርስቲያንከ ፡ ቅድስት ። ለእመ ፡ ሐየውኩ ፡ ወተመየጥኩ ፡ ከመ ፡ ቀዳሚ ፡ ኢይገብር ፡ ከመዝ ፡ እምዝ ፡ ዳግመ ፡ እስከ ፡ ዕለተ ፡ ሞትየ ። ወኮነት ፡ ትብል ፡ ከመዝ ። ወሕዝብሰ ፡ ሀለዉ ፡ እንዘ ፡ ይጼልዩ ፡ በእንቲአሃ ፡ እስከ ፡ ይትፌጸ

ም ፡ ቅዳሴ ። ወፈጺሞሙ ፡ መጽኡ ፡ ካህናት ፡ ኀበ ፡ መካነ ፡ መስቀል ፡ ከመ ፡ ይሰብሑ ፡ ቅድሜሁ ፡ በከመ ፡ ሕገ ፡ እስክንድርያውያን ፡ እምቅድመ ፡ ይፌንውዎሙ ፡ ለሕዝብ ፡ በሰላም ። ወእንዘ ፡ እሙንቱ ፡ ይዜምሩ ፡ በዜማ ፡ ጥዑም ። ወናሁ ፡ ቦአ ፡ ቅዱስ ፡ ውስተ ፡ ቤተ ፡ ክርስቲያን ፡ ተመሲሎ ፡ ከመ ፡ ሊቀ ፡ ሐራ ፡ ዘንጉሥ ፡ ተፅዒኖ ፡ ፈረሰ ፡ እንዘ ፡ ይረውጽ ፡ ከመ ፡ ዘይዴግን ፡ ፀሩ ፡ ወሶበ ፡ ርእይዎ ፡ ሕዝብ ፡ ደንገፁ ፡ ወኮኑ ፡ ይትሐወሱ ፡ ለዝየ ፡ ወለዝየ ። ወበጺሖ ፡ ኀበ ፡ ይእቲ ፡ ብእሲት ፡ ምንድብት ፡ ዘበጠ ፡ ርእሳ ፡ በበትር ፡ ዘውስተ ፡ እዴሁ ። ወበጊዜሁ ፡ ነቅሐት ፡ ወወፅአት ፡ እምውስተ ፡ ምድር ፡ ወአኀዘት ፡ ትጉየይ ። ወወፅአት ፡ እምአንቀጸ ፡ ቤተ ፡ ክርስቲያን ፡ እንዘ ፡ ይእቲ ፡ ዕራቃ ፡ ዘእንበለ ፡ ልብስ ። ወኵሉ ፡ ፩፩እንዘ ፡ ይሬእይዋ ፡ እስከ ፡ ሖረት ፡ ወተሰወረት ፡ እምዓይን ። ወከልሑ ፡ ሕዝብ ፡ እንዘ ፡ ይብሉ ፡ ዋሕድ ፡ ውእቱ ፡ አምላከ ፡ ቅዱስ ፡ ዮልዮስ ፡ ወብዙኃን ፡ እምአረሚ ፡ ተጠምቁ ፡ በይእቲ ፡ ዕለት ። በስመ ፡ አብ ፡ ወወልድ ፡ ወመንፈስ ፡ ቅዱስ ፡ ፩አምላክ ። ወረከቡ ፡ ስርየተ ፡ ኃጢአት ፡ በጸሎቱ ፡ ለቅዱስ ፡ ዮልዮስ ፡ ትንብልናሁ ፡ ይዕቀቦ ፡ ለፍቁሩ ፡ ዘወልደ ፡ ማርያም ፡ ለዓለመ ፡ ዓለም ፡ አሜን ።

ክፍል ፡ ፲፫ ። ተአምሪሁ ፡ ለቅዱስ ፡ ዮልዮስ ፡ ሰማዕት ። በረከቱ ፡ ይዕቀቦ ፡ ለፍቁሩ ፡ ዘወልደ ፡ ማርያም ፡ ለዓለመ ፡ ዓለም ፡ አሜን ።

ወካዕበ ፡ ስምዑ ፡ ዘንተ ፡ ተአምረ ፡ ዐቢየ ፡ ዘኮነ ፡ እምኀበ ፡ እግዚአብሔር ፡ ወሰማዕቱ ፡ ንጹሕ ፡ ዮልዮስ ፡ ወሀለወት ፡ ሀገር ፡ እምርት ፡ በመንገለ ፡ ዓረብ ፡ በጥቃ ፡ ባሕረ ፡ እስክንድርያ ። ወለሰብአ ፡ ይእቲ ፡ ሀገር ፡ ይብልዎሙ ፡ ቂስ ። ወኮኑ ፡ ሎሙ ፡ አግማል ፡ ብዙኃ ፡ ወአባግዕ ። ወአመ ፡ ሣልስት ፡ ዕለት ፡ እምአመ ፡ አቀምዎ ፡ ለዓምድ ፡ ወአንበሩ ፡ ላዕሌሁ ፡ መስቀለ ። ወተሰምዓ ፡ ዜናሁ ፡ ወወፅአ ፡ ስሙዓተ ፡ ነገሩ ፡ ውስተ ፡ ኵሉ ፡ መካናት ፡ ዘጥቃ ፡ እስክንድርያ ፡ ወኵሉ ፡ አድያሚሃ ፡ ወአህጉረ ፡ ምስር ። ወስመ ፡ መኰንኖመ ፡ አቡጋርጋር ፡ በነገረ ፡ ብሔሮሙ ፡ ወሀለወ ፡ ሎቱ ፡ ወልድ ። ወዝንቱ ፡ ኮነ ፡ ፅኑዓ ፡ ርእስ ፡ ወግዙፈ ፡ ልብ ፡ ወዕቡይ ፡ ውእቱ ፡ እምነ ፡ ኵሉ ፡ አዝማዲሁ ። ወሶበ ፡ ሰ

* f. 72 r ምዑ ፡ * ብዙኃን ፡ እምአብያጺሆሙ ፡ እንዘ ፡ ይትበሀሉ ፡ በበይናቲሆመ ። ንዑ ፡ ንሑር ፡ ከመ ፡ ንርአይ ፡ ዘንተ ፡ ተአምረ ፡ እንተ ፡ ዘክርስቲያን ፡ ዘተገብረ ፡ በዝንቱ ፡ መዋዕል ። እስመ ፡ ውእቱኒ ፡ ሰአሎ ፡ ለአቡሁ ፡ ከመ ፡ ያብሖ ፡ ሐዊረ ፡ ምስሌሆሙ ፡ ኀበ ፡ ይእቲ ፡ ቤተ ፡ ክርስቲያን ። ወይቤሎ ፡ ሑር ፡ ወእምትከትኒ ፡ ዜነውዎ ፡ ለእመ ፡ ፈቀዱ ፡ ሐዊረ ፡ ኀበ ፡ ይእቲ ፡ ምኔት ፡ ዘከመ ፡ ይነሥኡ ፡ ወይወስዱ ፡ ሎቱ ፡ መበአ ። መንፈቆሙሰ ፡ አዝማዲሁ ፡ እሙንቱ ። ወመንፈቆሙ ፡ አብያጺሁ ። በእንተዝ ፡ ኮኑ ፡ ፍሡሐነ ፡ ለሐዊር ፡ ኀበ ፡ ይእቲ ፡ ቤተ ፡ ክርስቲያን ። ወእምድኅረዝ ፡ ሖረ ፡ ምስሌሆሙ ፡ ውእቱ ፡ ወልድ ፡ ዘዘከርነ ፡ ቀዳሚ ።

እስመ ፡ ኢሖረ ፡ እምቅድመ ፡ አሜሃ ፡ ኀበ ፡ እስክንድርያ ፡ ወኢኀበ ፡ ቤተ ፡ ክርስቲያን ። ወኀበ ፡ ቦአ ፡ ኀበ ፡ ቤተ ፡ ክርስቲያን ፡ ርእዮሙ ፡ ለሕዝብ ፡ እንዘ ፡ ይጸዓቁ ፡ ወይትባደሩ ፡ ከመ ፡ ይስግዱ ፡ ለመስቀል ፡ ቅዱስ ፡ ወለሥዕለ ፡ ቅዱሳን ፡ ሰማዕታት ፡ ንጹሐን ። ወውእቱሰ ፡ ወልድ ፡ ሶበ ፡ ርእየ ፡ እምነተ ፡ ሕዝብ ፡ ዲበ ፡ መስቀል ፡ ወዲበ ፡ ቅዱሳን ፡ መልአ ፡ ሰይጣን ፡ ኵሎ ፡ መለያልየ ፡ ሥጋሁ ። ወከነ ፡ ይሬኢ ፡ ኀበ ፡ ክብረ ፡ መስቀል ፡ ወኀበ ፡ ሞገሰ ፡ ሥዕለ ፡ ቅዱስ ፡ ዘሥዑል ፡ ውስቴቱ ፡ ተስእሎሙ ፡ ለሕዝብ ። ወይቤሎሙ ፡ ዘመኑ ፡ ውእቱ ፡ ዝንቱ ፡ ሥዕል ፡ ዘሥዑል ፡ ውስተ ፡ ዝንቱ ፡ መስቀል ። ወይቤልዎ ፡ ዘበዓለ ፡ ዝንቱ ፡ ቤተ ፡ ክርስቲያን ፡ ውእቱዝ ፡ ወአውሥአሙ ፡ እንዘ ፡ ይብል ፡ አይቴ ፡ ውእቱ ፡ በዓለ ፡ ዝንቱ ፡ ቤተ ፡ ክርስቲያን ። ወይቤልዎ ፡ ኢትሬኢኑ ፡ መግነዘ ፡ ዐቢየ ፡ ዘንቡር ፡ ላዕለ ፡ ዝንቱ ፡ ዓራት ፡ ውእቱ ፡ ናሁ ። ወውእቱኒ ፡ ይቤሎሙ ፡ ለእመ ፡ ኮነ ፡ በዓለ ፡ ዝንቱ ፡ ቤት ፡ ምውት ። ወእሙንቱኒ ፡ እንዘ ፡ ያከብርዎ ፡ ዘንተ ፡ ክብረ ፡ ዐቢየ ፡ ወአነኒ ፡ አአምር ፡ ምንት ፡ ግብሩ ። ወዘንተ ፡ ብሂሎ ፡ ሖረ ፡ በውእቱ ፡ ጊዜ ፡ ኀበ ፡ መስቀል ፡ ከመ ፡ ዘይሰግድ ፡ ሎቱ ። ወጠብአ ፡ በግዝፈተ ፡ ልብ ፡ ወአኀዘ ፡ ዓፅቀ ፡ በእዴሁ ። ወነጽሖ ፡ ዲበ ፡ ምድር ፡ ወአጥግዓ ፡ ሥዕሎ ፡ ውስተ ፡ መሬት ፡ እንዘ ፡ ይሣለቅ ፡ ላዕሌሁ ። ወገዖየ ፡ እንዘ ፡ የሐውር ፡ ድኅሪተ ። ወሕዝብሰ ፡ ሶ

በ ፡ ርእዩ ፡ ዘገብረ ፡ ውእቱ ፡ ከሐዲ ፡ ዴገንዎ ፡ ኵሎሙ ፡ ድኅሬሁ ፡ ከመ ፡ ይቅትልዎ ። ወውእቱሰ ፡ ወልድ ፡ ኮነ ፡ ፅኑዓ ፡ ወከዋዋት ፡ እገሪሁ ፡ ለረዊጽ ፡ ወፅአ ፡ እምቤተ ፡ ክርስቲያን ፡ እንዘ ፡ ይረውጽ ። ከመ ፡ ኢይርከብዎ ፡ ሕዝብ ፡ ይቅትልዎ ፡ ወእንዘ ፡ ይረውፅ ፡ ወድቀ ፡ ወተከዕወ ፡ ኵሉ ፡ ዘውስተ ፡ ከርሡ ፡ ዲበ ፡ ምድር ። ወኮነ ፡ ከርሡ ፡ ከመ ፡ እንተ ፡ ዝቅ ፡ ዕሩቀ ። ወውእቱሰ ፡ ኮነ ፡ ይሔሊ ፡ ዘንተ ፡ በሕቲቱ ፡ ጥቀ ፡ ዘይረክቦ ። ወሕዝብሰ ፡ ኵሎሙ ፡ ሶበ ፡ ርእዩ ፡ ዘኮነ ፡ ላዕሌሁ ፡ ረከቦሙ ፡ ፍርሃት ፡ ዐቢይ ። ወከልሑ ፡ እንዘ ፡ ይብሉ ፡ ኪርያላይሶን ፡ ፩ውእቱ ፡ አምላከ ፡ ቅዱስ ፡ ዮልዮስ ፡ ወአልቦ ፡ ባዕድ ፡ አምላክ ፡ ዘእንበሌሁ ፡ እስመ ፡ ውእቱ ፡ ተበቀለ ፡ ጸላእተ ፡ እግዚአብሔር ፡ ወጸላእተ ፡ ሃይማኖት ፡ ርትዕት ። ወተጋብኡ ፡ ኵሎሙ ፡ አፍአ ፡ እምቤተ ፡ ክርስቲያን ፡ እንዘ ፡ ይጼልዩ ። ወውእቱሰ ፡ ወልድ ፡ ሀሎ ፡ ግዱፈ ፡ እንዘ ፡ ይሬእዩ ፡ ኵሉ ፡ ዘወፅአ ፡ እምከርሡ ፡ እንዘ ፡ ኢይትመየጥ ፡ ለፌ ፡ ወለፌ ። እስመ ፡ ንቡር ፡ ቅድሜሁ ፡ ወእንዘ ፡ ሕያው ፡ ውእቱ ። ወእንዘ ፡ ሀለዉ ፡ በዘከመዝ ፡ *ነገር ፡ ርእዩ ፡ ፩መስተፅዕነ ፡ * f. 72 v ፈረስ ፡ መጽአ ፡ በአምሳለ ፡ መኰንን ፡ ወምስሌሁ ፡ ሐራ ፡ ሰማይ ፡ ዘውእቶሙ ፡ መላእክት ። ወበጽሐ ፡ ኀበ ፡ ውእቱ ፡ ምንዱብ ፡ ወመሠጦ ፡ ውእቱ ፡ ፈረሳዊ ፡ በሥዕርተ ፡ ርእሱ ፡ እማንቱሰ ፡ ኮና ፡ ፍቱላተ ። ወእምድኅረ ፡ ነሥአ ፡ አብጽሖ ፡ ኀበ ፡ ዴዴ ፡ ቤተ ፡ ክርስቲያን ፡ ዘውእቱ ፡ ዴዴ ፡ ሰላም ፡ አፍአዊ ፡ ኀበ ፡ ይሠይጡ ፡ ሠየጥ ፡ ኵሎ ፡ መፍቅዶሙ ። ወሀለዋ ፡ ህየ ፡ መሐትው ፡ ብዙኃት ፡ ስቁላት ፡ ቅድመ ፡ ቤተ ፡ ክርስቲያን ፡ ከመ ፡ ያብርሁ ፡ ለእለ ፡ ይሠይጡ ፡ ወይሣየጡ ። ወለእለ ፡ ሀለዉ ፡ በጥቃ ፡ ቤተ ፡ ክርስቲያን ፡ ሶበ ፡ ይበውኡ ፡ ወይወፅኡ ። እስመ ፡ በህየ ፡ ሰቀሎ ፡ በዓፅቅ ፡ እንተ ፡ ነሥአ ፡ እምነ ፡ መስቀል ። ወሀሎ ፡ ማኅቶት ፡ ካልእ ፡ ዘይበርህ ፡ ውስተ ፡ ፓና ፡ አንጻረ ፡ ውእቱ ፡ ከሐዲ ። አይ ፡ ተአምር ፡ እንተ ፡ ኮነ ፡ በውእቱ ፡ ጊዜ ፡ እስመ ፡ ምታረ ፡ እሳት ፡ ሰረረ ፡ እምውስተ ፡ ፓና ፡ ወአውዓየ ፡ ገጾ ፡ ለውእቱ ፡ ከሐዲ ፡ ወአኀዘ ፡ ይብልዮ ። ወኮነ ፡ ይኬልሕ ፡ በነገረ ፡ ብሔሩ ፡ ወይብል ፡ ሞትኩ ፡ ሞትኩ ፡ አሴ ፡ ሊተ ። ወለእኪት ፡ እንተ ፡ ገበር

ክዋ ፡ እስከ ፡ ረከበኒ ፡ ዝንቱ ፡ አምላከ ፡ ክርስቲያን ፡ በአማን ፡ እስመ ፡ አንተ ፡ አምላክ ፡ ዐቢዕ ፡ ወመስተበቅል ። መኑ ፡ ውእቱ ፡ ዘያበጽሕ ፡ ዜናየ ፡ ኀበ ፡ አቡየ ፡ ወእምየ ፡ ከመ ፡ ይምጽኡ ፡ ወይርአዩ ፡ ዘንተ ፡ ሕማመ ። ወዘንተ ፡ ሥቃየ ፡ ዐቢየ ፡ እንተ ፡ ረከበኒ ፡ ከመ ፡ የሀቡ ፡ ንዋየ ፡ ለቤተ ፡ ክርስቲያን ፡ እምቅድመ ፡ ትፃእ ፡ ነፍስየ ። ወያውርዱኒ ፡ እምዝንቱ ፡ ምንዳቤ ፡ ዘአነ ፡ ይእዜ ፡ ሀሎኩ ፡ ውስቴቱ ። ወሕዝብሰ ፡ ሶበ ፡ ርእዩ ፡ ዘኮነ ፡ ተደሙ ። ወሰብሕዎ ፡ ለእግዚአብሔር ፡ ወለቅዱስ ፡ ዮልዮስ ፡ ሰማዕተ ፡ ክርስቶስ ። ወአቡሁሰ ፡ ወእሙ ፡ ወአዝማዲሁ ፡ አፍጠኑ ፡ ሐዊረ ፡ ኀበ ፡ ይእቲ ፡ ቤተ ፡ ክርስቲያን ። ወረከብዎ ፡ ስቁለ ፡ ዲበ ፡ ዓፅቅ ፡ ወእሳት ፡ እንዘ ፡ ያውዒ ፡ ገጾ ። ከልሑ ፡ ወበከዩ ፡ ወለኵሉ ፡ ሕዝብ ፡ ለመሙኒ ፡ ካዕበ ፡ ተሀውከ ፡ ልበሙ ። ወሶቤሃ ፡ በፅሑ ፡ አቡሁ ፡ ወእሙ ፡ ለይእቲ ፡ ቤተ ፡ ክርስቲያን ፡ ፻፲ዲናረ ፡ ከመ ፡ ይስአልዎ ፡ ሕዝብ ፡ ለቅዱስ ፡ በእንቲአሁ ፡ ከመ ፡ ይፍትሖ ፡ እምውእቱ ፡ ምንዳቤ ። ወእምዝ ፡ ሰገዱ ፡ ኵሎሙ ፡ ሕዝብ ፡ ቅድመ ፡ ምሥዋዕ ። ወሰአልዎ ፡ ለእግዚአብሔር ፡ ወለቅዱስ ፡ ዮልዮስ ፡ እንዘ ፡ ይብሉ ፡ ፍትሖ ፡ እምዝንቱ ፡ ምንዳቤ ። ወበፍጻሜ ፡ ዕለታት ፡ ፫ወድቀ ፡ ውስተ ፡ ምድር ፡ ወሞተ ፡ ወአቡሁ ፡ ወእሙ ፡ ነሥኡ ፡ በኃፍረት ፡ በድኖ ። ወወሰድዎ ፡ ብሔሮሙ ፡ ወቀበርዎ ። ወኵሉ ፡ ዘርእየ ፡ ወሰምዓ ፡ ውእተ ፡ ተአምረ ፡ ዘተገብረ ፡ ሰብሐ ፡ ለእግዚአብሔር ፡ ወለቅዱስ ፡ ዮልዮስ ፡ ሰማዕት ፡ ንጹሕ ። ወተመይጡ ፡ አቡሁ ፡ ወእሙ ፡ ኀበ ፡ ይእቲ ፡ ቤተ ፡ ክርስቲያን ። ወወሀቡ ፡ ውእተ ፡ ፻፲ዲናረ ። ወኮኑ ፡ እንዘ ፡ ይሁቡ ፡ ዘንተ ፡ ወዘይበዝኅ ፡ እምዝ ፡ በበዓመት ፡ ከመ ፡ ይሰባሕ ፡ እግዚአብሔር ፡ ወቅዱስ ፡ ዮልዮስ ፡ ሰማዕት ። በረከቱ ፡ የሀሉ ፡ ምስለ ፡ ፍቁሩ ፡ ዘወልደ ፡ ማርያም ፡ ለዓለመ ፡ ዓለም ፡ አሜን ።

ክፍል ፡ ፲፬ ። ተአምሪሁ ፡ ለቅዱስ ፡ ዮልዮስ ፡ ሰማዕት ። በረከቱ ፡ ይዕቀቦ ፡ ለፍቁሩ ፡ ዘወልደ ፡ ማርያም ፡ ለዓለመ ፡ ዓለም ፡ አሜን ።

ወካዕበ ፡ ስምዑ ፡ ዘንተ ፡ ካልአ ፡ ተአምረ ፡ ዘኮነ ፡ እምኀበ ፡ እግዚአብሔር ፡ ወሰማዕቱ ፡ ቅዱስ ፡ ዮልዮስ ፡ ወሀሎ ፡ ፩ብእሲ ፡ ዘይኄንና ፡
* f. 73 r ለመር*ዩጥ ፡ ወለአህጉሪሃ ፡ ወብእሲሁ ፡ ዐቢዕ ፡ ፈድፋደ ፡ በነፍሱ ። ወ

አርአያሁሰ ፡ ሕሱም ፡ ጥቀ ፡ ወአውሰበ ፡ ብእሲተ ፡ ክርስቲያናዊተ ፡ ዘእንበለ ፡ ፈቃዳ ። ዛቲ ፡ ኮነት ፡ ቀዳሚ ፡ ተወስበት ፡ ለብእሲ ፡ ክርስቲያናዊ ፡ ፍጹም ፡ በሃይማኖት ፡ ሠናይ ። ወኮነ ፡ ሎቱ ፡ አሚን ፡ ዐቢይ ፡ ዲበ ፡ ቅዱስ ፡ ዮልዮስ ፡ ወኮነ ፡ ሎቱ ፡ አትክልት ፡ ብዙኅ ። ወነበረ ፡ እንዘ ፡ ይሁብ ፡ ፲፪ቀሱተ ፡ ወይን ፡ ለለዓመት ፡ ለቤተ ፡ ክርስቲያን ፡ ዘቅዱስ ፡ ዮልዮስ ፡ በኵሉ ፡ መዋዕለ ፡ ሕይወቱ ፡ ወሶበ ፡ ሰከበ ፡ በሕማመ ፡ ሞት ፡ ከመ ፡ ኵሉ ፡ ሰብእ ፡ አዘዛ ፡ ለብእሲቱ ፡ ከመ ፡ ኢታብጥል ፡ መባአ ፡ በረከት ፡ ዘቤተ ፡ ክርስቲያን ፡ ለለዓመት ። ወይእቲኒ ፡ ብእሲት ፡ ካዕበ ፡ እስመ ፡ ኮነት ፡ ድልውተ ፡ ለኵሉ ፡ ሠናያት ፡ መፍቀሪተ ፡ ምሕረት ፡ ወምጽዋት ፡ ይእቲ ። አውሥአቶ ፡ ለምታ ፡ ወትቤሎ ፡ አምጣነ ፡ ሀሎኩ ፡ አነ ፡ በሕይወትየ ፡ ኢያበጥል ፡ ዘንተ ፡ ኵሎ ፡ ዓመታተ ፡ እንዘ ፡ እገብር ፡ ከመዝ ፡ እስከ ፡ ዕለተ ፡ ሞትየ ። ወእምድኅረ ፡ አኀለቀ ፡ አዝዞታ ፡ ወፅአት ፡ ነፍሱ ፡ ወአዕረፈ ፡ በሃይማኖተ ፡ ክርስቶስ ፡ ወቀበረቶ ፡ ይእቲ ፡ ብእሲት ፡ መሃይምንት ። ወእምድኅረ ፡ ብዙኅ ፡ መዋዕል ፡ ውእቱ ፡ ሥዩም ፡ ዘዘከርናሁ ፡ ቀዲሙ ፡ ዘሥሉጥ ፡ በመርዩጥ ፡ ወአድያሚሃ ። ኮነ ፡ የኃሥሥ ፡ ብእሲተ ፡ አግዓዚተ ፡ ከመ ፡ ያውስብ ፡ ወቀፀብዎ ፡ ሰብእ ፡ በእንተ ፡ ብእሲተ ፡ ውእቱ ፡ ብእሲ ፡ ክቡር ፡ ወመፍቀሬ ፡ አምላክ ። ወነሥአ ፡ በኵርህ ፡ ዘእንበለ ፡ ፈቃዳ ። ወሶበ ፡ በጽሐ ፡ ጊዜ ፡ ቀስም ፡ መቅድመ ፡ ኵሉ ፡ አጥብዓት ፡ ይእቲ ፡ ብእሲት ፡ በእንተ ፡ ፲፪ቀሱታት ፡ ዓበይት ፡ ወመልአቶሙ ፡ ወይነ ። ወጸሐፈት ፡ ላዕሌሆሙ ፡ ስመ ፡ ቅዱስ ፡ ዮልዮስ ፡ ወኃተመቶሙ ፡ እስከ ፡ ትልእክ ፡ ኀበ ፡ ዓቃቤ ፡ ይእቲ ፡ ምኔት ፡ ከመ ፡ ይፈኑ ፡ ወይንሥአሙ ። ወውእቱሰ ፡ ሥዩም ፡ ዘውእቱ ፡ ምታ ፡ ይቤላ ፡ ለብእሲቱ ፡ ምንት ፡ ውእቱ ፡ ዝንቱ ፡ ዘጽሑፍ ፡ ዲበ ፡ እሉ ፡ ቀሱታት ፡ ወለመኑ ፡ እሙንቱ ። ወትቤሎ ፡ እሉ ፡ መባአ ፡ በረከት ፡ እንተ ፡ ኮነ ፡ ብፁዓዊ ፡ ምትየ ፡ ይሁብ ፡ ለቤተ ፡ ክርስቲያን ፡ ዘቅዱስ ፡ ዮልዮስ ፡ እንተ ፡ ዘእስክንድርያ ፡ በበዓመት ። ወውእቱሰ ፡ ከሐዲ ፡ ኢያውሥአ ፡ ፩ደ ፡ ቃለ ፡ ዳእሙ ፡ ኮነ ፡ ይሔሊ ፡ በውስተ ፡ ልቡ ፡ ወይብል ፡ ከመዝ ። እስመ ፡ አነ ፡ ኢየኃድግ ፡ ወኢያተርፍ ፡ አሐደ ፡ እም

እለ ። ወኢይትረከብ ፡ ፍጹመ ፡ አላ ፡ እሰትዮሙ ፡ አነ ፡ ምስለ ፡ አዕርክ
ትየ ፡ ወአብያጽየ ። ወኢያተርፍ ፡ ምንተኒ ፡ ከመ ፡ ተሀበ ፡ ለቤተ ፡ ክ
ርስቲያን ። ወኵሎ ፡ ዕለተ ፡ ኮነ ፡ ያርሒ ፡ ቤተ ፡ ወይነ ፡ ወይነሥእ ፡
ወይሰቲ ፡ እምኔሁ ። ወይእቲሰ ፡ ትብሎ ፡ እንቢከ ፡ እኁየ ፡ ኢትንሣ
እ ፡ እምወይነ ፡ ቅዱስ ፡ ዮልዮስ ። ከመ ፡ ኢያምጽእ ፡ ላዕሌከ ፡ መቅ
ሠፍተ ። ወይረግመከ ፡ ኵሉ ፡ ዘርእየ ፡ ወሰምዓ ። ወሊተኒ ፡ ይበውእ ፡
ውስተ ፡ ልብየ ፡ ዐቢይ ፡ ኀዘን ፡ በእንተ ፡ ግብርከ ። ወውእቱሰ ፡ ከሐ
ዲ ፡ ኢኃደገ ፡ ነሢአ ፡ እምኔሁ ፡ አላ ፡ ይሰቲ ፡ ኵሎ ፡ ዕለተ ። ወይቤ
ላ ፡ ክርስቲያንሰ ፡ ከመዝኑ ፡ ጽሉላነ ፡ ልብ ፡ ወዕቡዳን ፡ ይነሥኡ ፡ ቍ
ርባነ ፡ ወይበውኡ ፡ ኀበ ፡ ፩ምውተ ። ወይብልዎ ፡ ብላዕ ፡ ወስተይ ፡
ብእሲ ፡ ምውት ፡ ይበልዕኑ ፡ ወይሰቲኑ ። አእብድት ፡ ወጽልልተ ፡ ል
ብ ፡ ድልው ፡ ሊተ ፡ ከመ ፡ እሰትዮሙ ፡ እምነ ፡ ከልእ ። ወትቤሎ ፡ ብ
* f. 73 v እሲ*ት ፡ ናሁ ፡ ፷፻ቀሱታተ ፡ ወይነ ፡ እለ ፡ አንበርክዎ ፡ ዘእንበለ ፡ ዘ
ይበውእ ፡ ለከ ፡ ተራክቦተ ፡ ክብረ ፡ ገጽ ፡ እሉ ፡ የአክሉከ ። ወኢትን
ሣእ ፡ እምነ ፡ ዘቤተ ፡ ክርስቲያን ። ወውእቱኒ ፡ ይቤላ ፡ ለእመ ፡ ብየ ፡
፻ቀሱታተ ፡ ወይነ ፡ እምኢኀደጉ ፡ ፩ደ ፡ እምኔሆሙ ፡ ዘእንበለ ፡ እስ
ተዮሙ ። ወሶበ ፡ ርእየት ፡ ግዝፈተ ፡ ልቡ ፡ ትቤ ፡ አምላከ ፡ ቅዱስ ፡
ዮልዮስ ፡ ይትኃሠሥ ፡ እምኔከ ፡ ወይትቤቀልከ ። ውእቱሰ ፡ ኮነ ፡ ጥቡ
ዓ ፡ ለለጽባሑ ፡ እንዘ ፡ ይሰቲ ፡ ወይነ ፡ ዘቤተ ፡ ክርስቲያን ።

ወአመ ፡ ፳ወ፩ለመስከረም ፡ ለጸቢሐ ፡ ፳ወ፪ዘይእቲ ፡ በዓሉ ፡ ለቅዱ
ስ ፡ ዮልዮስ ፡ ተጋብኡ ፡ ብዙኃን ፡ ሕዝብ ፡ ኀበ ፡ ይእቲ ፡ ቤተ ፡ ክር
ስቲያን ፡ ለበዓለ ፡ ቅዱስ ፡ ዮልዮስ ። ውእቱሰ ፡ ከሐዲ ፡ ገብረ ፡ ምሳ
ሐ ፡ ወአስተጋብአ ፡ ኀቤሁ ፡ ብዙኃነ ፡ ሰብአ ፡ ይብልዑ ፡ ወይስተዩ ።
ወሶበ ፡ ፈጸሙ ፡ ማዕደ ፡ ተንሥአ ፡ ውእቱ ፡ አብሮኮሮስ ፡ ዘውእቱ ፡
ርኡስ ፡ ብሂል ፡ ከመ ፡ ያእቱ ፡ ሎሙ ፡ ስቴ ። ወሐረ ፡ ኀበ ፡ መካነ ፡
ወይን ፡ ዘቤተ ፡ ክርስቲያን ፡ ወነሥአ ፡ እምኔሁ ፡ ፲ቀሱታተ ። ወአብ
አ ፡ ሎሙ ፡ ከመ ፡ ይስተይ ፡ ምስሌሆሙ ፡ ኅቡረ ። ወይእቲሰ ፡ ብእሲ
ት ፡ ኮነት ፡ እንዘ ፡ ትስእሎ ፡ ወትብሎ ፡ ኀፈር ፡ ወፍራህ ፡ እምእግዚአ
ብሔር ። ወተሣሃል ፡ ላዕለ ፡ ቅዱሳኒሁ ፡ አምጣነ ፡ ሀሎ ፡ ወይንከ ። ወአን

ተ ፡ ትነሥእ ፡ ወይነ ፡ ዘቤተ ፡ ክርስቲያን ፡ ኅድግ ፡ እስመ ፡ ኢያረምም ፡ በእንቲአከ ፡ ወኢይትዔገሠከ ፤ ዳእሙ ፡ ይፈድየከ ፡ ወይቀትለከ ፡ ፍጡነ ። ወሶበ ፡ ትቤሎ ፡ ከመዝ ፡ ውእቱኒ ፡ ከሐዲ ፡ ዘበጠ ፡ ገጻ ። ወነጽሓ ፡ ውስተ ፡ ምድር ፡ እንዘ ፡ ይብል ፡ ምንት ፡ ውእቱ ፡ ዮልዮስ ፡ ከመ ፡ አህበ ፡ ወይነ ። ወለይእቲሰ ፡ ብእሲት ፡ ሐመ ፡ ልባ ፡ ጥቀ ። ወትቤ ፡ ከመዝ ፡ ኦእግዚእየ ፡ ቅዱስ ፡ ዮልዮስ ፡ እስመ ፡ አንተ ፡ ትክል ፡ ከመ ፡ ትግበር ፡ ፍትሐ ፡ ምስለ ፡ ዘዓመፀከ ።

ውእቱሰ ፡ ከሐዲ ፡ ነሥአ ፡ ኵሎ ፡ ወይነ ፡ ወአንበሮ ፡ በቅድመ ፡ ሰብእ ፡ ንቡራን ፡ እለ ፡ ጉቡአን ፡ ኀቤሁ ። ወረፈቀ ፡ ለሰትይ ፡ ወሶበ ፡ አርኀወ ፡ ቀሱተ ፡ ቀዳማየ ፡ ወበጊዜሁ ፡ ቀነጸ ። ወወፅአ ፡ እምኔሁ ፡ ከይሲ ፡ ዐቢይ ፡ ወጸሊም ፡ ኑኁ ፡ ፫በእመት ፡ ወተጠብለለ ፡ ውስተ ፡ ክሳዱ ። ወአኀዘ ፡ ይብላዕ ፡ ሥጋሁ ፡ እስከ ፡ አብጽሖ ፡ ኀበ ፡ ቤተ ፡ ክርስቲያን ፡ ዘቅዱስ ፡ ዮልዮስ ፡ ወፀአቱሰ ፡ እምነ ፡ ማኅደሩ ፡ በጊዜ ፡ ፱ ሰዓት ። ወቅዱስ ፡ ዮልዮስ ፡ እንዘ ፡ ያጌጕያ ፡ እስከ ፡ በጽሐ ፡ ኀበ ፡ ቤተ ፡ ክርስቲያኑ ፡ ጊዜ ፡ ዕርበተ ፡ ፀሐይ ። ወኮነ ፡ ከይሲ ፡ ይበልዕ ፡ ሥጋሁ ፡ ወይሰድዶ ፡ ከመ ፡ መስተበቅል ። ወሶበ ፡ በጽሐ ፡ ኀበ ፡ ቤተ ፡ ክርስቲያን ፡ ኢያእመረ ፡ እስከ ፡ ሶበ ፡ ተሰቅለ ፡ በውስተ ፡ ቤተ ፡ ክርስቲያን ፡ በሥዕርተ ፡ ርእሱ ፡ ወይዘብጥ ፡ ርእሶ ፡ ዝብጠተ ፡ ብዙኀ ። ወውእቱሰ ፡ ዝብጠት ፡ እምኀበ ፡ ቅዱስ ። ወአዘዘ ፡ ቅዱስ ፡ ዮልዮስ ፡ ለከይሲ ፡ ወይቤሎ ፡ ሕንቆ ፡ እስከ ፡ ይወፅእ ፡ ልሳኑ ፡ እምውስተ ፡ አፉሁ ። ወሶቤሃ ፡ ሐነቆ ፡ ወወፅአ ፡ ልሳኑ ፡ እምውስተ ፡ አፉሁ ፡ መጠነ ፡ ስዝር ። ወኮነ ፡ ይኬልሕ ፡ ውእቱ ፡ ምስኪን ፡ በብካይ ፡ ወበድውይ ፡ ልብ ፡ እንዘ ፡ ይብል ። አበስኩ ፡ ለከ ፡ ኦሰማዕት ፡ ንጹሕ ፡ ዘእግዚእነ ፡ ኢየሱስ ፡ ክርስቶስ ፡ እስመ ፡ አነ ፡ ኢኮንኩ ፡ ዘአእምር ፡ ኃይለ ፡ ዕበይከ ፡ ወሚህለ ፡ ፈውስ ፡ ዘውስተ ፡ ቤተ ፡ ክርስቲያንከ ፡ ንጽሕት ። በአማን ፡ ይደልወኒ ፡ መዊት ፡ እስመ ፡ ባሕቲትየ ፡ አበስኩ ፡ ለርእስየ ። ወብእሲትየኒ ፡ ኮነት ፡ ትነግረኒ ። ወደክመት ፡ እንዘ ፡ ትኬልሕ ፡ ወታስተበቍዕ ፡ ኀ*ቤየ ፡ ኵሎ ፡ ዕለተ ። ወኢሰማዕኩ ፡ እምኔሃ ፡ ዳእሙ ፡ ዘበጥክዋ ፡ በእንተ ፡ ወይነ ፡ ዚአከ ። ወይእዜኒ ፡ መሐል

* f. 74 r

ኩ ፡ በስብሐት ፡ ዘየዓውደከ ፡ አሰማዕት ፡ ንጹሕ ፡ ለእመ ፡ ተማሃልከ ፡ ላዕሌየ ፡ ወአድኃንከኒ ፡ አነ ፡ እሁብ ፡ ለቤተ ፡ ክርስቲያንከ ፡ ህየንተ ፡ ፲ቀሱታት ፡ ዘሰተይክዎሙ ፡ ፲፻ቀሱታተ ፡ ወ፪፻ዲናሬተ ። ወኮነ ፡ ይብል ፡ ከመዝ ፡ ወዘይመስሎ ፡ እምጽባሕ ፡ እስከ ፡ ፱ሰዓት ። ወጊዜሁሰ ፡ ጊዜ ፡ ፍጻሜ ፡ ቅዳሴ ፡ ውእቱ ፡ አመ ፡ ዕለተ ፡ በዓሉ ፡ ለቅዱስ ፡ ዮልዮስ ። ወርእይዎ ፡ ኵሎመ ፡ እለ ፡ መጽኡ ፡ ለበዓል ፡ ወረከቦሙ ፡ ድንጋፄ ፡ ዐቢይ ። ወከልሐ ፡ እንዘ ፡ ይብሉ ፡ ዐቢይ ፡ አንተ ፡ እግዚኦ ፡ ወርቱዕ ፡ ፍትሕከ ፡ ዘትገብር ፡ መንክራቲከ ፡ በላዕለ ፡ ቅዱሳኒከ ። ወእምድኅረ ፡ ይቤሉ ፡ ከመዝ ፡ ካህናት ፡ ወሕዝብ ፡ ሰአልዎ ፡ ለእግዚአብሔር ፡ ወለቅዱስ ፡ ዮልዮስ ፡ ከመ ፡ ይሠሃሎ ፡ ለውእቱ ፡ ነዳይ ። ወቅዱስኒ ፡ ተወክፈ ፡ ስእለቶሙ ፡ ወአውረዶ ፡ እንዘ ፡ ይፈትሖ ፡ በበንስቲት ፡ ንስቲተ ፡ እስከ ፡ ቆመ ፡ በእገሪሁ ። ወኢ[ያእ]መረ ፡ መኑሂ ፡ ዘአብኦ ፡ ውስተ ፡ ቤተ ፡ ክርስቲያን ። ወሰቀሎ ፡ ዘእንበለ ፡ ለሊሁ ፡ ባሕቲቱ ። ወተስእልዎ ፡ ኵሎሙ ፡ እንዘ ፡ ይብሉ ፡ ምንት ፡ ውእቱ ፡ ዘገበርከ ፡ እስከ ፡ ረከበከ ፡ ዝንቱ ፡ ምንዳቤ ። ወውእቱኒ ፡ ነገሮሙ ፡ ኵሎ ፡ ዘገብረ ፡ ወሰሚዖሙ ፡ ይቤሉ ፡ በአማን ፡ ፍትሕከ ፡ እግዚኦ ፡ ፍትሐ ፡ ጽድቅ ፡ ውእቱ ። ወውእቱሰ ፡ አስተብቍዖሙ ፡ ከመ ፡ ይስአልዎ ፡ ለቅዱስ ፡ ከመ ፡ ያእትት ፡ ውእተ ፡ ከይሴ ፡ እምውስተ ፡ ክሳዱ ። ወሶበ ፡ ገብሩ ፡ ሎቱ ፡ ጸሎተ ፡ ተፈትሐ ፡ ወወረደ ፡ በጊዜሁ ፡ ውእቱ ፡ ከይሲ ፡ እምክሳዱ ። ወወፅአ ፡ እምአንቀጸ ፡ ቤተ ፡ ክርስቲያን ፡ ወኢያእመረ ፡ መኑሂ ፡ ኀበ ፡ ሖረ ። ወውእቱሰ ፡ አብሮክሮስ ፡ ዘውእቱ ፡ ርኡስ ፡ ወዓለ ፡ ክልኤ ፡ ዕለታተ ፡ እንዘ ፡ እንቡዘ ፡ ልብ ፡ ወኅጡአ ፡ ሕሊና ፡ እንበይነ ፡ ምንዳቤ ፡ እንተ ፡ ርእየ ። ወሶበ ፡ ተመይጠ ፡ ኀቤሁ ፡ ልቡ ፡ ሰአሎ ፡ ለሊቅ ፡ ከመ ፡ ይፈኑ ፡ ምስሌሁ ፡ አግብርቲሁ ። ወኃሊፎ ፡ ምስሌሆሙ ፡ ኀበ ፡ ማኅደሩ ፡ ወሀቦሙ ፡ በቀሱታት ፡ ወይነ ፡ እንተ ፡ ዘብእሲቱ ። ወካዕበ ፡ ወሀቦሙ ፡ ፲፻ቀሱታተ ፡ ወይን ፡ እምኀቤሁ ፡ ወ፪፻ዲናሬተ ። ወፀዓኖሙ ፡ ዲበ ፡ አዕዱጊሁ ፡ ወፈነወ ፡ ምስሌሆሙ ፡ ኀበ ፡ ቤተ ፡ ክርስቲያን ፡ በሰላም ። ወትቤሎ ፡ ብእሲቱ ፡ ኢነገርኩከኑ ፡ እንዘ ፡ እብል ፡ ኢትትቃረን ፡ ወኢትሰቄቅ ፡ ወይነ ፡ ቤ

ተ ፡ ክርስቲያን ፡ ከመ ፡ ኢይርከብከ ፡ እኩይ ። ማኅዘኒሁሰ ፡ ወአብያጺሁ ፡ ወሰብአ ፡ ሀገሩ ፡ ኵሎሙ ፡ ኮኑ ፡ ይሴአሉ ፡ እንበይነ ፡ ሀላዌሁ ። ወዘከመ ፡ እፎ ፡ ኮነ ፡ ወዜነውዎሙ ፡ ኵሎ ፡ ዘገብረ ፡ ላዕሌሁ ፡ ቅዱስ ፡ ዮልዮስ ፡ ወኵሉ ፡ ዘሰምዓ ፡ አንከረ ፡ ወሰብሐ ፡ ለእግዚአብሔር ፡ ወለሰማዕቱ ፡ ቅዱስ ፡ ዮልዮስ ፡ ጸሎቱ ፡ ወበረከቱ ፡ የሀሉ ፡ ምስለ ፡ ፍቁሩ ፡ ዘወልደ ፡ ማርያም ፡ ለዓለመ ፡ ዓለም ።

ክፍል ፡ ፲፰ ። ተአምሪሁ ፡ ለቅዱስ ፡ ዮልዮስ ፡ ሰማዕት ። በረከቱ ፡ ይዕቀበ ፡ ለፍቁሩ ፡ ዘወልደ ፡ ማርያም ፡ ለዓለመ ፡ ዓለም ፡ አሜን ።

ወካዕበ ፡ ስምዑ ፡ ዘንተ ፡ ተአምረ ፡ እንተ ፡ ኮነት ፡ እምኀበ ፡ እግዚአብሔር ፡ ወቅዱስ ፡ ዮልዮስ ፡ ከመ ፡ ይሰባሕ ፡ ስመ ፡ እግዚእነ ፡ ኢየሱስ ፡ ክርስቶስ ። ወኮነ ፡ እስመ ፡ እግዚአብሔር ፡ አምጽአ ፡ ሞተ ፡ ላዕለ ፡ ደቂቅ ፡ ወሕፃናት ፡ በሕቲቶሙ ፡ በብድብድ ። ወበውእቱ ፡ መዋዕል ፡ ኢተረክበ ፡ * ኢዘየሐፅን ፡ ወኢዘይትሐፀን ፡ በውእቱ ፡ ሀገ * f. 74 v
ር ። ወበኵሉ ፡ አህጉረ ፡ እስክንድርያ ፡ ወአድያሚሃ ፡ አላ ፡ ኃልቁ ፡ ኵሎሙ ። ወሀሎ ፡ ፩ብእሲ ፡ እምሰብአ ፡ ሀገር ፡ ዘነሥአ ፡ ሎቱ ፡ ብእሲተ ፡ መሃይምንተ ፡ ወነበረት ፡ ዛቲ ፡ ምስሌሁ ፡ ፲ወ፩ዓመተ ፡ ዘእንበለ ፡ ትለድ ፡ ወእምድኅረ ፡ ዝንቱ ፡ መዋዕል ፡ ወለደት ፡ ወልደ ፡ ተባዕተ ። ወኮነ ፡ ልሁየ ፡ ገጽ ፡ ጥቀ ፡ ወጥዑመ ፡ በኀበ ፡ ኵሉ ፡ ዘይሬእዮ ። ወትቤሎ ፡ ብእሲቱ ፡ ለምታ ፡ ናሁ ፡ አነ ፡ እሬኢ ፡ ለኵሎሙ ፡ ሕፃናት ፡ በዝንቱ ፡ ዘመን ፡ ሞት ፡ ይነሥኦሙ ፡ ወአነ ፡ እፈርህ ፡ በእንተ ፡ ወልድየ ፡ ከመ ፡ ኢይሙተኒ ። ወይእዜኒ ፡ እፈቅድ ፡ ከመ ፡ እሰዶ ፡ ኀበ ፡ ይእቲ ፡ ቤተ ፡ ክርስቲያን ፡ ዘቅዱስ ፡ ዮልዮስ ፡ ወእበፅዖ ፡ ሎቱ ፡ ብፅዓተ ፡ ለእመ ፡ እግዚአብሔር ፡ ይሰምዓኒ ፡ ወቅዱስ ፡ ዮልዮስ ፡ ያድኅኖ ፡ ለወልድየ ፡ እሞት ፡ እስከ ፡ ይከውኖ ፡ ፲ዓመተ ፡ በውስተ ፡ ቤትየ ፡ መሐልኩ ፡ በኃይሉ ፡ ዐቢይ ፡ ወበተአምር ፡ ብዙኅ ፡ እንተ ፡ ይገብሮሙ ። አነ ፡ እሁብ ፡ ሎቱ ፡ ከመ ፡ ይትቀነይ ፡ ወይትለአክ ፡ ለቤተ ፡ ክርስቲያኑ ፡ ወእገድፎ ፡ ይኩን ፡ ሎቱ ፡ ገብረ ፡ በኵሉ ፡ መዋዕለ ፡ ሕይወቱ ። ወለእመ ፡ ናፈቀ ፡ ልብየ ፡ ወሆከኒ ፡ በእንቲአሁ ፡ አነ ፡ አሐውር ፡ ኀቤሁ ፡ ፩ደ ፡ ጊዜ ፡ በዓመት ፡ ከመ ፡ ይርአዮ ፡ ይኄይስ ፡

እምይንሥኡ ፡ እምኔየ ፡ ዘእንበለ ፡ እጽገብ ፡ ኪያሁ ። ወአንትኒ ፡ አኮ ፡ ዘትረክብ ፡ ወትወልድ ፡ ካልአ ፡ ወልደ ፡ ዘእንበለ ፡ ዝንቱ ። ወሰሚዖ ፡ ምታ ፡ አደሞ ፡ ዝንቱ ፡ ነገር ፡ ተንሥአ ፡ ወነሥአ ፡ ሕፃነ ፡ ወእሞ ፡ ወፀዓኖሙ ፡ ዲበ ፡ አድግ ። ወሖረ ፡ ኀበ ፡ ቤተ ፡ ክርስቲያን ፡ ዘቅዱስ ፡ ዮልዮስ ፡ ወወሀቦ ፡ እሙ ፡ መባአ ፡ በከመ ፡ በዕዓት ፡ በማኅደሬ ። ወነበሩ ፡ ፫ዕለታተ ፡ ውስተ ፡ ቤተ ፡ ክርስቲያን ፡ እንዘ ፡ እሙንቱ ፡ ይጼልዩ ፡ በእንተ ፡ ወልዶሙ ፡ ከመ ፡ እግዚአብሔር ፡ ወቅዱስ ፡ ዮልዮስ ፡ ያድኅኖ ፡ እሞት ፡ እስከ ፡ ይጸግቡ ፡ ኪያሁ ።

ወእንዘ ፡ ንዑማን ፡ ክልኤሆሙ ፡ ውስተ ፡ ቤተ ፡ ክርስቲያን ፡ በሰዓተ ፡ ሌሊት ፡ ፪ተሠጥወቶ ፡ ብእሲቱ ። ወትቤሎ ፡ ለምታ ፡ እፊቱ ፡ አነ ፡ ኦእግዚእየ ፡ ወእኁየ ፡ ከመ ፡ አእምር ፡ ዘንተ ፡ ምሥጢረ ፡ ዘውእቱ ፡ ሞተ ፡ ደቂቅ ፡ ወሕፃናት ። እግዚአብሔር ፡ ይነሥአሙኑ ፡ እምአበዊሆሙ ፡ ወእሞሙ ፡ እንበይነ ፡ ኃጣውአ ፡ አበዊሆሙ ፡ ወሚመ ፡ በእንተ ፡ ካልእ ፡ ግብር ። ወይቤላ ፡ ምታ ፡ ኢይትከሀል ፡ ለመኑ ፡ ያእምር ፡ ዘንተ ፡ ምሥጢረ ፡ ዘእንበለ ፡ ካህናት ፡ ባሕቲቶሙ ። ወትቤሎ ፡ ብእሲቱ ፡ ለእመ ፡ እግዚአብሔር ፡ ረሰየኒ ፡ ድልወተ ፡ ለመጺእ ፡ ኀበ ፡ ዝንቱ ፡ መካን ፡ ኢየሐውር ፡ እንበለ ፡ ይናዝዝ ፡ ልብየ ፡ እግዚአብሔር ፡ ወቅዱስ ፡ ዮልዮስ ፡ በእንተ ፡ ዝንቱ ፡ ምሥጢር ። ወይእዜኒ ፡ ሶበ ፡ ተንሣእከ ፡ በጽባሕ ፡ ስደኒ ፡ ኀበ ፡ ሊቀ ፡ ጳጳሳት ፡ አቡነ ፡ እለእስክንድሮስ ፡ ከመ ፡ እሰአሎ ፡ በእንተ ፡ ዝንቱ ፡ ግብር ። እስመ ፡ ደዌ ፡ ልብ ፡ ዐቢይ ፡ ህልው ፡ ዲበ ፡ ኵሉ ፡ ሰብእ ፡ እለ ፡ ይነብሩ ፡ ውስተ ፡ ምድር ። ወጸቢሖ ፡ ሖሩ ፡ ኀበ ፡ ሊቀ ፡ ጳጳሳት ፡ ወተባረኩ ፡ እምኔሁ ፡ ወነበሩ ። ወአውሥአቶ ፡ ይእቲ ፡ ብእሲት ፡ ወትቤሎ ፡ ለሊቀ ፡ ጳጳሳት ፡ ስረይ ፡ ሊተ ፡ ኦአቡየ ፡ አመትከ ፡ ትፈቅድ ፡ ትንብብ ፡ ፩ቃለ ፡ በቅድሜከ ። ውእቱኒ ፡ ይቤላ ፡ በሊ ፡ ዘእንበለ ፡ ፍርሃት ። * f. 75 r ወትቤሎ ፡ በዐቢይ ፡ ጽርየት ፡ ኦእግዚእየ ፡ አ*ብ ፡ አኮ ፡ አንተ ፡ ዘኢተአምሮ ፡ ለዐቢይ ፡ መዓት ፡ ዘአምጽአ ፡ እግዚአብሔር ፡ ላዕለ ፡ ደቂቅ ፡ ወሕፃናት ። ወውእቱ ፡ ይነሥአሙ ፡ እምአበዊሆሙ ፡ እምውስተ ፡ ም

ድ፡ር ፡ ኵለንታሃ ። ወይእዜኒ ፡ ኦአቡየ ፡ ቅዱስ ፡ እፈቅድ ፡ ከመ ፡ ትናዝዞ ፡ ለልብየ ፡ ወትንግረኒ ፡ ለእመ ፡ ኮነ ፡ ይነሥኦሙ ፡ እግዚአብሔር ፡ በእንተ ፡ ኃጢአተ ፡ አበዊሆሙ ። ወሚመ ፡ በእንተ ፡ ካልእ ፡ ግብር ። ወአውሥአ ፡ አቡነ ፡ ሊቀ ፡ ጳጳሳት ፡ እንዘ ፡ ይብል ፡ አወለት ፡ ኢኮነ ፡ ከመዝ ፡ ዳእሙ ። እስመ ፡ እግዚአብሔር ፡ ርእየ ፡ ኀበ ፡ ኵሎሙ ፡ ደቂቀ ፡ እጓለ ፡ እመሕያው ፡ ከመ ፡ መብዝኅቶሙ ፡ ሖሩ ፡ ኀበ ፡ መካነ ፡ ምንዳቤ ፡ በእንተ ፡ ግብር ፡ እኩይ ፡ ዘሰይጣን ። ወሲኦልኒ ፡ መልአተ ። ወመካነ ፡ ዕረፍትሰ ፡ ኮነት ፡ ዕራቃ ። ወእንበይነ ፡ ዝንቱ ፡ ይነሥእ ፡ ሕፃናተ ፡ ኀበ ፡ ይእቲ ፡ መካነ ፡ ዕረፍት ፡ ከመ ፡ ይኩንዋ ፡ ሠርጎ ።

ወካዕበ ፡ ይእቲ ፡ ብእሲት ፡ መሃይምንት ፡ ተመይጠት ፡ ዳግመ ፡ ወሰገደት ፡ ለሊቀ ፡ ጳጳሳት ። ወትቤሎ ፡ እስመ ፡ ተድኅረኒ ፡ ወተርፈኒ ፡ ካልእ ፡ ግብር ፡ እፈቅድ ፡ እሰአልከ ፡ በእንቲአሁ ፡ ወትንግረኒ ፡ ከመ ፡ ይትናዘዝ ፡ ልብየ ። ወይቤላ ፡ ሠናይ ፡ አወለትየ ፡ እስመ ፡ ትሴአሊ ፡ በእንተ ፡ ግብር ፡ ሠናይ ። ወካዕበ ፡ ትቤሎ ፡ ስረይ ፡ ሊተ ፡ ኦአቡየ ። ወእምዝ ፡ አውሥአት ፡ እንዘ ፡ ትብል ፤ ኦአቡየ ፡ እስመ ፡ ሰይጣን ፡ ዘወድቀ ፡ እምሰማይ ፡ ውስተ ፡ ማዕምቀ ፡ ባሕር ፡ እምቅድመ ፡ ፍጥረት ፡ ሰብእኑ ፡ ወሚመ ፡ እምድኅሬሁ ። ወውእቱሰ ፡ ቅዱስ ፡ ታኦሎጎስ ፡ ሰያሜ ፡ ካህናት ፡ መምህረ ፡ ምሥጢር ፡ አውሥአ ፡ ወይቤላ ፡ መኑ ፡ ስምኪ ፡ ወወለተ ፡ መኑ ፡ አንቲ ፡ ዘተኃሥሢ ፡ እምኔየ ፡ አእምሮ ፡ ዝንቱ ፡ ምሥጢር ፡ ዕሙቅ ። ወትቤሎ ፡ ለአመትከ ፡ ስማ ፡ ሶፍያ ፡ ወለተ ፡ዮሐንስ ፡ ቀሲስ ፡ ዘተረውዛ ። ወይቤላ ፡ ሊቀ ፡ ጳጳሳት ፡ አነ ፡ ነዳይ ፡ ወድኩም ፡ ከመ ፡ አእምር ፡ ዘንተ ፡ ነገረ ፡ ዘትሴአሊ ፡ በእንቲአሁ ። ወይእቲኒ ፡ ኮነት ፡ ታስተበቍዕ ፡ ኀቤሁ ፡ ብዙኃ ፡ ከመ ፡ ይክሥት ፡ ላቲ ፡ ውእተ ፡ ግብረ ። ወትቤሎ ፡ በተጋንዮ ፡ ኢትመንንኒ ፡ ወኢትኅብአኒ ፡ ኦአቡየ ፡ ቅዱስ ። ወይቤላ ፡ ሑሪ ፡ ኀበ ፡ ቤተ ፡ ክርስቲያን ። ወተዓገሢ ፡ እስከ ፡ ጌሠም ። እስመ ፡ አነ ፡ እትአመን ፡ ወአአምር ፡ ከመ ፡ እግዚአብሔር ፡ ይናዝዝ ፡ ልበኪ ፡ በእንተ ፡ ኵሉ ፡ ዘተሰእልኪ ። ወእምዝ ፡ ሖረት ፡ ወተዓገሠት ፡ እስከ ፡ ጌሠም ። ወአቡነሰ ፡

ሊቀ ፡ ጳጳሳት ፡ ሖረ ፡ ኀበ ፡ ሥጋ ፡ ቅዱስ ፡ ዮልዮስ ፡ ወሰአሎ ፡ እን
ዘ ፡ ይብል ፡ አሰማዕተ ፡ ክርስቶስ ። ሰአሎ ፡ ለእግዚአብሔር ፡ በእንቲ
አየ ፡ ከመ ፡ ይክሥት ፡ ሊተ ፡ ዘንተ ፡ ምሥጢረ ፡ ኀቡአ ፡ እንተ ፡ ተ
ስእለተኒ ፡ ብእሲት ፡ በእንቲአሁ ። ወዘንተ ፡ ብሂሎ ፡ ሖረ ፡ ኀበ ፡ ማ
ኅደረ ፡ ምስካቢሁ ። ወጊዜ ፡ መንፈቀ ፡ ሌሊት ፡ ከዊኖ ፡ ወናሁ ፡ ቅዱ
ስ ፡ ዮልዮስ ፡ ቦአ ፡ ኀበ ፡ አቡነ ፡ እለ ፡ እስክንድሮስ ፡ ሊቀ ፡ ጳጳሳት ።
ወይቤሎ ፡ ከመዝ ፤ ይቤ ፡ እግዚአብሔር ፡ እስመ ፡ ለሰይጣን ፡ ኮነ ፡ ከ
መዝ ፡ ግብሩ ፡ ወሥርዓቱ ፡ እምትካት ፡ ወበኂጣት ፡ ያስሕቶሙ ፡ ለአ
ብያጺሁ ፡ መላእክት ። ወያርኀቆሙ ፡ እምእግዚአብሔር ። ወእግዚአ
ብሔርኒ ፡ ኮነ ፡ ይትዔገሥ ፡ ላዕሌሁ ። ወሶበ ፡ ፈጠርኩ ፡ ሰማየ ፡ ወም
* f. 75 v ድረ ፡ ፈጠርክዎ ፡ * ለሰብእ ፡ በአርአያየ ፡ ወበአምሳልየ ። ወከማሁ ፡
ዓለመኒ ፡ ወዘውስቴቱ ፡ ሠናይ ፡ ፈድፋደ ፡ አእመርኩ ። እስመ ፡ ሰይ
ጣን ፡ መፍቀሬ ፡ ከዊነ ፡ ርእስ ፡ ወመፍቀሬ ፡ ዕበይ ፡ ወኂጣት ፡ ውእ
ቱ ፡ እምትካቱ ። ወለመላእክትኒ ፡ እለ ፡ ሀለዉ ፡ ታሕተ ፡ ሥልጣኑ ፡
ኮነ ፡ ፈቃዶሙ ፡ ከማሁ ፡ እምቅድመ ፡ ስሕተት ። ወፈነውክዎ ፡ ውስ
ተ ፡ ዓለም ፡ ምስለ ፡ ኵሎሙ ፡ ሠራዊቱ ፡ እለ ፡ ወድቁ ፡ ምስሌሁ ፡
ወኮኑ ፡ ሰይጣናተ ። ወይቤሎ ፡ እግዚአብሔር ፡ ለሰይጣን ፡ ሑር ፡ ቅ
ድመ ፡ ወሕትት ፡ ግብረ ፡ ዝንቱ ፡ ዓለም ፡ ዘፈጠርክዎ ፡ ለእመ ፡ ኮነ ፡
ይዔድመከ ። ወሰይጣንሰ ፡ ሶበ ፡ ርእዮ ፡ ለዓለም ፡ ከመ ፡ ሠናይ ፡ ው
እቱ ፡ ተዓበየ ፡ ልቡ ። ወይቤ ፡ ለአብያጺሁ ፡ አነ ፡ አዓርግ ፡ መልዕል
ተ ፡ አድባር ፡ ነዋሐት ። ወአነብር ፡ መንበርየ ፡ ህየ ፡ ወእትሜሰሎ ፡ ለ
ልዑል ፡ ወእቀኒ ፡ ኵሎ ፡ ዓለመ ። ወእከውን ፡ ሥሉጠ ፡ ላዕለ ፡ ማያ
ት ። ወእምድኅረ ፡ ኅዳጥ ፡ መዋዕል ፡ ዓርገ ፡ ውስተ ፡ ሰማያት ። ወይ
ቤሎ ፡ እግዚአብሔር ፡ አደመከኑ ፡ ዓለም ፡ ናሁ ፡ ረሰይኩከ ፡ ሥሉ
ጠ ፡ ላዕሌሁ ፡ እስመ ፡ አእመረ ፡ በዘሐለየ ፡ ቦቱ ፡ ወከመ ፡ ይሁብ ፡ ማ
ኅደረ ፡ ከመ ፡ ኢይደቅ ፡ እምዕበየ ፡ ስብሐቲሁ ። ወሰይጣንሰ ፡ ኮነ ፡
ሕዙበ ፡ በምክሩ ። ወእምድኅረዝ ፡ ሖረ ፡ ካዕበ ፡ ወኃሠሠ ፡ ወሐተተ ፡
ወይቤ ፡ እፈቅድ ፡ አእምር ፡ ሥርዓተ ፡ ወግብረ ፡ መለኮት ፡ ከመ ፡ ሶ
በ ፡ ወረድኩ ፡ ወገበርክዋ ፡ ኢይትመየጥ ፡ ከመ ፡ እፍቅድ ። ወእኅሥ

ሦ ፡ ለእግዚአብሔር ፡ እምዝ ፡ ዳግመ ። ወሶበ ፡ ሐለየ ፡ ከመዝ ፡ ውእቱ ፡ ሰይጣን ፡ እንዘ ፡ የኃሥሥ ፡ በዕቡዱ ፡ ከመ ፡ ይንሣእ ፡ ፍጡነ ፡ ምልክና ። ወርእየ ፡ እግዚአብሔር ፡ ትዝኅርቶ ፡ ልቡ ፡ ወዕበዮ ፡ እንተ ፡ ፈቀደ ፡ ከመ ፡ ይኩን ፡ አምላከ ፡ ወይትዓበይ ፡ ላዕለ ፡ አብያጺሁ ፡ መላእክት ። አዘዞሙ ፡ ለኃይላተ ፡ ሰማይ ፡ ይዕግትዎ ፡ ወያዕርቅዎ ፡ እምስብሐቲሁ ። ወዓገትዎ ፡ ወአዕረቅዎ ፡ እምስብሐቲሁ ። ወነሥኡ ፡ እምኔሁ ፡ ሢመቶ ፡ ከዊነ ፡ ሊቀ ፡ መላእክት ፡ ወከዊነ ፡ መልአከ ። ወአዘዞ ፡ እግዚአብሔር ፡ ለ፩እምነ ፡ ኪሩቤል ፡ ዕኑዕ ፡ ወኃያል ፡ ዘውእቱ ፡ ፩እም፬እንስሳ ፡ ጸፍያ ፡ ገጸ ፡ በክንፉ ። ወአሰሮ ፡ ወገደፎ ፡ ውስተ ፡ ዕሙቀ ፡ ባሕረ ፡ እሳት ፡ እስከ ፡ ፲፪ዓመት ። ወእምድኅረዝ ፡ ሀለዎ ፡ ከመ ፡ ይትፈታሕ ፡ በደኃሪ ፡ መዋዕል ። ወዝንቱ ፡ ውእቱ ፡ ፍጻሜ ፡ ምሥጢር ። ወዘንተ ፡ እምድኅረ ፡ ነገሮ ፡ ቅዱስ ፡ ዮልዮስ ፡ ለሊቀ ፡ ጳጳሳት ፡ ተሰወረ ፡ እምኔሁ ።

ወጸቢሐ ፡ ሖረት ፡ ኀቤሁ ፡ ይእቲ ፡ ብእሲት ፡ ወተርጐመ ፡ ላቲ ፡ ኵሎ ፡ ዘነገሮ ፡ ቅዱስ ፡ ዮልዮስ ፡ ወሰሚዓ ፡ አንከረት ፡ ወሰብሐቶ ፡ ለእግዚአብሔር ፡ በእንተ ፡ በፈጸመ ፡ ላቲ ፡ ፈቃዳ ፡ በእንተ ፡ ሞተ ፡ ደቂቅ ፡ ወበእንተ ፡ ሰይጣን ። ወሖረት ፡ ኀበ ፡ ማኅደራ ፡ እንዘ ፡ ትሴብሖ ፡ ለእግዚአብሔር ፡ ወእንዘ ፡ ፍሥሕት ፡ ይእቲ ፡ በእንተ ፡ ዘናዘዛ ፡ ልባ ፡ ወተዓቅበ ፡ ወልዳ ፡ ወበጽሐ ፡ መጠነ ፡ ፲ዓመት ። ወእምድኅረዝ ፡ ነሥአቶ ፡ ወሐፀበቶ ፡ በማይ ። ወአልበሰቶ ፡ አልባሰ ፡ ክቡረ ። ወአምዓዘቶ ፡ ቀቢዓ ፡ ዕፍረተ ። ወከልአቶ ፡ አፈዋተ ፡ ምዑዛተ ፡ ወክቡራተ ፡ እንዘ ፡ ትብል ። እስመ ፡ አበውኦ ፡ መባአ ፡ ወአቀርቦ ፡ ቍርባነ ፡ ለእግዚአብሔር ፡ ወለቅዱስ ፡ ዮልዮስ ፡ ወዘንተ ፡ ዘገብረት ፡ አመ ፡ ፳ወ፩ለመስከረም ፡ ከ*መ ፡ ትሰዶ ፡ ኀበ ፡ ቤተ ፡ ክርስቲያን ። * f. 76 r

እስመ ፡ ናሁ ፡ ቅዱስ ፡ ዮልዮስ ፡ አስተርአየ ፡ ተፅዒኖ ፡ በደመና ፡ ብርሃን ፡ ወመሠጠ ፡ ለሕፃን ፡ እንዘ ፡ ትሬኢ ፡ እሙ ። ወሰረረ ፡ ውስተ ፡ ዓየር ፡ ወአብጽሖ ፡ ወአንበሮ ፡ ውስተ ፡ ዓራት ፡ ዘሀሎ ፡ ሥጋሁ ፡ ውስቴቱ ። ወርእይዎ ፡ ሕዝብ ፡ እንዘ ፡ ያሰምክ ፡ ውስተ ፡ ዓራት ፡ ዘእንበለ ፡ ድካም ። ወዝንቱ ፡ ዘኮነ ፡ ለጸቢሐ ፡ በዓል ፡ ዘቅዱስ ፡ ዮልዮ

ስ ፡ ወእሙሰ ፡ ኮነት ፡ እንዘ ፡ ትኬልህ ፡ ወትብል ። ንዑ ፡ ከመ ፡ ትርአይዎ ፡ ለቅዱስ ፡ ዮልዮስ ፡ ወዘከመ ፡ እፎ ፡ መሠጦ ፡ ወነሥአ ፡ ለወልድየ ፡ ወወሰዶ ፡ ኀበ ፡ ቤተ ፡ ክርስቲያኑ ። ወእለ ፡ ሰምዑ ፡ እምኔሃ ፡ አንከሩ ፡ ወሰብሕዎ ፡ ለእግዚአብሔር ። ወይእቲሰ ፡ ትትፌሣሕ ፡ ወትብል ። እስመ ፡ እግዚአብሔር ፡ ናዘዘኒ ፡ ወተወክፈ ፡ መባእየ ፡ ወቍርባንየ ፡ ዘውእቱ ፡ ወልድየ ፡ ዘበፃዕክዎ ፡ ሎቱ ። ወጸቢሖ ፡ በሳኒታሁ ፡ ተንሥአት ፡ ወሖረት ፡ ኀበ ፡ ቤተ ፡ ክርስቲያን ፡ ወረከበት ፡ ወልዳ ፡ እንዘ ፡ ውእቱ ፡ ሐቂፎ ፡ ሥጋሁ ፡ ለቅዱስ ፡ ዮልዮስ ፡ እንዘ ፡ ይስዕሞ ። ከልሐት ፡ ወትቤ ፡ እገኒ ፡ ለከ ፡ አእግዚእየ ፡ ኢየሱስ ፡ ክርስቶስ ። አምላከ ፡ ቅዱስ ፡ ዮልዮስ ፡ ገባሬ ፡ መንክራት ፡ በላዕለ ፡ ቅዱሳኒሁ ፡ ወሕዝብ ፡ እለ ፡ ተጋብኡ ፡ ውስተ ፡ ቤተ ፡ ክርስቲያን ፡ ለበዓለ ፡ ቅዱስ ፡ ዮልዮስ ፡ መጽኡ ፡ ኵሎሙ ፡ ኀበ ፡ ይእቲ ፡ ብእሲት ፡ ወተስእልዋ ፡ በእንተ ፡ ክዋኔ ፡ ግብር ። ወይእቲኒ ፡ አጠየቀቶሙ ፡ ኵሎ ፡ ዘኮነ ፡ ላዕሌሃ ፡ ወበእንተ ፡ ሕፃን ፡ ዘከመ ፡ ውእቱ ፡ ወልዳ ፡ ወትቤ ፡ እስመ ፡ ውእቱ ፡ ዋሕድየ ። ወእምዝ ፡ ወሀበቶ ፡ ለሊቀ ፡ ውእተ ፡ ወልደ ፡ ወሖረት ፡ ብሔሩ ፡ እንዘ ፡ ትሴብሖ ፡ ለእግዚአብሔር ፡ ወለሰማዕቱ ፡ ንጹሕ ፡ ወቅዱስ ፡ ዮልዮስ ፡ ሰማዕት ፡ ጸሎቱ ፡ ወበረከቱ ፡ የሀሉ ፡ ምስለ ፡ ፍቁሩ ፡ ዘወልደ ፡ ማርያም ፡ ለዓለመ ፡ ዓለም ፡ አሜን ።

፲፮ ። ተአምሪሁ ፡ ለቅዱስ ፡ ዮልዮስ ። ጸሎቱ ፡ ወበረከቱ ፡ የሀሉ ፡ ምስለ ፡ ፍቁሩ ፡ ዘወልደ ፡ ማርያም ፡ ለዓለመ ፡ ዓለም ፡ አሜን ።

ንዑ ፡ ይእዜ ፡ ከመ ፡ እንግርክሙ ፡ካዕበ ፡ ዘንተ ፡ ተአምረ ፡ ዐቢየ ፡ እንተ ፡ ተገብረ ፡ በመዋዕልየ ፡ ሊተ ፡ ለንዳይ ፡ እለ ፡ እስክንድሮስ ። ከመ ፡ ትሰብሕዎ ፡ ለእግዚአብሔር ፡ ወለቅዱስ ፡ ዮልዮስ ። ወሀለወት ፡ ምኔት ፡ ንእስት ፡ መልዕልተ ፡ ወግር ፡ በአፍአ ፡ እስክንድርያ ። ወባቲ ፡ መነኮሳይያት ፡ ደናግል ፡ ዘኍልቆን ፡ ፹ ። ወሀለዉ ፡ በጥቃ ፡ እሉ ፡ አድያም ፡ ነገድ ፡ እለ ፡ ይሰመዩ ፡ በርበራዊያን ። መጽኡ ፡ ኀበ ፡ ምስር ፡ ከመ ፡ ይትቃተሉ ፡ ምስለ ፡ ሮም ፡ እስመ ፡ ይእቲ ፡ ምኔት ፡ ዘሮማውያን ፡ ይእቲ ። ወኮነ ፡ ኍልቆሙ ፡ ፮፻፸ጽኑዓን ፡ ወኃያላን ፡ በውስተ ፡ ቀትል ፡ ወኵሎሙ ፡ አረሚ ፡ እሙንቱ ። ተንሥኡ ፡ ወዓር

ጐ ፡ ወዓገትዎሙ ፡ ለአህጉረ ፡ እስክንድርያ ፡ ወለኵሎሙ ፡ አድባራት ፡ እለ ፡ ሀለዉ ፡ በጥቃሃ ። ወከማሁ ፡ ቦኡ ፡ ኀበ ፡ ይእቲ ፡ ምኔት ፡ ንእስት ፡ ዘደናግል ፡ ወአመዝበሩ ፡ ኵሎ ፡ ዘውስቴታ ። ወሀለወት ፡ ህየ ፡ እምውስቴቶን ፡ ወለት ፡ ድንግል ፡ እንተ ፡ ኮኑ ፡ አቡሃ ፡ ወእማ ፡ በዕፅዋ ፡ ወገደፍዋ ፡ በደብር ፡ በእንተ ፡ ስመ ፡ ቅዱስ ፡ ዮልዮስ ፡ እንዘ ፡ ንእስት ፡ ይእቲ ፡ ዘመጠነ ፡ ፲ዓመት ። ወሶበ ፡ ርእይዋ ፡ በርበር ፡ አንበዙ ፡ ወተደሙ ፡ ፈድፋደ ፡ በእንተ ፡ ላህያ ፡ ወአርአያሃ ፡ ወስነ ፡ ሞገሳ ። ወተበሀሉ ፡ በበይናቲሆሙ ፡ በአማን ፡ ኢርኢነ ፡ ካልአ ፡ መልክዓ ፡ ዘከመ ፡ ዛ*ቲ ፡ ወለት ። ወአውፅእዋ ፡ እማእከለ ፡ አብያጺሃ ፡ እንዘ ፡ ይብሉ ፡ ምንተ ፡ ንግበር ፡ በዛቲ ። መንፈቆሙ ፡ ይብሉ ፡ ንትዓፀው ፡ ላዕሌሃ ፡ ወካልኡ ፡ ይብሉ ፡ ንሣየጣ ፡ በንዋይ ። ወመንፈቆሙ ፡ ይብሉ ፡ ነሀባ ፡ ለአውፋሪነ ፡ ሊቅ ፡ ብሂል ፡ ከመዝ ፡ ወዘይመስሎ ፡ ነገረ ። ኮኑ ፡ ይትበሀሉ ፡ ፩ምስለ ፡ ካልኡ ፡ እሙንቱ ፡ ከሐድያን ፡ በእንተ ፡ ይእቲ ፡ ድንግል ። እስመ ፡ ላቲሰ ፡ ኮነ ፡ ላቲ ፡ አሚን ፡ ወትውክልት ፡ ዐቢይ ፡ ዲበ ፡ ቅዱስ ፡ ዮልዮስ ፡ በኵሉ ፡ መዋዕለ ፡ ሕይወታ ፡ ወአሥዓለት ፡ ሥዕሎ ፡ ለቅዱስ ፡ በለውሐ ፡ ዕፅ ። ወአንበረቶ ፡ ውስተ ፡ ማኅደራ ፡ ከመ ፡ ይኩን ፡ ላቲ ፡ ረድኤተ ፡ ወኮነት ፡ ታሐቱ ፡ ቅድሜሁ ፡ ቀንዲለ ፡ ኵሎ ፡ አሚረ ። ወታምዕዝ ፡ በአፈው ፡ ወተዓጥኖ ፡ ዕጣነ ፡ ወታስተበቍዕ ፡ ኀቤሁ ፡ ከመ ፡ ያድኅና ፡ እመሣግረ ፡ ጸላኢ ። ወሶበ ፡ አኀዝዋ ፡ እሙንቱ ፡ አረሚ ፡ እመከን ፡ ዘሀለወት ፡ ባቲ ፡ ከመ ፡ ያውፅእዋ ፡ አንሥአት ፡ አዕይንቲሃ ፡ ኀበ ፡ ቅዱስ ፡ ዮልዮስ ፡ ወትቤ ፡ አእግዚእየ ፡ ቅዱስ ፡ ዮልዮስ ፡ ሰማዕተ ፡ ክርስቶስ ፡ ኩን ፡ ሊተ ፡ መስተቃትለ ፡ በዛቲ ፡ ዕለት ፡ ወአድኅነኒ ፡ እምእሉ ፡ ከሐድያን ፡ ከመ ፡ ኢያርኵሱ ፡ ድንግልናየ ። ወአንተ ፡ ዘታበጽሐኒ ፡ ኀበ ፡ እግዚአብሔር ። ወሶበ ፡ ፈቀዱ ፡ እሙንቱ ፡ ከሐድያን ፡ ከመ ፡ ይሰድዋ ፡ ኀበ ፡ ንጉሦሙ ። አውሥአቶሙ ፡ እንዘ ፡ ትብል ፡ ተዓገሡ ፡ ላዕሌየ ፡ ንስቲተ ፡ እስከ ፡ አሐውር ። ወአመጽእ ፡ ግብረ ፡ ሠናየ ፡ ለንጉሥክሙ ፡ ወናሁ ፡ ይከውን ፡ ንዋየ ፡ ብዙኃ ። ወእሙንቱሰ ፡ እምብዝኃ ፡ አፍቅሮቶሙ ፡ ኪያሃ ፡ ኮኑ ፡ ፍሡሐነ ፡ ሶበ ፡ ተናገረቶሙ ፡ በልሳን ፡ ጥ

* f. 76 v

ዑም ፡ ኀደግዋ ፡ ቃምጽእ ። ወበዊአ ፡ ውስተ ፡ ማኅደራ ፡ ይእቲ ፡ ማእምርት ፡ ወጠባብ ፡ ነሥአት ፡ ማኅወ ። ወመልአቶ ፡ ዘይት ፡ እምነ ፡ ቀንዲል ፡ ዘሀሎ ፡ ቅድመ ፡ ቅዱስ ፡ ዮልዮስ ፡ ወወፅአት ፡ ኀቤሆሙ ፡ እንዘ ፡ ትትፌሣሕ ፡ ወከነት ፡ ትብል ፡ በጊዜ ፡ ፀአታ ፤ አእግዚእየ ፡ ቅዱስ ፡ ዮልዮስ ፡ ቁም ፡ ምስሌየ ፡ እስከ ፡ እነሥእ ፡ አክሊለ ፡ ስምዕ ፡ ወእመጽእ ፡ ኀቤከ ፡ እንዘ ፡ ንጽሕት ፡ አነ ። ወዘንተ ፡ ብሂላ ፡ ቀብዓት ፡ ኵሎ ፡ አባላ ፡ እምነ ፡ ውእቱ ፡ ዘይት ፡ ወወፅአት ፡ ኀቤሆሙ ።

ወወሰድዋ ፡ ኀበ ፡ ሊቆሙ ። ወሶበ ፡ ርእያ ፡ አንበዘ ፡ በእንተ ፡ ንእሳ ፡ ወሥን ፡ አርአያሃ ። ወትቤሎ ፡ አንተኑ ፡ ርእሰ ፡ ዝንቱ ፡ ሕዝብ ፤ ወይቤላ ፡ እወ ። ወትቤሎ ፡ አበውየ ፡ እለ ፡ ሐፀኑኒ ፡ ኮኑ ፡ ዕደወ ፡ ፅኑዓን ፡ ወመስተቃትላን ፡ እሉ ፡ ወሀቡኒ ፡ ፈውሰ ፡ እንተ ፡ ኮኑ ፡ ይሰትይዎ ፡ እምቅድመ ፡ ይፃኡ ፡ ኀበ ፡ ፀብእ ። ወሶበ ፡ ይወፅኡ ፡ ውስተ ፡ ፀብእ ፡ ኮኑ ፡ ይሰትዩ ፡ እምኔሁ ፡ ወይቀብኡ ፡ ኵሎ ፡ አባሎሙ ፡ ወይወፅኡ ። ወበእንተዝ ፡ ኢረምሕ ፡ ወኢሐፅ ፡ ኢኮነ ፡ ዘይለክፎሙ ። ወአስይፍትኒ ፡ ቅድሜሆሙ ፡ ይትመሰው ፡ ከመ ፡ ሰምዕ ። ወአንተ ፡ ለእመ ፡ ወሀብከ ፡ ኵሎ ፡ ንዋየከ ፡ እምኢረከብከ ፡ ከማሁ ። ንሣእ ፡ ኪያሁ ፡ ወኅድገኒ ፡ እስመ ፡ አመተ ፡ እግዚአብሔር ፡ አነ ፡ ኢትግበር ፡ እኩየ ፡ ላዕሌየ ። ወለእመ ፡ ኢአመንከ ፡ ነገርየ ፡ አነ ፡ እስተይ ፡ እምኔሁ ፡ ወትሬኢ ። ወዘኮነ ፡ ዕኑዓ ፡ ወኃያለ ፡ እምነ ፡ ሠራዊትከ ፡ ለይምጻእ ፡ ወይቅረብ ፡ ኀቤየ ፡ ትሬኢ ፡ ዘከመ ፡ እፎ ፡ ይከውን ። ወከመ ፡ * f. 77 r ዕዳው ፡ እሬስዮ ፡ በቅድሜከ ፡ ከመ ፡ ይኩን ፡ ኀቤከ ፡ * ነግርየ ፡ እሙን ። ዘንተ ፡ ከመዝ ፡ ዘትቤ ፡ ይእቲ ፡ ድንግል ፡ በጥበብ ፡ ወምክር ፡ እምኀበ ፡ እግዚአብሔር ፡ አብደረት ፡ ቃቅትል ፡ ርእሳ ፡ እምያርኵስዋ ፡ አሕዛብ ። ወአርአየቶ ፡ ውእተ ፡ ዘይተ ፡ ወትቤሎ ፡ ናሁ ፡ ዝውእቱ ። ወሰትየት ፡ እምኔሁ ፡ ኅዳጠ ፡ ወቀብአት ፡ ኵሎ ፡ አባላ ። ወከነት ፡ ትጼሊ ፡ በውስተ ፡ ልባ ፡ ኀበ ፡ እግዚአብሔር ፡ ወቅዱስ ፡ ዮልዮስ ፡ እንዘ ፡ ትብል ፤ ቁም ፡ ምስሌየ ፡ በዛቲ ፡ ሰዓት ። ወአአንብዝ ፡ ልበ ፡ እሉ ፡ ከሐድያን ፡ እስከ ፡ እነሥእ ፡ አክሊለ ፡ ስምዕ ። ወፈጺማ ፡ ጸልዮ ፡

ትቤሎሙ ፡ ለእመቦ ፡ እምኔክሙ ፡ ዕኑዕ ፡ ወምስሌሁ ፡ ሰይፍ ፡ በሊሕ ፡ ያርኢ ፡ ኃይሎ ፡ ላዕሌየ ፡ ከመ ፡ ትፍትኑ ፡ ወታእምሩ ፡ ዘንተ ፡ ፈውሰ ፡ ዘከመ ፡ እፎ ፡ ውእቱ ።

ወሀሎ ፡ ፭ቀዊሞ ፡ ኀበ ፡ ርእሰ ፡ መኰንኖሙ ፡ መንገለ ፡ ድኅሬሁ ፡ ወጥቀ ፡ ጠቢብ ፡ ብእሲሁ ፡ አእመረ ፡ ከመ ፡ በምክር ፡ ገብረት ፡ ይእቲ ፡ ወለት ። አኀዘ ፡ ይክላህ ፡ ወይበል ፡ አእግዚእየ ፡ አኮኑ ፡ በምክር ፡ ዘትገብር ፡ ከመ ፡ ትትቀተል ፡ ወትሙት ፡ እምቅድመ ፡ ይማስን ፡ ድንግልናሃ ። ወበይእቲ ፡ ሰዓት ፡ መጽአ ፡ ቅዱስ ፡ ዮልዮስ ፡ ወቆመ ፡ ቅድመ ፡ ውእቱ ፡ ከሐዲ ፡ ወገብረ ፡ ልጓመ ፡ ውስተ ፡ አፉሁ ፡ ከመ ፡ ኢይፈጽም ፡ ነገረ ፡ ዘወጠነ ፡ እስከ ፡ ይመትሩ ፡ ርእሳ ።

ወፍጡነ ፡ ቀነጸ ፡ ወሰረረ ፡ ወሬዛ ፡ ዕኑዕ ፡ ወምስሌሁ ፡ ሰይፍ ፡ ምሉሕ ፡ ዘያንጸበርቅ ፡ ከመ ፡ ይክልላ ፡ ለወለት ፡ ድንግል ። ወይእቲሰ ፡ ቅድስት ፡ ሜጠት ፡ ገጻ ፡ በፈቃዳ ። ወአስሐወት ፡ ቆብዓ ፡ ወመጠወት ፡ ክሳዳ ። ወከልሐት ፡ እንዘ ፡ ትብል ፡ ዝብጥ ፡ በኵሉ ፡ ኃይልከ ፡ ወኢትምሐክ ። ወዘበጣ ፡ ለቅድስት ፡ ድንግል ፡ ወመተረ ፡ ርእሳ ።

ወውእቱሰ ፡ ወሬዛ ፡ ዘአእመረ ፡ ምክራ ፡ ለወለት ፡ ዘከመ ፡ ገብረት ፡ በጥበብ ፡ ኮነ ፡ ይትአመን ፡ ወይምሕል ፡ ዐቢየ ፡ መሐላ ፡ እንዘ ፡ ይብል ፡ እስመ ፡ አነ ፡ እገብር ፡ ኵሎ ፡ ዘአዘዝከኒ ። ወእሁብ ፡ ፪፻ዲናረ ፡ ለቤተ ፡ ክርስቲያንከ ፡ ቅድስት ። ወሶበ ፡ ይቤ ፡ ከመዝ ፡ ኃደጎ ፡ ቅዱስ ፡ ዮልዮስ ፡ እስመ ፡ አልፀቀ ፡ ለመዊት ፡ እምነ ፡ ብዙኅ ፡ ምንዳቤ ፡ እንተ ፡ ኮነት ፡ ላዕሌሁ ። ወወዓለ ፡ ፪ዕለታተ ፡ እንዘ ፡ ግዱፍ ፡ ከመ ፡ ምውት ፡ ወሶበ ፡ ተመይጠ ፡ ልቡ ፡ ኀቤሁ ፡ አዘዘ ፡ ከመ ፡ ይሚጡ ፡ ኵሎ ፡ ዘነሥኡ ፡ እምደብረ ፡ ደናግል ። ወወሀበ ፡ ሥጋሃ ፡ ለአኃቲሃ ፡ ደናግል ፡ ወወሀበን ፡ አልባሰ ፡ ክቡረ ፡ ወአፈዋተ ፡ ወአዘዘን ፡ ከመ ፡ ይግንዝሃ ፡ በክብር ፡ ግንዘተ ፡ ሠናየ ፡ በከመ ፡ ይደሉ ። ወእምድኅረ ፡ ገነዝሃ ፡ ቀበሩሃ ፡ እማንቱ ፡ አኃት ፡ ወእምዝ ፡ ወሀበ ፡ ፪፻ዲናረ ፡ ለቤተ ፡ ክርስቲያን ፡ ወብዙኃ ፡ አምኃ ፡ ወሖረ ፡ ብሔሮ ፡ በሰላም ። ወኵሉ ፡ ዘሰምዓ ፡ ሰብሐ ፡ ለእግዚአብሔር ፡ ወለሰማዕቱ ፡ ቅዱስ ፡ ዮልዮስ ። ወደናግልኒ ፡ ሶበ ፡ ርእያ ፡ ድኂነ ፡ እንተ ፡ ረከበቶን ፡ እምኀበ ፡ እ

ግዚአብሔር ፡ ወቅዱስ ፡ ዮልዮስ ፡ አእኰታሁ ፡ ለእግዚእነ ፡ ኢየሱስ ፡ ክርስቶስ ፡ ወለሰማዕቱ ፡ ንጹሕ ፡ ዮልዮስ ፡ ታቦተ ፡ መንፈስ ፡ ቅዱስ ። ጸሎቱ ፡ ወበረከቱ ፡ የሀሉ ፡ ምስለ ፡ ፍቁሩ ፡ ዘወልደ ፡ ማርያም ፡ ለዓለመ ፡ ዓለም ፡ አሜን ።

ክፍል ፡ ፲፯ ። ተአምሪሁ ፡ ለቅዱስ ፡ ዮልዮስ ፡ ሰማዕተ ፡ እግዚእነ ፡ ኢየሱስ ፡ ክርስቶስ ። ጸሎቱ ፡ ወበረከቱ ፡ የሀሉ ፡ ምስለ ፡ ፍቁሩ ፡ ዘወልደ ፡ ማርያም ፡ ለዓለመ ፡ ዓለም ፡ አሜን ፡ ወአሜን ።

* f. 77 v * ወከዕበ ፡ ስምዑ ፡ ዘኮነ ፡ እስመ ፡ ነገድ ፡ ተንሥኡ ፡ እመንገለ ፡ ጥቃ ፡ አፍሪቅያ ፡ እንተ ፡ ዘእምጽአህጉር ፡ ብዙኃን ፡ ጥቀ ፡ ወስመ ፡ እግዚአሙ ፡ ይብልዎ ፡ ቀርሶን ፡ ኃያል ፡ ወፅኑዕ ፡ ወኃሣሤ ፡ ፀብእ ፡ ብእሲሁ ። ወሰበ ፡ ሰምዓ ፡ ዜናሃ ፡ ለሀገር ፡ ዓባይ ፡ እለ ፡ እስክንድርያ ፡ ተንሥአ ፡ ወነሥአ ፡ አሕማረ ፡ ወፀዓነ ፡ ዲቤሆሙ ፡ ፪፻፹ዕደወ ። ወሖረ ፡ ሀገረ ፡ እስክንድርያ ፡ እንዘ ፡ ይፈቅድ ፡ አመዝብሮታ ። ወሰበ ፡ ቀርቡ ፡ ደንገፁ ፡ ኵሎሙ ፡ ሰብአ ፡ ሀገር ፡ በእንተ ፡ ብዝኃ ፡ ሠራዊት ፡ እለ ፡ እሙንቱ ፡ ከመ ፡ ኆፃ ፡ ባሕር ። ወሕዝብሰ ፡ ምእመናን ፡ ቦኡ ፡ ፍጡነ ፡ ውስተ ፡ ቤተ ፡ ክርስቲያን ፡ ዘቅዱስ ፡ ዮልዮስ ፡ ዐቢያን ፡ እምኔሆሙ ፡ ወንኡሳን ፡ ወወድቁ ፡ ዲበ ፡ ሥጋሁ ፡ ወተአምኆዎ ፡ እንዘ ፡ እሙንቱ ፡ ይኬልሑ ፡ በዓቢይ ፡ ቃል ፡ ወይብሉ ፤ አሰማዕተ ፡ ክርስቶስ ፡ ቅዱስ ፡ ዮልዮስ ፡ ናስተበቍዓከ ፡ ከመ ፡ ትስአሎ ፡ ለእግዚአብሔር ፡ በእንቲአነ ፡ ከመ ፡ ይዝሩ ፡ እምኔነ ፡ ዘንተ ፡ ግብረ ፡ ዕፁበ ። ወከመ ፡ ኢይረስ[ይ]ዋ ፡ ለሀገርነ ፡ ዛቲ ፡ ምዝብርተ ፡ ወብዱተ ። መሐልነ ፡ በዝንቱ ፡ ስብሐት ፡ ዘየዓውደከ ፡ ለእመ ፡ አድኃንከነ ፡ ንሁብ ፡ ለቤተ ፡ ክርስቲያንከ ፡ ፳፻ዲናረ ፡ አፈወ ፡ ወዕጣነ ፡ ብዙኃ ። ነአምር ፡ ከመ ፡ አንተ ፡ ትክል ፡ ገቢረ ፡ ኵሎ ፡ ዘፈቀድከ ፡ ወአልቦ ፡ ዘይሰአነከ ። ወእምድኅረ ፡ ይቤሉ ፡ ከመዝ ፡ ሰበ ፡ አንሥኡ ፡ አዕይንቲሆሙ ፡ ርእይዎ ፡ ለቅዱስ ፡ ዮልዮስ ፡ ተፅዒኖ ፡ ዲበ ፡ ሰረገላ ፡ ብርሃን ፡ ወብዙኃን ፡ ሐራ ፡ መንፈሳውያን ፡ እንዘ ፡ የዓውድዎ ፡ ተመሲሎ ፡ ንጉሠ ፡ ግሩመ ፡ ሖረ ፡ ኀቤሆሙ ፡ ወተቀበሎ ፡ ምስለ ፡ ሠራዊቱ ፡ ለውእቱ ፡ ከሐዲ ፡ ዘውእቱ ፡ ቀርሶን ። ወበጺሖ ፡ ዓቀመ ፡ አሕማሪሆሙ ፡

ውስተ ፡ ባሕር ፡ ወአውረደ ፡ ላዕሌሆሙ ፡ ዐቢየ ፡ ድንጋጼ ፡ ወረዓደ ፡ ወሁከተ ፡ ብዙኃ ። ወረሰየ ፡ ላዕሌሆሙ ፡ ዐቢየ ፡ ቊረ ፡ ከመ ፡ አመ ፡ መዋዕለ ፡ ታኅሣሥ ፡ ወጥር ። ወኮኑ ፡ ከመ ፡ እንተ ፡ ዘሰተርዎ ፡ ወሠጠቅዎ ፡ ወወርኁሰ ፡ ወርኃ ፡ ግንቦት ፡ ውእቱ ። ወአፍርሆሙ ፡ ቅዱስ ፡ በሰይፈ ፡ እሳት ፡ ወመሐለ ፡ ሎሙ ፡ እንዘ ፡ ይብል ፡ ሕያው ፡ ውእቱ ፡ እግዚአብሔር ፡ ለእመ ፡ ወሰቀ ፡ ቀስቶ ፡ ፩እምኔክሙ ፡ ወፈነወ ፡ ፩ሐፀ ፡ ከመ ፡ ይንድፍ ፡ ቦቱ ፡ ፩እምሰብአ ፡ ዛቲ ፡ ሀገር ። አው ፡ ይመልሕ ፡ ሰይፎ ፡ ከመ ፡ ይዝብጥ ፡ ወይቅትል ፡ ቦቱ ፡ ፩እምሰብአ ፡ ዛቲ ፡ ሀገር ። አነ ፡ አጠፍአክሙ ፡ በዝንቱ ፡ ሰይፈ ፡ እሳት ፡ ዘውስተ ፡ እዴየ ። ወእሬሲ ፡ ባሕር ፡ ወማዕበል ፡ ወሞገድ ፡ ይትነሣእ ፡ ላዕሌከ ፡ አቀርሶን ፡ ለከ ፡ ወለሠራዊትከ ፡ ኵሎሙ ፡ ያሠጥመክሙ ፡ ወኢይተርፍ ፡ ፩እምኔክሙ ፡ አላ ፡ ትጠፍኡ ። ወቀርሶንሰ ፡ ሰበ ፡ ሰምዓ ፡ ነገሮ ፡ ለቅዱስ ፡ እምብዝኃ ፡ ፍርሃት ፡ ወረዓድ ፡ ከልሐ ፡ እንዘ ፡ ይብል ፡ መኑ ፡ አንተ ፡ አእግዚእየ ፡ ወዝንቱ ፡ ስብሐት ፡ ዘየዓውደከ ። ርዕደ ፡ ኵሉ ፡ መለያልየ ፡ እምነጽሮትከ ። አንተኑ ፡ አምላከ ፡ ሰብአ ፡ ዛቲ ፡ ሀገር ፡ ዘትትቃተል ፡ ወትፀብእ ፡ ሎሙ ። መሐልኩ ፡ በስብሐት ፡ ዘየዓውደከ ፡ ለእመ ፡ አእተትከ ፡ ዘንተ ፡ ፍርሀተ ፡ ወረዓደ ፡ እምላዕሌየ ፡ ወታወፅእ ፡ አሕማርየ ፡ በዳኅና ፡ ኢይትመየጥ ፡ እምዝ ፡ ዳግ*መ ፡ ለተቃትሎታ * f. 78 r ፡ ለዛቲ ፡ ሀገር ፡ እስከ ፡ ለዓለም ። ዳእሙ ፡ አነ ፡ እትከየዶሙ ፡ ከመ ፡ ትኩን ፡ ሰላም ፡ ማእከሌየ ፡ ወማእከሌሆሙ ፡ በኵሉ ፡ መዋዕለ ፡ ሕይወትየ ። ወይቤሎ ፡ ቅዱስ ፡ ጸሐፍ ፡ ሊተ ፡ በእዴከ ፡ መጽሐፈ ፡ ስምዕ ፡ ከመ ፡ አንተ ፡ ኢትገብር ፡ ላዕሌሆሙ ፡ እኩየ ፡ ወአነ ፡ አወዕአከ ፡ እምዝንቱ ፡ ምንዳቤ ። ወይቤሎ ፡ ቀርሶን ፡ እስመ ፡ ርዑድ ፡ ወድንጉፅ ፡ አነ ። ወተአስረ ፡ ኵሉ ፡ ሥጋየ ፡ እምብዝኃ ፡ ፍርሃት ፡ በቊር ፡ ወኢይክል ፡ ጽሒፈ ። እመሰ ፡ ታክህለኒ ፡ ጽሒፈ ፡ ፈቃድከ ፡ ለይኩን ። ወቅዱስኒ ፡ አእተተ ፡ እምኔሁ ፡ ፍርሃተ ፡ ወቊረ ። ወጸሐፈ ፡ ስሞ ፡ ወወሀበ ፡ ትእምርተ ፡ ተዓርቆ ፡ ከመ ፡ ኢይደግም ፡ ይግበር ፡ ቦሙ ፡ እኩየ ።

ወከዕበ ፡ ይቤሎ ፡ ቀርሶን ፡ ለቅዱስ ፡ እስእለከ ፡ ከመ ፡ ትንግረኒ ፡

መኑ ፡ አንተ ፡ ወመኑ ፡ ስምከ ። ወከመ ፡ ታብሐኒ ፡ እባእ ፡ ውስተ ፡ ዛቲ ፡ ሀገር ፡ ከመ ፡ እርአያ ፡ ወትኩን ፡ ሊተ ፡ አምላከ ፡ በከመ ፡ ክንከሙ ፡ ለሰብአ ፡ ዛቲ ፡ ሀገር ። እስመ ፡ አንተ ፡ ዕኑዕ ፡ ወኃያል ፡ ጥቀ ። ወቅዱስኒ ፡ ይቤሎ ፡ አኮ ፡ አነ ፡ አምላክ ። ዳእሙ ፡ ገብረ ፡ አምላክ ፡ አነ ፡ ወስምየ ፡ ዩልዮስ ። ወዘንተ ፡ እምድኅረ ፡ ይቤሎ ፡ ቅዱስ ፡ ነሥአ ፡ እምኔሁ ፡ መጽሐፈ ፡ ትእምርተ ፡ ተዓርቆ ፡ ወገቢረ ፡ ሰላም ፡ ወተሰወረ ፡ እምኔሁ ። ወእምዝ ፡ ወሰደ ፡ ውእተ ፡ መጽሐፈ ፡ ኀበ ፡ አንገለጉ ፡ ኵሎሙ ፡ ሰብአ ፡ እስክንድርያ ፡ ምስለ ፡ መኰንኖሙ ፡ እምፍርሃተ ፡ እሉ ፡ አረሚ ። ወገደፈ ፡ ቅድሜሆሙ ፡ ወሖረ ፡ መኰንን ። ወሕዝብ ፡ ሶበ ፡ ርእዩ ፡ ውእተ ፡ መጽሐፈ ፡ ተዓርቆ ፡ ወሰላም ፡ አንከሩ ፡ ወአእመሩ ፡ ከመ ፡ ቅዱስ ፡ ዩልዮስ ፡ ውእቱ ፡ ዘተመጠወ ፡ ሎሙ ፡ ውእተ ፡ መጽሐፈ ፡ ኪዳን ። አንከሩ ፡ ወሰብሕዎ ፡ ለእግዚአብሔር ፡ ወ ለሰማዕቱ ፡ ንጹሕ ፡ ወቅዱስ ፡ ዩልዮስ ።

ወካዕበ ፡ ተከሥተ ፡ ቅዱስ ፡ ዩልዮስ ፡ ለመኰንን ፡ እንዘ ፡ ውእቱ ፡ ንውም ፡ በሌሊት ። ወይቤሎ ፡ ተንሢአከ ፡ በጽባሕ ፡ ተቀበሎ ፡ ለዝንቱ ፡ ቀርሶን ፡ ወኢትፍራህ ፡ እምኔሁ ። እስመ ፡ አነ ፡ አባሕክዎ ፡ ከመ ፡ ይባእ ፡ ዛተ ፡ ሀገረ ። ወዘንተ ፡ ብሂሎ ፡ ተሰወረ ፡ እምኔሁ ። ወጸቢሖ ፡ ቦአ ፡ ቀርሶን ፡ ውስተ ፡ ሀገር ፡ ወወፅኡ ፡ ኀቤሁ ፡ ኵሎሙ ፡ ወተቀበልዎ ፡ በሰላም ። ወአክበርዎ ፡ ወአስተዳለዉ ፡ ሎቱ ፡ ማኅደረ ። ወሶበ ፡ ርእያ ፡ ለሀገር ፡ አንከረ ፡ በእንተ ፡ አዳም ፡ አርአያሃ ፡ ወሕንፀታ ፡ ወሠርጓቲሃ ፡ ወሕዋራቲሃ ፡ ወምንባራቲሃ ። ወዜነዎ ፡ ለመኰንን ፡ ኵሎ ፡ ዘይቤሎ ፡ ቅዱስ ፡ ዩልዮስ ፡ ወእምዝ ፡ ወሰድዎ ፡ ኀበ ፡ ቤተ ፡ ክርስቲያን ፡ ከመ ፡ ይርአያ ። ወበዊአ ፡ ሶበ ፡ ርእያ ፡ አንከረ ፡ ሞገሳ ፡ ወሥነ ፡ ሕንጼሃ ። ወአስተዓፀበ ፡ ሥርዓተ ፡ ዘሀሎ ፡ ውስቴታ ፡ ወአኀዘ ፡ ድንጋጼ ። ወይቤ ፡ በአማን ፡ ዝንቱ ፡ ውእቱ ፡ ቤተ ፡ እግዚአብሔር ። ወርእዮ ፡ ሥጋሁ ፡ ለቅዱስ ፡ ዩልዮስ ፡ ይቤ ፡ መኑ ፡ ውእቱ ፡ ዝንቱ ። ወይቤሎ ፡ መኰንን ፡ ዝንቱ ፡ ሥጋሁ ፡ ለዘአስተርአየ ፡ ለከ ፡ ወሥጋ ፡ ወልዱ ፡ ወዘእኁሁ ። ወናሁ ፡ ውእቱ ፡ ሥዕሎሙ ። ወሶበ ፡ ርእየ ፡ ቀርሶን ፡ ሥዕሎ ፡ ለቅዱስ ፡ ዩልዮስ ፡ ይቤ ፡ ዝንቱኑ ፡ ው

እቱ ፡ ንጉሠ ፡ ዛቲ ፡ ሀገር ። ወይቤሎ ፡ መኰንን ፡ እወ ፡ ዝንቱ ፡ ውእቱ ፡ አበ ፡ ኵሎሙ ፡ ነገሥት ፡ ወመኳንንት ፡ ወመሳፍንት ። ወይቤ ፡ ቀርሶን ፡ በአማን ፡ አስተርአየ ፡ ሊተ ፡ በክብር ፡ ወበዓቢይ ፡ ግርማ ። ወሶቤሃ ፡ አዘዘ ፡ ከመ ፡ * ያምጽኡ ፡ ሎቱ ፡ ፴፪ዲናረ ፡ ወወሀበ ፡ ለቤተ ፡ ክርስቲያን ። ወአፈዋተኒ ፡ ብዙኀ ፡ ወወዓለ ፡ ፫ዕለታተ ፡ እንዘ ፡ ይበልዕ ፡ ወይሰቲ ፡ ውስተ ፡ ይእቲ ፡ ቤተ ፡ ክርስቲያን ፡ በእንተ ፡ ሞገሳ ። ወሶነ ፡ አርአያሃ ፡ ወሥርጋዌሃ ፡ ወአምጽአ ፡ ሠዓሌ ፡ ጠቢበ ። ወሠዓለ ፡ ሎቱ ፡ ሥዕሎ ፡ ለቅዱስ ፡ ዮልዮስ ፡ በወርቅ ። ወነሥኦ ፡ ምስሌሁ ፡ ከመ ፡ ይኩኖ ፡ ረድኤተ ፡ ወኀይለ ። ወእምዝ ፡ ሖረ ፡ በሰላም ፡ ብሔሮ ፡ እንዘ ፡ ይሴብሖ ፡ ለእግዚአብሔር ፡ እግዚእነ ፡ ኢየሱስ ፡ ክርስቶስ ፡ ወለብፁዕ ፡ ዮልዮስ ፡ ሰማዕት ፡ መንፈስ ፡ ቅዱስ ። ጸሎቱ ፡ ወበረከቱ ፡ የሀሉ ፡ ምስለ ፡ ፍቁሩ ፡ ዘወልደ ፡ ማርያም ፡ ለዓለመ ፡ ዓለም ፡ አሜን ። ወአሜን ። * f. 78 v

ክፍል ፡ ፲፰ ። ተአምሪሁ ፡ ለቅዱስ ፡ ዮልዮስ ፡ ሰማዕት ፡ ኢየሱስ ፡ ክርስቶስ ። ጸሎቱ ፡ ወበረከቱ ፡ የሀሉ ፡ ምስለ ፡ ፍቁሩ ፡ ዘወልደ ፡ ማርያም ፡ ለዓለመ ፡ ዓለም ፡ አሜን ።

ወእንዘ ፡ ሀለወ ፡ ቀርሶን ፡ ወአብያጺሁ ፡ እንዘ ፡ ይትፌሥሑ ፡ ውስተ ፡ ቤተ ፡ ክርስቲያን ። አንሥአ ፡ አዕይንቲሁ ፡ ፩እምሐራሁ ። ወርእየ ፡ ሥዕለ ፡ ክርስቶስ ፡ መድኀኒነ ፡ ሥዑለ ፡ ዲበ ፡ አረፍት ፡ ወዘከመ ፡ ከነ ፡ ስቁለ ፡ ዲበ ፡ ዕፀ ፡ መስቀል ። ወዘከመ ፡ ሐራዊ ፡ ረገዘ ፡ ገቦሁ ፡ ዘየማን ። ወይቤሎ ፡ ለ፩ብእሲ ፡ እምሕዝበ ፡ ክርስቲያን ፡ መኑ ፡ ውእቱ ፡ ዝንቱ ። ወይቤሎ ፡ ውእቱ ፡ ክርስቲያናዊ ፡ ዝውእቱ ፡ አምሳሊሁ ፡ ለመድኀኒነ ፡ አመ ፡ ከነ ፡ ስቁለ ፡ ዲበ ፡ ዕፀ ፡ መስቀል ፡ በእንተ ፡ ሕይወተ ፡ ኵሉ ፡ ዓለም ። ወሶቤሃ ፡ ነሥአ ፡ ኵናቶ ። ወአንበሩ ፡ በገቦ ፡ መድኀኒነ ፡ ዘፀጋም ። ወዝንቱ ፡ ዘኮነ ፡ አመ ፡ ፲ወ፪ለግንቦት ፡ ወጊዜሁኒ ፡ ጊዜ ፡ ቅዳሴ ፡ ዘቍርባን ። ወመኰንነ ፡ ሀገር ፡ ወቀርሰን ፡ ወእለ ፡ ምስሌሁ ፡ እንዘ ፡ ንቡራን ፡ ውስተ ፡ ቤተ ፡ ክርስቲያን ። ወበውእቱ ፡ ሰዓት ፡ ጠግዓ ፡ ውእቱ ፡ ኵናት ፡ ውስተ ፡ ገቦ ፡ ሥዕል ፡ ወአኀዘ ፡ እንበለ ፡ ኀዲግ ። አይ ፡ ተአምር ፡ እንተ ፡ ኮነት ፡ በይእቲ ፡ ጊዜ ፡

እስመ ፡ መድኃኒነ ፡ ኢየሱስ ፡ ክርስቶስ ፡ ፈነዎ ፡ ለቅዱስ ፡ ዮልዮስ ፡ ወ
ረገዘ ፡ ለውእቱ ፡ ከሐዲ ፡ ወሠጠቆ ።

ወኮነ ፡ ደዌ ፡ ዓቢይ ፡ ላዕሌሁ ፡ እንዘ ፡ ያንድድ ፡ አባሎ ፡ ወጠግዓ ፡
እዴሁ ፡ ለውእቱ ፡ ብእሲ ፡ ምስለ ፡ ኵናቱ ፡ ወኢሐለየ ፡ መኑሂ ፡ ፩
እስመ ፡ ሀሎ ፡ ውስተ ፡ ሕዋረ ፡ ቤተ ፡ ክርስቲያን ፡ ላዕላይ ። ወእም
ዝ ፡ ከልሐ ፡ ከመ ፡ ይስምዕዎ ፡ ሕዝብ ። ወተሰቅለ ፡ በአእጋሪሁ ፡ ወ
ወዓለ ፡ አሐተ ፡ ዕለተ ፡ እንዘ ፡ ጽዑር ፡ ውእቱ ። ወኮነ ፡ እንዘ ፡ ይኬ
ልሕ ፡ ወይብል ፡ ተረገዝኩ ፡ ወቈሰልኩ ፡ ገቦየ ፡ እምነ ፡ ዝንቱ ፡ ዘዕ
ውን ፡ ዲበ ፡ ዝንቱ ፡ ፈረስ ፡ ዘሀሎ ፡ ማእከለ ፡ እሉ ፡ ፪ ። አይ ፡ ክላ
ሀ ፡ ዘኮነ ፡ በውእቱ ፡ ጊዜ ፡ እምሕዝብ ፡ ናዝራዊያን ፡ ወእምነ ፡ ሕዝ
ብ ፡ አረማዊያን ፡ እንዘ ፡ ይጸርሑ ፡ ወይሴብሕዎ ፡ ለእግዚአብሔር ፡
ወለሰማዕቱ ፡ ንጹሕ ፡ ወቅዱስ ፡ ዮልዮስ ። ውእቱሰ ፡ ወሬዛ ፡ ኮነ ፡ ፍ
ቁረ ፡ ወኅሩየ ፡ በኀበ ፡ ቀርሶን ፡ በእንተ ፡ ቀትሉ ፡ ወዕንዑ ፡ ወኃይሉ ፡
ወመዊኦቱ ፡ በውስተ ፡ ፀብእ ። ወሶበ ፡ ርእየ ፡ ንዴቶ ፡ ወቃለ ፡ ጽራ
ሑ ፡ ተሀውከ ፡ ልቡ ፡ ብዙኃ ፡ በእንቲአሁ ፡ ወሰአሎሙ ፡ ቀርሶን ፡ ለ
መኰንነ ፡ ሀገር ፡ ወለዓበይቱ ፡ ከመ ፡ ይስአልዋሙ ፡ ለሕዝብ ፡ ወለካ
* f. 79 r ህናት ። ካህናትኒ ፡ ወሕዝብ ፡ ከመ ፡ ይስአልዎ ፡ ለቅዱስ ፡ ዮልዮስ ፡
ሰማዕት ፡ ከመ ፡ ይምሐሮ ፡ ወይሣሃሎ ። * ወእምድኅረ ፡ ብዙኅ ፡ ስእለ
ት ፡ ተሠሃሎ ፡ ወአውረዶ ፡ እንዘ ፡ ርዑድ ፡ ወድንጉፅ ። ወወሀቡ ፡ በ
እንቲአሁ ፡ አምኃ ፡ ወመባአ ፡ ብዙኃ ፡ ለይእቲ ፡ ቤተ ፡ ክርስቲያን ።
ወሖሩ ፡ ኀበ ፡ በሐውርቲሆሙ ፡ እንዘ ፡ ይሴብሕዎ ፡ ለእግዚአብሔር ፡
ወለቅዱስ ፡ ዮልዮስ ። ወመኰንነ ፡ ሀገርሰ ፡ ሶበ ፡ ርእየ ፡ ድኂነ ፡ እመ
ዓተ ፡ ውእቱ ፡ አረሚ ፡ ዘውእቱ ፡ ቀርሶን ፡ ወሀበ ፡ እሎንተ ፡ ፳፻ዲና
ራተ ፡ እንተ ፡ ኮነ ፡ በዕፆሙ ፡ ቀዳሚ ፡ ለቤተ ፡ ክርስቲያን ፡ ዘቅዱስ ፡
ዮልዮስ ፡ ወኮነ ፡ እንዘ ፡ ይሴብሐ ፡ ለእግዚአብሔር ፡ ወለሰማዕቱ ፡ ን
ጹሕ ፡ ዮልዮስ ፡ ምሉአ ፡ ጥበብ ፡ ወአእምሮ ፡ ዘገነዘሙ ፡ ለሰማዕታት ፡
በአክብሮ ፡ ፍቅረ ፡ ክርስቶስ ፡ ተዘኪሮ ። ጸሎቱ ፡ ወበረከቱ ፡ የሀሉ ፡
ምስለ ፡ ፍቁሩ ፡ ዘወልደ ፡ ማርያም ፡ ለዓለመ ፡ ዓለም ፡ አሜን ።

ክፍል ፡ ፲፱ ። ተአምሪሁ ፡ ለቅዱስ ፡ ዮልዮስ ፡ ሰማዕት ፡ ኢየሱስ ፡

ክርስቶስ ። ጸሎቱ ፡ ወበረከቱ ፡ የሀሉ ፡ ምስለ ፡ ፍቁሩ ፡ ዘወልደ ፡ ማርያም ፡ ለዓለመ ፡ ዓለም ፡ አሜን ።

ስምዑ ፡ ዘንተ ፡ ዐቢየ ፡ ተአምረ ፡ እንተ ፡ ኮነ ፡ እምኀበ ፡ እግዚአብሔር ፡ ወሰማዕቱ ፡ ንጹሕ ፡ ቅዱስ ፡ ዮልዮስ ። ወሀሎ ፡ ፩ብእሲ ፡ አይሁዳዊ ፡ በሀገረ ፡ እስክንድርያ ፡ ባዕል ፡ ጥቀ ፡ በወርቅ ፡ ወበብሩር ፡ ወበኵሉ ፡ ዘይትፈቀድ ፡ ወዐቢይ ፡ መሠርይ ፡ ብእሲሁ ። ኮነ ፡ እንዘ ፡ ይነግድ ፡ በርእሰ ፡ ቀቡራን ፡ ወይሠይጥ ፡ ለአብዕልት ፡ ምድር ። ወይሁብዎ ፡ በእንቲአሁ ፡ ብዙኃ ፡ ንዋየ ። ወብዙኃን ፡ ይብሉ ፡ እስመ ፡ ርእሰ ፡ ቀቡራንአ ፡ ረባሕ ፡ ቦቱ ። ወሰብእ ፡ እለ ፡ አስተዳለዉ ፡ ነፍሶሙ ፡ ለሐጕል ፡ ወለአቡሆሙ ፡ ሰይጣን ፡ ኮኑ ፡ ይገብሩ ፡ ሥራየ ፡ በሕፃናት ፡ ዘበኵር ። ይነሥእዎሙ ፡ ወይወስድዎሙ ፡ ውስተ ፡ ገዳም ፡ ውሣጣይ ፡ መካን ፡ ኀበ ፡ ኢነበሮ ፡ ሰብእ ፡ ወኢበጽሐ ፡ ግሙራ ። ይከርዩ ፡ ግበ ፡ በመዋዕለ ፡ ሐጋይ ። ወያወርድዎሙ ፡ ውስቴታ ፡ ወይቀብርዎሙ ፡ ወይመልእዎ ፡ ኖፃ ፡ እስከ ፡ ብረኪሆሙ ፡ አው ፡ እስከ ፡ መታክፍቲሆሙ ። ወየዓቅብዎሙ ፡ መዓልተ ፡ ወሌሊተ ። ወኢይሁብዎሙ ፡ ዘይበልዑ ፡ ወይሰትዩ ። ወለእመ ፡ በከየ ፡ ሕፃን ፡ ወይብል ፡ ርኁብ ፡ አነ ፡ ኢይትመየጡ ፡ ኀቤሁ ። ወለእመ ፡ ከልሐ ፡ ወይቤ ፡ ጽሙዕ ፡ አነ ፡ ይነሥኡ ፡ ኀዳጠ ፡ ማየ ፡ ወይረቅይዎ ፡ መዝራዕቶ ፡ ወርእሶ ። ወሶበ ፡ ጐንደየ ፡ ከመዝ ፡ ውእቱ ፡ ሕፃን ፡ በዝንቱ ፡ ምንዳቤ ፡ በረኃብ ፡ ወበጽምዕ ፡ በቍረ ፡ ሌሊት ፡ ወበሐሩረ ፡ መዓልት ፡ እስከ ፡ ትወፅእ ፡ ነፍሱ ። ወለእመ ፡ ርእይዎ ፡ ከመ ፡ ቀርበ ፡ ለመዊት ፡ ወአዕይንቲሁ ፡ ተሐምጋ ፡ ወኮና ፡ ከመ ፡ ደም ። ወልሳኑ ፡ ጠግዓ ፡ በጕርዔሁ ። ውእተ ፡ ጊዜ ፡ ያስተፋጥኑ ፡ ወይመትሩ ፡ ርእሶ ፡ እምቅድመ ፡ ይሙት ። ወእምዝ ፡ ያውዕዩ ፡ ሥጋሁ ፡ በእሳት ። ውእተ ፡ ጊዜ ፡ ይትናገሩ ፡ ሰይጣናት ፡ በርእሰ ፡ ቀቡራን ፡ ዲበ ፡ ኖፃ ። ወበስሕተቶሙ ፡ ብዙኃ ፡ ያስሕቱ ፡ ብዙኃነ ፡ በግብሮሙ ፡ ሰይጣናዊ ፡ በዘያመጽኡ ፡ ሎሙ ፡ ትምህርታተ ፡ ወምሳሌያተ ፡ ሐሰት ።

ወሀለወት ፡ ብእሲት ፡ አይሁዳዊት ፡ በሀገረ ፡ እስክንድርያ ፡ ዘነበረት ፡ ምስለ ፡ ምታ ፡ ፶ወ፬ዓመተ ፡ ዘእንበለ ፡ ውሉድ ። ወእምዝ ፡ ወለደ

* f. 79 v ት ፡ ሕፃን ፡ ተባዕት ፡ ዘአዳም ፡ ሥን ፡ ሬዕዩ ፡ ወሐፀንቶ ፡ ሠናየ ፡ ሕፅንተ ። ወሰበ ፡ በጽሐ ፡ ኀበ ፡ መጠነ ፡ ትምህርት ፡ ወሀብዎ ፡ ለመ*ምህር ። ወአሐተ ፡ ዕለተ ፡ እምዕለታት ፡ ወፅአ ፡ ከመ ፡ ይትለሐይ ፡ ወረከበ ፡ ዝኩ ፡ መሰርይ ። አኀዞ ፡ ወወሰዶ ፡ ውስተ ፡ ውእቱ ፡ መካነ ፡ በድው ፡ በከመ ፡ ነገርነ ፡ ቀዳሚ ። ወአቡ ፡ ወእሙ ፡ ይጸንሑ ፡ ምጽአቶ ፡ እምኀበ ፡ መምህሩ ። ሎሙሰ ፡ ይመስሎሙ ፡ ዘሀሎ ፡ ኀበ ፡ መምህሩ ፡ ወተዓገሡ ፡ አሐተ ፡ ዕለተ ፡ ወክልኤተ ፡ ወሣልሲተ ። ወሶበ ፡ ጐንደየ ፡ ምጽአቱ ፡ ተንሥኡ ፡ አቡሁ ፡ ወእሙ ፡ ወዖዱ ፡ ኵሎ ፡ መካናተ ፡ ወኢረከብዎ ፡ ሐመ ፡ ልበሙ ፡ ጥቀ ። ወእሙሰ ፡ ሠጠጠት ፡ አልባሲሃ ። ወወደየት ፡ ሐመደ ፡ ዲበ ፡ ርእሳ ፡ እስከ ፡ ፍጻሜ ፡ ሣልስት ፡ ዕለት ፡ በእንተ ፡ ወልዳ ፡ ዘተኃጥአ ። ወእምዝ ፡ ተንሥአት ፡ ወሖረት ፡ ኀበ ፡ ቤተ ፡ ክርስቲያን ፡ ዘቅዱስ ፡ ዮልዮስ ፡ ወከልሐት ፡ እንዘ ፡ ትብል ። ኦእግዚእየ ፡ ቅዱስ ፡ ዮልዮስ ፡ አስተበቍዓከ ፡ ከመ ፡ ትሣሃል ፤ ወትምህር ፡ ንዴትየ ። ቀዳሚኒ ፡ ሰማዕከ ፡ ስእለትየ ፡ ወናዘዝከ ፡ ኃዘና ፡ ለልብየ ። ወወሀብከኒ ፡ ዘንተ ፡ ወልደ ፡ ወወለድኩ ፡ በጸሎትከ ። ወይእዜኒ ፡ ተኃጥአ ፡ እምኔየ ፡ ኃሠሥክዎ ፡ ወኢረከብክዎ ፡ ወኢሰማዕኩ ፡ ዜናሁ ። ለእመ ፡ በጸሎትከ ፡ ረከብክዎ ፡ ለወልድየ ፡ እምዝ ፡ ዳግመ ፡ አነ ፡ ወወልድየ ፡ ንከውን ፡ ክርስቲያነ ፡ ወንሁብ ፡ ፲፻ዲናራተ ፡ ለቤተ ፡ ክርስቲያንከ ። ወዘንተ ፡ ብሂላ ፡ ወፅአት ፡ እንዘ ፡ ትበኪ ፡ ወሖረት ፡ ኀበ ፡ ማኅደራ ።

ወእንዘ ፡ ተሐውር ፡ ረከባ ፡ ቅዱስ ፡ ዮልዮስ ፡ ተመሲሎ ፡ መኰንነ ፡ ዐቢየ ። ወምስሌሁ ፡ ብዙኃን ፡ ሐራ ፡ እንዘ ፡ የዓውድዎ ። ወይቤላ ፡ ኢረከብኪኑ ፡ ወልደኪ ፡ እስከ ፡ ይእዜ ። ወትቤሎ ፡ አልቦ ፡ እግዚእየ ። ወይቤላ ፡ ይእዜ ፡ ነገሩኒ ፡ ከመ ፡ ብእሲ ፡ ከሐዲ ፡ ወመሠርይ ፡ ነሥኦ ፡ ወወሰዶ ፡ ውስተ ፡ ገዳም ፡ ከመ ፡ ይቅትሎ ። ወይእዜኒ ፡ አፍጥኒ ፡ ወንግሪዮ ፡ ለምትኪ ። ውእቱኒ ፡ ይንግሮ ፡ ለመኰንን ፡ ወመኰን[ን]ኒ ፡ ከመ ፡ ይምጻእ ፡ ኀቤየ ፡ ወነሐውር ፡ ኀቡረ ፡ ኀበ ፡ ውእቱ ፡ መካን ፡ ዘነገሩኒ ፡ በእንቲአሁ ፡ ወግብተ ፡ ንረክቦ ፡ ዘእንበለ ፡ ይቅትሎ ። ወናሁ ፡ አነ ፡ እጸንሐክሙ ፡ ዝየ ፡ እስከ ፡ ትትመየጡ ፡ ኀቤየ ። ወሰሚ

ዓ ፡ ብእሲት ፡ ዘንተ ፡ ሖረት ፡ ፍጡነ ፡ ወነገረቶ ፡ ለምታ ። ወምታኒ ፡ ነገሮ ፡ ለመኰንን ፡ ዘንተ ፡ ነገረ ። ወሰሚዖ ፡ መኰንን ፡ ተንሥአ ፡ ፍጡነ ፡ እንዘ ፡ ይተልውዎ ፡ ሐራሁ ፡ ወሕዝብ ፡ ብዙኃን ። ወሶበ ፡ ሖሩ ፡ ረከብዎ ፡ ለቅዱስ ፡ ዮልዮስ ፡ ተመሲሎ ፡ ዐቢየ ፡ መኰንነ ፡ ወነገሮሙ ፡ ወአጠየቆሙ ፡ ኵሎ ፡ ዘኮነ ። ሖሩ ፡ እንዘ ፡ ውእቱ ፡ ይቀድሞሙ ፡ ወይመርሖሙ ፡ ኀበ ፡ ውእቱ ፡ መካን ፡ ዘሀሎ ፡ ውስቴቱ ፡ ውእቱ ፡ ሕፃን ። ወሶበ ፡ በጽሑ ፡ ረከብዎ ፡ ለሕፃን ፡ እንዘ ፡ ድፉን ፡ ውስተ ፡ ምድር ፡ እስከ ፡ መታክፍቲሁ ፡ ወአልጸቀ ፡ ለመዊት ፡ እምብዝኃ ፡ ረኃብ ፡ ወጽምዕ ። ወአቡሁሰ ፡ ወእሙ ፡ ሶበ ፡ ርእዩ ፡ ወልዶሙ ፡ በዘከመዝ ፡ ምንዳቤ ፡ ከልሑ ፡ በዐቢይ ፡ ቃል ፡ ወበከዩ ፡ እንዘ ፡ ይብሉ ፤ አሌ ፡ ለነ ፡ አወልድነ ፡ ፍቁር ፡ እስመ ፡ ሞት ፡ ድሩክ ፡ መጽአ ፡ ላዕሌከ ። አፍጠኑ ፡ ወአውፅእዎ ፡ እምውስተ ፡ ምድር ። ወቅዱስ ፡ ዮልዮስ ፡ ረከበ ፡ በህየ ፡ ለውእቱ ፡ መሠርይ ፡ አሰሮ ፡ ወዘበጦ ፡ ዐቢየ ፡ ዝብጠተ ፡ ወአኃዞ ፡ በሥዕርተ ፡ ርእሱ ። ወአሮጾ ፡ ወአብኦ ፡ ውስተ ፡ ቤተ ፡ ክርስቲያኑ ፡ ወሰቀሎ ፡ ቍልቍሊተ ። ወአቡሁሰ ፡ ወእሙ ፡ ለሕፃን ፡ ነሥእዎ ፡ ለወልዶሙ ፡ እንዘ ፡ ይትፌሥሑ ። ወነገሩ ፡ ለሰብእ ፡ * ኵሎ ፡ ዘኮነ ፡ ዘከመ ፡ እፎ ፡ እሙ ፡ ሰአለቶ ፡ ለእግዚአብሔር ፡ * f. 80 r ወለቅዱስ ፡ ዮልዮስ ፡ ወዘከመ ፡ በዕዓት ፡ ሎቱ ፡ ፲፪ዲናሬተ ። ወዘከመ ፡ ረከበቶ ፡ ለአርኩን ፡ መልአክ ፡ ብሂል ፡ ዘውእቱ ፡ ቅዱስ ፡ ዮልዮስ ፡ ወዘከመ ፡ ሖረ ፡ እንዘ ፡ ይመርሆ ፡ ለመኰንን ፡ ወዘከመ ፡ አብጽሐ ፡ ኀበ ፡ መካን ፡ ዘሀሎ ፡ ውስቴቱ ፡ ሕፃን ፡ ወዘከመ ፡ ረከበ ፡ ለውእቱ ፡ መሠርይ ፡ ከሐዲ ፡ ወመሠጦ ፡ ወወሰዶ ፡ ኀበ ፡ ቤተ ፡ ክርስቲያኑ ፡ ወሰቀሎ ፡ ቍልቍሊተ ። ወኵሉ ፡ ዘሰምዓ ፡ ይረውፅ ፡ ኀበ ፡ ይእቲ ፡ ቤተ ፡ ክርስቲያን ። ወይሬእይዎ ፡ ለውእቱ ፡ ነዳይ ፡ እንዘ ፡ ስቁል ፡ ውእቱ ። ወእንዘ ፡ ይትመነደብ ፡ ወይሣቀይ ፡ እምኀበ ፡ ቅዱስ ፡ ዮልዮስ ።

ወመንፈቀ ፡ ሌሊት ፡ ከዊኖ ፡ አስተርአዮ ፡ ቅዱስ ፡ ዮልዮስ ፡ ለመኰንን ፡ በሕልም ። ወይቤሎ ፡ ተንሥእ ፡ በጽባሕ ፡ ወንዓ ፡ ኀበ ፡ ቤተ ፡ ክርስቲያንየ ። ወአነ ፡ አወርዶ ፡ ለዝንቱ ፡ መሠርይ ፡ ከሐዲ ፡ ንሥኦ ፡ ወ

ሰዶ ፡ ውስተ ፡ ማእከለ ፡ ሀገር ። ወክሪ ፡ ምድረ ፡ ወአውርዶ ፡ ውስቴታ ፡ ወቀብሮ ፡ እስከ ፡ መዝራዕቱ ። ወኀደጎ ፡ ከመዝ ፡ ዘእንበለ ፡ መብልዕ ፡ ወመስቴ ፡ ከመ ፡ ይሙት ። ወኵሎ ፡ ንዋዮ ፡ ንሣእ ፡ ወአብእ ፡ ለቤተ ፡ ንጉሢ ። ከመዝ ፡ ይቤ ፡ እግዚአብሔር ፡ እሙን ። ወዘንተ ፡ ብሂሎ ፡ ተሰወረ ፡ እምኔሁ ፡ ቅዱስ ፡ ዮልዮስ ።

ወጸቢሖ ፡ ሖረ ፡ መኰንን ፡ ኀበ ፡ ይእቲ ፡ ቤተ ፡ ክርስቲያን ። ወረከቦ ፡ ለውእቱ ፡ መሠርይ ፡ ከመ ፡ በይእቲ ፡ ጊዜ ፡ አውረዶ ፡ ቅዱስ ፡ ዮልይስ ፡ ወውእቱ ፡ እንዘ ፡ ቅሩብ ፡ ለመዊት ። ወአዘዘ ፡ ከመ ፡ ይጹርዎ ፡ እስከ ፡ ማእከለ ፡ ሀገር ፡ ወገብሩ ፡ በከመ ፡ አዘዘ ፡ ቅዱስ ፡ ዮልዮስ ፡ ወነሥአ ፡ ኵሎ ፡ ንዋዮ ፡ ወአብአ ፡ ለቤተ ፡ ንጉሢ ። ብእሲትሰ ፡ ወምታ ፡ ሰበ ፡ ርእዩ ፡ ኃይለ ፡ ዘገብረ ፡ ሎሙ ፡ ቅዱስ ፡ ዮልዮስ ፡ በእንተ ፡ ወልዶሙ ፡ ኃደጉ ፡ ሃይማኖተ ፡ አይሁድ ። ወኮኑ ፡ ክርስቲያነ ፡ ምስለ ፡ ወልዶሙ ፡ ወወሀቡ ፡ ፲፻ዲናረ ፡ ለቤተ ፡ ክርቲያን ፡ ዘቅዱስ ፡ ዮልዮስ ፡ ከመ ፡ ይሰባሕ ፡ እግዚአብሔር ፡ ወቅዱሳኒሁ ።

ወዘንተ ፡ ዘከሠትነ ፡ ወጸሐፍነ ፡ ለክሙ ፡ ውስተ ፡ ዝንቱ ፡ ገጸ ፡ መከን ፡ በእንተ ፡ ኃይላት ፡ ወተአምራት ፡ ዘገብሮሙ ፡ እግዚአብሔር ፡ በእደ ፡ ሰማዕቱ ፡ ዕኑዕ ፡ ወኃያል ፡ ቅዱስ ፡ ዮልዮስ ፡ ወፈደፋደሰ ፡ ውስተ ፡ ቤተ ፡ ክርስቲያኑ ፡ ቅድስት ። እስመ ፡ አእመርነ ፡ ከመ ፡ ዝንቱ ፡ ሰማዕት ፡ ንጹሕ ፡ ወቅዱስ ፡ ዮልዮስ ፡ ቅሩብ ፡ ውእቱ ፡ ኀበ ፡ እግዚአብሔር ፡ ወብውሕ ፡ እምኀቤሁ ፡ በእንተ ፡ እለ ፡ ይስእልዎ ፡ በኵሉ ፡ ልቦሙ ፡ ፍጡነ ፡ ይሰምዖሙ ። ወለዘበፅዓ ፡ ሎቱ ፡ ብፅዓተ ፡ ይሁብ ፡ እግዚአብሔር ፡ ይናዝዝ ፡ ልቦ ። ወይፈጽም ፡ ሎቱ ፡ ፈቃዶ ፡ ወየዓቅቦ ፡ እምኵሉ ፡ እኩይ ። ወይእዜኒ ፡ አፍቁራንየ ፡ ለእመ ፡ ኮነ ፡ ዘኢንክል ፡ ንኩን ፡ ሰማዕታተ ፡ ናክብሮሙ ፡ ለሰማዕታት ። ወንግበር ፡ ተዝካሮሙ ፡ በከመ ፡ ክሂሎትነ ፡ ዘውእቱ ፡ ምሕረት ፡ ወምጽዋት ። ሣህል ፡ ወአፍቅሮ ፡ አኃው ። ወነገር ፡ ሠናይ ። ትሕትና ፡ ወኂሩት ፡ ምስለ ፡ የውሐት ። ጾም ፡ ወጸሎት ። ወለእመ ፡ ርኢነ ፡ ርኁበ ፡ ናብልዖ ። አው ፡ ዕሩቀ ፡ ናልብሶ ። በከመ ፡ ይቤ ፡ እግዚእነ ፡ በወንጌል ፡ ኵሉ ፡ ዘአስተየ ፡ ለ፩እምእሉ ፡ ንኡሳን ፡ ጽዋዓ ፡ ማይ ፡ ቈሪር ፡ በስመ ፡ ረድእየ ፡ ኢየኃጕል ፡ ዕሤቶ ።

መኑ ፡ ውእቱ ፡ ፩ዘከመ ፡ ቅዱስ ፡ ዮልዮስ ፡ ሰማዕተ ፡ እግዚእነ ፡ ኢየሱ*ስ ፡ ክርስቶስ ፡ በአሚን ። እስመ ፡ ገበርከ ፡ ለነ ፡ ምሳሌ ፡ ዐቢየ ፡ [* f. 80 v] ዘውእቱ ፡ ተዝካረ ፡ ሰማዕት ፡ እግዚእነ ፡ ቅዱስ ፡ ዮልዮስ ፡ ወንሕነ ፡ ይእዜ ፡ ጥሉላን ፡ ወዕጉባን ፡ ወፍጉዓን ፤ ለበሊዕ ፡ እምኔሃ ። በሊዕሰ ፡ ሰሚዓ ፡ ዜና ፡ ኂሩቱ ፡ ወትሩፋቲሁ ፡ ወተጋድሎቱ ፡ ወተአምራቲሁ ፡ ብዙኃ ፡ ለብፁዕ ፡ ወለቅዱስ ፡ ዮልዮስ ፡ ሰማዕተ ፡ እግዚእነ ፡ ኢየሱስ ፡ ክርስቶስ ፡ ዘፈጸመ ፡ ገድሎ ፡ ወስምዖ ፡ አመ ፡ ፳ወ፪ልወርኃ ፡ መስከረም ፡ በሰላመ ፡ እግዚአብሔር ፡ አብ ። ጸሎቱ ፡ ወበረከቱ ፡ ወሀብተ ፡ ረድኤቱ ፡ ወትንብልና ፡ ሣህሉ ፡ ለቅዱስ ፡ ዮልዮስ ፡ ሰማዕት ፡ የሀሉ ፡ ምስለ ፡ ፍቁሩ ፡ ዘወልደ ፡ ማርያም ፡ ለዓለመ ፡ ዓለም ፡ አሜን ። ወአሜን ።

ለእለ ፡ ተጋባእነ ፡ ዝየ ፡ በዕለተ ፡ ተዝካሩ ፡ ወዕለተ ፡ ሞቱ ። ዕድ ፡ ወአንስት ፡ ለክርስቶስ ፡ መርዔቱ ። ከመ ፡ ንስማዕ ፡ ወንትፈሣሕ ፡ በአንብቦተ ፡ ዜና ፡ ኂሩቱ ። እግዚአብሔር ፡ ይምሐረነ ፡ በጸሎቱ ። ወይክፍለነ ፡ እምጸጋ ፡ ፍድፍድት ፡ በረከቱ ። ለዓለመ ፡ ዓለም ፡ አሜን ። ወአሜን ።

ተፈጸመ ፡ በዝየ ፡ መጽሐፈ ፡ ገድሉ ። ወዜና ፡ ተአምሪሁ ፡ ለብፁዕ ፡ ወለቅዱስ ፡ ዮልዮስ ፡ ምስለ ፡ እኁሁ ፡ ዮንያስ ፡ ወወልዱ ፡ ቴዎድሮስ ። ዘተጋደሉ ፡ በእንተ ፡ ስመ ፡ እግዚእነ ፡ ኢየሱስ ፡ ክርስቶስ ፡ በእደ ፡ እለ ፡ እስክንድሮስ ። ጸሎቶሙ ፡ ወበረከቶሙ ፡ ወኃይለ ፡ ረድኤቶሙ ፡ ወትንብልና ፡ ጽድቆሙ ፡ የሀሉ ፡ ምስለ ፡ ፍቁሮሙ ፡ ዘወልደ ፡ ማርያም ፡ ለዓለመ ፡ ዓለም ፡ አሜን ። ለይኩን ። ለይኩን ።

ሰላም ፡ ለከ ፡ መፍቀሬ ፡ ምጽዋት ፡ ብእሲ ።
ላዕለ ፡ ነግድ ፡ ወላዕለ ፡ ፈላሲ ።
እጸንሕ ፡ ኪያከ ፡ ዮልዮስ ፡ ዘአቅፋሕሲ ።
ተሀበኒ ፡ መድኃኒተከ ፡ ደዌ ፡ ኃጢአት ፡ ዘይጠሲ ።
ከመ ፡ ፍሬሃ ፡ ለምድር ፡ ይጸንሕ ፡ ሐራሲ ።
ሰላም ፡ ለክሙ ፡ ለዮልዮስ ፡ አባሉ ።

ዮንያስ ፡ እኁሁ ፡ ወቴዎድሮስ ፡ እኅሉ ።
አክርስጦስኒ ፡ ሱታፌክሙ ፡ በኵሉ ።
ማኅበረ ፡ ዚአነ ፡ ሰላመ ፡ በሉ ።
ከመ ፡ ሰላምክሙ ፡ ዘልፈ ፡ ምስሌነ ፡ የሀሉ ።
ሰላም ፡ እብል ፡ ዘዮልዮስ ፡ አንጋደ ።
አንስተ ፡ ወእደ ።
እሉ ፡ ጻድቃን ፡ ኅበ ፡ ይቀውሙ ፡ ዓውደ ።
ይደምሩ ፡ ውስተ ፡ ኍልቆሙ ፡ ዘዚአነ ፡ ፍቅደ ።
እንዘ ፡ ኢይሬስዩ ፡ እምኔነ ፡ ውፁአ ፡ ፩ደ ።
ሰላም ፡ ለቅዳሴ ፡ ቤትከ ፡ በጉባኤ ፡ ሕዝብ ፡ ክቡድ ።
ወለተአምሪከ ፡ ዓዲ ፡ ዘኍላቌሁ ፡ ፍድፉድ ።
አመ ፡ ዓገትዎ ፡ ፀሩ ፡ አምሳለ ፡ ማዕድ ።
በከመ ፡ መጠቆ ፡ ለቈስጠንጢኖስ ፡ በእድ ።
መንገለ ፡ ጥበብ ፡ ምጥቀኒ ፡ ዮልዮስ ፡ ለአብድ ።

III

INNO A GIULIO DI AQFĀḤS

(D'Abbadie 170 = Conti Rossini 89)

ዓርከ ፡ አምላከ ፡ ጽድቅ ፡ ኮንከ ፡ እስመ ፡ ግብርከ ፡ ፍትው ፡ f. 54 r
አምሳለ ፡ ምእመን ፡ አብርሃም ፡ ርእሰ ፡ አበው ፡
ዮልዮስ ፡ ገብረ ፡ ሕያው ።
ሰላም ፡ ለከ ፡ ሥጋ ፡ ዚአከ ፡ አዕረገ ፡ ምሥዋዕተ ፡ ጽድቅ ፡
አምሳለ ፡ ይስሐቅ ፡ በግዕ ፡
ወከመ ፡ እስራኤል ፡ ሐነጽከ ፡ መቅደሰ ፡ ምሥዋዕ ፡
ዮልዮስ ፡ ገብረ ፡ እግዚእ ።
ሰላም ፡ ለከ ፡ ትሑተ ፡ ኮንከ ፡ እግዚአ ፡ ከመ ፡ በዓለ ፡ ሕግ ፡ ሙሴ ፡
ወቢጸ ፡ መላእክት ፡ ኮንከ ፡ በጾታ ፡ ቅዳሴ ፡
ዮልዮስ ፡ ገብረ ፡ ሥላሴ ።
ሰላም ፡ ለከ ፡ እምተወክፎትከ ፡ ዘልፈ ፡ ሰማዕታተ ፡ ገድል ፡ ዕፁብ ፡
ሰመየከ ፡ ቃል ፡ በከመ ፡ ኢዮብ ፡
ዮልዮስ ፡ ገብረ ፡ ጥበብ ።
ሰላም ፡ ለከ ፡ *በሃይማኖት ፡ አንሣእከ ፡ ምውታነ ፡ ሥጋ ፡ እሞት ፡ * f. 54 v
ከመ ፡ ሊቀ ፡ አርድእት ፡ ጴጥሮስ ፡ ኰኵሐ ፡ ሃይማኖት ፡
ዮልዮስ ፡ ገብረ ፡ ሕይወት ።
ሰላም ፡ ለከ ፡ ሰማዕተ ፡ ስሙ ፡ ዮልዮስ ፡ ለዘትማልም[1] ፡ ወዮም ፡
ምክንያተ ፡ ጽድቅ ፡ ኮነኒ ፡ ለክዒወ ፡ ደም ፡
እስመ ፡ አነ ፡ ወልደ ፡ መርገም ።
ሰላም ፡ ለከ ፡ ተከፍሎትከ ፡ ለክልኤ ፡ በሞሰርተ ፡ ዕፅ ፡ በሊሕ ፡

1 Corrupte scriptum ለዘትልማም in codice Abbadiano.

ቤዛ ፡ ይኩነኒ ፡ ውስተ ፡ ዓውደ ፡ ፍትሕ ፡
ሥርግው ፡ ዮልዮስ ፡ በአምሳለ ፡ ንጽሕ ፡
እስመ ፡ አነ ፡ ብእሲ ፡ ርሱሕ ።
ኦአምላክ ፡ ቅዱስ ፡ ዮልዮስ ፡ ዕቀበኒ ፡ ለገብርከ ።

I

INDICE DEI NOMI DI LUOGO

II

INDICE DEI NOMI DI PERSONA E DI POPOLO [1]

[1] Sono esclusi da questo indice i nomi della Santissima Trinità, di Gesù Cristo, della B. V. Maria e di Giulio di Aqfāḥs.

III

INDICE GENERALE

ORIENTALISTE, P.B. 41, B-3000 Leuven

ABBĀ NABYUD DE DABRA SIHAT
Visions et conseils ascétiques

CORPUS
SCRIPTORUM CHRISTIANORUM ORIENTALIUM
EDITUM CONSILIO
UNIVERSITATIS CATHOLICAE AMERICAE
ET UNIVERSITATIS CATHOLICAE LOVANIENSIS

Vol. 378

SCRIPTORES AETHIOPICI

TOMUS 71

ABBĀ NABYUD DE DABRA SIHAT

Visions et conseils ascétiques

TRADUITS

PAR

ROBERT BEYLOT

LOUVAIN
SECRÉTARIAT DU CORPUSSCO
WAVERSEBAAN, 49
1976

ISBN 2-8017-0036-3

Imprimerie Orientaliste, s.p.r.l., Louvain (Belgique)

D/1976/0602/17

INTRODUCTION

Par sa nature et son étendue, le texte qui rapporte les visions et les conseils ascétiques d'abbā Nabyud de Dabra Sihat est d'un spécial intérêt. Si nous avions, par exemple, l'enseignement théologique d'Esṭifānos et d'Abakerazun, deux moines qui vécurent en Éthiopie septentrionale au début du XVe s., nous ne connaissions pas encore d'ouvage aussi long consacré à la doctrine ascétique d'un moine éthiopien nommément cité. Le document ici traduit permet de mieux comprendre la spiritualité des moines du Nord au XVe s.

Notre édition a disposé de deux mss qui, sauf le déplacement d'une section, représentent la même recension: le ms. Éth. 125 de la Bibliothèque Nationale de Paris, fol. 165vb-218ra (XVe s.), et le ms. Or. 763 du British Museum, fol. 132ra-162rc (fin du XVIe s.). Il existe probablement un troisième témoin au monastère de Gunda-Gundé en Ethiopie septentrionale, mais nous n'avons pu le consulter (V. Introduction au texte). Les éléments textuels portés entre guillemets dans les notes de notre version traduisent les variantes de l'Or. 763.

* * *

Disons un mot du personnage, du texte (contenu, sources, date de rédaction) et de deux points de celui-ci.

A. Abbā Nabyud et son monastère

Zotenberg identifie Sihat à Siooût (Lycopolis)[1], sans commentaire. Il nous a été impossible de retrouver la trace d'un moine de Siooût du nom de Nabyud. Sihat est, selon toute vraisemblance, la transcription éthiopienne du nom arabe de Scété, dans le synaxaire éthiopien[2]. Nabyud est inconnu à Scété. Le ms. de Londres nomme son monastère Senḥat, mais cela ne permet pas non plus l'identification de Nabyud avec un moine connu des sources coptes. Par contre,

[1] P. 150.

[2] BSEC, t. 2, p. 332. Budge reste dans le doute, mais le nom arabe de Scété est tantôt Chihat, tantôt Cheihat. Cf. Basset, *Synaxaire Arabe*, dans P.O., t. 17, f. 3, p. 1276, et Forget, *Syn. Al.*, dans CSCO 78, p. 289.

le 20 du mois de Ṭĕr, jour de la fête d'Abrokoros (Prochore), l'un des soixante-douze disciples, et 'Aklog (Eclogius), martyr égyptien, le synaxaire éthiopien fait mémoire d'Abbā Nabyud (ou Nabdĕyu) de Sihat[3].

Le nom de Nabyud est peu commun, semble-t-il, en Éthiopie. On peut évoquer Abioud qui figure dans la généalogie du Christ, en *Mt* 1, *13*. Mais le ms. de Londres écrit Nabiyud. La traduction en guèze de la Didascalie a répandu chez les ecclésiastiques éthiopiens l'interprétation du iota comme symbole de Jésus et des dix commandements[4]. Le iota pouvait facilement être considéré comme l'équivalent du yod éthiopien. Pour autant que la finale yud du nom de ce moine puisse désigner la lettre yod, on peut avancer l'hypothèse qu'il signifie «prophète du yod».

On connaît en Éthiopie une localité de Dabra Sihat. De cette région venait le grammairien Abbā Takla Māryām Walda Samhārāy de Salabā de Dabra Sihat[5]. M. Cohen dit de ce village «Dabra Sihat ou Dabra Sina dans le ሰለበ ፡ Salaba (au Nord d'Asmara, Est de Keren)[6]. Le Pr. L. Ricci nous a fait savoir que la position de Dabra Sihat ou Dabra Sinā est environ à 15° 45′ de latitude N et 38° 40′ de longitude E. La *Guida* indique cette localité sur la route de Massawa à Addi Qayeh. Elle est proche du mont Sihat (2796 m)[7]. Nous devons encore d'autres précisions à l'obligeance de M. Makonnen Argaw, qui s'est informé auprès d'Abbā Jérôme, originaire d'Érythrée. D'après ce dernier, les gens instruits appellent ደብረ ፡ ሲና ፡ le village auquel le peuple donne le nom de ደብረ ፡ ሲሐት ፡ — Il se trouve sur l'axe Asmara-Keren, entre les villages de ዓዲ ፡ ተከለዛን ፡ et ዓዲ ፡ በርዕዩ ፡ mais à l'écart de la route. Près de l'agglomération il y a un rocher creux, but d'un pélerinage annuel. Une fois l'an, on y dit la messe. Selon la tradition locale, lors de la fuite en Égypte, la Vierge et la Sainte Famille, poursuivis par des soldats, furent absorbés par ce roc qui les dissimula à leurs ennemis[8]. C'est, semble-t-il, dans

[3] BSEC., t. 2, p. 523.

[4] Cf. Harden, ED, p. 48; et Conti Rossini, MB, CSCO 250, p. 16, l. 8-13 et p. 53, l. 10 à p. 56, l. 16.

[5] Cohen et Schneider, *Troisième chapitre*, p. 33.

[6] Cohen, *Prononciation*, p. 243.

[7] P. 187.

[8] Le protévangile de Jacques rapporte un miracle semblable dont fut favorisée Elisabeth qui fuyait avec son enfant les soldats d'Hérode lors du massacre des innocents. Cf. Chaine, *Liber Nativitatis*, p. 17, l. 7-13 (texte).

le voisinage de ces lieux que se trouve le monastère de Dabra Sinā. En effet, l'histoire du monastère rapporte que le Christ enfant, passant sur un nuage au-dessus de ce lieu, lors de la fuite en Égypte, prédit la fondation du monastère. Dabra Sinā est aussi nommé Dabra Sanḥit, ce qui n'est pas sans rappeler le Senḥat du ms. de Londres[9]. Il aurait été fondé par le moine Yohanni, venu d'Égypte[10] sous l'Empereur Gabra Masqal. Le dersāna Urā'el identifie le couvent d'Abbā Yohanni à Dabra Sihat[11]. Le même établissement est donc connu sous plusieurs noms. Il est probable que Sihat rappelle volontairement le nom de Scété, de même que Sinā est expliqué comme une évocation du mont Sinaï dans l'histoire de Dabra Sinā.

B. Le texte

1. *Contenu*

C'est probablement un moine de Dabra Sihat qui rédigea l'œuvre dans laquelle nous est transmis le souvenir des visions et enseignements d'Abbā Nabyud. Le texte est sans titre, il s'ouvre par les mots: «... voici ce qu'a prophétisé Abbā Nabyud de Dabra Sihat». On distingue trois parties.

L'introduction présente Abbā Nabyud, supérieur d'une communauté de 350 moines. L'auteur nous rapporte les exhortations à l'amour mutuel adressées par l'Abbé à ceux qu'il dirigeait. Nabyud leur commente le Pater, en donnant la parole au Christ lui-même, censé l'avoir ainsi expliqué à ses disciples.

Ensuite, la question des moines qui demandent à Nabyud quel est leur état spirituel, ouvre une seconde partie, consacrée aux visions d'Abbā Nabyud. Il en eut deux. La première fois, il vit ses moines comme captifs. On apporta une autre terre en un lieu inconnu de lui et leur conduite lui apparut. L'auteur raconte comment Nabyud vit les moines des premiers temps, ceux des temps intermédiaires, et ceux des derniers temps, sous la forme de trois groupes de colombes. Lors d'une seconde vision, il contempla le paradis des bons moines et le jardin des mauvais moines.

La troisième partie, la plus développée, est faite d'une longue

[9] Cf. Asrata Māryām, *Convento*, p. 7, col. 2, l. 20-22.

[10] Il faut éviter de confondre ce Yohanni avec l'autre saint du même nom. Cf. Basset, *Vie de Yohanni*.

[11] Cf. Caquot, *Dersāna Urā'el*, p. 69, l. 14-15.

suite de conseils ascétiques et d'exhortations à mener avec énergie le combat spirituel. Les redites sont nombreuses. Le passage reproduit dans les folios 190vb, l. 1, à 199rb, l. 22 du ms. de Paris, et situé plus loin dans le texte par le ms. de Londres, est une interpolation, comme cela ressort d'une lecture attentive.

2. *Sources*

Cet ouvrage relève de deux genres différents. La première partie est apparentée aux révélations apocryphes, présentées sous forme de dialogues, sur le sort des âmes, qui sont bien connues dans la littérature guèze. Le reste est à ranger avec l'abondante littérature ascétique existant en éthiopien. La vision des colombes évoque le récit apocryphe qui suit la règle de S. Pachôme, en version éthiopienne, que I. Guidi date de la fin du XIVe siècle ou du début du XVe [12]. Dans celui-ci, Pachôme voit les mauvais moines sous la forme de cinq groupes d'animaux différents, et les bons de même, sous la forme de cinq groupes d'animaux, parmi lesquels des colombes [13]. Cet écrit a pu inspirer la vision d'Abbā Nabyud. La description du jardin des mauvais moines correspond exactement à un passage de l'Apocalypse de Marie éthiopienne [14]. I. Guidi attribue cette dernière à la même période que la règle de Pachôme et son addition apocryphe [15]. On trouve encore le thème indiqué ci-dessus dans un texte relatif à l'Assomption de la Vierge édité par le R.P. Arras [16], mais sa ressemblance avec la narration d'Abbā Nabyud est moins étroite. A. Dillmann cite un passage du Livre du Mystère, attribué à Georges de Saglā [17] identique à un propos tenu par l'ange, interlocuteur de Nabyud. Celui-ci lui dit: «Ils haïssaient (aller) en char et (avoir)

[12] Cf. GUIDI, SLE, p. 41. On peut retenir une date assez récente pour la vision de Pachôme, bien que la version éthiopienne de la règle, dans sa partie authentique, ait dû être faite sur le texte grec, comme le dit RICCI, LE, p. 813.

[13] Cf. DILLMANN, CA, p. 63-69. La comparaison des moines avec les colombes est un lieu commun. On la trouve, par exemple, dans le texte du synaxaire copte arabe relatif à Paul, le premier ermite, le 2 'Amšir; cf. FORGET, *Syn.Al.*, CSCO 78, p. 463.

[14] P. 65, l. 27 à p. 67, l. 4 de l'éd. CHAINE. Le ms. B. dont il donne les variantes est plus proche de la vision de Nabyud que le texte retenu. La description du paradis, dans la vision de Nabyud, est à rapprocher des apocryphes étudiés par J.C. PICARD, Bienheureux.

[15] GUIDI, SLE, p. 44.

[16] *Liber Requiei*, CSCO 342, p. 10-12, n° 20-23.

[17] Cf. CONTI ROSSINI, *Due Capitoli*.

des chaussures aux pieds, au commencement de l'exercice de leur état monastique, et ils revenaient ensuite avec des chaussures montantes et des sandales». On trouve dans le Livre du Mystère: «Ce sont ceux qui autrefois prohibaient les chaussures et, après, vont avec des sandales et des chaussures montantes»[18]. Si l'un et l'autre ouvrage n'ont pas puisé cette phrase à une source commune, il est probable que le Livre du Mystère l'a empruntée au texte que nous étudions. En effet, elle est à sa place dans un texte ascétique, alors que le Livre du Mystère est avant tout une compilation théologique. Ce dernier aurait été achevé en 1424.

Les conseils ascétiques formant la seconde partie sont fortement influencés par le *Jardin des moines*, recueil qui figure en premier lieu dans les deux manuscrits qui contiennent les enseignements de Nabyud. J.M. Sauget, qui a étudié le Jardin des Moines, en est venu à la conclusion que celui-ci, traduit de l'arabe en éthiopien, ne peut remonter au-delà du XIIIe siècle[19]. Les noms des saints, cités dans les conseils ascétiques, appartiennent tous au synaxaire éthiopien, à l'exception de Frēmonā. Ainsi Théodore Manādĕlyos nommé Banādĕlyos dans le manuscrit de Londres, Mercure qui aimait son père, Mar Mĕhnām, et Georges Tarbēnos chef des martyrs. Le premier est Théodore l'Oriental, appelé dans le synaxaire éthiopien Théodore Banādlēwos[20]. Mercure qui aimait son père est Mercure Philopator, auquel on rapporte l'histoire des cynocéphales[21]. Mar Mĕhnām est un martyr auquel le synaxaire consacre une notice très colorée[22]. Georges Tarbēnos, qualifié de «chef des martyrs» doit être Georges de Lydda[23], mais nous n'avons pas trouvé l'explication de l'épithète Tarbēnos. On situe la traduction du synaxaire de l'arabe en éthiopien dans la période qui va de la fin du XIVe siècle au début du XVe[24].

[18] DILLMANN, *Lex.* c. 1044. Il cite le Livre du Mystère d'après un ms. de Bâle maintenant disparu. Nous n'avons pu repérer ce passage dans le ms. dont nous disposons.

[19] SAUGET, *Patericon*, p. 387.

[20] Fêté le 12 Ṭĕr en Éthiopie. Cf. BSEC, t. 2, p. 484-488; ESTEVES PEREIRA, *Acta Martyrum*; AMELINEAU, *Actes des Martyrs*, p. 179-181; DELEHAYE, *Martyrs d'Égypte*.

[21] Fêté en Éthiopie le 25 Ḫĕdār. Cf. BSEC, t. 1, p. 278-288.

[22] Fêté par les Éthiopiens le 14 Tāḫsās. Cf. BSEC, t. 2, p. 374-377.

[23] Commémoré le 23 Miyāzyā. Cf. BSEC, t. 3, p. 825-829.

[24] GUIDI, SLE, p. 34-35. L'original arabe avait été rédigé en 1246-1247; cf. G. GRAF, GCAL, t. 2, p. 416-417.

En ce qui concerne les autres sources possibles de cette seconde partie, *He* 4, *12* est cité avec la même variante que dans le Livre du Mystère dont nous avons parlé plus haut. On lit encore à propos du paradis «L'odeur de son agréable parfum rassasie plus que les aliments et la boisson». C'est une citation presque littérale du Qalēmentos éthiopien qui décrit plusieurs fois le paradis[25]. La traduction du Qalēmentos en langue éthiopienne remonte à la seconde moitié du XIVe siècle, ou au début du XVe, avant 1425[26].

Le passage interpolé finit avec l'énumération des animaux aquatiques qui rendent grâces à Dieu. C'est un développement d'*Is.* 42, *10-12.* Il est immédiatement précédé par une phrase disant de la mer: «les poissons et les baleines sont mêlés en elle». On reconnaît ici l'influence d'un fragment du Testament d'Adam sur l'action de grâces des créatures à chaque heure de la nuit, repris dans le Qalēmentos[27], ainsi que dans une prière falasha[28]. Le Qalēmentos dit ici «À la deuxième heure Le glorifient les poissons, toutes les bêtes et les monstres marins[29] qui se trouvent dans l'eau». La mention des monstres marins, ou baleines, est une addition au texte original du Testament d'Adam[30]. La finale «Race d'Adam, ses serviteurs, nous répondons en les regardant» est un indice de plus de l'emprunt au Qalēmentos. Un peu plus haut, l'auteur cite un passage du Mystère du Jugement des Pécheurs, apocryphe pseudo clémentin, comme le Qalēmentos, daté de la même époque.

3. *Date de rédaction*

L'âge des différentes sources du texte qui nous rapporte les visions et conseils ascétiques d'Abbā Nabyud de Dabra Sihat conduit à en situer la rédaction au début du XVe siècle, au plus tôt. La biographie, inédite, du moine Esṭifānos, qui vécut dans la première moitié du XVe siècle, dans la province du Tigré, proche de l'Érythrée, présente

[25] GREBAUT, *Qalēmentos*, p. 70, par. 5 et surtout p. 71, par. 9.

[26] GUIDI, SLE, p. 42; RICCI, LE, p. 836.

[27] T. Ad. c. 1319-1338, *Qalēmentos*, p. 20.

[28] Cf. LESLAU, *Falasha Anthology*, p. 118-119. A la différence du Qalēmentos, cette prière falasha emprunte seulement au Testament d'Adam le texte relatif à onze heures de la nuit, sur douze. Il ajoute à la neuvième heure ce qui se passe à la dixième et à la onzième heure. La douzième heure est omise. On relève un certain nombre de variantes par rapport au Qalēmentos.

[29] Le même mot éthiopien peut être traduit *monstre marin* ou *baleine*.

[30] Le Test. Ad. parle seulement, à la deuxième heure de la nuit, de l'action de grâces des poissons et de tous les êtres aquatiques.

une réminiscence de la vision des colombes. Le Gadla Estifānos rapporte : «le saint eut une vision, comme une grande mer étendue devant lui, et de nombreux moines. Quand ils virent la mer, ils étendirent leurs ailes et se précipitèrent sur celle-ci comme des sauterelles. Ils furent incapables de nager pour sortir, au point qu'ils périrent. Et (il y eut) encore comme une daf[31] liée au petit doigt de la main du saint. Celle-ci rassembla ses forces pour se précipiter dans la mer avec celles qui avaient été englouties. Le lien l'empêcha, et ensuite elle se retourna et gratta la main du saint jusqu'à le blesser. Alors il l'envoya, et elle se précipita dans la mer»[32]. Taddesse Tamrat pense que la rédaction du gadla Esṭifānos est antérieure à 1499[33]. Par conséquent, l'ouvrage que nous étudions a été rédigé bien avant cette date. Le manuscrit de Paris (XVe s.) est une copie contemporaine. Abbā Nabyud a vécu avant cette époque, probablement au siècle précédent.

C. Deux points spéciaux

Questions annexes

Deux points retiennent l'attention: le symbole de la mer, et une allusion à la cérémonie liturgique de la remise du schème.

À plusieurs reprises, la mer est identifiée au monde ou au péché. À la fin, le monde est comparé aux tempêtes de la mer dont les vagues et les flots sont les démons. Ce thème est traditionnel. On le rencontre dans le *Jardin des Moines*, ainsi que dans divers ouvrages orientaux. H. Rahner a montré autrefois que le symbole de la mer désignant le monde, le péché, ou le séjour des démons, avait déjà cours chez les Pères grecs et latins qui n'ont fait qu'adapter un thème hérité de l'antiquité païenne[34].

Les conseils ascétiques d'Abbā Nabyud présentent un témoignage intéressant sur la cérémonie de la remise du schème que le rituel publié par S. Grebaut[35] passe sous silence. L'auteur dit «depuis le jour où il a été oint et a reçu le schème béni». Cela prouve que, déjà au XVe siècle, les moines éthiopiens suivaient à cet égard

[31] Probablement un genre de sauterelle (Mot inconnu des dictionnaires consultés).
[32] *Gadla Esṭifānos*, fol. 24Va-25Ra.
[33] Tamrat, *Church and State*, p. 304, n° 13.
[34] Rahner, *Antenna Crucis*.
[35] Grebaut, *Rit. Éth.*

la discipline liturgique des Coptes. Le rituel copte est d'ailleurs le seul à présenter une onction lors de la remise du schème, à la différence des autres liturgies orientales[36]. Une telle précision mérite d'être relevée, car la liturgie éthiopienne possède sa propre originalité par rapport à la liturgie égyptienne. Le rituel éthiopien n'est pas toujours semblable à celui de l'Église copte, loin de là.

[36] Cf. RAFFIN, ROPM, p. 160. La prière de l'onction est traduite en français par DE VILLECOURT, RCPMR, p. 317-318. Cette onction rappelle celle du baptême. Le rituel copte dit d'ailleurs: *Comme l'a dit le grand saint Antoine, père des moines: l'Esprit qui descend sur les saints fonts baptismaux, descend sur l'habit des moines et purifie celui qui se fait moine.* (cf. EVETTS, *Rite copte*, p. 147-148). Chez les Grecs, la profession monastique est assimilée à un second baptême (cf. DE MEESTER, *Liturgia Bizantina*, p. 64-65).

[Le dit que le rituel copte attribue à Antoine se lit, anonyme, dans les collections systématiques des apophtegmes. Le témoin grec le plus ancien que nous en connaissions est l'oncial Protaton 86, fol. 184r; texte latin dans PL 73, col. 994 n° 9; version copte dans M. CHAÎNE, *Le manuscrit de la version copte en dialecte sahidique des 'Apophthegmata Patrum'*, p. 52 n° 202. Le Caire, 1960. R. Draguet.]

ABRÉVIATIONS

Amélineau, *Actes des Martyrs* = E. Amélineau, *Les Actes des Martyrs de l'Église Copte*. Paris, 1890.

Ap Bar = P. Bogaert, *L'APOCALYPSE syriaque de Baruch* (SC 144 et 145). Paris, 1969.

Arras, *Patericon* = V. Arras, *Patericon Aethiopice* (CSCO 277 et 278). Louvain, 1967.

Asrata Māryām, *Convento* = Abbā Asrata Māryām ዜና ፡ ደብረ ፡ ሲና ። *Storia del Convento di Debra Sina*. Roma, 1910.

Basset, *Synaxaire Arabe* = R. Basset, *Le Synaxaire Arabe Jacobite*, rédaction Copte (PO, t. 1, f. 3; t. 3, f. 3; t. 11, f. 5; t. 16, f. 2; t. 17, f. 3; t. 20, f. 5). Paris, 1907, 1909, 1916, 1922, 1923, 1929.

Basset, *Vie de Yohanni* = R. Basset, *Vie d'Abba Yohanni* dans *Bulletin de Correspondance Africaine*, n° v-vi, 1884. Alger, 1885.

BSEC = E. A. Wallis Budge, *The Book of the Saints of the Ethiopian Church. A translation of the Ethiopic Synaxarium* መጽሐፈ ፡ ስንክሳር *made from the manuscripts Oriental 660 and 661*. Cambridge, 1928.

Caquot, *Dersāna Urā'ēl* = A. Caquot, *Homélie en l'Honneur de l'Archange Ouriel* (*Dersāna Urā'ēl*) dans *Annales d'Éthiopie*, t. 1, 1955, p. 61-88. Paris, Addis-Abāba.

van Cauwenbergh, *Moines d'Égypte* = P. van Cauwenbergh, *Étude Sur les Moines d'Égypte depuis le Concile de Chalcédoine (451) jusqu'à l'invasion Arabe (640)*. Paris, 1914; réimp. Milano, 1973.

Chaîne, *Apocalypse de Marie* = M. Chaine, *Apocrypha de Beata Maria Virgine* (CSCO 39 et 40). Rome, 1909.

Chaine, *Liber Nativitatis*, cf. supra, *Apocalypse* de Marie.

Cohen, *Prononciation* = M. Cohen, *La Prononciation traditionnelle du Guèze*, dans *Journal Asiatique* Oct. Déc. 1921.

Cohen et Schneider, *Troisième Chapitre* = M. Cohen et R. Schneider, *Le Troisième Chapitre de la Grammaire par Abbā Takla Māryām W.S.* (en traduction) dans RSE V. 13, Gennaio-Dicembre 1954.

Conti Rossini, *Due Capitoli* = C. Conti Rossini, *Due Capitoli del Libro del Mistero di Giyorgis da Saglā* dans RSE V. 7, f. 1, 1948, p. 13-53.

Conti Rossini, *Fisiologo* = C. Conti Rossini, *Il Fisiologo Etiopico*, dans RSE V. 10, Gennaio-Dicembre, 1951.

Conti Rossini, MB = C. Conti Rossini col. concorso di L. Ricci, *Il Libro della Luce del Negus Zar'a Yā'qob* (*Maṣḥafa Berhān*), (CSCO 250 et 251, 261 et 262). Louvain 1964-1965.

CSCO = Corpus Scriptorum Christianorum Orientalium. Louvain, 1903 ss.

Delehaye, *Martyrs d'Égypte* = H. Delehaye, *Les Martyrs d'Égypte*, dans *Analecta Bollandiana*, t. 40, p. 5-154, 299-364. Bruxelles, 1922.

Detlef-Müller, *Engellehre* = C. Detlef-G. Müller, *Die Engellehre der koptischen Kirche, Untersuchungen zur Geschichte der Christlichen Frömmigkeit in Ägypten*. Wiesbaden, 1959.

DILLMANN, *Lex* = A. DILLMANN, *Lexicon Linguae Aethiopicae*. Lipsiae, 1865; reprod., New-York, 1955.
DILLMANN, CA = A. DILLMANN, *Chrestomathia Aethiopica*. Lipsiae, 1866.
DSAM = *Dictionnaire de Spiritualité Ascétique et Mystique*, Paris, 1937 ss.
ÉLIADE, *Adam* = M. ÉLIADE, *Adam, le Christ et la Mandragore*, dans *Mélanges d'Histoire des Religions, offerts à Henri Charles Puech*, p. 611-615. Paris, 1974.
4 Esd = *4 Esdras* dans R.H. CHARLES, *The Apocrypha and Pseudepigrapha of the Old Testament in English*... V. 2 *Pseudepigrapha*. Oxford, 1968, réimp. de l'éd. de 1913.
EVETTS, *Rite Copte* = B.T.A. EVETTS, *Le Rite Copte de la Prise d'Habit et de la Profession Monacale*, dans ROC, t. 11, 1906.
FORGET, *Syn Al* = I. FORGET, *Synaxarium Alexandrinum* (CSCO 78 et 90). Rome, 1922. Louvain, 1926.
G. M. COLOMBAS, *Paradis* = D. GARCIA M. COLOMBAS, *Paradis et Vie Angélique. Le sens eschatologique de la vocation chrétienne*. Paris, 1961.
GRAF, GCAL = G. GRAF, *Geschichte der christlichen arabischen Literatur* (Studi e Testi 118, 133). Rome, 1945-1947.
GRÉBAUT, MJP = S. GRÉBAUT, *Litt. Éth. Ps. Clém. Le Mystère du Jugement des pécheurs*, dans ROC t. XII, 1907, p. 285-297 et t. XIII, 1908, p. 166-180 et 314-320. Paris, 1907-1908.
GRÉBAUT, *Seconde Venue* = S. GRÉBAUT, *Litt. Éth. Ps. Clém. La Seconde Venue du Christ et la Résurrection des Morts*, dans ROC t. XV, 1910, p. 198-214, 307-323, 425-439. Paris, 1910.
GRÉBAUT, *Qalēmentos* = S. GRÉBAUT, *Litt. Éth. Ps. Clém. Le Qalēmentos, version éthiopienne en sept livres*, traduite en français, Livres I et II. Paris, 1913.
GRÉBAUT, *Rit Éth* = S. GRÉBAUT, *Rituel Éthiopien de Prise d'Habit*. Mesnil (Eure) 1940.
GRÉBAUT, *Supplément* = S. GRÉBAUT, *Supplément au Lexicon Linguae Aethiopicae de August Dillmann (1865) et édition du Lexique de Juste d'Urbin* (1850-1855). Paris, 1952.
GUIDA = *Guida dell'Africa Orientale Italiana*. Milano, 1938.
GUIDI, SLE = I. GUIDI, *Storia della Letteratura Etiopica*. Roma, 1932.
GUILLAUMONT, *Le Cœur* = A. GUILLAUMONT, *Le Cœur chez les Spirituels Grecs de l'Époque Ancienne*, dans DSAM, t. 2, f. 15, c. 2281-2288. Paris, 1952.
HAMMERSCHMIDT, ÄHT = E. HAMMERSCHMIDT, *Äthiopische Handschriften vom Ṭānāsee* 1. Wiesbaden 1973.
HARDEN, ED = J.M. HARDEN, *The Ethiopic Didascalia*, London, 1920.
1 Hen = *1 Henoch* (*The Book of Enoch*). Cf. supra *4 Esd*.
2 Hen = *2 Henoch* (*The Book of the Secrets of Enoch*). Cf. supra *4 Esd*.
Jub = *Jubilés*, Cf supra *4 Esd*.
DE LACY O'LEARY, SE = DE LACY O'LEARY, *The Saints of Egypt in the Coptic Calendar*. London, 1937, réimp. Amsterdam, 1974.
LESLAU, FA = W. LESLAU, *Falasha Anthology, The Black Jews of Ethiopia*. New-York, 1969.
Liber Requiei = V. ARRAS, *De Transitu Mariae Apocrypha Aethiopice* (CSCO 342 et 343). Louvain, 1973.

LITTMANN und HÖFNER, WTS = E. LITTMANN und M. HÖFNER, *Wörterbuch der Tigrē Sprache*, Wiesbaden, 1956-1962.

LMCT = J. PERRUCHON et I. GUIDI, *Le Livre des Mystères du Ciel et de la Terre* (PO t. 1, 1907).

DA MAGGIORA = P.G. DA MAGGIORA, *Vocabolario Etiopico Italiano Latino* መዝገበ ፡ ቃላት. Asmara, 1953.

DE MEESTER, *Liturgia Bizantina* = P. DE MEESTER, *Liturgia Bizantina, Studi di Rito Bizantino*, Libro II, Parte VI. Roma, 1930.

MORDINI, *Convento* = A. MORDINI, *Il Convento di Gunde Gundie*, dans RSE V. 12, Gennaio-Dicembre 1953, p. 29-70.

om = omet.

OSTY et TRINQUET, *La Bible* = E. OSTY avec la collaboration de J. TRINQUET, *La Bible*. Paris, 1973.

ESTEVES PEREIRA, VASMK = F.M. ESTEVES PEREIRA, *Vida do Abba Samuel do Mosteiro do kalamon*. Lisboa, 1894.

ESTEVES PEREIRA, *Acta Martyrum* = F.M. ESTEVES PEREIRA, *Acta Martyrum* (CSCO 37 et 38). Rome, 1907.

PG = MIGNE, *Patrologia Graeca*.

PICARD, *Bienheureux* = J.C. PICARD, *L'Histoire des Bienheureux du temps de Jérémie et la Narration de Zosime*, dans *Cahiers de la Revue d'Histoire et de Philosophie Religieuses*... Faculté de Théologie Protestante de Strasbourg, n° 41, p. 27-43. Paris, 1967.

PLATT = *Ethiopic New Testament*. Leipzig, 1899; réimp. 1949.

PO = GRAFFIN, *Patrologia Orientalis*.

Pré Spirituel = M.J. ROUET DE JOURNEL, *Jean Moschus, Le Pré Spirituel* (SC, n° 12). Paris, 1946.

RAFFIN, ROPM = P. RAFFIN, *Les Rituels Orientaux de la Profession Monastique*, Spiritualité Orientale, n° 4, Abbaye de Bellefontaine (France), 2° éd., 1974.

RAHNER, *Antenna Crucis* = H. RAHNER, *Antenna Crucis, II Das Meer der Welt*, dans *Zeitschrift für katholische Theologie*, 66 Band, p. 89-118, 1942.

RAHNER, *Seelenheilende Blume* = H. RAHNER, *Die Seelenheilende Blume Moly und Mandragore in antiker und christlicher Symbolik, II Mandragore, die ewige Menschenwurzel*, dans *Eranos Jahrbuch*, Band 12 (1945) p. 172-239.

RICCI, LE = L. RICCI, *Letterature dell'Etiopia*, dans Storia delle Letterature d'Oriente, diretta da O. Botto, t. 1, Milano, 1969.

ROBINSON, CAG = J.A. ROBINSON, *Coptic Apocryphal Gospels* in Texts and Studies, V. 4, n° 2. Cambridge, 1896.

ROC = Revue de l'Orient Chrétien.

RSE = Rassegna di Studi Etiopici (Rome).

SAUGET, *Patericon* = J.M. SAUGET, *Un exemple typique des relations culturelles entre l'Arabe Chrétien et l'Éthiopien, un Patericon récemment publié*, dans IV Congresso Internazionale di Studi Etiopici, t. 1, p. 321-388. Roma, 1974.

SC = Sources Chrétiennes.

TAMRAT, *Church and State* = TADDESSE TAMRAT, *Church and State in Ethiopia, 1270-1527*, Oxford, 1972.

TAd = M. KMOSKO, *Testamentum Patris Nostri Adam* dans R. GRAFFIN, Patrologia Syriaca, Pars Prima, t. 2. Paris, 1907.

TURMEL, *Histoire de l'Angélologie* = J. TURMEL, *Histoire de l'Angélologie, des temps apostoliques à la fin du Ve siècle*, dans *Revue d'Histoire et de Littérature Religieuses*, t. 3, p. 289-308, 407-434, 533-552, Paris, 1898.

DE VILLECOURT, RCPMR = L. DE VILLECOURT, *Le Rite copte de la profession monacale pour les religieuses*, dans *Bessarione* 26 (1909), p. 35-49 et 310-347.

Vision de Schenute = A. GROHMANN, *Die im Äthiopischen, Arabischen und Koptischen erhaltenen Visionen Apa Schenute 'S von Atripe*, dans *Zeitschrift der deutschen morgenländischen Gesellschaft*, Bd. 67 (1913), p. 187-267.

WRIGHT, *CEMBM* = W. WRIGHT, *Catalogue of the Ethiopic Manuscripts in the British Museum*. London, 1877.

ZOTENBERG, CMEBN = H. ZOTENBERG, *Catalogue des Manuscrits Éthiopiens de la Bibliothèque Nationale*. Paris, 1877.

Les abréviations employées en notes pour les références à l'Écriture Sainte, sont celles de E. OSTY et J. TRINQUET, *La Bible*.

ABBĀ NABYUD DE DABRA SIHAT
VISIONS ET CONSEILS ASCÉTIQUES

I. Introduction

* Au nom du Père, du Fils et de l'Esprit Saint, un (seul) Dieu: * p. 1
(Voici) ce qu'a prophétisé le saint et bienheureux abbā Nabyud[1], moine du monastère de Sihat[2]. Que sa prière et sa bénédiction soient avec nous, amen.

Celui-ci fut bon et craignant Dieu, dès son enfance qu'il vécut dans le couvent des moines, dès qu'il eut quitté le sein[3], pendant 53 ans. Il lui donna de voir ce qui est dans les cieux et sur la terre. Étant sur terre, il devint concitoyen de ce qui est dans les cieux, avec les anges. Il vit les choses qui, à la fin des temps, adviendraient aux moines, aux rois, aux princes, et à tous les peuples qui demeurent sur terre.

L'office des moines était réglé dans sa demeure avec toute la liturgie de nuit et de jour. Il avait établi pour eux une bonne règle, inspirée de Dieu: les moines habitant sa demeure étaient environ 350 élus, qui avaient une loi, et régis par l'Esprit Saint. Ils prenaient leurs repas[4] par groupes de 50, dans 7 maisons. Tout leur bien était confié à la garde d'un économe. Il leur fit une demeure, par groupe de trois, dans chaque demeure; Ils avaient des mélotes, dans lesquelles ils couchaient la nuit. On confiait les vêtements propres, et les bonnets des fêtes et samedis, à la garde d'un économe. De même, il leur fixa pour règle de veiller la nuit, de jeûner le jour, de beaucoup aimer leurs frères, de s'honorer mutuellement en tout temps, et de ne pas se plaire à eux-mêmes, mais à leur prochain; comme l'a commandé Notre Seigneur, plutôt que de se plaire à eux-mêmes, il était mieux de plaire à leur prochain.

[1] «Nabiyud».

[2] «Senhat».

[3] Nabyud pouvait avoir trois ans, quand il fut confié aux moines. Les anciens sevraient très tard les enfants (cf. *2Mac.* 7, *27*). S. Basile de Césarée fait allusion aux enfants confiés aux moines par leurs parents (cf. *Regulae Fusius Tractatae*, Interr. 15; PG 31, c. 951-952 ss.

[4] Le texte emploie le verbe ረፈቀ: «reclinare, accumbere, discumbere ad mensam» (Dillmann, *Lex.* c. 320).

Il leur enseignait ce commandement et des choses semblables, car l'Esprit de Dieu était sur lui. Il leur disait: Écoutez, mes frères moines, ne mettez pas de cesse à cette parole que je vous ai dite,
* p. 2 de vous aimer les uns les autres*, afin que les hommes vous connaissent, vous, comme ses disciples. Notre Seigneur dit à ses 12 disciples: «les hommes vous reconnaîtront à ceci pour mes disciples: si vous vous aimez les uns les autres»[5]. De même, il nous a commandé, à nous, de nous aimer les uns les autres. Quant au moine qui n'a pas d'amour, il n'a pas Dieu avec lui, et sa prière ne monte pas vers le haut, mais ses ailes sont fatiguées, comme la colombe dont une des ailes est paralysée, et qui ne peut voler dans les airs. Quant à vous, frères, aimez-vous les uns les autres[6], comme des fils qu'aime le Père, et allez comme des serviteurs de Dieu, non comme des serviteurs du diable[7].

Quand Notre Seigneur enseignait à ses disciples, il leur disait ainsi: dites — Notre Père qui es aux cieux[8] — quand vous observez ma parole, vous m'appelez moi-même votre père céleste. Quand vous n'observez pas ma parole, vous m'appelez, mais vous appelez votre père le diable, et non pas moi — Quand vous dites: que ton nom soit sanctifié[9]; si vous me sanctifiez, observez mon commandement. En effet, ⌜quand vous me dites: que ton nom soit sanctifié — ce que vous me dites, en vérité — je suis sanctifié par ceux qui sont purs de cœur et de corps[10], et non par ceux qui sont impurs, et dont les lèvres sont trompeuses. Puisque tu veux me sanctifier, afin que je te sanctifie, purifie tes lèvres de la parole impure, de la séduction de la femme d'un homme, de la plaisanterie, du blasphème, et de l'outrage au prochain. Ensuite, après avoir sanctifié tes lèvres, sanctifie-moi, afin que je te sanctifie. — Quand tu dis: que ton règne arrive[11] — mon règne arrivera pour juger chacun selon ses œuvres.

[5] *Jn* 13, *35*.
[6] Cf. *Jn* 13, *34*; 15, *12*; *1Th* 4, *9*; *1Pe* 1, *22*; *1Jn* 3, *11*; 4, *7*; 4, *11-12*. *1Jn* 3, *11*; 4, *7*; 4, *11-12*.
[7] Cf. *Mt* 4, *1*; 4, *11*; 25, *41*; *Lc* 4, *13*; 8, *12*; *Jn* 8, *44*; 13, *2*; *Ac* 10, *38*; 13, *10*; *Eph* 4, *27*; 6, *11*; *1Tm* 3, *6-7*; *2Tm* 2, *26*; *He* 2, *14*; *Ja* 4, *7*; *1Pe* 5, *8*; *1Jn* 3, *8*; 3, *10*; *Ju 9*; *Ap* 2, *10*; 12, *9*; 12, *12*; 20, *10*.
[8] *Mt* 6, *9*.
[9] *Mt* 6, *9*.
[10] ⌜«Quand vous me dites en vérité, je suis sanctifié par ceux qui sont saints d'âme, d'esprit et de corps».
[11] *Mt* 6, *10*.

Ceux qui ont fait le bien, je les rétribuerai avec justice. Ceux qui auront fait le mal, je les rétribuerai avec la damnation éternelle[12]. Quand tu dis : que ta volonté soit[13] (faite) * comme les anges font ma volonté dans les cieux ; les anges n'ont ni haine, ni envie, et encore, ils me glorifient, en me servant, disant : saint, saint, saint, sabaoth, parfait[14]. Ainsi donc, ce qui est dans les cieux. Ils me glorifient sans cesse. ʳSi donc, tu fais ainsi, (si) tu dis : que ta volonté soit (faite) — je te ferai héritier du royaume des cieux[15]. Quand tu me dis[16] : donne nous notre nourriture de chaque jour[17] — en vérité, je te la donnerai, si tu es dans le besoin à cause de moi, et que tu n'aies pas d'ami à qui recourir. Car ceux qui accumulent à longueur d'année, (et) disent : donne-nous notre nourriture de chaque jour — alors qu'ils accumulent à longueur d'année ce qui est leur nourriture — quand ils me disent ainsi, je me moque d'eux. Ceux qui ont faim et soif à cause de mon nom, je leur donnerai leur nourriture : ce que l'œil n'a pas vu, ni l'oreille entendu, et qui n'est pas venu à la pensée dans le cœur de l'homme[18], ce qu'Il a préparé pour les justes, avant que fût créé le monde. Si tu dis encore : remets-nous nos mauvaises actions et nos péchés, comme nous, nous remettons à celui qui a mal agi envers nous, et ne nous induis pas en tentation[19] — si, toi, tu as remis aux hommes leurs mauvaises actions, je te remettrai tes mauvaises actions et tes péchés. Si tu ne remets pas, toi, aux hommes leurs mauvaises actions, pourquoi me dis-tu : remets-moi mes mauvaises actions et mes péchés? Non seulement, je (ne) te remettrai (pas) tes mauvaises actions, mais encore j'ajouterai aux mauvaises actions et aux péchés qui pèsent sur toi. Tu dis : ne nous induis pas en tentation[20] — Garde-toi de la vue de la femme, et ne tourne pas ta pensée vers elle pour faire le mal, afin de ne pas entrer alors en tentation. Si tu dis : délivre-moi du mauvais[21],

* p. 3

[12] + « pour qu'ils soient châtiés par la flamme de feu, à jamais ».

[13] Cf. *Mt* 6, *10*. « ... sur la terre comme au ciel. Si vous faites ma volonté comme ... ».

[14] *Is* 6, *3*.

[15] ʳ« Si tu fais ma volonté, dis : que ta volonté soit (faite), et, moi, je ferai ta volonté ; je te ferai héritier du royaume des cieux ».

[16] « Quand vous me dites ».

[17] *Mt* 6, *11*.

[18] *1Co* 2, *9*.

[19] *Mt* 6, *12-13*.

[20] *Mt* 6, *13*.

[21] *Mt* 6, *13*.

de Satan[22] et de ses démons, (c'est) de ceux qui règnent sur le monde des ténèbres, dans l'idolâtrie et la prosternation devant ce qui est
* p. 4 inutile *. Vous, frères moines, ne soyez pas semblables à ceux qui sont à l'image des hommes du monde, car ceux-ci (ils vont) seulement de vanité en vanité. Vous, vous irez de la peine au repos, si vous avez observé ⌜la loi des moines[23], car vous avez répudié le monde et tout ce qui est en lui. Prenez garde, ne revenez pas en arrière, comme le chien qui revient à son vomissement, ni comme la truie qui revient à son ordure après avoir été lavée à l'eau pure[24]. Abbā Nabyud, leur disait cela et des choses semblables. Il exhortait ses fils et leur rappelait la parole de justice, jour et nuit, pour qu'ils (l') observent. Il leur disait : « Soyez vigilants pour la prière, et ne restez pas oisifs, au temps des heures du jour et de la nuit, afin de pouvoir fuir, grâce à votre prière, de toutes les machinations et filets de Satan »[25].

II. Visions

A. *Les Colombes*

Les frères moines disaient à Abbā Nabyud : Comment sommes nous, maintenant, de notre temps ? — Il leur dit : Je vous voyais comme captifs. On apporta une autre terre, à un endroit inconnu de moi. Quand je vous voyais échanger des paroles sur le lucre ⌜et des propos de ce monde[26], j'étais attristé et peiné pour vous. ⌜Quand je vous voyais occupés à des paroles de vie[27], je me réjouissais comme un homme qui a trouvé un butin abondant. Dieu me disait encore ainsi : je t'ai guidé[28] dans la vie éternelle. Il leur disait encore : Écoutez, mes enfants, vous, vous faites maintenant tour à tour, une fois de bonnes œuvres et une fois des œuvres du ventre, et c'est un temps intermédiaire. Nos premiers pères n'aimaient pas les œuvres

[22] Cf. *Jb* 1, *6*; 1, *12*; *Zach* 3, *1*; *Mt* 4, *10*; 12, *26*; 16, *23*; *Mc* 1, *13*; 3, *23*; 4, *15*; *Lc* 10, *18*; 11, *18*; 13, *16*; 22, *3*; 22, *31*; *Ac* 5, *3*; 26, *18*; *Ro* 16, *20*; *1Co* 5, *5*; 7, *5*; *2Co*. 2, *11*; 11, *14*; 12, *7*; *1Th* 2, *18*; *2Th* 2, *9*; *1Tm* 1, *20*; 5, *15*; *Ap* 2, *9*; 2, *13*; 2, *24*; 3, *9*; 12, *9*; 20, *7*.

[23] ⌜« l'ouvrage de votre état monastique ».

[24] *2Pe*. 2, *22*; « ordure » traduit ጼሊዓ ፡, à rapprocher de ጼእ ፡ (Dillmann, *Lex*, c. 1310).

[25] Cf. *1Tm* 3, *7*; *2Tm* 2, *26*.

[26] ⌜« et l'hôte de ce monde ».

[27] ⌜« quand je vous voyais auprès de l'hôte de la vie ».

[28] « je t'ai instruit ».

du ventre, mais les bonnes œuvres. Maintenant, de notre temps, il s'est produit un changement. Nos premiers pères vainquirent le ventre, vainquirent * le péché, vainquirent Satan et vainquirent ses démons[29]. * p. 5 Ils foulèrent la pensée terrestre, et s'emparèrent de la voie d'en haut, comme les anges. Ils n'avaient pas la moindre souillure des biens de ce monde, car ils avaient répudié le monde et tout ce qui est en lui, comme Notre Seigneur l'a commandé aux moines qui parfont l'œuvre de l'état monastique. Après nous[30], viendront encore, comme Dieu nous l'a montré[31], des hommes qui amoindriront l'œuvre de l'état monastique.

Quant à moi, je me trouvais comme si j'étais debout sur une montagne, et je vis une grande mer au-dessous de moi. Je vis encore, au devant, un char sur cette mer, lumineux comme le soleil, et comme un grand roi, des milliers de milliers se tenaient devant lui. L'un d'entre eux fut envoyé auprès de moi, et il me dit: Vois ce qui arrive, ce qui advient de par Dieu: (dans) le premier (temps), le dernier, et le temps intermédiaire. ⌜Il vint du ciel[32] cent colombes blanches. Elles descendirent dans la mer. Après s'être immergées trois fois et s'être précipitées ⌜dans la mer, elles touchèrent de leurs pattes[33] le livre que j'avais à la main. Il ne s'en trouva aucune qui gardât trace de l'humidité de l'eau, aux ailes, ni aux pattes. Je fus alors, moi, dans l'étonnement, car au moment de leur sortie de la mer, alors elles touchèrent mon livre de leurs pattes, et il n'y avait pas d'humidité, pas la moindre. Après elles, vinrent encore cent colombes, couleur de cendre. Elles se précipitèrent, et entrèrent dans la mer. Une partie d'entre elles moururent. Il y en eut qui sortirent malades, les ailes et les pattes complètement souillées. Après être restées dans une situation pénible, elles séchèrent et vécurent, ⌜quand * la chaleur * p. 6 du soleil fut ardente[34]. Après elles, vinrent encore cent colombes noires. Elles descendirent, se précipitèrent dans la mer et moururent toutes.

Celui qui se tenait devant moi était un messager. Moi, je m'attristai, quand je vis qu'étaient mortes toutes celles qui étaient descendues ensuite. Quand il me vit m'attrister, il descendit et fit sortir tous

[29] Cf. art. «*Démons*» DSAM, t. 3, c. 141 à 238.
[30] «après moi».
[31] «me l'a montré».
[32] ⌜«il sortit du ciel».
[33] ⌜«... dans celle-ci, elles sortirent de la mer et touchèrent de leurs pattes».
[34] ⌜«Quand le vent chaud fut ardent».

leurs cadavres sur un rocher. Je vins et regardai tous leurs cadavres, s'il y avait peu à peu du souffle en eux, si le tiers d'entre elles se trouvaient en vie. Après longtemps, le souffle leur revint. Très rares étaient celles qui furent en vie au coucher du soleil. Je lui dis: Que sont-elles, Seigneur? — Il me dit : Ce sont les âmes des moines des premiers (temps), des derniers (temps) et des temps intermédiaires — Je lui dis : Comment, Seigneur? Je suis fort attristé pour celles qui sont mortes, les noires. Celui qui avait été envoyé auprès de moi, me répondit et me dit : As-tu vu ces premières colombes blanches qui entrèrent dans la mer, et que l'eau n'a pas touchées. Ce sont ceux que n'a pas approchés la pensée de ce monde, ni pour le désir, ni pour la nourriture, la boisson, le vêtement, l'habit, ni en aucune manière, ce sont ceux qui abandonnèrent la souillure de ce monde, l'eau de la mer ne les a pas touchés. En second lieu, les cent colombes qui descendirent et se précipitèrent dans la mer, celles qui étaient couleur de cendre, et dont une partie moururent, sont les moines des temps intermédiaires. Si une partie (seulement) d'entre eux furent sauvés ⸢c'est qu'il (sic) a fait (l'œuvre du) monde[35], et que la pratique du bien a été inférieure. Ce que tu as vu, la troisième fois, les cent colombes noires qui descendirent, se précipitèrent dans la mer et moururent toutes, en raison de ta grande tristesse, je les ai fait sortir, pour le cas où il y aurait eu du souffle en elles. Environ les
* p. 7 deux * tiers furent trouvées mortes, et environ le tiers furent trouvées vivantes, alors qu'il y avait du souffle en elles. Elles vécurent péniblement et volèrent. Ce sont les moines des derniers temps, dont le cœur est las. Ce sont ceux qui se sont faits avides de nourriture, paresseux pour le jeûne et las pour la prière, qui se composaient un visage mortifié pour la montre, aux yeux des hommes. C'est pourquoi, quand ils descendirent dans la mer, le monde les engloutit. C'est pourquoi ils n'ont pu gravir les degrés. Ainsi seront les moines qui ont répudié le monde, mes frères moines, ceux qui seront après moi[36]. Si vous aviez vu cela, n'auriez-vous pas pleuré? Quant à moi, je versai beaucoup de larmes et, moi-même, je souffris.

Il envoya (quelqu'un) auprès de moi, de ce char dont j'avais vu la lumière sur la mer. Il me dit : qu'est-ce qui t'afflige tant? — Alors qu'ils voient et entendent, écris cela pour eux, pour les derniers temps,

[35] ⸢«*parce que le monde a oublié*» ou «*a vieilli*» (si l'on corrige ሰ en ሥ).
[36] «... après nous».

pour que ce leur soit un mémorial, et qu'ils gardent leur état monastique, comme les premiers moines qui plurent ⌜à Dieu par leurs bonnes œuvres[37], et toi, ne pleure pas, car, toi, tu as dans la vie ta demeure, avec les premiers moines, car tu as accompli les bonnes œuvres à la perfection. C'est pourquoi je suis descendu te montrer les images des pécheurs qui viendront après toi, car je t'aime. — Il me dit encore que ce qui m'était apparu, ceux qui étaient purs, étaient les premiers moines, depuis Elie le Tichbite[38], Jean l'ermite, Abbā Paul et Abbā Antoine, les premiers moines, Abbā Hilārion, Abbā Sinodā, Abbā Basĕndā[39], Abbā Pimēn, Abbā Karion, Abbā Dāniel[40], Abbā Sisoy, Abbā Macaire et Abbā Yāmo[41] et d'autres, du nombre des moines purs. * Ce sont les colombes qui * p. 8 descendirent d'abord dans la mer, et l'eau ne les a pas touchées, car la langueur de ce monde ne les a pas touchés. C'est pourquoi ils sont montés dans les demeures lumineuses à l'aspect divers, à la bonne odeur variée, et les maisons pleines de bénédiction, pleines de joie et d'allégresse, (où) il n'y a pas de maladie, ni de souffrance, pas de mort, ni de tristesse; où s'ouvre le paradis, où s'étend le repos, demeure pure pour les purs, et demeure sainte pour les saints qui ont plu au Seigneur par la beauté de leurs œuvres. — Quant à ceux qui sont intermédiaires, ceux que tu as vus, qui ne sont pas très purs, dont les ailes ne sont ni blanches, ni noires, mais entre les deux, couleur de cendre, ce sont ceux qui ne sont pas très justes, ni très pécheurs, mais à mi-chemin, leurs ailes sont couleur de cendre. Ces gens médiocres sont ceux qui se sont faits moines pour l'amour de Dieu. Quand ils ont demeuré dans l'état monastique, ils ont eu le cœur froid envers l'amour de Dieu, et leur pensée est revenue aux œuvres du monde. C'est pourquoi, ils ne montraient aucun zèle pour la règle de leur état monastique.

[37] ⌜« à leur Seigneur, par la beauté de leurs œuvres ».

[38] *1Rs* 17, *1*.

[39] Abbā Basĕndā = Pisentius de Qift. GRAF signale que son nom est parfois transcrit Bisandah dans les textes arabes (GCAL, Bd. 1, p. 465-466). Fêté en Éthiopie le 13 Ḥamlē (BUDGE, BSEC, t. 4, p. 1111-1112).

[40] Sur Daniel de Scété, cf. VAN CAUWENBERGH, *Moines d'Égypte*, p. 84-85; De LACY O'LEARY, SE, p. 121-122. Fêté en Éthiopie le 7 Tāḫśāś et le 8 Gĕnbot (cf. BUDGE, BSEC, t. 2, p. 332-334 et t. 3, p. 864-866. Il existe une biographie éthiopienne de Daniel. + Abbā Bsoy.

[41] Yāmo transcrit le nom de Pambo, dans le Jardin des moines (cf. SAUGET, *Patericon*, p. 334).

C'est pourquoi ils sont pour partie du nombre des justes et des pécheurs. Enfin, en troisième lieu, les (colombes) noires, sont en totalité ceux qui n'ont pas de pureté, car ils agissaient par faveur. Ils négligeaient la parole de leur maître, et ils haïssaient la loi pour eux-mêmes. Ils aimaient le repos et les délices de la chair. Ils aimaient les charges et la vaine gloire. Dépourvus de sagesse, ils voulaient être les maîtres de leur prochain. Ce qu'il (sic) leur enseignait (était) un parfait orgueil, de sorte qu'ils étaient inaptes à la règle monastique. C'est pourquoi ils entrèrent dans le monde et furent submergés par la mer du péché. Ils n'ont pu être comme les premiers moines, à cause de leur vie dissolue.

Frères moines qui serez après moi, souvenez-vous de cette parole qui est la mienne, et rendez droit votre état monastique avec pureté,
* p. 9 afin de pouvoir entrer dans la demeure * de vos pères, dont nous avons rappelé les noms plus haut dans cet écrit, et que vous avez entendus de moi[42], le séjour et la demeure (de ceux-ci), afin de ne pas perdre la grande gloire et la grâce que les anges désirent contempler, car la demeure des moines est céleste. Que de lamentations et d'affliction, de la part des saints, pour le moine que l'on chasse hors de cette demeure pure.

En second lieu, je vous commande, moi, non pas un commandement (qui soit) de mon propre chef, mais (que) j'ai entendu auprès des pères moines: celui qui ne mène pas le combat avec sa pensée et ne contraint pas[43] le désir de son cœur quand il l'entraîne dans la folie, et n'est pas plus fort, il n'est pas parfaitement moine. Quant à celui dont la pensée est plus forte que lui, il est mauvais. Celui-ci (n'est pas) un moine parfait[44]. Que de tristesse de la part des anges purs, pour le moine qui n'entre pas aux noces de l'époux céleste.

Abbā Nabyud dit: quant à la pensée, il n'est rien qui (la) saisisse, ni qui (la) fasse mauvaise. Car la pensée (est) comme le filet à poissons que les pêcheurs jettent dans la mer: ils y pêchent toute espèce de poissons qui est dans la mer. Ce qui est mauvais, ils le rejettent, et ce qui est bon, ils le jettent dans une jarre[45]. De même, la pensée

[42] «de nous».
[43] «et fait».
[44] + «Quant à celui qui a repoussé sa mauvaise pensée, c'est un moine parfait».
[45] Cf. *Mt* 13, *47-48*.

de l'homme (est) comme le filet à poissons et les flots de la mer, et ne peut être dénombrée. Toi, ne t'irrite pas pour[46] la pensée, mais quand a germé en toi une mauvaise pensée lève-toi, prie, et secoue-toi, pour que soit éloignée de toi toute mauvaise pensée qui a germé en toi. Quant à toi, mon frère, ʳque la mauvaise pensée ne t'abaisse pas[47] de peur que le diable ne te charge la nuque. Toi, quand te viendra une mauvaise pensée, lève-toi, élève les yeux vers le ciel, et dis : Notre Seigneur Jésus-Christ, fils de Dieu, sois-moi clément et délivre-moi de mon ennemi, car il me combat par une mauvaise pensée. * Prends garde, ne reviens pas à une autre pensée * p. 10
sans l'éloigner. La pureté de ton cœur l'éloignera pour toi. ʳJusqu'à trois heures (poursuis) ta prière[48]. S'il est demeuré jusqu'au jour, alors il verra la pureté de ton cœur. Toi, garde cette parole qui est la mienne, et tu trouveras cette voie dans mes pas, afin de ne pas accomplir le désir de ta chair, et ne pas abandonner la voie droite. Garde-toi de la mauvaise pensée. Que ta pensée ne te plonge pas dans la vue de ce qui est vain, car la vue des laïcs ʳlasse le cœur des moines, mais la vue des saints et de ceux qui veillent améliore le cœur des moines[49] qui servent Dieu avec pureté par leur pensée. Toi, si tu sers avec pureté, comme eux, tu hériteras la cité sainte et lumineuse qu'il a préparée pour les saints, pour ceux qui aiment son nom et gardent son commandement avec pureté. Ils hériteront de la récompense pure avec les moines purs.

B. *Les Deux Jardins*

Abbā Nabyud dit encore : J'ai vu, dans une vision que m'a montrée le Seigneur mon Dieu, comme si je me tenais debout au sommet d'une montagne ; il y avait au-dessous de moi le jardin des justes, dans lequel ils se régalaient de fruits purs. Chaque arbre avait mille branches, et chaque branche avait cent cingt mille grappes[50], chaque grappe produisait cent millions de fruits purs[51] et tous ressemblaient

[46] በንተ ፡ forme amharique de በእንተ ፡

[47] ʳ«ne baisse pas la tête pour la mauvaise pensée» pour ce passage jusqu'à : *élève les yeux*, cf. ARRAS, *Patericon*, p. 47, nº 97, l. 17-20 (texte) avec l'add. du ms. B. figurant à la note 11.

[48] ʳ«jusqu'à neuf heures, qu'il entende ta prière ...».

[49] ʳ«... lasse le cœur et la chair, mais la vue des saints moines veillant pour la pratique du bien illumine le cœur du moine».

[50] Le sens de «*grappe*» pour ሖንባብ ፡ est indiqué par G. da Maggiora.

[51] «*douze-cent-mille fruits purs*». Cela est à rapprocher des traditions sur la mer-

à la mandragore[52]. Leur fruit délicieux et leur odeur suave remplissaient le cœur de l'homme du délice de leur odeur suave. Il semblait répandre son parfum à trois jours de marche[53]. — Il dit encore : je vis l'histoire des saints pères. Ils se réjouissaient de ces fruits dans leur bouche, jouaient et s'en réjouissaient. Cet arbre du jardin descendait vers eux,
* p. 11 en inclinant ses branches. Il descendait vers ceux qui * le voulaient, et s'inclinait vers eux. Ils se réjouissaient et mangeaient de ces fruits. L'eau était blanche et pure comme le lait[54]. Auprès de cette eau du repos, ils volaient dans le royaume des cieux.

Je vis encore, en dehors des leurs, des hommes semblables aux justes qui étaient dans le jardin. Leurs arbres et leurs branches étaient semblables, mais il n'y avait pas de fruit sur les arbres, mis à part du feuillage. C'est seulement par l'aspect qu'ils étaient semblables à l'aspect des justes et que leurs arbres ressemblaient à l'aspect du jardin.

Ce trône élevé que je vis d'abord (était celui) dans lequel siégeait le roi des lumières. Il envoya son ange qui me parla et m'(en) donna l'explication. Il me dit : As-tu vu ces hommes justes et bons, le jardin, les fruits et l'eau de vie, et les poissons purs qui s'y trouvent[55] ? — je lui dis : Assurément — Et il me dit : En dehors d'eux, as-tu vu ceux qui leur sont semblables par l'aspect et l'arbre du jardin qui se trouve avec eux ? Quand à l'arbre, c'est l'arbre du jardin, en vérité, et il n'y a pas de fruit sur lui. L'arbre est vert, et il s'incline vers eux comme (pour) ceux qui en mangent (les fruits) et ils n'y trouvent rien. Ils se prennent la tête et pleurent, car ils ne peuvent rien manger de celui-ci. Je lui dis : Assurément, je l'ai vu — Il me dit : ce sont les justes qui se prosternent sincèrement, qui

veilleuse fécondité de la vigne et du blé pendant le millenium, rapportées par S. IRÉNÉE, *Adversus Haereses* 5, c. 33, *3* (PG 7, c. 1213). On peut citer aussi *Ap. Bar.* 29, *5* et *1Hen* 10, *19*.

[52] D'après l'Apocalypse de Marie, on trouve des mandragores dans le paradis des époux fidèles (texte p. 61, l. 21). Dans la notice du Physiologus relative à l'éléphant, il est dit que la mandragore croît à proximité du paradis. Cf. RAHNER, *Seelenheilende Blume*, p. 212-213. Voir aussi MIRCEA ELIADE Adam.

[53] À propos de la forte senteur des fruits de la mandragore, V. RAHNER, art. cité, p. 177.

[54] Le Livre du Mystère dit : *l'eau du paradis était pure comme le lait, et beaucoup plus douce qu'un rayon de miel* (Ms. de Qeddus Gabriel; Kebran, n° 18, f. 90 R.b. consulté d'après un microfilm communiqué par le Pr. E. Hammerschmidt). Cf. HAMMERSCHMIDT ÄHT, p. 123-126. D'après le *Liber Requiei*, Dieu lave les Apôtres et la Vierge dans un fleuve blanc du paradis (texte, p. 81, l. 9-10, par. 132).

[55] «*poissons purs*» peut être à rapprocher du poisson de la sourate 18 du Coran, qui est aussi en rapport avec l'eau de la vie.

mangent les fruits du jardin. Ils s'y réjouissent d'une grande joie, en volant près de l'eau du repos, dans le royaume des cieux. Ils mangent les fruits purs du jardin dans leur bouche, et l'arbre du jardin abaisse vers eux ses extrémités pour qu'ils prennent ce qu'ils veulent — Je lui dis : Assurément, je l'ai vu — Il me dit : Quand tu es passé un peu à l'écart de ceux-ci, as-tu vu ceux qui ressemblent à ceux-ci même, leurs arbres (semblables) à l'arbre du jardin, leur beau feuillage * comparable à ce que tu as déjà vu dans le séjour * p. 12
des justes, et qu'ils n'ont rien à manger et pleurent car ils ne peuvent (rien manger) de ce qui est dans le feuillage du jardin? — Pourquoi, Seigneur de grand jugement, ceux-ci sont-ils condamnés? — dis-je, à l'ange qui me parlait. Il me répondit et me dit : ceux qui sont les premiers, sont les justes qui sont en vérité. Quant à ceux qui sont en dehors d'eux, qui leur sont semblables par l'aspect, mais ne leur ressemblent pas par leurs œuvres, ils abaissent pour eux leur extrémité sans fruit, de la même manière que ceux-ci accomplissent sans fruit leur état monastique. De même, il leur est donné un arbre du jardin sans fruit, où ils n'ont rien à manger. C'est pourquoi ils s'affligent et s'attristent, car il leur est donné selon leurs œuvres. Je lui répondis et lui dis : Pourquoi restent-ils ainsi condamnés? — Celui qui avait été envoyé auprès de moi me répondit et dit : Écoute, je te dirai la condamnation de ceux qui sont dehors, et des moines qui leur ressemblent. Ils n'ont pas persévéré dans l'accomplissement des œuvres de leur état monastique, car ils jeûnaient pour la montre, aux yeux des hommes, et, dans le secret, ils aimaient la nourriture. En outre, ils haïssaient les femmes, le jour, et la nuit, ils les aimaient. Ils se composaient un visage mortifié, afin que les gens sachent qu'ils jeûnaient. Quant à eux, ils haïssaient le jeûne et la mortification de leur corps. Ils ressemblaient à des gens qui veillent, et ils aimaient le sommeil en secret. Ils ressemblaient à des gens qui aiment leur prochain, et ils haïssaient leur prochain en secret. Ils étaient pacifiques pour la montre, aux yeux des gens, mais haïssaient leur prochain, en examinant comme le chacal. Ils ressemblaient à des gens qui haïssent la fortune, mais en secret, ils étaient cupides[56] comme la mule qui aime le petit de l'âne. Ils haïssaient l'or, pour la montre, au regard des gens, et en secret, ils thésaurisaient sur terre, comme ceux qui

[56] Le verbe በቈቀ ፡ est à rapprocher du Tigriña በቈቈ ፡ «*geizig sein*». Cf. LITTMANN et HÖFNER, WTS, p. 285.

ne meurent pas au monde. Ils haïssaient aller en char et (avoir) des chaussures aux pieds, au commencement de l'exercice de leur
* p. 13 état monastique, et ils revenaient ensuite * avec des chaussures montantes et des sandales[57]. Ils haïssaient le lit, mais couchaient dans les plumes d'oiseaux, et ils agissaient ainsi pour la montre. Ainsi l'arbre du jardin se prosterne vers eux pour la montre, de même qu'ils se prosternaient eux-mêmes pour la montre, au regard des hommes. Cet arbre du jardin se prosterne pour la montre, et il n'y a pas sur lui de fruit à manger. C'est pourquoi ils sont gravement châtiés. Toi-même, parce que Dieu t'aime, il (m')a envoyé à toi, pour que je te montre l'image de ce pour quoi tu as pleuré.

Abbā Nabyud dit : Pourquoi sont-ils ainsi châtiés à la porte du jardin ? — L'ange me répondit et me dit : parce que Dieu aura miséricorde, au dernier jour, de ceux qui auront fait pénitence. Quand Notre Seigneur viendra pour la seconde fois, il entrera dans le jardin de la joie pour voir les justes et les consoler. Quand il sortira, les justes lui enverront (un messager) ; ils le feront venir jusqu'ici ; les justes imploreront leur Seigneur et lui diront : Seigneur, aie miséricorde de ceux-ci, affligés à satiété, ici, par la faim, quand se prosterne vers eux une frondaison dépourvue de fruit. — Notre Seigneur leur répondra et leur dira : j'ai miséricorde de vous qui avez jeûné pour moi — Je répondis à l'ange qui était avec moi, et je lui dis : quand tu dis ainsi la malice de leur conduite, comment aurait-il d'eux miséricorde ? — Il me répondit et me dit — Écoute : je te dirai[58] de quelle manière il aura d'eux miséricorde. On les maudira s'ils viennent ; on les maudira en disant : cet homme se hâte de venir. (De même) s'il tarde à venir, ⸢étant dans l'orgueil, s'il jeûne (aussi). S'il mange, on dira de lui : le moine arrogant, pourquoi mange-t-il ainsi[59] ? S'il se vêt, on le maudira pour son habillement, en disant qu'il (l') abaisse jusqu'à la plante des pieds ! S'il se lamente, on lui
* p. 14 dira d'abaisser sa ceinture * jusqu'aux genoux (?). Pour les paroles de sa bouche, on le maudira en disant ; s'il a élevé la voix : cet homme donne de la voix comme un cheval — S'il baisse la voix, on dira de lui : cet homme parle comme un malade — S'il donne au pauvre

[57] Passage identique dans le *Livre du Mystère*, cité par DILLMANN, *Lex*, c. 1044.

[58] Comme plus haut, litt. «*écoute, que je te dise*».

[59] «On dira de lui, celui-ci tarde à venir par orgueil. S'il jeûne, on dira de lui : le moine arrogant, pourquoi jeûne-t-il ainsi ? Et s'il mange, on dira de lui : pourquoi mange-t-il ainsi ?».

avec parcimonie, on dira de lui: il fait miséricorde pour la montre, aux yeux des gens — S'il ne donne rien, on dira de lui: cet homme n'est pas bon, et ne rassasie pas l'affamé — C'est pourquoi ils auront grand honte, car le monde entier se tient dans le mal, et quant à ces moines, quoi qu'il en soit, ils vaudront plus que le monde, en raison de leur malédiction et de leur honte. C'est pourquoi Dieu leur fera miséricorde jusqu'à sa seconde venue. Il les corrigera par la faim, et ensuite, il aura d'eux miséricorde et les associera aux bons, aux justes. Ils mangeront de beaux fruits. Ils se laveront avec l'eau blanche de la vie, brilleront sept fois plus que le soleil[60], et joueront avec les justes.

C. *Conseils ascétiques*

Je vous exhorte vivement, nos frères[61] moines, à ne pas être les serviteurs de votre ventre, et à ne pas enfreindre votre dignité. Car celui qui a donné la préférence au désir de nourriture a enfreint sa dignité. Il est devenu le serviteur de son ventre, et il a abandonné la voie droite; car, tandis qu'il est un moine déficient, Dieu n'est pas satisfait (de lui). Quant au moine qui fait la volonté de Dieu, il réjouit le cœur des frères, convertit les pécheurs, et les nations se réjouissent, quand elles entendent leur histoire. Comme dit le Livre — En entendant l'histoire des justes, les nations se réjouissent.

Le moine patient cache beaucoup de tentations. Quant au moine sans patience, dans sa mortification, ce qui a été fait (par lui) est comme une construction d'enfants; alors elle est détruite. — Alors le moine patient fait approcher de Dieu les pécheurs; il les fait revenir auprès de lui dans la pénitence; et ceux-ci, quand ils ont vu sa bonté, et la beauté de sa patience, sont constants dans la pénitence avec lui. Le moine * paresseux et irascible disperse les frères * p. 15
moines réunis auprès de lui. Quand ils voient la malice de sa conduite, ils se détournent de lui. Le chien irritable met en fuite les bêtes sauvages; le chien intelligent, lui, perçoit l'odeur des bêtes sauvages, et les capture, et son maître se réjouit de ce chien, car, par la douceur, il a capturé les bêtes sauvages. Le moine doux réjouit le cœur des frères, et le moine chicanier trouble la demeure des frères.

[60] Cf. GREBAUT, Seconde Venue, p. 310, l. 30-31.

[61] «mes frères».

Quant au bon moine, il meurt à la parole de son frère, et il ne se querelle pas pour la parole de son frère, qu'il ait dit quelque chose de vrai ou de faux. Il lui dit: toi, mon frère, tu le sais — quand bien même celui-ci sait que ce n'est pas vrai, il est mort à la parole de son frère, plutôt que toute mauvaise altercation ou chicane entre les frères. Quant aux frères plaisants, spirituels, ils n'ont pas entre eux de chicane, mais le jeûne, la prière et la paix. La prière du moine chicanier n'est pas écoutée devant Dieu, car il est chicanier envers son frère, il ne rend pas ses voies droites, il n'a pas de paix dans sa voie, et quand on le voit, on lui fait mauvais visage. Dieu ne rend pas droites les voies de celui qui est ainsi. Le moine qui n'est pas captif des œuvres du monde s'humilie envers son frère, et ne se querelle pas, mais il est comme les enfants, car Dieu garde son âme. Celui qui dit des paroles dures parmi les frères irrite son créateur, et il n'a pas de rémission de sa part, car il est un ennemi, celui qui n'aime pas son frère. Celui qui n'aime pas ainsi celui qu'il voit, comment aimerait-il Dieu qu'il ne voit pas?

Le moine patient, humble d'aspect, délicat dans ses paroles parmi les frères, pacifique dans ses œuvres, qui ne convoite pas le bien d'autrui, mais a rejeté sa pensée sur Dieu, en répudiant le monde tout entier, et le considère comme de l'excrément, et des immondices
* p. 16 que l'on a rejeté au dehors, parmi les immondices * : c'est cela qu'il a établi pour les moines, afin qu'ils n'acquièrent d'aucune manière les biens de ce monde; et il ne sera pas triste de la tristesse de ce monde, d'aucune manière. Mais il placera toute tristesse auprès de Dieu, car il a méprisé ce qui est terrestre, et il a préféré ce qui est dans les cieux, où (rien) ne vieillit, ni ne se corrompt[62].

Dieu te dit: Ô moine, si tu es pénitent, que cherches-tu? Ce qui est dans le ciel? Je te (le) donnerai — ou ce qui est sur terre? — Tu me réponds en me disant: donne-moi ce qui est dans les cieux! — Moi, je te réponds en disant: qu'as-tu pour être avec moi dans le ciel? Si tu préfères ce qui est dans les cieux, abandonne ce qui est sur terre, la pensée de ses désirs, et viens, approche de moi, pour que je te donne ce qui est dans les cieux, ce que l'œil n'a pas vu, ni l'oreille entendu, et qui n'a pas été pensé dans le cœur de l'homme[63], ce que j'ai préparé pour mes élus avant que fût créé le monde.

[62] *1Pe* 1, *4*.
[63] Cf. *1Co* 2, 9.

Le moine qui veille, est semblable aux oiseaux qui veillent, qui se sauvent des filets, qui ne veulent pas la nourriture et ne regardent pas ce qui est sur terre: l'oiseau, s'il ne voit pas la nourriture, ne descend pas d'en-haut dans le filet, et n'est pas capturé dans le filet. De même le moine, s'il n'a cure du désir du ventre, ne descend pas d'en-haut et il ne tombe pas captif dans le filet de Satan. Comme dit le Prophète: ⸢ce n'est pas en vain que l'on tend un filet pour les oiseaux[64]. — ⸢Certains (en tendent) avec une bête morte[65], d'autres en tendent avec de la fleur de farine ou des débris[66]. Certains étendent sur l'eau un filet pour les oiseaux, et les capturent à cause de leur ventre. Ainsi le moine, dans la nourriture est tendu le filet de Satan. (C'est) ⸢soit dans les pérégrinations que Satan étend un filet[67], soit dans les travaux de la terre qu'il tend un filet, dans * les labours des * p. 17
bœufs[68], la nourriture, les assaisonnements des femmes, les plantes fruitières du jardin, la boisson[69], le vêtement, la langueur de l'amour[70], ou ⸢dans la langueur du monde, la langueur d'une autre voie[71] ou la langueur du monde et de la fortune, dans l'ornement de l'état monastique, la vêture ou le bonnet, ou dans l'envie(?)[72] la ceinture, ou la mélote, l'objet de bronze, ou dans n'importe quoi, en tout Satan étend son filet; mais surtout dans la nourriture et la boisson, comme les oiseaux que leur ventre fait descendre dans le filet, sur terre. De même, les moines que le filet de Satan capture, descendent dans le feu éternel[73]. De la même manière qu'il n'améliorent pas leur pensée pour Dieu, celui-ci n'améliore pas les voies de ceux qui méprisent Dieu, et n'améliorent pas les œuvres de leur état monastique. Celui-ci les rétribue selon les œuvres qu'ils ont accomplies sur terre,

[64] Cf. *Prov.* 1, *17*. ⸢ou comme ceux qui étendent un filet.

[65] ⸢om.

[66] Cf. DA MAGGIORA donnant «*strage*» parmi les traductions possibles de ቅፕቃጤ ፡

[67] ⸢om.

[68] Après: *terre*, et *bœufs* +«*que Satan étend son filet*». *Le Pré Sprituel* (p. 55) rapporte qu'un moine de Scété vit un jour le diable présenter aux moines un sarcloir. À la question du moine, il répondit «Je procure aux frères la distraction; par là je les rends plus négligents dans la louange de Dieu».

[69] Après: *nourritures*, *femmes*, *jardin*, *boisson*, +«que Satan étend son filet».

[70] +«*que Satan étend son filet*».

[71] ⸢«dans la langueur de la haine, ou dans la langueur d'une voie que Satan étend son filet».

[72] Ce sens de ሕማሜ est absent des dictionnaires consultés. Il est à rapprocher de ሕማሚ traduit «malade, envieux» par Juste d'Urbin (cf. S. GRÉBAUT, *Supplément*, p. 44).

[73] Cf. *Is* 66, *24*; Mt. 3, *12*; 25, *41*; *Lc* 3, *17*.

dans leur ignorance et l'aveuglement de leur cœur, que Satan a semés dans leurs cœur, pour les faire tomber dans l'erreur, et les détourner de la voie droite qu'Il a préparée à la pénitence, pour la vie de leur âme. Satan les a détournés d'elle, pour qu'ils ne rendent pas leur pensée droite pour Dieu. C'est pourquoi il convient aux moines de se détourner des œuvres de Satan, et qu'il ne les conduise pas dans cette voie rocailleuse, qui conduit à la perdition [74]. Il ne permettra pas aux moines qui agissent ainsi d'entrer dans la demeure des saints
* p. 18 moines qui ont plu à Dieu * par la beauté de leur combat [75], de leurs œuvres et de leur vie, nos saints pères dont nous avons rappelé les noms plus haut, dans les demeures [76] élevées et lumineuses du royaume des cieux. Elles sont ornées et pures, à cause des bonnes œuvres qu'ils ont faites. De même, elles sont belles et bien pourvues, leurs belles demeures glorieuses, lumineuses et de bonne odeur, en raison de la bonne odeur du bien.

Car le moine qui fuit la dévotion [77] et se montre paresseux pour l'exercice du bien... quant à la dévotion, ce n'est pas le manger, ni le boire, mais la dévotion pour Dieu, quand vous entrez dans ce schème en pleurant, et que vous êtes dans la crainte et le tremblement, que vous pensez que vous ne retournerez pas et ne reviendrez pas en arrière, dans le monde.

Tu as conclu une alliance avec Dieu, dans ta pensée, afin de ne pas forniquer à nouveau. En outre, vous avez fait des vœux, afin que la parole de votre bouche ne soit pas mensongère, afin de ne pas voler de vos mains. Vous avez fait des vœux, afin d'aimer votre prochain comme vous-mêmes. Vous avez fait des vœux, afin d'aller dans la voie étroite [78], la faim, la soif, la chaleur, l'épuisement, le froid, la nudité [79], la fatigue [80], la sécheresse, le manque de nourriture, et dans toute détresse et difficulté qui arrive aux serviteurs de Dieu. Tu as fait des vœux afin de faire cela, le jour où tu as reçu le signe de la Croix. Maintenant ne reviens pas en arrière, et que

[74] Cf. *Mt* 7, *13*.

[75] À propos du combat spirituel, cf. *Phi* 1, *30*; *Col* 2, *1*; *1Th* 2, *2*; *1Tm* 1, *18*; 6, *12*; *2Tm* 4, *7*.

[76] Cf. *Jn* 14, *2*.

[77] Ce mot doit être entendu ici comme désignant la pratique des obligations contractées envers Dieu par celui qui s'est voué à Lui.

[78] Cf. *Mt* 7, *14*.

[79] Cf. *Rm* 8, *35*.

[80] Sens de ጉዕቱይ ፡ indiqué par da Maggiora.

ne t'affole pas le goût de ce monde passager, car le monde passera, et son désir passera. Quant à celui qui fait la volonté de Dieu, il demeurera pour l'éternité[81]. Ô moine, souviens-toi de l'affliction et des larmes; tu as fait couler (tes) larmes comme l'eau, le jour où tu as reçu le signe de la Croix et revêtu le schème saint, et maintenant tu reviendrais en arrière? Il n'est personne qui laboure (en regardant) en arrière[82] et fasse un sillon droit. La droiture est le Royaume de Dieu. Quant à ceux qui reviennent en arrière, ils sont incapables de poursuivre le vœu qu'ils ont prononcé, le jour où ils ont reçu le signe de la Croix, afin de répudier le monde et tout ce qui est en lui. Ne revenez pas en arrière[83], à ce que vous avez répudié, afin de jouir du goût de ce monde, * il est passager. Celui qui a fui * p. 19
son vœu, a fui Dieu, en conservant la parole de son vœu[84] qu'il a prononcée le jour de sa vêture. Car celui qui a fui son vœu, a fui Dieu. En effet, nous avons fait des vœux et ne les avons pas conduits à leur perfection, pour faire le bien pour Dieu. Si nous sommes revenus en arrière, nous avons abandonné le pacte conclu avec Dieu. Car[85] nous sommes entrés sous cette loi, et ceux qui nous vêtent nous commandent et nous disent: prends-garde, mon fils, à ce qu'est le pacte que tu donnes à ton Seigneur, jusqu'à ce que tu viennes devant lui avec un visage lumineux, parce que tu as gardé le pacte passé avec Dieu, afin de garder tes voies de l'œuvre du péché, pour t'écarter de l'iniquité et de la langueur de ce monde, et de l'erreur des démons qui éloignent l'homme de Dieu. Mais qu'il soit prompt et pudique pour la pratique du bien; le moine qui a rendu sa pensée supérieure au mal, et a servi Dieu avec un cœur pur, c'est lui qui sait ce qui est en vérité. Quant au moine paresseux, il ne réjouit pas Dieu par son zèle et la beauté de sa conduite. Le moine orgueilleux est le serviteur de Satan, car en toute licence et agitation est sa voie, comme dit le prophète David: l'ignominie et le désastre sont leur voie[86]. Ils ne connaissent pas la voie de la paix et n'ont pas la crainte de Dieu devant les yeux[87]; Comme

[81] Cf. *Mt* 7, *21*.
[82] Cf. *Lc* 9, *62*.
[83] «Ô moines, ne revenez pas en arrière».
[84] Les dictionnaires consultés ne donnent pas à ተሐርምት ፡ le sens de «*vœu*» qui ressort ici du contexte.
[85] «quand».
[86] En réalité *Is* 59, *7*.
[87] Cf. *Is* 59, *8*; harmonisé avec le *Ps* 36, *2*.

il dit: Dieu s'oppose aux orgueilleux. Quant à ceux qui s'humilient, il les aime beaucoup[88], car l'humilité possède l'exercice de beaucoup de bien[89]. Les anges de lumière recevront ⌜l'âme des bons moines[90], et les anges des démons noirs recevront l'âme des mauvais moines et (la) conduiront dans la demeure de la Géhenne.

Ô moine patient, sois bon et recherche ce qui est dans les cieux, car ce qui est sur terre n'est pas tien, mais, toi, recherche ce qui
* p. 20 est dans les cieux. Ô moine qui * as répudié et abandonné les œuvres de ce monde[91], et recherché la demeure qui est dans les cieux après avoir répudié[92] beaucoup de choses, ⌜pour que les anges des démons ne se moquent pas de toi dans leur assemblée. Tandis que les anges te conduiront auprès de ton créateur, les démons se moqueront de toi en te conduisant[93], à cause de tous les péchés que tu as faits sur terre, en disant: ⌜Toi qui es devenu semblable aux anges et as abandonné les œuvres de ce monde, maintenant tu es revenu[94] à la souillure du monde, à sa première perte —. Les démons se moqueront ainsi de l'âme du moine paresseux.

L'âme du moine humble, empressé à la pratique du bien, les anges de lumière la recevront dans le repos, en disant: bravo à toi qui as vaincu le monde. Ô âme qui as réjoui ton créateur, à partir de maintenant, tu entres avec ⌜les bons, les justes[95], en entrant là où il n'y a ni maladie, ni souffrance, où il n'y a ni mort, ni tristesse, le jardin des délices, le jardin de la joie. Ô moine, puisque tu es pénitent, abandonne cette pensée terrestre. Foule et transcende la pensée terrestre, afin que ta pensée soit dans les airs, avec les bons anges. Pourquoi fais-tu descendre ta pensée ici, dans les œuvres du monde? Tu as ici l'assemblée des anges joyeux, qui glorifient ton créateur[96] sans répit. Tu as encore l'assemblée des vierges bonnes et belles. Tu as ici des myriades d'anges joyeux, qui glorifient leur créateur.

Si tu fais descendre ta pensée là-bas, tu ne vois rien d'autre que

88 *Ja* 4, *6*.

89 Cf. *Prov* 22, *4*.

90 ⌜«les âmes d'un grand nombre de bons moines».

91 om.

92 «admirable».

93 «pour que les anges des ténèbres et les démons ne se moquent pas de toi; ou ils se moqueront de toi dans leur assemblée, en te conduisant ...».

94 ⌜«celui qui est devenu semblable aux anges et a abandonné les œuvres de ce monde est revenu maintenant ...».

95 ⌜«avec tes pères bons et justes».

96 «leur créateur».

les beautés de ce monde, que le fait qu'il court à son travail et à la pratique du mal. Pourquoi fais-tu descendre ta pensée, moine pénitent? Tu as ici le chef des chefs, le père des vigilants[97] et l'assemblée des saints et des martyrs le glorifie[98]. * Ô moine, pourquoi fais-tu descendre ta pensée vers les œuvres du monde, pour voir l'envie réciproque, la dispute et la haine? Ô moine, pourquoi fais-tu descendre ta pensée d'en-haut: tu as ici le trône lumineux qui reçoit la prière des purs, et la demeure lumineuse qui réjouit les cœurs des saints? Ô moine, ne fais pas descendre ta pensée vers les œuvres du monde, de peur d'être englouti dans l'abîme du péché, car c'est une pierre d'achoppement pour le pied, et une flèche pour le cœur, que la malice des œuvres du monde! Ô moine, ne fais pas descendre ta pensée d'en-haut; tu as ici le trône lumineux que portent les chérubins, et les séraphins le glorifient et lui font une couronne[99]. * p. 21

Frère moine, que possèdes-tu dans les œuvres de ce monde, pour que ne te pique pas la ronce de ce monde[1]? Car une ronce est tendue dans les voies du monde, par le regard de l'œil, l'ouïe de l'oreille, les allées et venues du pied, le toucher de la main, l'échange de la parole mensongère et de l'injure contre les gens? C'est le filet tendu, la ronce, le péché dont je parle, sur terre.

Ô moine pénitent, ne fais pas descendre ta pensée sur la terre! Tu as ici l'assemblée des saints, en elle (est) celui qui resplendit (qui est) un, trine sans être composite, les tabernacles lumineux — chacun d'une couleur différente, et les prophètes dans leurs demeures lumineuses: les premières et les dernières prophéties, console-toi avec eux et retiens leur parole, pense à l'explication de leurs paroles! Ô moine, ne fais pas descendre ta pensée dans les œuvres du monde, où sont l'iniquité et la dispute, sur terre. Tu vois le père se quereller avec son fils, et tu vois le frère s'entretuer avec son frère, et tu es témoin de l'iniquité, du mensonge, du faux serment, de la cupidité, de la moquerie, de la galéjade; répudie tout cela, et que ta pensée soit au-dessus. Tu as ici l'assemblée des saints Apôtres, et Notre Dame Marie, génitrice de la joie, dont on ne peut commenter la beauté, tandis que les apôtres bénis célèbrent sa louange. Ils sont consolés avec elle, et rassasiés de la suavité de sa parole. Ils se

[97] Cf. *Dan* 4, *14*.
[98] Cf. *Ap* 7, *9* ss.
[99] Cf. *Is* 6, *2*.
[1] «de ce péché».

* p. 22 réjouissent de la beauté de sa splendeur : toi, réjouis-toi * avec eux, avec les apôtres bénis, et demande à Notre Dame Marie d'intercéder pour toi auprès de son Fils Bien-aimé. Que la force de ton cœur soit ici. Ne fais pas descendre ta pensée en-bas, vers les œuvres du monde, où se trouvent l'excrément et la saleté qui est sur terre, où chacun se bat avec l'autre, et (où) l'on fuit et court à la fornication, au vol, au rapt du bien d'autrui, et à l'effusion de sang dans l'iniquité.

Ô moine, si tu es bon, que ta pensée soit en-haut, là où se trouvent ⌈les bons, les martyrs[2], les combattants victorieux, au visage resplendissant, qui ont eu un cœur résolu, et ont livré leur âme pour son nom — leur visage est plus lumineux que le soleil[3]. Réjouis-toi, joue avec eux, apprends leur combat, afin d'être délivré de ton adversaire. Prie et supplie-les d'intercéder pour toi auprès du juste juge.

Ô moine, ne fais pas descendre ta pensée ici, vers le bas, où se trouvent la haine, l'iniquité, l'orgueil, l'arrogance, la vanité, la chicane, la querelle ⌈où il(?) se tient dans le mal[4]. Fortifie ta pensée en-haut, et ne fais pas descendre ta pensée ici-bas. Tu as ici l'assemblée des moines qui ont gardé le commandement de Dieu; se trouvant dans un corps, ils ont fait leur vie semblable à (celle des) anges. Maintenant, ils se réjouissent ⌈dans l'assemblée des justes et dans l'assemblée des (êtres) lumineux[5], que l'on ne peut décrire. Ils se réjouissent ici, selon leur famille et leur communauté. Ils se réjouissent avec leur prochain, d'une joie sans fin, car ils ont fui ce monde passager. Quant à toi, sois consolé avec eux, pour qu'ils intercèdent pour toi auprès de leur seigneur, afin qu'il te fasse entrer et que tu sois consolé avec eux, à ta sortie de ce monde.

Ô moine, ne fais pas descendre ta pensée ici, mais sois fort en-haut. Ne fais pas descendre ta pensée là où se trouvent les choses vaines
* p. 23 et la nécessité, où il n'y a pas * de repos, où ne demeurent pas les délices éternelles, et (où) le temps du séjour n'a pas d'utilité. S'ils remplissent le ventre au-delà de la mesure, il est malade, et si c'est de boisson, de telle manière qu'il est malade. ⌈Si le ventre retient[6], le corps est fatigué et tu as grand faim, et il est sans utilité le séjour de ce monde.

[2] ⌈«les bons anges et les martyrs».
[3] Cf. *Mt* 13, *43*.
[4] ⌈«il se tient où est tout mal».
[5] ⌈«dans l'assemblée des saints, dans la demeure des (êtres) lumineux».
[6] ⌈«si le ventre est vide».

Ô moine, ne descends pas[7] d'en-haut, tu as Jacob qui a jeûné d'un plat de brouet: il a hérité la bénédiction[8]. Toi, de même, prie Dieu avec pureté. de te rendre patient pour (remporter) la victoire sur le ventre, qui est le chef de tout mal, et sois consolé avec lui (Jacob), afin qu'il t'enseigne le jeûne et la patience. Ne descends pas (vers) le désir du ventre, comme Esaü, incapable de patience, qui perdit la bénédiction; de même, toi, en étant incapable de patience; de peur de perdre cette bénédiction, dont Dieu bénit ses justes, en disant: Venez[9], bénis de Dieu, hériter du royaume qui fut préparé pour vous, avant que fût créé le monde[10]. Ô moine, ne fais pas descendre ta pensée d'en-haut! Qu'as-tu ici, chez les gens du monde, dont la fin viendra rapidement. Quant à ceux qui aiment beaucoup entrer en fureur, ⸢et tombent dans la souillure du péché, pour un peu de bien de ce monde[11], qui est très peu de chose, (qui) n'est pas leur, qu'ils abandonnent au contraire leur fortune à autrui. Fortifie ton cœur en-haut.

Ô moine, ne fais pas descendre ta pensée en bas. Tu as ici les âmes des justes splendides, Frēmunā et 'Iyaluṭā[12] avec lesquelles jouent les anges en raison de la beauté de leur splendeur. Tu as en outre, parmi les femmes d'autrefois, qui furent louées pour la beauté de leurs œuvres: Sarah, Rébecca, Rachel, et Marie sœur de Moïse, qui chante au son du tambourin[13], en prophétisant, disant: nous glorifions Dieu glorieux, qui est glorifié, admirable, qui est admirable dans les saints. Joue avec elles en priant, et supplie, afin qu'elles prient * pour toi, qu'Il éloigne de toi la pensée de la femme. Celles qui sont * p. 24
dans le monde puent le parfum, et non la senteur de l'ornement des justes, mais la senteur de l'ornement du péché, et de se laver, de se parer, et de s'orner pour la séduction du cœur des jeunes gens. Ô moine, secoue-toi, quand (tu as) ainsi une pensée semblable, et prie,

[7] «ne fais pas descendre ta pensée».
[8] Cf. *Gn* 25, *29-34*.
[9] «Venez à moi».
[10] Cf. *Mt* 25, *34*.
[11] ⸢«et descendent dans le filet du péché pour un peu de gain de ce monde».
[12] Frēmonā/Fébronie, martyre syrienne fêtée chez les Coptes le 1er Abib (cf. I. FORGET, *SynAl* dans CSCO, nº 90 p. 196-197; BASSET, Synaxaire arabe, dans PO, t. 17, f. 3, p. 1154-1156; DE LACY O'LEARY, SE p. 139-140. Elle ne figure pas dans le synaxaire édité par Budge) Juliette, fêtée le 6 Naḥasē (cf. BUDGE, BSEC t. 4, p. 1194.)
[13] Cf. *Ex* 15, *20*.

afin qu'Il éloigne de toi cette pensée terrestre qui te souille, soit en rêve, soit en pensée, afin de vaincre et de lasser ta pensée.

Ô moine, fortifie ta pensée en haut: tu as ici, élus et bénis, lumineux[14], les fils du royaume; ceux qui ont tendu le cou et (l') ont livré à l'épée; Georges Tarbēnos, chef des martyrs, Théodore Manādĕlyos[15], Mercure qui aimait son père, Mar Mehnām et tous les petits enfants que tua Hérode[16], qui ne souillèrent pas leur corps, jouant parmi les fruits du jardin au goût varié. Quant à toi, réjouis-toi avec eux, et prie leur Dieu de te réunir à eux, à ta sortie de ce monde.

Ô moine, ne fais pas descendre ta pensée d'en-haut, en ce bas monde qui est sur terre, ⸢sur la place de la ville[17], ni dans la boue de la rue, ni dans la taverne où l'on fait tout bon plat, et que l'on (ne) la fasse (pas) descendre pour le ventre, contre sa volonté, pour la saveur de la bonne odeur du parfum de la taverne, de ce qu'on y fait. Quant à toi, que ton parfum[18] soit sur l'autel de Dieu[19]. Que ta pensée soit en haut, (dans) la demeure des purs et des saints célestes, dont on ne peut décrire la splendeur. Prie-les d'intercéder pour toi, lors de ta sortie, pour qu'Il (te) compte avec eux dans leur demeure.

Ô moine, fortifie ta pensée en haut, et ne (la) fais pas descendre
* p. 25 ici-bas, * de peur que ta pensée ne soit engloutie dans le désir du monde, par le regard de l'œil et l'ouïe de l'oreille, car, en voyant, il désire, et ne voyant pas[20], il ne l'attriste pas. Ne fais pas descendre ta pensée du firmament, vers le bas. Quant à toi, vole par la pensée en-haut, où les armées du ciel crient de joie, et se pressent pour Le couronner de leurs ailes lumineuses à l'entour de son trône[21]. Les anges désirent le contempler, à cause de la beauté de sa divinité, car il les a créées pour sa glorification. Quant à toi, demande miséricorde à ceux-ci mêmes, afin qu'ils intercèdent pour toi, auprès de Dieu, afin qu'il te mette ⸢avec les bons et les justes[22], qui ont plu à Dieu par la beauté de leur combat.

[14] «les fils de lumière».
[15] Banādĕlyos.
[16] Cf. *Mt* 2, *16*.
[17] ⸢«dans la malice de la ville».
[18] «la bonne odeur de ton parfum».
[19] Cf. *Ap* 5, *8* et 8, *3-4*.
[20] «et n'entendant pas».
[21] Cf. *Is* 6, *2*.
[22] ⸢«avec les âmes des justes et des bons».

Ô moine, ne fais pas descendre ta pensée dans la région inférieure de la terre, mais tiens-toi en haut, et sois fort, de la force de la foi, là où se trouve la lumière de la divinité, où ne sont pas les ténèbres du péché, où se réjouissent les justes, où les prêtres du ciel encensent de la fragrance du bien. Ils prient pour toute la création, pour les pécheurs et ceux qui ont commis des fautes. Tiens-toi debout, et prie auprès de leurs encensoirs, afin qu'ils demandent pardon pour toi et prient pour toi, pour que, lors de ta sortie, il (sic) soit compté avec les âmes des justes, et te réunisse aux purs.

Ô moine, ne fais pas descendre ta pensée d'en haut, dans la région inférieure de la terre, là où se trouvent la perversité, la cupidité, et le péché commis par les hommes pécheurs, la vanité, le rire sans mesure, la haine du prochain, et toute œuvre que hait Dieu. ⌜Sois fort, et ne fais pas descendre ta pensée d'en-haut, de peur que te dévore l'abîme du péché[23].

Ô moine, sois fort en haut et tiens-toi debout, ⌜auprès du trône[24] du Seigneur de gloire, que portent ⌜les quatre animaux[25], avec leurs ailes, ornés et formés * par la flamme de la puissance[26]. Demande * p. 26
leur miséricorde, afin qu'ils prient pour toi, quand ton âme sortira de ton corps, et tiens toi debout ici. Demande leur miséricorde auprès de Dieu, et prosterne toi. Combien il est délectable de demeurer avec Dieu, et combien il est beau de contempler sa face par la pensée pure, tandis que tu brilles par l'oraison et la prière, te tiens debout devant lui sans faute, que tu es assoiffé de sa parole! Que soit écoutée la prière de cette âme, qui se tient devant lui et accomplit sa volonté.

Ô moine, ne fais pas descendre ta pensée d'en-haut, où se trouvent le Seigneur des cieux, ses anges joyeux, et l'assemblée des premiers-nés, dont les noms sont inscrits dans les cieux[27]. Sois fort en-haut, et consolé avec eux. Prie à leur exemple, et dis-leur: priez pour moi, afin qu'Il ait pitié de moi, votre serviteur pécheur, et qu'Il me donne la force de me tenir dans la pratique de la pénitence, car mon adversaire me fait la guerre, lui qui s'est opposé à mon père Adam, et veut me faire descendre dans ce tourment qui est le sien, et ce

[23] ⌜«sois fort en haut, et ne fais pas descendre en bas (sic), de peur que te saisisse l'abîme du péché».

[24] ⌜«devant le trône».

[25] ⌜«ses quatre animaux».

[26] Cf. *Ap* 4, *6-8*.

[27] *He* 12, *23*. «dans les cieux, où (rien) ne vieillit, ni se corrompt».

qui y ressemble — Prie-les, fais couler tes larmes, prosterne toi à genoux, étends les mains, et élève (les yeux) en tout temps, afin qu'Il t'accorde la prière de ton cœur et que la prophétie de ta pensée ne t'empêche pas, car il dit: afin que tu me donnes ce que je souhaite chaque jour.

Ô moine, fortifie ta pensée en-haut, où se trouve la lumière des lumières, et le Seigneur des puissances, la joie sans fin, l'honneur sans honte, la beauté de la grâce sans variation, donnée aux spirituels, qui le glorifient sans cesse, en disant toujours, chaque jour: Saint, Saint, Saint, Dieu Sabaoth, parfait, remplissant les cieux et la terre de la sainteté de ta gloire[28] — Glorifie avec eux, en disant: Saint —, car les anges n'ajoutent rien, si ce n'est — Saint —. Ils n'ont pas
* p. 27 d'autre pensée, en dehors de Lui. Et toi, * que ne t'afflige aucune pensée étrangère au salut de ton âme. À l'aube, à midi et à l'heure (fixée), souviens-toi de ton Dieu dans ta pensée. Que tu sois assis, chemines, manges, boives, ne néglige pas de te souvenir de Dieu dans ta pensée[29]. Que sa crainte soit ⸢devant tes yeux[30]. Ne t'empresse pas de pécher, car tu as celui qui te voit, le Père des lumières[31] que tu vois[32] par la pensée, de peur que ton Seigneur ne s'irrite contre toi, le Seigneur du ciel et de la terre[33] qui sonde le cœur et les reins[34]; il connaît la voie de l'homme avant de l'avoir créé, car il connaît par avance (ce qui) doit être, ce qui est, avant qu'il soit.

Ô moine, ne fais pas descendre ta pensée d'en-haut. Qu'as-tu sur la terre, qui est faite pour le ventre? Comme dit Paul: le ventre est pour la nourriture, et la nourriture pour le ventre —, et la mort détruit les deux[35]. Répudie le désir du ventre et de la nourriture, afin de manger de l'arbre du jardin[36], dont le goût est meilleur qu'un rayon de miel. Garde-toi, toi-même, de l'inclination pour ce qui est terrestre, jusqu'à ce que tu arrives là où est le séjour de repos que tu as vu. Là où il est, là se trouvent les âmes des justes joyeux, ⸢qui ont agi avec droiture, auprès de Dieu[37].

[28] *Is* 6, *3*.
[29] «toujours, dans ta pensée».
[30] «toujours devant tes yeux, cf. *Ex* 20, *20*.
[31] *Ja* 1, *17*.
[32] «que tu ne vois pas toujours».
[33] Cf. *Mt* 11, *25*.
[34] Cf. *Ps* 7, *10*; *Jr* 17, *10*; 20, *12*; *Ap* 2, *23*.
[35] Cf. *1Co* 6, *13*.
[36] Cf. *Ap* 2, *7*; 22, *14*.
[37] ⸢«qui ont rendu droites leurs âmes pour Dieu».

Le moine paresseux pour les œuvres de l'état monastique ne veut pas susciter le salut de son âme, mais il suscite ⌜la damnation de son âme[38]. Je vous le dis à nouveau, moines élus, je suis triste aussi pour le moine paresseux qui dit: j'ai répudié le monde, et tout ce qui est en lui — qui a conclu une alliance, dans sa pensée, avec Dieu, afin de ne pas revenir une seconde fois à la pensée du monde, et, ensuite, a oublié[39] ce qu'il a promis à Dieu, et (qui) est revenu à la souillure des femmes: celui qui est ainsi, sa pénitence sera dure, car il a trahi l'alliance * conclue avec Dieu, et il est revenu * p. 28
en arrière, comme le porc qui a été lavé est revenu se vautrer sur la boue, la fange, et comme le chien qui restitue sa vomissure à son ventre[40], ou comme celui qui se lave les mains et prend de la poix revient à la souillure, ou encore celui qui retranche le don qui lui avait été remis en mains. Quant au don, c'est le don des moines, qui leur est donné, le royaume des cieux. S'ils reviennent à la débauche et au péché, ils retranchent leur don, le don auquel rien n'est semblable, celui du royaume des cieux, mais il n'est personne qui dépouille ceux qui gardent la règle de leur état monastique. Mon frère, écoute mon conseil, de peur de périr par l'un et l'autre don: ou tu n'as pas bien accompli la règle de l'état monastique, ou ta perte (a été) la règle du monde, pour avoir épousé une femme (et avoir eu) des enfants et une famille. Prends-garde à ne pas périr par les deux, et tiens ferme la règle de l'état monastique, plutôt que de tenir ferme la règle du monde dont la fin sera rapide. Sa joie ne dure pas, mais la récompense des justes reste jusque dans l'éternité, et leur allégresse jusque dans les siècles des siècles, sans fin.

Ô moine, affermis ta pensée en-haut, et ne fais pas descendre ta pensée dans les œuvres de ce monde passager, souillé et impur, et la puanteur et toute bourbe[41], divination et idole inutiles[42] pratiques de ce monde souillé — Toi, affermis ta pensée en haut, où se trouvent toute pratique du bien et sainteté, les armées des anges bénis qui sanctifient[43] sans trêve, jour et nuit, à midi et à l'heure (fixée), sans trêve. Ils sanctifient le roi, créateur du monde entier. Leur

[38] ⌜«le dam du feu pour lui même».
[39] «ayant oublié».
[40] *2Pe* 2, *22*.
[41] «et toute méchanceté».
[42] «et tout ce qui est inutile».
[43] «qui Le sanctifient».

glorification n'est pas de ce monde, mais du septième ciel[44], avec un chant admirable, que l'on ne peut commenter, et avec une voix délicieuse et haute, qu'ils élèvent depuis le seuil de la porte. Ce sont
* p. 29 les séraphins qui glorifient, qui suscitèrent l'admiration d'Isaïe, * les chérubins qui crient[45] et glorifièrent Ezéchiel et l'émerveillèrent[46]. Des milliers éventent de leurs ailes, au-dessus du trône. Dix millions d'anges se prosternent à genoux, devant celui qui est sur le trône lumineux et élevé[47]. Ils sont très éloignés de sa connaissance. Là, ils se pressent, vont et viennent, produisent du tumulte, et contemplent la grandeur de sa divinité.

Toi, ô moine, glorifie avec eux, regarde, va et viens, afin de voir celui que les anges désirent contempler, et de Le glorifier, et ceci, afin qu'Il pardonne ton péché, et ne fais pas descendre ta pensée d'en-haut, en-bas, sur terre, et dans les ténèbres de la nuit. Quant à toi, qu'elle soit lumineuse pour toi, comme dit David: ma nuit est lumineuse comme le jour, car ma ténèbre n'enténèbre pas auprès de toi[48] — Quand t'arrive tantôt la tristesse, tantôt la joie, ne t'aigris pas, mais reçois (cela) comme bon, et ne fais pas descendre ta pensée du haut vers le bas, à l'écart de la glorification de Dieu, afin de te réjouir aux noces du Christ[49], et de t'unir en glorifiant aux âmes des justes. Sois spirituel avec eux, et semblable à eux lors de la Résurrection des morts, et toujours, tu rendras gloire avec eux auprès de Dieu, quand se lèveront les âmes des justes et des pieux martyrs, alors se lèveront ceux qui, se prosternant en vérité, se prosternent en esprit et dans la justice. Alors qu'ils sont faits de poussière, ils deviendront célestes[50] et ils se réuniront en glorifiant avec les bons anges. Afin de te réjouir[51] ce jour là, ne fais pas descendre ta pensée d'en-haut, vers la région inférieure de la terre, là où se trouvent la méchanceté, le péché, l'envie et la haine, à cause des œuvres du péché qui ne leur sont d'aucun profit, du passage de maison
* p. 30 en maison, des luttes[52], de l'héritage, à cause * du bien de leurs

[44] Cf. *2Hen* 20-21.
[45] «forment une couronne».
[46] Cf. *Ez* 10.
[47] Cf. *Ap*. 5, *11*.
[48] *Ps*. 139, *12*.
[49] Cf. *Ap* 19, *7-9*.
[50] «comme les célestes».
[51] «de sorte que nous nous réjouirons».
[52] «des contestations».

parents qui, après peu, ne fut plus leur, mais comme l'ombre passe, et comme le rêve que l'on ne trouve plus, après que l'on s'est éveillé — ainsi, celui qui a été rassasié se retrouve affamé quand il s'éveille, de même celui qui a soif (se) retrouve ainsi, ou le pauvre qui a trouvé beaucoup de bien, d'honneur, d'or et d'argent, et, dans son rêve, s'est réjoui, après s'être éveillé, il n'a plus cet honneur et cette richesse qu'il a trouvés dans son rêve. Il en va ainsi de la situation des hommes du monde, de l'honneur et des richesses des hommes du monde passager.

Ne regarde pas vers eux, mais que ta pensée soit en-haut, afin de glorifier avec les anges. Détourne toi[53] de ton péché, et de la pensée de ce monde. Ne regarde pas ceux qui sont comme des bêtes par leurs œuvres, mais sois semblable à ceux qui, avec pureté, ont observé le commandement de celui qui les a créés[54] eux-mêmes. Vois, et ne t'éloigne pas d'eux dans ta pensée, ni dans ta prière, de peur qu'Il te fasse descendre au fond de l'enfer, mais lutte et échange des coups avec ta pensée, en lui disant: pourquoi descends-tu en-bas, ⌜alors qu'en-haut se trouvent[55] les Anges[56]?

Et pourquoi inclines-tu ta pensée dans la région inférieure de la terre? Tu as ici l'assemblée des anges, selon leurs familles. Tu as ici l'assemblée des justes[57], tu as ici l'assemblée des vierges aux beautés variées. Tu as ici l'assemblée des anges et des archanges, et l'armée du ciel, qui glorifient et chantent sans paresse. Tu as ici l'assemblée des martyrs, dont le visage brille comme le soleil[58]. Tu as ici l'assemblée des moines, qui se réjouissent toujours aux noces de l'époux[59]. * Tu as ici ⌜l'assemblée des frères[60] purs: Abraham, Isaac, Jacob, David, Salomon, Moïse, Aaron et Samuel les prêtres. Tu as ici l'assemblée des prophètes: Samuel, Élie, Élisée, sur qui est descendue la grâce de l'Esprit Saint; ils ont connu ce qui est, ce qui (était) au commencement, et ce qui (sera) à la fin. Tu as ici les Apôtres saints, prédicateurs de l'Évangile dans le monde entier. Tu as ici

* p. 31

[53] «afin de ... et de te détourner».

[54] «ont observé avec pureté le commandement de Dieu et n'ont pas transgressé le commandement de celui qui les a créés ...».

[55] «... alors que tu as en haut ...».

[56] «les anges et les archanges».

[57] +«selon leur famille».

[58] Cf. *Mt* 13, *43*.

[59] «de l'époux céleste».

[60] «l'assemblée des pères».

les soixante douze disciples, ⌜ceux qui furent après eux, les disciples qui rendirent la foi droite[61]. Ceux qui Le glorifient comme les Apôtres. Tu as ici l'assemblée des trois cent dix huit orthodoxes[62] qui redressèrent le monde par leur prédication, et redressèrent la foi, jusqu'à ce qu'elle brille à la manière du soleil. Tu as ici : Antoine, Macaire et toute l'assemblée des saints. Tu as ici l'assemblée des pères saints, les moines. Tu as ici les justes, dont la demeure est lumineuse. Ils glorifient leur Dieu. Tu as ici l'assemblée des veilleurs, qui sanctifient sans se taire.

Tu as ici le jardin aux fruits variés, qui est prêt pour ceux qui sont persévérants pour Lui, par la pensée, afin qu'ils se réjouissent de ces fruits, que tu vois par la pensée. Tu as ici les fleuves de l'eau de vie[63], garde ta pensée, afin d'en boire avec Lui[64]. Tu as ici les couronnes lumineuses[65], et les trônes ornés[66] dans lesquels siègent les âmes des justes et des pieux martyrs victorieux. Pour siéger avec eux, affermis ta pensée en-haut. Tu as ici les vêtements aveuglants, comme David en ces jours, mais pas comme les vêtements de David en ces jours, qui ont été faits de main d'homme, mais les vêtements des spirituels, qui n'ont pas été tissés de main d'homme. Pour t'en revêtir, affermis ta pensée en-haut, et que ta pensée ne soit pas en-bas, où se trouvent la méchanceté et la cupidité de ce monde passager.
* p. 32 Tu as * ici les âmes des justes, dont le visage brille comme le soleil[67]. Afin de te réjouir avec eux, affermis ta pensée en-haut, et ne fais pas descendre ta pensée dans la région inférieure de la terre. Tu as ici ⌜les nuées de lumières[68], qui ombragent les saints. ⌜L'odeur de son agréable parfum rassasie[69] beaucoup plus que les aliments et la boisson. ⌜Sa suavité est plus grande que ce qui est terrestre[70]. Affermis ta pensée en-haut, et ne fais pas descendre ta pensée dans la région inférieure de la terre, afin d'exhaler le bon parfum dont se réjouissent les justes.

[61] ⌜« qui firent droit leur sillon : la foi ».
[62] Les pères du premier concile œcuménique de Nicée.
[63] Cf. *Gn* 2, *10-14* et *Ap* 22, *1*.
[64] « avec eux ».
[65] Cf. *1Co* 9, *25*; *2Tm* 4, *8*; *Ja* 1, *12*; *1Pe* 5, *4*; *Ap* 2, *10*.
[66] Cf. *Ap* 20, *4*.
[67] Cf. *Mt* 13, *43*. « plus que le soleil ».
[68] « les nuées lumineuses ».
[69] ⌜« et le souffle du jardin, au parfum suave et à l'agréable odeur qui rassasie ... ».
[70] ⌜« Sa suavité est dix (fois) meilleure. Tandis que tu es sur terre ... ».

Ô moine, ne fais pas descendre ta pensée d'en-haut, vers le bas. Tu as les prophètes, qui chantent avec (l'instrument à) dix cordes spirituelles. Ils glorifient, et chantent Notre Dame Marie avec eux, en la glorifiant de leur cantique admirable, spirituel, plaisant à entendre, par l'hymne délicieuse, ineffable. Et Notre Dame[71], qui enfanta le Verbe du Père, Elle, aime ceux qui sont patients, et prie pour eux son bon Fils, afin qu'ils se réjouissent avec Lui, au long des jours. Notre Dame Marie, génitrice de la joie, aime ceux qui font pénitence avec résolution[72], et prie pour eux son bon Fils, afin qu'ils entrent dans le jardin de la joie, sans empêchement, ni maladie, ni souffrance, dans la demeure des purs[73], avec Samuel le thaumaturge[74], Pachôme[75] l'ami du désert, Antoine, Macaire, et tous ceux qui aiment Notre Dame Marie, avec eux, tandis qu'ils Le glorifient de leur admirable chant spirituel, plaisant à entendre, et avec une hymne délicieuse, ineffable. Et pour ceux qui prient, et demandent auprès d'elle, Elle prie * pour eux son Fils Bien-aimé, afin qu'ils entrent dans le jardin * p. 33
de la joie. Prie-la aussi, avec tous les saints, dont nous avons déjà rappelé les noms dans ce livre. Elle intercèdera pour toi, et tu entreras avec eux, dans l'assemblée des justes lumineux, qui brillent beaucoup plus que le soleil, qui réjouit les cœurs de ceux qui entrent en elle.

Ô moine, affermis ta pensée en-haut, et ne fais pas descendre ta pensée en-bas, mais qu'elle soit forte en-haut. Tu as ici les âmes des vierges, qui encensent les vêtements de Marie, et les saintes femmes, qui se sont ornées de bonnes œuvres. Prie-les, et supplie-les de prier pour toi Notre Dame Marie, et celle-ci priera son bien-aimé Fils de te pardonner tes péchés, et de te réunir aux justes, qui ont plu à Dieu par la beauté de leur combat. Prie Notre Dame Marie, dans les portes de la Jérusalem céleste[76]. Dans celle-ci, les anges glorifient Dieu. De même, toi, prie Notre Dame Marie, sans trêve, afin d'entrer dans les portes de la Jérusalem céleste, pour glorifier avec les anges, sans trêve, et pour être avec eux spirituel: alors que toi, tu es poussière, place ta pensée en-haut. Ne descends pas en-bas,

[71] «Et Notre Dame Marie».

[72] «le cœur résolu».

[73] + «purs, lumineux, élevés et glorieux ...».

[74] Samuel de Qalamun (cf. VAN CAUWENBERGH. *Moines d'Égypte*, p. 88 à 122. Fêté en Éthiopie le 12 Tāḫsās (cf. BUDGE, BSEC, t. 2, p. 356-357. Il existe une biographie éthiopienne de ce moine (cf. ESTEVES PEREIRA, VASMK.)

[75] Bakimon. DILLMANN (c. 1415) donne la forme Bakimos.

[76] *He* 12, *22*; *4Esd* 8, *52*; *Ap. Bar* 4, *2-6*.

afin que ta conduite apparaisse bonne, et que tu fasses luire ta lampe avec les vierges qui firent luire leurs lampes, portèrent de l'huile dans leurs fioles, et entrèrent aux noces de l'époux, avec une grande joie et allégresse. Prie afin d'entrer avec elles. Ne fais pas descendre ta pensée en-bas, afin d'entrer avec elles, aux noces de l'époux céleste[77].

Ô moine, ne fais pas descendre ta pensée d'en-haut, et prie ici, où se trouvent les anges et les archanges, les Seigneuries, les Puissances,
* p. 34 les Trônes et les Dominations. Supplie-les de prier Dieu pour toi * pour le pardon de tes péchés, lors de la résurrection des morts, afin de ne pas avoir honte, quand tu te tiendras devant Lui, avec grande crainte et tremblement[78], et l'on te fera des reproches, pour toutes les fautes et péchés que tu as commis sur terre, en ne gardant pas tes yeux, en ne gardant pas tes pieds, et en toute pensée et parole, par la langue et la pratique du mal, ⌜pour qu'ils t'apparaissent[79].

Ô moine, ne fais pas descendre ta pensée d'en-haut, dans cette région inférieure de la terre, à cause du désir de ton ventre, à cause de la position du monde passager, ne perds pas ce qui est éternel. Pour un peu de boisson de ce ventre, n'assoiffe pas ton âme de l'eau de la vie éternelle[80], et pour un peu de vêtement de la nudité, le bien de ce monde passager, ne perds pas les vêtements de linge[81] et les couronnes[82] qui n'ont pas été faits de main d'homme, les vêtements de la vie spirituelle. Ce qui appartient à son créateur, son fabricant et son artisan, ce qui est ici de peu de jours, même si cela dure quatre-vingts ans, la plupart d'entre eux (sont) peine et souffrance. Ne perds pas ce qui dure cent et des centaines de mille, et des milliers d'années, innombrables, qui possèderont la vie éternelle, et la joie sans fin. Ce qui est fait en elles (est) avec justice et droiture, pour ceux qui marcheront dans sa volonté.

Pour un peu d'honneur de ce monde passager, ne perds pas la vie éternelle. Quant à l'honneur terrestre, il est passager, et ne demeure

[77] *Mt* 25, *1-13*.
[78] Cf. *Eph* 6, *5*.
[79] ⌜«pour qu'il demande pardon pour toi».
[80] Cf. *Jn* 4, *14*; 7, *38*; *Ap* 22, *1*.
[81] Cf. *Ap* 3, *5*; *Is* 61, *10*; *Ps* 132, *16*.
[82] Cf. *1Co* 9, *25*; *Ja* 1, *12*; *1Pe* 5, *4*; *Ap* 2, *10*. D'après le «Livre des Mystères du Ciel et de la Terre» (p. 5-6), le quatrième ciel, identifié à la Jérusalem céleste, renferme «des vêtements de lumière, des couronnes de lumière, des diadèmes de beauté». Les élus sont représentés dans ce ciel.

pas à jamais, car il est menteur et sujet à vieillir, comme l'ombre qui passe, et le rêve que l'on ne trouve pas. L'honneur céleste, là où demeurent les justes, leur joie et leur honneur, il n'est rien qui les ravisse ⌜du rapt de ce monde. Ils ont fui[83] vers le monde qui ne passe pas. Ils sont venus recevoir la contrepartie du travail qu'ils ont fait sur terre, trouver le salaire de leur glorification, * qui est dans * p. 35
les cieux, qui ne vieillit, ni ne se corrompt[84], ce qu'Il a préparé pour ceux qui L'aiment, avant que fût créé le monde, où il n'y a pas de maladie, ni de souffrance, où il n'y a ni mort, ni tristesse[85]. C'est la terre de la joie et de l'allégresse, et ce sont les maisons de ce ⌜qui est plein de la bénédiction de ce monde[86], qui apparaît soudain, et l'on n'obtient rien de lui — Mais quant à l'honneur céleste, caché à la pensée de l'homme, que les anges aspirent à voir[87]: pour un peu de bien de l'honneur de ce monde, ne perds pas la joie éternelle, car nombreux sont ceux qui recherchent le bien de ce monde, soit la blatte, soit la vermine; ⌜d'autres (le) brident[88], de la part des rois, des princes, des percepteurs d'impôts, et des pervers qui recherchent le bien d'autrui, ceux-ci, tantôt le ravissent, tantôt le volent; tout cela, parfois on le recherche, le pille ou le ravit.

Quant à l'honneur qui est dans les cieux, le royaume des cieux[89], il n'est personne qui le ravisse, ni personne qui le pille, ni mite, ni blatte, ni autres déprédateurs, ni gens qui le recherchent[90]. Personne ne trouve le salaire des justes. On sort de ce monde dans la crainte et la souffrance. (Pour) ce que l'on a acquis d'abord, en craignant les voleurs et l'imposteur, si l'on sème dans les champs du monde, on craint la grêle, les sauterelles, les criquets, ou si (cela) croît en abondance, porte du fruit et arrive à la moisson, quand on la récolte et la met en tas, s'il y a une étincelle, elle détruit tout le tas de l'année. Tandis qu'Il affermit la semence de justice, ce qui est des cieux porte du fruit pour lui, tandis que ...[91]. La semence de ce qui

[83] ⌜«car ils ont fui du rapt de ce monde. Ils sont allés ...».

[84] Cf. *1Pe* 1, *4*.

[85] Cf. *Ap* 21, *4*.

[86] ⌜«qui est plein de bénédiction, mais pas de la bénédiction de ce monde ...».

[87] Cf. *1Pe* 1, *12*.

[88] ⌜«... d'autres (le) recherchent».

[89] Cf. *Mt* 3, *2*; 5, *3*; 5, *19*; 7, *21*; 8, *11*; 10, *7*; 11, *11*; 12, *12*; 13, *11*; 13, *24*; 13, *31*; 13, *33*; 13, *44*, *45*, *47*; 16, *19*; 18, *1*; 18, *3*; 18, *23*; 19, *12*; 19, *14*; 22, *2*; 23, *13*; 25, *1*; *Lc* 13, *18*.

[90] Cf. *Mt* 6, *20*; *Lc* 12, *33*.

[91] + «1 : 100 ou 60» souvenir de *Mt* 13, *8*.

est dans les cieux est bien meilleure et précieuse, car il n'est rien qui craint la grêle, la neige, les criquets, les sauterelles, la neige, le feu,
* p. 36 et les autres déprédateurs. Nul ne peut trouver * ce qui est dans les cieux. C'est semé, sans que personne l'amasse, et sans ouvrier. Toi, thésaurise ce qui est dans les cieux[92], Ô moine, afin de trouver ce qui est thésaurisé pour le Christ, tandis qu'il te donnera en récompense beaucoup pour peu de choses, et pour une petite chose, une grande, et pour ce qui est sur terre, ce qui est dans les cieux.

Affermis la stabilité dans ta foi Ô moine, afin de trouver Dieu dans la grandeur de sa gloire, tandis qu'Il enseigne aux doux. Quant à toi, il te donnera une récompense avec les justes, qui lui ont plu par la beauté de leur vie. Quant à toi, tu te réjouiras avec eux, si tu as fortifié (ta) stabilité dans la foi, afin d'être ensemble, avec ceux qui ont hérité la terre des vivants[93]. Ils ont reçu la couronne du martyre pour leur combat, alors qu'ils avaient au-dessus d'eux, ⸢le prince du monde[94], le diable, et ses démons, qui règnent sur le monde des ténèbres[95]. Quant à ceux qui n'ont pas suivi le commandement de Dieu, le diable et ses démons les châtieront: soit les moines qui n'ont pas gardé la règle de leur état monastique, soit les laïcs qui n'ont pas gardé la règle de leur état de chrétiens. Ils demeureront avec eux, qui les ont fait tomber dans l'erreur, dans la damnation, jusque dans l'éternité, où il n'y a pas d'issue.

Ô moine, ne perds pas pour le bien, le lucre de ce monde, qui n'a pas d'utilité, ce qui est dans les cieux, préparé pour les bons moines, qui font la volonté de Dieu. Si tu as accompli les œuvres des bons moines, tu te sauveras de tout fléau qui te surviendrait. Ô moine pénitent, toi, tu ne penses pas à ce qui est sur terre, mais, toi, tu es un homme qui est dans les cieux, toi.

Ceux qui recherchent ce qui est sur terre ne seront pas ceux qui seront dans les cieux à la fin. Ils ne recherchent pas avec les moines la règle parfaite de leur état monastique, la récompense qu'ils recevront, mais, parce qu'ils ont recherché ce qui est sur terre, la violence,
* p. 37 il (sic) voit de loin * et s'attriste[96], car il n'a pas gardé la règle de son état monastique, et, pour cela, il lui sera fait violence hors de

[92] Cf. *Mt* 6, *20*.
[93] Cf. *Jb* 28, *13*; *Ps* 27, *13*; *Is* 38, *11*.
[94] Cf. *Jn* 12, *31*; 14, *30*; 16, *11*. ⸢«les princes du monde».
[95] Cf. *Eph* 6, *12*.
[96] «et ils s'attristent».

la demeure où entreront les moines, car il n'a pas fait scrupuleusement les œuvres de son état monastique. Pour cette raison, il souffrira violence hors du royaume de Dieu, où les moines entrent ⌜dans le royaume de Dieu[97], part de ceux qui ont donné leur vie pour Lui, les martyrs vainqueurs, les combattants qui siègent à la droite du Fils de Dieu. On fera des couronnes sur leur tête, et c'est la part de celui qui les a créés, car Il les a fait hériter du royaume des cieux. Pour cette raison, il s'attristera, quand il verra ceux-ci, qui auront été récompensés par des couronnes lumineuses; et, quant à celui-ci, il subira violence, et verra les justes qui ont été rétribués, car il n'a pas gardé la règle de son état monastique, qui lui a été transmise auparavant, depuis le jour où il a été oint, et a reçu le schème béni. Pour cette raison, il s'attristera et s'affligera beaucoup, car il n'a pas gardé la règle de son état monastique, qu'on lui a transmise, le jour choisi où Dieu l'a choisi et libéré des œuvres du monde, auprès de celui qui, en vérité, est vivant, avec les anges.

Toi, après que tu as reçu le sceau[98], le jour (où) tu as reçu le schème, tu es devenu semblable aux anges, et pourquoi, après avoir recherché ce qui est dans les cieux, reviendrais-tu au monde? Car les anges célestes ne veulent pas des œuvres de ce monde. Mais toutes leurs œuvres glorifient leur créateur. Toi, sois semblable à l'image des êtres célestes. Qu'as-tu dans les œuvres du monde, si ce n'est le renouvellement[99] et la sanctification de ton Dieu, en qui tu te fies, afin qu'il te donne le Royaume des cieux? Pourquoi penserais-tu au monde? Mais, toi, tu hais le monde. Il t'a enseigné à abandonner ce monde, et tout ce qui est en lui, le jour où Dieu t'a oint, quand la grâce de l'Esprit Saint est descendue sur toi, quand tu as reçu le schème des anges. Et maintenant, pourquoi regarderais-tu en arrière, vers les œuvres du monde qui ne servent à rien, la dignité et les choses du monde, * les allées et venues qui * p. 38
ne servent à rien, les tâches de ce monde? Les œuvres utiles aux moines (sont) la prière (et) la prosternation[1]. Il n'est personne qui

[97] ⌜«dans le royaume des cieux».

[98] Cf. *2Co* 1, *22*; *Eph* 1, *13.* / Cf. rituel copte de remise du schème: «Mets lui le schéma pendant qu'il se tient debout, en disant: Mets sur toi le sceau du gage du royaume des cieux, qui est le schéma saint...» (cf. EVETTS, *Rite Copte*, p. 146.)

[99] «la glorification».

[1] «l'oraison, la prosternation et la prière» / Après le mot *prière*: début des pages interpolées.

prenne une charrue et laboure (en regardant) en arrière. La droiture est le royaume des cieux[2]. En outre, souviens-toi de la femme de Lot qui se retourna vers ses parents et devint une colonne de sel[3].

Toi, ne reviens pas en arrière, si tu es moine, et ne regarde pas les œuvres du monde, de peur d'être séduit par elles. Ceux qui courent en tout mal, leur vue affaiblit le cœur des moines; Toi, que ta position soit avec ceux qui pratiquent le bien, afin d'apprendre d'eux la crainte de Dieu, l'humilité d'esprit et la douceur. Fatigue ton corps dans les œuvres de l'état monastique. Mais, le travail mis à part, ne fixez pas l'entrée dans les œuvres de l'état monastique, car il est dur pour ceux qui ne connaissent pas la faim, la soif, la nudité, la veille, l'humiliation de soi, le silence, la solitude et le calme; car ceux qui pratiquent le bien se réjouissent de leur travail.

⸢Ce sont des paroles, mais (telle est) la première parole[4]: Craignez Dieu, vous qui l'aimez, gardez le commandement[5], et ne négligez pas de pratiquer le bien, comme nos premiers pères qui plurent à Dieu par la pratique du bien. Ils ont hérité de la ville qui est en-haut, Jérusalem la sainte, la cité des bons qui ont plu à Dieu par la beauté de leur caractère, ont gardé sa règle avec pureté, ⸢n'ont pas fait diligence pour[6] la pratique du mal, ni[7] les nombreux filets de Satan, qui rend suaves aux moines fous: le rire, la dérision, l'insatiabilité, le fait de se remplir le ventre, la boisson, l'ivrognerie, la fornication, le faux serment, l'orgueil, la vanité, la fatuité, les grimaces au prochain,
* p. 39 la colère, le murmure, les calamités de la mer[8], la négation, * la suffisance, la vengeance, l'erreur, l'absence de respect mutuel, le faux témoignage à l'égard du prochain, l'absence d'amour du prochain avec iniquité, la saisie d'un bien avec iniquité, et tout ce qui ressemble à cette action que hait Dieu. C'est le filet de Satan, ici, et si le pécheur a été pris au filet, il n'échappera pas aux tentations, à ce qui descendra sur lui d'auprès de Dieu.

Quant à toi, Ô moine, garde-toi de tout ce que nous avons dit, pour fuir du filet de Satan. Toi, sois en ceci tout humilité, et avec

[2] Cf. *Lc* 9, *62*. Version éthiopienne.

[3] *Gn* 19, *26*.

[4] ⸢«Ce sont les paroles que nous avons dites d'abord».

[5] Cf. *Qo* 12, *13*.

[6] ⸢«Mes frères, ne faites pas diligence dans la pratique du mal...».

[7] «car nombreux sont...».

[8] Allusion aux pilleurs d'épaves, ou symbole des difficultés suscitées par le mal dans la navigation de l'état monastique?

douceur, amour, paix, absence de fornication, d'ivrognerie, d'amour de l'iniquité, de fourberie, amour du prochain, garde de l'œil et de l'oreille, à l'écart de la pensée mauvaise, de l'écoute de choses honteuses, du toucher de l'impur, qui rend votre corps impur. Que vos mains soient tendues vers la sainteté, et que votre cœur soit tendu au ciel, avec vos mains pures, sans tromperie, sans vol, sans rapine du bien d'autrui avec iniquité, et sans parole mensongère, sans murmure, ni doute, ni calomnie. Que vos pieds[9] soient droits dans la voie de Dieu, et ne négligez pas de fouler la maison du sanctuaire de Dieu. Que l'odeur de l'agréable parfum du sanctuaire soit dans ton cœur, car ceux qui aiment la maison du sanctuaire, l'agréable parfum du Christ est dans leur cœur, et ils sont sauvés de toute malice de l'ennemi, et du filet de l'adversaire. Comme dit David dans le psaume: le mal n'approchera pas de toi, et le fléau (n') entrera (pas) dans ta maison, car il ordonne à ton sujet, à ses anges, de te garder dans toutes tes voies[10] comme les anges[11] gardent la Sainte Trinité[12].

* Ne néglige pas de venir tôt à l'église de Dieu, car il a commandé aux Chrétiens de venir tôt à son église, soir et matin, à midi et à l'heure (fixée). Aux moines, il est commandé qu'ils ne sortent pas de l'enceinte de l'église, ou au désert, dans les montagnes, les cavernes ou les trous de la terre, afin que vous trouviez[13] la demeure qui est dans les cieux. Les anges désirent la voir, et le cœur de ceux qui veillent se réjouit de regarder le jardin des délices, le jardin de la joie, la demeure préparée aux purs[14]. Afin de ne pas perdre celle-ci, Ô moine, prends-garde, ou, non seulement tu perdras celle-ci, et tu resteras dehors, mais on te jettera dans les ténèbres extérieures, où sont les pleurs et les grincements de dents[15], où il n'y a pas d'issue pour les siècles des siècles. * p. 40

Il n'y a pas de pire péché que la paresse. Le moine qui interrompt la prière: il n'y a rien qui réjouisse plus le démon que le moine paresseux, surtout dans sa prière, car, avec la paresse, la mort vient

[9] Litt. «votre plante de pied».
[10] Cf. *Ps* 91, *10-11*.
[11] ʳom.
[12] «à cause de la sainte Trinité».
[13] «afin qu'ils trouvent».
[14] «aux justes».
[15] Cf. *Mt* 8, *12*; 22, *13*; 25, *30*.

sur les fils de l'homme[16]. Le moine paresseux se nourrit de[17] ce qui ne provient pas du travail de ses mains. Que celui-ci sache[18] d'où (provient) ce qu'il mange, de peur de perdre le travail de ses mains et sa prière, et qu'il ne touche pas ce qui est inutile, car il ne peut se sauver lui-même, ni sauver le pécheur, s'il a refusé et transgressé son commandement, car Tu lui commandes la pratique du bien. S'il t'a opposé un refus, ne reçois pas de lui, même une coupe d'eau froide[19], de peur que Dieu ne s'irrite contre toi, et que son péché te soit attribué à toi-même. Car Dieu ne s'intéresse pas au visage: * p. 41 il n'a pas honte * du riche ʳà cause de sa richesse[20], ni ne fait miséricorde au pauvre à cause de la grandeur de sa pauvreté, après qu'il a été vaincu dans le jugement. Car Dieu est bon, et il scrute le cœur et les reins[21], et il ne s'intéresse pas au visage de l'homme. ʳIl est puissant, clément et miséricordieux pour lui[22], car il peut tout, et il n'est rien qui lui soit impossible[23]. Il a placé le soleil au firmament du ciel, et il a fait courir la lune comme Il l'a placée. Car Celui-ci connaît la nature du ciel. Il se trouve auprès de lui et compte les étoiles au complet, et les nomme toutes chacune par son nom[24]. Il fait le temps dans leur course et leur retour, dans tous nos jours que Dieu a donnés au fils de l'homme, afin qu'il s'y réjouisse, au long des jours et des temps — tous les saints qui ont observé la règle de l'état monastique, et ont accompli la volonté de Dieu, qui a eu d'eux miséricorde, car il ne s'intéresse pas au visage....

Quant aux moines, ils garderont la règle de leur état monastique, ʳen tout ce que nous leur avons commandé[25]. Qu'ils ne se mêlent pas aux hommes du monde. Qu'ils n'aillent pas dans leur voie, ni ne boivent de leur eau, car leurs voies sont loin des voies du monde, en tout ce qu'ils font. Leur voie n'est pas égale à la voie des moines. Comme l'Orient est éloigné de l'Occident, et comme le Nord est

[16] Cf. *Prov.* 21, *25*.
[17] «veut se nourrir».
[18] የአምር ፡ est employé avec le sens de ያአምር ፡.
[19] Cf. *Mt* 10, *42*.
[20] ʳ«à cause de la grandeur de sa richesse».
[21] Cf. *Ps* 7, *10*; *Jr* 11, *20*; 17, *10*; 20, *12*.
[22] ʳ«la puissance, la clémence et la miséricorde lui conviennent».
[23] Cf. *Gn* 18, *14*; *Lc* 1, *37*.
[24] *Ps*. 147, *4*.
[25] ʳ«en tout ce que leur ont commandé leurs maîtres».

éloigné du Midi, ainsi la pensée des fornicateurs est éloignée de la pensée des moines.

Comme dit Paul: Qui met le Christ en relations avec Béliar[26]? Qui confond les ténèbres avec la lumière? Qui rend la justice égale au péché? Qui donne une part aux incroyants avec les fidèles? Qui place une idole dans la maison de Dieu[27] — «Les incroyants» — Il dit cela de ceux qui ne croient pas en la sainte Trinité, * et encore * p. 42 des gens qui ne croient pas en la résurrection des morts, car ceux-ci disent: mangeons et buvons, demain nous mourrons[28]; réjouissons-nous ⸢et vivons dans le plaisir. Personne ne vient vers nous[29], ressuscité d'entre les morts, et ne nous a dit que nous hériterions de la vie, ou non. Ainsi dit le peuple, ou bien nous deviendrons cendre, ou bien cela n'est pas. Les gentils pensent cela et ne croient pas que les morts ressuscitent, ni qu'ils seront traduits en jugement pour tout ce qu'ils ont fait, et seront rétribués selon les œuvres de leurs mains, selon le fruit de leur travail. Ceux qui ont fait le bien ressusciteront lors de la résurrection de la vie[30]. Quant à ceux qui ont fait le mal, ils ressusciteront lors de la résurrection de la damnation. Ils seront rétribués selon leurs œuvres, soit bonnes, soit mauvaises, car il est proche, le jour de la venue du Seigneur, qui viendra comme un voleur[31], tandis qu'ils diront: salut et paix — soudain leur surviendra la destruction, comme la femme enceinte qui approche de l'enfantement, et se trouve dans la douleur: elle ne peut échapper à cette douleur[32]. Ainsi viendra soudain le jour de la mort, alors qu'ils ne s'y attendent pas, alors qu'ils ne font pas pénitence, ni miséricorde, sur terre.

Quant à ceux qui sont pénitents, et gardent la règle de leur état monastique, ils sont prêts à entrer dans leur ville lumineuse, sans iniquité[33], ni empêchement, car ils ont fait pénitence et gardé la règle de leur état monastique, afin que Dieu se plaise en eux, et les anges se réjouiront avec eux. Le Père, le Fils et l'Esprit Saint se réjouiront

[26] «Bĕrāḥēl», cf. C. DETLEF-MÜLLER, Engellehre, p. 289, nº 126.
[27] *2Co* 6, *14-16*.
[28] *1Co* 15, *32*.
[29] ⸢«et vivons dans le plaisir, avant de mourir. Quand nous mourrons, qu'entendrons-nous? Et qui viendra vers nous?...».
[30] Cf. *Ap* 20, *11-15*.
[31] Cf. *1Th* 5, *2*.
[32] Cf. *1Th* 5, *3*.
[33] «sans travail».

en eux, et les justes, dans le jardin, se réjouiront en eux, les moines qui gardent la règle des moines avec pureté, sans souillure. Car,
* p. 43 * s'il est pénitent[34], celui qui combat par la faim et la soif, son lit n'a pas de souillure. Il est encore en éveil, et vigilant pour la pratique du bien, afin d'être à l'image de ce qui est dans les cieux. De même que les anges saints Le glorifient sans trêve, s'il est un bon moine, sans trêve, dans le silence, en son cœur, comme les anges glorifient sans trêve et disent: Saint, Saint, Saint, Dieu Sabaoth, parfait[35] — de même, que le cœur du moine crie en disant: Christ, aide-moi, sois-moi clément, je te bénis, mon Dieu! — Ainsi crie le cœur[36] du moine, et il place son espérance en Dieu. Il ne regarde pas l'œuvre du monde, qui submerge le cœur des moines dans le péché et la perversité. Mais que la solitude et le calme soient la position du moine. Quand il est assis, qu'il soit assis avec les bons, et non avec les moqueurs[37]. Comme dit David dans son psaume 17: Avec le juste, tu es juste, avec l'homme pur, tu es pur, avec l'élu, tu es élu, avec le tortueux, tu es tortueux[38] — Choisis-toi des fidéles élus, bons, doux, vieux. Écoute leur parole, et demeure avec eux. Car la parole des pères est entrée dans le cœur des moines, afin qu'ils délivrent l'âme du péché.

Celui qui recherche les nouvelles des hommes du monde, et écoute leur parole, engloutit son âme dans le péché, car celui qui écoute la parole des pères sauve son âme du péché. Ce que dit la parole des pères devient le trésor du cœur des moines. Comme dit le livre:
* p. 44 Les nations se réjouissent, * à l'audition de l'histoire des justes — Par la prière des justes, la ville est délivrée et n'est pas détruite, à cause de ce qu'il dit ainsi: Le souvenir du juste est présent pour l'éternité[39]. Le souvenir du juste est accompagné de louange, et il ne craint pas la mauvaise parole. Son cœur est résolu à espérer en Dieu. Il aide le moine qui se trouve dans la pénitence, car il lui tend la main, et l'élève pour le faire sortir de l'abîme du péché.

Celui qui est resté (qui) est triste[40] comme moi, et enfermé dans

[34] «solitaire».
[35] *Is* 6, *3*. ʳ«... parfait, emplissant les cieux et la terre».
[36] Cf. A. GUILLAUMONT, *Le Cœur*, c. 2281-2288.
[37] Cf. *Ps*. 1, *1*.
[38] *Ps* 17, *25-26* (Sept.).
[39] *Ps* 112, *6*.
[40] Sens du verbe ዴኀዴበ ፡ donné par da Maggiora.

le péché, ne veut pas non plus relever la tête, afin d'écouter la parole des pères, et prendre garde aux livres divins, ou il se réjouira et sera consolé par eux. En effet, les livres saints illuminent le cœur des moines. Ils les réjouissent, et les rendent sages en tout bien, dans le jeûne, l'humilité et les larmes. Car le moine qui fait sortir des larmes de ses yeux, (cela) lui est compté, à l'image du sang des martyrs fidèles, qui ont rendu l'âme pour le nom du Christ[41]. En effet, Dieu aime l'ardeur des larmes, et la ferveur de (leur) goutte à goutte, de la prosternation, comptées à l'égal du combat des martyrs. La fatigue des moines, due aux jeûnes, en faisant peiner le corps, devient aussi une force, et ils sont beaux éternellement, là où est le lieu (où) se tiennent devant lui les anges et les archanges: cent et des centaines, mille et des milliers, et des dizaines de millions[42]. Toute créature du genre humain, lors de la résurrection des morts, quand toute créature se tiendra debout, avec crainte et tremblement[43], tout ce qui est corps et * âme (sera) parfait comme notre père Adam, il leur * p. 45
donnera un cœur nouveau[44], une force et une puissance nouvelle. Car il dit: on sème dans la fatigue et se relève dans la force, on sème dans la honte et se relève dans l'honneur[45].

Ce jour là, ils se tiendront debout, ceux qui ont accompli parfaitement la règle de leur état monastique, à la droite de la majesté de Dieu. Ils recevront une couronne plus brillante que le soleil, et leurs yeux seront plus brillants que les étoiles du ciel[46]. Leur splendeur sera indescriptible, à la vue de la face de celui qui leur a fait miséricorde, et leur cœur sera indescriptiblement joyeux. Quand il sera comme eux, Lui qui est corps et sang, il se réjouira, hors de la mort, de la joie qui est en eux. La joie de ces spirituels, après la résurrection des morts, sera sans fin, et elle n'aura pas de terme, jusque dans les siècles des siècles. Ils ne s'affligeront pas, ⸢et n'auront pas soif[47]: ce jour là, il n'y aura ni hiver, ni été, ni froid, ni chaleur[48].

[41] Cf. ARRAS, *Patericon*, p. 89, n° 152 (texte).
[42] Cf. *Dan* 7, *10*.
[43] Cf. *Eph* 6, *5*.
[44] Cf. *Ez* 36, *26*.
[45] Cf. *Ps*. 126, *5-6*.
[46] Cf. *Dan* 12, *3*. A rapprocher de l'Apocalypse de Pierre éthiopienne disant des anges: *Leurs yeux sont brillants comme l'étoile du matin* (cf. S. GREBAUT, *Seconde Venue*, p. 319.)
[47] ⸢«et ils ne peineront pas, car il dit ...».
[48] Cf. *Zach* 14, *6* et 14, *8*.

⸢Ce monde ne s'affligera pas, car l'œuvre terrestre sera abolie[49], ainsi que tout amour de la nourriture, et de la boisson, l'amour de la femme, des enfants, de la famille et tout sera oublié comme un rêve, et comme l'ombre qui passe. La droiture règnera, ainsi que le jugement digne, le juge sera droit. Des fleuves de feu couleront devant Lui[50], la roue de la mer sera un chemin, et ceux qui Le servent voleront sur son char solide, dans les flammes du feu. Car ils ont été créés de celui-ci[51].

Quant aux moines, ils ont été créés de terre et de cendre, et ils ont revêtu un corps comme notre père Adam. Se trouvant dans un corps, ils sont, par l'alliance de leur pensée, au-dessus de la mort, car le Seigneur, leur Dieu, leur a donné force dans le séjour de vie, à cause de la confiance de leur cœur, ils ont aussi donné force
* p. 46 à leur pensée, * par la patience devant la détresse, qui convient à ceux qui craignent Dieu — ils demeurent dans la disette et la tristesse, ensuite, ils passeront à la joie et à l'allégresse, de telle sorte qu'ils vont ici dans la détresse, la faim, la soif, pour demeurer dans la nudité, la chaleur, la lassitude, et là pour se réjouir avec ceux qui ont pratiqué le bien, ceux qui ont gardé la règle de l'état monastique avec pureté, ceux qui voient Sa face au long des jours, et pendant des temps nombreux, innombrables. (C'est) la terre lumineuse et pure dont hériteront les justes. Ils entreront aussi en elle, les moines élus qui ont accompli à la perfection la règle de l'état monastique, et ont plu à Dieu par leur vie. Ils se réjouiront devant Lui au long des jours. Demeurant pendant des années, souviens-toi, Ô moine, de ton exil dans les beautés éternelles, pour ceux qui ont passé leurs jours dans l'exercice du bien.

Souviens-toi des jours qui (seront) après la mort, qui viendront sans trêve. Quand tu y penseras, tu seras fort dans la règle de l'état monastique, et le sommeil ne surviendra pas à tes yeux, tes genoux ne se lasseront pas, et tu te tiendras debout sur le rocher de la foi,

[49] ⸢«ni tristesse, ni maladie, ni épines, et tout ce qui est l'œuvre d'ici sera oublié».

[50] Cf. *Dan* 7, *10*.

[51] Cf. *Ps.* 104, *4* cité par He. 1, *7* «*des vents tu fais tes messagers, du feu dévorant tes ministres*». Le texte nous renvoie à l'idée très répandue selon laquelle les anges ont une nature ignée, cf. témoignages cités par J. TURMEL, *Histoire de l'Angélologie* ... p. 419-425; *Vision de Schenute*, p. 250, à propos des anges: *toute l'assemblée des êtres de feu te célèbre*. Dans le Coran, ce sont les «*jinn*» qui sont créés «*de feu clair*» (Coran 55, *14-15*).

sur la plante des pieds. Tu regarderas Celui qui regarde, qui est aveuglant par l'intensité de sa lumière. Tu verras avec tes yeux, et penseras en ton cœur au créateur de toute chair, et, de tout cœur, tu seras résolu à la pratique du bien. Souviens-toi encore de la damnation de ceux qui (seront) après ta mort, de ce qui adviendra à ceux qui seront rebelles à Dieu, quand on les entraînera dans les ténèbres extérieures où sont les pleurs et les grincements de dents[52]. Toi, Ô moine, souviens-toi, de peur que l'on ne te mène avec eux. Garde la règle que tu as observée au jour de la contestation*, et (elle fut) grande, quand tu as reçu le schème des anges[53], afin d'être associé à l'assemblée des spirituels et des saints moines, qui Lui ont plu par la règle de l'état monastique, et ont marché dans tout le commandement et le jugement de Dieu. Ils entreront dans son héritage éternel, avec Antoine et Macaire, qui ont plu à Dieu par la beauté de leur caractère, ont marché ᷊dans tous leurs (sic) jugements[54], et n'ont pas transgressé son commandement, en se prosternant sur leurs genoux devant le maître de tout[55]. Ils se réjouiront toujours dans le royaume des cieux, où il n'y a ni maladie, ni souffrance, où il n'y a ni mort, ni tristesse[56], où ils ne mourront pas après ce second jardin des délices, jardin de la joie, que Dieu a préparé pour ceux qui l'aiment, ᷊pour ceux qui ont gardé la règle de l'état monastique[57].

* p. 47

Ne reviens pas en arrière. ᷊Que ne tombe pas l'ardeur de ton cœur[58], quand tu aimes Dieu, ni (de) tes pleurs et gémissements, en te lamentant et maîtrisant ton cœur(?), alors qu'il te semble n'avoir pas miséricorde de toi, pour la grandeur de la tristesse de ton cœur, quand tu entres dans le saint schème des anges. Maintenant n'abandonne pas, en ce jour, ce premier amour dont tu L'as aimé, quand tu es entré dans la règle de l'état monastique, le schème des anges sans tache, afin qu'ils (sic) se délivrent du mal, qui surviendra à tous

[52] Cf. *Mt* 8, *12*; 22, *13*; 25, *30*.

[53] L'expression «schème angélique» est d'usage courant dans le monde byzantin. Cf. euchologe grec cité par de Meester, Liturgia Bizantina, p. 33-34 et p. 55). Le thème de l'habit angélique est aussi bien attesté chez les moines latins. G. COLOMBAS donne les références de plusieurs textes à ce sujet. Paradis, p. 9 et note 9.

[54] ᷊«... dans son jugement en tout».

[55] Litt. «celui qui tient tout», i.e. le «Pantocrator».

[56] Cf. *Ap* 21, *4*.

[57] + «Garde la règle de l'état monastique ...».

[58] ᷊«Que ton cœur ne déchoie de l'ardeur de la pénitence, pour que, quand ...».

ceux qui demeurent sur terre, ne veulent pas la pénitence, et ne connaissent pas[59] le salut de leur âme. Ils ne se souviennent pas de Dieu, à cause de tous leurs péchés, et celui-ci les rétribuera selon leur méchanceté, quand il viendra la seconde fois dans sa gloire[60], juger les vivants et les morts, et il rétribuera chacun selon ses œuvres. Alors ils verront celui qu'ils n'aimaient pas dans la pénitence, et
* p. 48 Il tirera d'eux vengeance, car ils l'ont haïe, * et n'ont pas gardé le commandement de Dieu qui les a créés. Il les nourrit et les a élevés, depuis le ventre de leur mère[61] jusqu'aux jours de leur impiété[62]. Il les nourrit de ce qui convient et de ce qui est utile, afin qu'ils fassent le bien qui plaît à Dieu, à ses anges saints, et à ses justes bons, ceux qui aiment la pénitence et la miséricorde sur terre. Malheur à eux, ceux qui reçoivent la règle de l'état monastique, et ne (la) gardent pas. On les conduira dans le feu où sont les pleurs et les grincements de dents[63]; dans le feu et la damnation terrifiante, où il n'y a pas d'issue, jusque dans les siècles des siècles.

Réjouissez-vous (en) Dieu, et soyez résolus au long des jours, vous qui gardez la règle de l'état monastique, et vous tous qui aimez la règle de la sainte Église apostolique, ici, et là où sont le séjour et la Cour terrible. Ils se réjouiront, ceux qui ont fait pénitence et miséricorde sur terre, ceux qui ont accompli droitement la règle de l'état monastique: ils règneront jusque dans l'éternité avec les justes, les martyrs, les fidèles et les anges. Ils se réjouiront dans la Cour, aux noces du Fils[64], quand on dira: bons et exilés, rejetés de ce monde, venez auprès de moi, afin d'hériter du royaume des cieux, qui était prêt pour vous avant que fût créé le monde[65]. Vous êtes pauvres maintenant pour la justice, et vous serez riches, là où les riches seront dans le besoin. Vous êtes pauvres pour la justice, mais votre corps sera bien, là où souffriront les riches, qui demeurent dans les délices. Vous êtes chassés des villes pour la justice[66], vous entrerez alors dans une ville blanche et lumineuse.

[59] La forme ኢየአምሩ ፡ est ici placée pour ኢያአምሩ ፡.
[60] «dans la gloire de son Père».
[61] Cf. *Is* 44, *2*.
[62] «de leur vieillesse».
[63] Cf. *Mt* 13, *42*.
[64] Cf. *Mt* 22, *1-14*.
[65] Cf. *Mt* 25, *34*.
[66] Cf. *Mt* 23, *34*.

(Tels) seront les riches: les pécheurs iront dans les ténèbres, les pleurs et les grincements de dents[67]. Votre bouche pue, à cause du jeûne. Elle aura alors l'odeur du jardin, * qui est l'agréable parfum * p. 49
de la pomme du jardin, qui répand une agréable senteur, jusqu'à votre connaissance et votre entendement. Votre corps est accablé par le froid et la nudité, parce que vous ne vous réchauffez pas avec une femme[68], mais que vous veillez toute la nuit, et (pour) vous tenir[69] devant Lui avec pureté, sans tache ni impureté, vos cœurs gémissent, car vous n'avez ni consolation, ni rire avec une femme et des enfants, et vos cœurs s'affligent avec des cris[70] et dans la fatigue, car vous n'avez pas de quoi vous nourrir, (ceci) afin d'être riches dans les cieux, et d'être rassasiés auprès de ceux qui ont faim, les riches qui seront dans les délices.

Vos yeux sont sales, votre tête souffre de l'abondance des veilles et des prosternations nocturnes, avec larmes et sueur, au point que votre respiration[71] soit assez tourmentée, et que les vertiges[72] de votre tête durent jusqu'à ce que vous tombiez à terre. Car, par la faim et la veille vous avez lassé votre corps, afin d'être forts auprès de Dieu, quand vous traverserez la mer de feu[73], et vous vous tiendrez debout, avec un visage lumineux, devant Dieu.

Vos pieds sont enflés, et vos jambes vous font mal, ainsi que vos genoux, parce que vous vous tenez debout du soir au matin, pour voir Sa face lumineuse qui réjouit votre cœur dans votre prière. Votre gosier est sec, et vos os font du bruit, en raison de la grandeur de la faim et de la soif. Par l'endurance de votre faim vous acquerrez votre âme, afin qu'Il vous fasse hériter de la vie éternelle, là où (rien) ne vieillit, ni ne se corrompt[74], la ville du Christ qui ne désire ni soleil, ni lune, mais Dieu lui-même est sa lumière[75]. (Elle est)

[67] Cf. *Mt* 8, *12*; 22, *13*; 25, *30*.

[68] Cf. *Qo* 4, *11*?

[69] «et vous vous tiendrez».

[70] «*dans la disette*» ou — «*dans la sécheresse* —».

[71] La forme ምስትንፋስ ፡ est inconnue des dictionnaires consultés.

[72] Il en est de même pour መንኮላል ፡.

[73] Cf. ARRAS, *Patericon*, p. 162, nº 196, lignes 18-19 (texte). Selon l'Apocalypse de Pierre éthiopienne, Dieu fera passer les âmes à travers un fleuve de feu, que les justes traverseront sans dommage. Les méchants seront châtiés dans le feu (cf. GRÉBAUT, *La Seconde venue*, p. 211). Cette épreuve est souvent mentionnée dans des apocryphes coptes relatifs à la Vierge et à S. Joseph (cf. J.A. ROBINSON CAG, p. 39, 58, 95, 135, 143.

[74] Cf. *1Pe* 1, *4*.

[75] Cf. *Ap* 21, *23*.

celle qui n'a ni tristesse, ni détresse, la ville que l'on désire, et non pas celle que l'on abandonne, celle qui brille sept fois plus que le soleil[76], celle dans laquelle habitent les justes, les bons, les purs, * p. 50 ceux qui ont observé la pratique du bien * et la virginité[77], avec un corps pur, sans souillure ni corruption, afin de vous tenir devant Lui dans la joie et l'allégresse, sans honte, et de demander votre récompense devant Lui sans honte, et de vous tenir devant Lui[78] sans empêchement, car vous êtes devenus concitoyens des anges, et vous reposerez avec ceux qui ont pratiqué le bien, et le royaume[79] des cieux qui est préparé pour les bons et les spirituels, les anges. Vous serez un seul pasteur et un seul troupeau avec eux[80], et vous demeurerez pendant cent, et des centaines de mille, et des milliers, et dix mille fois des milliers d'années innombrables. Ses jours n'ont pas de longueur, et ses familles (sic) sont innombrables.

Même si tu possèdes la sagesse jusqu'au plus haut, et si tu as fait une razzia au fond de l'enfer, où (sont) les trésors des vents[81], et si tu as volé à droite et à gauche, des extrémités de la terre aux extrémités du ciel, de l'Orient du soleil à l'Occident, du Nord au Midi, et si tu as mille langues, tu ne peux atteindre les quantités du compte de ces temps dont viendront les années pour les justes, afin que tu te réjouisses aux noces de la Cour du Fils[82]; tandis que toutes les créatures trembleront devant sa face.

Personne ne s'opposera à sa colère, car Il est puissant et terrible[83]. Il peut tout, et il n'est rien qui Lui soit impossible[84]. Il n'en est pas d'autre qui lui ressemble, dans le ciel en-haut, ni sur la terre en-bas[85]. Il est le maître ⌈de la puissance et de l'autorité[86], le souverain des rois et des princes, qu'il établit et dépose[87]. C'est Lui qui rachète, Lui qui délivre, Lui qui tue, et fait vivre. Il n'est personne qui échappe à Sa main. À Lui conviennent la glorification et l'action

[76] Cf. CHAÎNE, *Apocalypse de Marie* (texte), p. 71, l. 2-5.
[77] Cf. Ap 14, *4*.
[78] «à sa droite».
[79] «dans le royaume».
[80] Cf. *Jn* 10, *16*.
[81] Cf. *Ps*. 135, *7*; *Jr* 10, *13*; 51, *16*.
[82] Cf. *Mt* 22, *2-14*, et *Ap* 19, *7-9*.
[83] Cf. *Deut* 7, *21*.
[84] Cf. *Gn* 18, *14*; *Lc* 1, *37*.
[85] Cf. *2Chr* 6, *14*; *Ps* 9, *7*.
[86] ⌈«des autorités et de la puissance».
[87] Cf. *Dan* 2, *21*.

de grâces, à Lui qui a sauvé les martyrs, et les a gardés quand ils ont combattu pour Lui[88]. Il a donné la résolution à leur cœur, afin qu'ils soient vainqueurs du mauvais[89] * par leur patience, de même * p. 51
aux moines, afin qu'ils soient vainqueurs de ceux qui s'opposent à eux: le diable et ses démons.

Tu leur donnes la force, sans t'éloigner d'eux, car, Toi, tu aimes ceux qui t'aiment, et tu fais la volonté de ceux qui se réfugient en Toi, car Toi, tu es l'économe et le nourricier de tout (homme) qui prie à ton adresse d'un cœur résolu. Tu accordes sa prière à celui qui prie à ton adresse, et bénis les années[90] de tes justes. Tu réjouis celui qui a eu confiance en Toi-même. Car Toi, tu es le nourricier de toute chair[91]. À ceux qui sont dans la mer, tu donnes leur nourriture qui provient de l'eau[92]. Aux oiseaux du ciel tu donnes leur nourriture, en provenance de la terre[93]. De même que Toi, tu as voulu nourrir chacun, de même, Toi, tu as voulu la cohabitation de tous. Il n'en est pas un seul qui outrepasse sa limite depuis que Toi, tu lui as commandé. N'as-tu pas rassemblé(?) la mer, plus grande que l'étendue de la terre, et plus élevée que la hauteur du ciel[94]? Celle-ci n'outrepasse pas sa limite, dans le sable[95], hors de son terme, et de peur qu'elle outrepasse sa limite[96]: «Viens ici», lui dit-Il. Il lui a commandé de ne pas aller au-delà. Les poissons et les baleines sont mêlés en elle[97]. Et les crocodiles, les lézards aquatiques, les serpents, les hippopotames, les grenouilles, et ceux qui sont dans les îles lointaines[98] Le glorifient dans la mesure de leur force[99]. Race d'Adam, ses serviteurs, nous répondons en les regardant[1].

[88] «pour son nom».

[89] «de la puissance du mauvais».

[90] «la couronne des années».

[91] *Ps* 136, *25*.

[92] Cf. *Ps* 104, *25-28*.

[93] Cf. *Gn* 1, *30*; *Jb* 38, *41*; *Lc* 12, *24*.

[94] «plus grande que toute l'étendue du ciel». La leçon retenue fait allusion aux eaux supérieures au firmament, et aux eaux inférieures. Cf. *Gn* 1, *7*; *Jub* 2, *4*; *1Hen* 54, *8-9*; *Test. des 12 Patr.* Lévi 2, *7*.

[95] Cf. *Jr* 5, *22*.

[96] «sa limite, mais dans le sable il a mis sa limite et son terme, et de peur qu'elle outrepasse». (Cf. S. GRÉBAUT, MJP, p. 296: *Lui-même aussi limite les ondes de la mer et limite aussi ses flots par le sable. Ne franchis pas (cet endroit) là, commande-t-il de sa voix*.

[97] Cf. *Gn* 1, *21*.

[98] Cf. *Is* 42, *10*; et 42, *12*.

[99] Développement d'un passage du Qalēmentos (p. 20). Cf. préface.

[1] Fin du passage interpolé.

... le jeûne, le manger avec mesure, grâce au travail de ses mains, chaque soir, tandis qu'il aide le misérable. Comme dit David: Dieu est mon berger et rien ne me fait défaut[2]. Je mange toujours l'œuvre de mes mains grâce à mon travail[3], et je ne recherche pas le travail d'autrui — Car il dit: Que ma tête ne soit pas ointe de l'huile des pécheurs[4] — Encore: Par ma prière, je ne puis les sauver, car ils sont
* p. 52 pécheurs * — Je ne mange pas l'ouvrage de leurs mains. Le travail de ma main, avec l'humilité de l'esprit, me suffit, et il n'est rien qui me manque.

Le moine, s'il est pénitent, ne désire pas beaucoup le bien de ce monde, mais il considère tout (comme) l'excrément que l'on rejette dans les rebuts. Ô, mon frère moine, pourquoi penses-tu au monde qui n'a aucune utilité? ⸢Au contraire, place ta tête et ton cœur[5] dans les hauteurs célestes. Ne fais pas descendre ton œil vers les choses terrestres, ⸢mais sois fort dans le char[6] avec les anges, ⸢car (il importe) qu'il ne te fasse pas descendre[7] dans le désir des nourritures, au fond de l'enfer, de peur d'être la risée des démons, mais sois fort dans les hauteurs, ⸢dans le port[8] du salut[9], car tu es dans la voie. Pour cette raison, prends garde que ta voie ne soit pas ténèbres[10], car celui qui ne fait pas ce qui a été commandé (par) le Verbe de Dieu puissant, et (se) sauve du rasoir à deux tranchants (qui) sépare l'âme du corps et le nerf de ses membres[11], est un transgresseur du commandement de Dieu. Il a méprisé la parole de la divinité qui a été commandée, et il n'améliore pas sa voie pure, dont Dieu a commandé que tout ce qui est âme aille en elle, et par tout ce qui est de l'âme, que le moine excelle en allant en elle (sic). ⸢Car il a abandonné ce qui est sur terre[12], et préféré ce qui est

[2] ይሬእየኒ ፡ = ይሬዕየኒ ፡. *Ps.* 23, *1*.
[3] Cf. *Ps* 128, *2*.
[4] Cf. *Ps. 141*, *5*.
[5] «Au contraire, considère toi, toi-même, tu n'as rien ...».
[6] ⸢«... mais monte dans le char ...».
[7] ⸢«de peur qu'il te fasse descendre».
[8] ⸢«jusqu'au port».
[9] Cf. *Ps* 107, *30*.
[10] Cf. *Prov.* 4, *19*.
[11] *He* 4, *12*. Platt donne pour ce verset une autre leçon, mais on le trouve sous la même forme qu'ici dans le Livre du Mystère (Ms. Eth. 113 de la Bibl. Nat. de Paris, f. 230 R.b., l. 12-15).
[12] «Car il a abandonné ce qui est sur terre, et il a espéré ce qui est dans les cieux; c'est pourquoi il s'écarte, et il a abandonné ce qui est sur terre».

dans les cieux. Le moine qui pense aux œuvres du monde, et à leur bien, ⌜sa route n'est pas droite[13], ni son cheminement, qui est dans la justice, dans la voie céleste; mais toute ses voies sont dans le monde, et il a abandonné la voie parfaite de l'état monastique. Celle-ci est détresse, difficulté, faim, nudité, soif, humilité, douceur, amour du prochain et miséricorde envers le pauvre, grâce à ce que tu as.

Toi, ne crains pas cette détresse, difficulté, et nudité[14], et ne reviens pas * en arrière à l'œuvre du monde, car tu auras une richesse auprès * p. 53 de ceux qui seront dans le besoin, les riches, et tu auras une grâce auprès de ceux qui seront répudiés, ceux qui pratiquent le mal. Car tu as méprisé ce qui est sur terre, et préféré ce qui est dans les cieux. Prends garde à ne pas revenir en arrière, de peur d'être sans cœur, comme la femme de Lot qui devint une colonne de sel[15].

Tu n'as pas amélioré ce qui est sur terre, et tu as attristé ton père et ta mère, au point qu'ils ne sont pas consolés par ta vue; alors qu'ils voulaient se réjouir de ta vue, de ce qui est du monde, par la réalisation d'une noce passagère, d'un mariage, de l'enfantement de petits enfants, et de l'accomplissement des œuvres du monde, pour ce qui est mieux que la femme, les enfants, les petits enfants, le père et la mère. Comme dit Paul: Celui qui ne s'est pas marié pensera à Dieu, afin de lui plaire[16] — car ils ne se sont pas unis (sic) en mariage à une femme, et il (sic) glorifie Dieu. Car celui qui s'est marié veut chaque jour rassembler le bien du monde chez lui, afin d'avoir les bonnes grâces de sa femme[17] et de ses enfants. Il n'a pas la droiture devant les yeux. Car il dit: celui qui aime l'iniquité hait son âme. Quant à celui qui pense à ce qui convient à Dieu, il ne veut pas de ce monde, mais le considère (comme de) l'excrément que l'on a rejeté dans les rebuts. Quand on lui donne, il ne prend pas, car il connaît la malice, sa provenance de Satan. Car, par le bien de ce monde, il prend au filet les saints. C'est pourquoi ils répudient le bien du monde, en ont horreur, et ne le font pas approcher d'eux; car il est dit le bien du monde, en son nom; et pour cela le monde l'aime[18] — Quant aux moines, ils

[13] «ne rend pas droits sa route, ni ...».
[14] «nudité et soif».
[15] Cf. *Gn* 19, *26*.
[16] Cf. *1Co* 7, *32*.
[17] Cf. *1Co* 7, *33*.
[18] Si la phrase n'est pas incohérente, ዓለም traité ici comme un collectif, est le sujet de ያፈቅርዎ. Autrement, il faudrait traduire «et pour cela, ils aiment le monde».

le répudient, car ils n'aiment pas la fortune, car ils ne la connaissent pas(?), car la situation de ce monde est passagère, son bien ne demeurera pas toujours, et la beauté de sa splendeur sera perdue.

Comme dit Paul: Ceux qui mangent, comme ceux qui ne mangent
* p. 54 pas. Ceux qui * boivent, comme ceux qui ne boivent pas. Ceux qui pèsent, comme ceux qui ne pèsent pas[19]. Ceux qui vivent dans les délices, comme ceux qui ne vivent pas dans les délices. Ceux qui ont épousé, comme ceux qui n'ont pas épousé. Car la situation de ce monde est passagère, et ses délices ne demeurent pas pour toujours[20]. Les vêtements fins vieillissent en raison des mites. La nourriture et la boisson sont causes de perdition. L'or et l'argent (sont) causes de perdition. La tristesse de ce monde n'a pas d'utilité, car il est passager, comme l'ombre et le vêtement d'emprunt, dont le plaisir ne demeure pas pour toujours, car l'homme est semblable à une chose vaine.

Ô moine, prends garde, avec patience, ⸢afin de trouver[21] la terre des vivants[22], préparée pour les bons, s'ils ont gardé la règle de leur état monastique avec pureté, et ne sont pas retournés dans la méchanceté de ce monde. C'est lui (sic) qui héritera ⸢la vie, l'héritage[23] des saints pères les évêques, les moines[24], qui ont gardé la règle de leur état monastique, qui ont plu à Dieu par leur vie.

Si tu es moine, garde la virginité, ne tombe pas de ta position ferme, et sois un exemple pour ceux qui seront après toi, car ils lasseront leur cœur. De même que le monde est impie, de même, le cœur des moines qui seront après toi sera impie. Et quand le monde sera impie, l'amour cessera de la part de beaucoup de frères, et leur pensée sera lasse de la pratique du bien, car le monde est impie. Comme dit Notre Seigneur dans l'Évangile: il viendra des jours, ⸢et ce qu'il ne convient pas de faire, en rien(?)[25]. Il dit encore: Cette génération ne peut expulser Satan, si ce n'est par le jeûne et la prière[26].

Toi, dis la loi de l'état monastique à ceux qui seront après toi, les moines qui accèderont avec fourberie à l'exercice de leur état

[19] I.e. pour acheter, cf. *1Co* 7, *30*.
[20] Cf. *1Co* 7, *29-31*.
[21] ⸢«afin d'hériter».
[22] Cf. *Jb* 28, *13*; *Ps* 27, *13*; *Is* 38, *11*.
[23] ⸢«la bénédiction dans l'héritage ...».
[24] + «les vierges et les patriarches».
[25] ⸢«où ils ne pourront rien faire ...».
[26] Cf. *Mt* 17, *21*.

monastique. Ils ne seront pas diligents dans la faim, la soif, ni pour la détresse et la nudité, ceux qui[27] fuiront la disette des moines d'antan. Ils ne voudront pas que la faim les éprouve une * heure. * p. 55
Car Satan leur fera la guerre, afin qu'ils soient incapables d'endurance, car le monde est impie, et ce ne sera pas l'époque de la pratique de la justice, si ce n'est pour peu de gens, s'ils se trouvent, comme nous avons dit auparavant, en tête de notre livre, ce qui avait trait aux colombes, (il en sera) ainsi en ces jours, à Son approche, et à la consommation[28] du monde, quand Notre Seigneur viendra sur une nuée du ciel, avec puissance, et tous ses anges avec Lui, dans une sonnerie de trompette qui viendra d'auprès de Dieu[29], afin de rétribuer ses justes, qui ont gardé avec pureté la règle de leur état monastique.

Pour ceux qui n'ont pas gardé la règle de leur état monastique, leur part (sera)[30] dans le feu éternel, parce qu'ils n'ont pas travaillé sur terre, et ils n'obtiendront pas ce qui est dans les cieux, car ils sont errants de-ci, de-là. Ils n'ont pas persévéré dans la cité d'en-haut[31], et n'ont pas atteint[32] la richesse éternelle[33]. Ils seront vils[34] dans cette Cour qui viendra, car, s'ils ont connu la parole de Dieu, ils n'ont pas été patients, selon sa volonté, dans toutes les œuvres de l'état monastique: la nudité, le labeur, la faim et la difficulté — Ceux qui ont été patients en ceci trouveront la récompense qui leur convient, le trésor qui est dans les cieux, où se réjouissent les justes, qui est prêt pour ceux qui ont été patients.

Ô moine, n'aime pas la pensée de ce qui est sur terre, rejette (le), abandonne (le), jette (le) derrière ton dos, et regarde devant tes yeux le repos où veulent entrer les justes, et tous ceux qui ont gardé la règle de l'état monastique.

Ce saint commandait cela à ses serviteurs et ce qui y ressemble, afin de les délivrer des œuvres de Satan et des nourritures qu'ils mangeaient. Il leur commandait de ne pas avoir beaucoup de vases,

[27] «... mais ils ...».

[28] «... à son approche, à sa venue, et à la consommation ...».

[29] Cf. *Mt* 24, *30-31*.

[30] «il leur donnera leur part ...».

[31] Cf. *Phi* 3, *20*; *He* 11, *16*; 13, *14*.

[32] Nous nous référons ici au sens de ዴጐዐ en Tigré. Cf. E. LITTMANN und M. HÖFNER, WTS, p. 516, c. 2.

[33] Cf. *Mt* 6, *20-21*; 19, *21*; *Lc* 18, *22*; 12, *33*.

[34] +«et rejetés ...».

mais (d'en avoir) une seule fois avec mesure, provenant du travail de leurs mains, en raison de la règle de l'état monastique, à laquelle ils étaient assujettis, de ne pas rassasier leur ventre, et de ne pas
* p. 56 donner de sommeil à leurs yeux, en raison * de l'état consacré qui est le leur, dont ils ont fait profession, le jour saint où on leur a remis le schème saint des anges, et de ne pas négliger la pratique du bien et de la loi de l'état monastique.

S'il ne voulait pas endurer leur loi, celui-ci ne voulait pas avoir un peu faim par rapport à la plénitude du ventre, (ce qui est) la coutume. Le nuage voile la lumière de la lune, de même la plénitude du ventre voile la crainte de Dieu et les œuvres de l'état monastique[35]. Le déserteur de la faim et de la soif est un déserteur de Dieu. Celui qui déserte la règle de l'état monastique, ⌜déserte dans le feu éternel[36].

N'aime pas à te promener en ville et dans les terres et les cours, de peur d'engloutir ta vue et d'apporter la guerre à ta demeure. En effet, le souvenir de la femme se trouve dans la demeure au cours des nuits, et fait la guerre, soit en pensée, soit en rêve, et il engloutit l'âme du moine dans ce qui est au fond de l'enfer, ce qui est la puissance, c'est-à-dire le diable qui rend cela délectable en pensée aux fils de l'homme, pour engloutir l'âme du fou dans l'abîme[37], c'est-à-dire les fosses[38] du péché. Car l'œil ne désire pas s'il n'a pas vu, ni le cœur ne languit, s'il n'a pas entendu; ou bien, tandis qu'il a vu et entendu, son rêve est pour lui une souillure avec la femme.

Celui qui a gardé son œil et n'a rien dans sa demeure, il n'a pas de souillure, ni de pensée impure. Il a gardé son œil, de peur d'être submergé par sa pensée. Parce que l'œil a vu, il engloutit l'âme. Tandis qu'il a vu dans les villes en se promenant, il se souvient dans
* p. 57 sa demeure. * La contestation de sa pensée lui advient dans sa prière, et fait délirer son cœur, tandis qu'il prie, et elle fait à l'homme un effet stupéfiant comme (pour) celui qui s'est enivré et a bu une boisson de vin: elle ne lui permet pas de prier, tandis qu'il se souvient, dans la mesure de ce qu'il a vu et entendu, au cours de sa promenade dans les villes et les campagnes.

[35] Cf. ARRAS, *Patericon*, p. 65, nº 129 -g. (texte).
[36] ⌜«... est quelqu'un qui déserte vers la souillure du monde».
[37] «... dans le filet des abîmes».
[38] «la pratique».

Il convient au moine de rester ⌜dans les logis[39], afin de ne pas voir les œuvres et la méchanceté des nations, qui courent en toute licence et fornication. Car la vue des laïcs lasse le cœur des moines, et la vue des saints et de ceux qui veillent illumine le cœur des moines qui demeurent dans les logis, qui sont dans la concorde, et amis des frères, qui ne sont pas calomniateurs du prochain, et n'aiment pas le profit pour eux-mêmes. À ceux-ci, il donnera en retour la vie éternelle, car celui qui aime son propre profit n'est pas du nombre des combattants, les frères moines, car il aime son propre profit, et non son prochain. Dieu n'aime pas une telle voie, et le calomniateur enténèbre[40] son âme, ainsi que l'âme de celui qui l'écoute, car celui qui reste avec le calomniateur, et l'écoute, participe à son péché, car le calomniateur ne sauve pas son âme, et il entraîne l'âme de celui qui l'écoute; car le calomniateur n'est pas, par toute son œuvre, un homme qui plaît à Dieu; car il mange la chair de son prochain par la calomnie, et boit le sang de son prochain sans coupe. Comme dit l'Apôtre: Celui qui calomnie son frère, et fait des reproches à son frère, calomnie la Loi de Dieu[41] — L'Apôtre Jacques (le) réprouve en disant: Qu'es-tu, toi qui fais des reproches à ton frère? Toi qui calomnies ton frère, ou fais des reproches à sa Loi, tu n'es plus un homme qui pratique la Loi, mais tu es un homme qui fait des reproches à la Loi[42] — Qu'es-tu, toi qui calomnies ton frère? car celui qui calomnie son frère, calomnie la Loi de Dieu. Et s'il
* calomnie la Loi de Dieu, il est l'ennemi de Dieu, tandis que le moine * p. 58
qui calomnie son frère est l'ennemi de Dieu, surtout si c'est son maître. Il murmure encore dans toute la voie de l'état monastique. Il ne sert pas avec droiture, et ne purifie pas son cœur, ni la voie de son état monastique.

Quant au maître, qu'il commande à son disciple en tout ce qu'il veut. Si le disciple a fait avec zèle ce que son maître lui a commandé, il n'a pas de péché; car, ainsi que son maître a commandé, il a rendu son cœur meilleur par la pureté. Il ne s'attriste pas d'avoir transgressé. À partir de maintenant, ⌜il améliore sa voie[43]. Comme dit le prophète Élie: Dieu (est) vivant, c'est moi qui me tiens

[39] ⌜«dans son logis».
[40] «blesse».
[41] Cf. *Ja* 4, *11*.
[42] Cf. *Ja* 4, *11*.
[43] ⌜«qu'il améliore sa voie et fasse le bien afin d'hériter de la vie».

aujourd'hui devant lui, tout le jour[44] — Celui qui a passé (son temps) auprès de son maître, qu'il se confesse, en se souvenant de ce qu'il dit: Dieu est vivant, c'est moi qui me tiens devant lui. C'est pourquoi le disciple n'a pas de péché, s'il a fait la volonté de son ancien, car il a rendu un bienfait à son Seigneur, il a fait la volonté de son maître, et non sa volonté propre. Qu'il n'aille pas dans sa volonté propre, et il obtiendra sa faveur en étant disciple. Mais s'il l'a méprisé, il a méprisé le commandement de son maître. Il n'aura pas de pardon devant le Seigneur son Dieu.

Le moine qui a rendu sa pensée monacale, loin de toutes les œuvres du monde, et (qui) va dans les commandements de Dieu pour le salut de son âme, le moine néglige son corps en ce monde, comme l'ont négligé les moines qui furent avant nous, en regardant le lieu de repos qui est en haut, la demeure lumineuse dans laquelle les justes entrent avec joie et allégresse. Ô moine, affermis ton cœur
* p. 59 et ta pensée, afin d'entrer dans * la demeure lumineuse, dont la lumière brille sept fois plus que le soleil. Elle est le repos des élus qui gardent la règle de l'état monastique. Ils ont mortifié leur corps pour Dieu, afin de trouver la récompense qui est en elle, où se trouvent le Christ et ses anges joyeux. Ici se trouve l'assemblée des saints, selon leur grandeur et selon leur famille, tandis qu'ils glorifient celui qui les a faits héritiers du royaume des cieux, et donnent la glorification à la grandeur de celui qui les a délivrés de ce monde passager, afin d'entrer avec eux dans la vie, grâce à la règle de l'état monastique.

Quand tu fais cela, garde la règle, quand vient l'aurore, et qu'il fait jour sur terre. Si tu penses et dis: je ne deviens pas meilleur dans mon état monastique, ni dans mon service cette nuit — j'irrite Dieu par ta pensée (sic) impure qui m'est survenue. L'affligerai-je (pour) me délecter dans mon cœur? C'est pourquoi ma pensée subira une souillure, et ma faute sera inscrite dans ton livre[45], et je ne serai pas compté avec ceux qui pratiquent le bien, parce que la pensée impure de la nuit m'est survenue, et ma faute sera inscrite et restera jusqu'au jour du jugement. C'est pourquoi je fais pénitence aujourd'hui en ce jour, je n'énoncerai pas de discours honteux, de ma propre voix, je m'humilierai moi-même envers mon prochain, et je m'acquitterai de la pénitence en ce jour, par les prosternations, les larmes, les

[44] *3Rs* 17, *1* (Septante).
[45] *Jub* 30, *20-23*.

gémissements, les lamentations, la tristesse du cœur, et tout ce que Dieu tient pour agréable, en disant: J'ai péché en pensée cette nuit, et maintenant, je m'humilie moi-même comme un chien que l'on a attaché de peur qu'il ne morde quelqu'un[46]. Je me considère moi-même comme les immondices que l'on a jetés dehors, et que les gens foulent aux pieds. C'est pourquoi Dieu me pardonne aujourd'hui, jusqu'au coucher * du soleil, car il est miséricordieux et clément. Il accepte sur l'heure la pénitence de celui qui fait pénitence d'un cœur pur, pleure et s'humilie lui-même parce qu'il a passé outre. * p. 60

Quand c'est le crépuscule sur la terre, il pense et dit, parce qu'il a passé outre: Enfin, je ferai pénitence, parce que j'ai passé outre (pendant) ma journée. Je réprimanderai mon cœur, et je dirai: Comment ai-je passé mon temps en cette journée — en gémissant (sur) le pauvre, alors que je hais mon prochain, (le) calomnie, fais des grimaces aux gens, m'enorgueillis, et ne m'humilie pas envers mon prochain. Mon cœur pense à ce qui est dans le monde, tandis que mon œil a vu et mon oreille entendu, et j'ai voulu amasser de la fortune pour moi-même. Quand les pécheurs se sont dressés contre moi, devant moi, je ne me suis pas humilié moi-même, et je n'ai pas accompli les heures du jour[47]; je n'ai pas non plus cherché refuge en Lui, dans les larmes, les pleurs, les lamentations, ni les gémissements à l'adresse de Dieu. J'ai pensé à la nourriture et à la boisson, afin de manger et d'être rassasié: tout ceci est passager, et il n'y a rien (là) d'utile aux œuvres de l'état monastique, pour ceux qui espèrent le royaume des cieux.

S'il dit ceci et ce qui lui est semblable[48], s'il (le) fait, il accomplit la règle de l'état monastique. Le moine qui pense cela, en vérité, le soir, quand il dit: me tiendrai-je et arriverai-je au matin? quand il commence à faire jour, dit: arriverai-je et passerai-je le jour jusqu'à ce que le soir tombe? (C'est) cette pensée qu'il placera dans son cœur. Ce moine pleure et fait pénitence en vérité, et il ne s'écarte pas des commandements des saints livres.

Si l'ennemi a fait germer dans son cœur une pensée impure, qu'il prie, fasse oraison, supplie Dieu, et ne montre pas la voie à Satan en tout ce qu'il a fait germer. Car Satan use d'artifices, afin de nous trouver * en tout dans sa voie de perdition, et s'il nous * p. 61

[46] Cf. ARRAS, *Patericon*, p. 207, nº 316, lignes 22-23.

[47] «la règle du jour», probablement les prières quotidiennes.

[48] + «chaque jour».

trouve quand nous faisons peur, il est résolu et nous terrifie. De même, la peur qui est dans notre cœur est ourdie pour nous submerger par la crainte dans la mort, sa mort. S'il nous trouve[49] alors qu'il se délecte dans notre cœur, il offre du plaisir, afin de précipiter notre âme en ce qui est sien. S'il nous trouve[50] quand il amasse[51] la fortune du monde, il nous presse ⌜afin d'accumuler[52] le bien d'autrui avec iniquité. S'il nous trouve quand nous craignons Dieu, il nous fuit; et encore, si nous pleurons, et sommes affligés de la faute et du péché que nous avons faits, et s'il nous voit dans la pénitence, il s'afflige, s'enfuit et prend la clef des champs.

En outre, il nous observe pour nous faire tomber dans l'erreur. S'il nous voit ⌜beaucoup rire, ou un peu plus, ou beaucoup parler[53], pour cette raison, il voit et entre dans cette conduite qui est la nôtre, afin de nous faire tomber dans l'erreur par n'importe quoi. Quand il nous visite, alors que nous sommes patients, jeûnons, faisons oraison et nous humilions nous-mêmes, il nous fuit, car il hait la pratique du bien, et il aime la pratique de la perversité et du mal. Si c'est un moine, il connaît[54] le mal de son origine, et il se retire de celui-ci, tout le mal que nous avons rappelé, ce qu'aime Satan; s'il l'a fait tomber dans l'erreur et qu'il a fait un signe de croix sur son visage, il se lèvera pour la prière, s'il a fait germer (le mal) dans sa pensée, il ira (le) dire à son maître. ⌜Il fera comme il lui a ordonné, et il (le mal) tombera d'elle[55].

Si c'est un moine paresseux et facétieux, il n'échappera pas à la calamité qui lui surviendra, car il s'est abstenu de l'accomplissement
* p. 62 des commandements * de Dieu, et il ne s'éveille pas lui-même pour accomplir les œuvres de l'état monastique. Il l'estime paresseux et irrésolu pour accomplir les œuvres de son état monastique — Car il sait[56] qu'il y a beaucoup d'honneur dans les œuvres de l'état monastique[57]. Le royaume des cieux sera la part de ceux qui recevront la couronne avec les martyrs et les justes. C'est pourquoi Satan est

[49] Texte: «si nous trouvons».
[50] Idem.
[51] nous amassons.
[52] Litt. «afin qu'il accumule». «afin que nous nous emparions».
[53] ⌜«beaucoup rire, ou beaucoup manger, ou beaucoup chanter ...».
[54] የኅምሮ est encore employé ici à la place de ዩኅምሮ.
[55] ⌜«qu'il fasse comme il lui a commandé, et l'âme en sera faite ...».
[56] የኅምር est encore employé ici pour ዩኅምር.
[57] + «Et après qu'il a accompli l'œuvre de son état monastique ...».

jaloux des œuvres de l'état monastique, de peur qu'ils n'accomplissent la règle de leur salut, commandée par Dieu. Le moine qui va dans la voie de Satan est l'ennemi du Christ. Quant à celui qui va dans ⸢la voie de la lumière[58], il est le soldat du Christ. Il aime les œuvres des moines saints, nos pères qui furent avant lui[59]; il écoute leur histoire et pratique leurs œuvres, comme il les a entendues, ainsi que dit le livre. En écoutant l'histoire des justes, ⸢le moine intelligent se réjouit, il rend[60] ses voies droites pour la pratique du bien. Le moine qui veille pour l'oraison, en chantant un psaume, ressemble à un bateau neuf qui est paré à l'égard de la submersion[61].

Le moine qui veille dans la méditation d'une chose vaine, elle n'est pas de Dieu, la voie qu'il cherche, mais (c'est) la voie de Satan, il se délecte en étudiant la voie des nations et leur conduite impure. En outre, il offre du plaisir et de l'agrément par sa pensée. S'il est quelqu'un qui a fait germer (le mal) dans sa pensée, soit après avoir vu le visage d'une femme, soit après avoir rêvé, il (lui) offre du plaisir et de l'agrément et il veille en vain avec sa pensée. Plutôt que celui-ci, le séculier qui dort dans son lit vaut mieux que le moine qui veille avec une pensée vaine[62]. Qu'il ne nomme pas les sornettes, les calomnies, ni l'histoire des gentils, de nuit, ni de jour, * de peur * p. 63
que l'on entende[63] l'histoire des gentils, et ce qu'ils ont rêvé la nuit, afin de ne pas s'en souvenir le jour, de peur que (ce) ne soit la contestation de sa pensée, et, le jour, pour ne pas se délecter du thème de son rêve. Car le moine qui se délecte du rêve, soit de jour, soit de nuit, ⸢et se souvient du rêve, le moine[64] guide Satan, ⸢de manière à l'introduire[65] dans sa pensée. À partir de ce jour, il use d'artifices, afin de l'introduire dans cette séduction du rêve.

Le bon moine, s'il a pensé à quelque chose, (le) dit à son maître, il lui fera discerner, et il fera comme il lui aura commandé, et si c'est ce que son maître lui a commandé, il n'aura pas de péché. Mais qu'il fasse comme il lui a commandé, et ne s'en écarte ni à droite, ni à gauche.

[58] ⸢«la voie droite».
[59] «avant nous».
[60] ⸢«les nations se réjouissent. Le moine intelligent rend droites ...».
[61] Comparer ARRAS, *Patericon*, p. 102, n° 163, (texte).
[62] Cf. ARRAS, *Patericon*, p. 138, n° 184, l. 18-19 (texte).
[63] «pour entendre».
[64] ⸢«le moine qui se souvient du rêve ...».
[65] ⸢«de manière à le ramener».

Le saint Abbā Nabyud commandait cela (et), ce qui y ressemble, à ses fils, afin qu'ils n'aiment pas ce monde passager. Il leur disait: «Celui qui aime ce monde n'a pas l'amour de Dieu en lui. Car celui qui aime le monde, celui-ci est l'ennemi de Dieu. En effet, son amour de ce monde (est) désir de la chair, et désir de la fornication et des nourritures, travail pour une situation et désir de l'œil. Toute œuvre qui ressemble à celle-ci, celui qui l'aime est l'ennemi de Dieu, tandis qu'il est un moine en qui est le désir du monde. En raison de tout ce que nous avons rappelé, il ne porte pas le fruit de la foi, celui de l'état monastique.

Ô moine, ne désire pas la pensée de ce qui est sur terre, de peur d'être dépouillé de ce qui est dans les cieux, et ne cesse pas d'être soumis à ton Dieu, car avec la paresse vient le péché, et c'est la mort, car le moine est oisif, il n'est pas celui qui regarde le lieu de repos qui est en-haut, mais ce qui est sur terre, comme un laïc.

* p. 64 * Car David dit : Nourris-toi du fruit de ton travail. Bienheureux es-tu, et c'est bon pour toi[66]. Et toi moine, dis comme David: Dieu est mon berger, et il n'est rien qui me manque, dans une terre herbeuse, ici, il me fait demeurer, et auprès de l'eau du repos il m'a nourri[67] — Et je n'ai pas mangé le travail d'autrui, sinon l'ouvrage de mes mains. Quand les pécheurs s'opposaient à moi, en face, je me suis humilié moi-même, et je me suis tu pour faire le bien, et ne pas tenir de discours qui irrite Dieu.

Celui qui pense cela dans son cœur écoute et fait le bien. Celui-ci, en vérité, accomplit les œuvres de son état monastique. Quant à celui qui reste dans la licence et la paresse, désire se nourrir du travail d'autrui, et se vêt de ce qui n'est pas issu du travail de ses mains, il est oisif, et il n'est pas (d'entre) les moines combattants. Le moine combattant calcule si c'est une chose qu'il prendra ou non. Quand vient une nourriture, il examine, observe, et discerne par la pensée si ce qu'il mange lui est utile. Ou bien lui qui (se) prive d'eau reste (ainsi)[68] afin de retrancher le désir du corps de son cœur, et montre ce qui convient à sa loi, pour lasser son corps par l'ouvrage de ses mains, afin que Dieu se réjouisse de l'ouvrage de ses mains, de celui qui garde la règle de son état monastique: la prière de nuit et de jour, et à l'heure (fixée), le matin et le soir. Car celui qui a

[66] Cf. *Ps.* 128, *2*.
[67] Cf. *Ps.* 23, *1-2*.
[68] «laisse l'eau».

fermement établi[69] tout cela n'est pas d'entre les moines parfaits, qui gardent la règle de l'état monastique (sic).

Non seulement aux heures régulières, mais en tout temps, qu'il ne néglige pas de prier ⌜en tout temps, avec attention[70] «⌜Christ, aide-moi, Christ, sois-moi clément[71]» sans négliger cela et ce qui y ressemble, qu'il chemine * ou soit assis, qu'il dorme ou se lève, et qu'il * p. 65
soit actif ou s'arrête. En tout temps, le cœur des fidèles crie. Qu'ils ne cessent pas de se lamenter auprès de Dieu, afin qu'Il les sauve de la main de l'ennemi, et de tout (être) qui s'oppose aux serviteurs de Dieu.

Car nous, moines, comme nous sommes face aux camps de l'ennemi, nous avons parmi nous un bon roi, en qui nous avons confiance pour qu'Il nous sauve de la main de notre ennemi, prions Le et pleurons auprès de Lui, afin qu'Il nous sauve de ceux qui méprisent en nous l'ennemi. ⌜Celui-ci nous commande d'être présents[72], ⌜de veiller, et de garder la loi de nos portes[73], de peur que l'on nous dépouille, et ils ne trouveront pas la voie de notre entrée, par laquelle ils entreraient chez nous. Ainsi (est) notre position à nous, en ce monde, quant à notre ennemi, ce sont les démons et le diable. Notre roi, que nous avons parmi nous, (est) Jésus-Christ, Notre Sauveur, auprès de qui nous pleurons jour et nuit. Il nous ordonne, à nous, de veiller ⌜afin que ne nous trouve pas[74] la voie de Satan, par laquelle il entrerait en nous, et de peur que se corrompe[75] notre fruit. Quant à ceux qui sont préparés au fruit de la pratique du bien, ils seront résolus pour les œuvres de leur état monastique, et qu'ils ne soient pas oisifs, et ne négligent pas les commandements que (nous avons) rappelés, qu'ils ajoutent encore des œuvres, et leur pensée que Dieu agrée[76], afin de lasser leurs corps sur terre, pour être sauvés du feu dévorant, et obtenir le salaire de leur glorification, la récompense qui est dans les cieux, avec ceux qui ont accompli

[69] ⌜«S'il cesse ...» / Lire ainsi.
[70] ⌜«de tout son cœur, en disant».
[71] ⌜«Christ sois-moi clément, Christ sauve-moi!».
[72] ⌜om.
[73] ⌜«Veillons et gardons les portes du royaume des cieux».
[74] ⌜«et de ne pas trouver».
[75] «et corromprait».
[76] ⌜«et ils n'ajouteront pas dans leur pensée à la conduite que Dieu ne tient pas pour agréable».

la règle de l'état monastique,avec Antoine et Macaire, qui ont hérité de la terre lumineuse et pure du royaume des cieux.

* p. 66 * Alors qu'il enseignait cela à ses disciples, lui, il versait des pleurs, et voyait la lassitude des rebelles[77] dans leur pensée, et il voyait la fermeté du cœur des premiers moines, qui n'avaient pas transgressé le commandement de Dieu, et Dieu leur avait encore donné beaucoup de savoir; et il connaissait[78] tout ce qui était perdu et sauvé. Car il lui avait été révélé la connaissance et le discernement de ce qui est des cieux. Quand il voyait l'un, il lui disait: Tu as agi ainsi — et ils rectifiaient leurs voies. Il leur disait: Veillez et ne pensez pas au mal. Courez à la pratique du bien. Courez et luttez, afin que le désir de votre ventre n'emporte pas la victoire sur vous, pour que Satan vous fasse descendre dans son filet de mort, pour qu'il vous amène dans la géhenne[79], le feu. Si vous avez remporté la victoire sur votre ventre, et que vous soyez résolus à la pratique du bien, vous irez dans la vie éternelle avec les bons, les saints pères qui ont plu à Dieu par leur vie, et la pratique du bien. Le combat des saints n'est pas avec un aspect quelconque, mais divers(?).

Abbā Nabyud accomplissait toute bonne œuvre, comme Job, la patience, comme Abraham, l'amour de l'étranger, comme Noé, il ne possédait pas de fortune, comme Daniel, il manifestait (son) combat, et comme Élie, il était jaloux pour son Dieu. Sa demeure (était) le désert, comme Jean, l'ermite vierge. De même, il accomplissait tout cela avec sa bonté. Il rendait la sagesse aux fous; en les faisant tenir à l'écart, isolément, afin que vous n'ayez pas honte (sic), et ce n'est pas devant les hommes qu'il les exhortait. Car il était doué de discernement et instruit, beau d'aspect et d'âme humble. Il avait
* p. 67 les reins un peu courbés * par la station debout. Il était vieux, et par ailleurs n'avait rien de mauvais: ses yeux regardaient bien[80], lui qui était âgé de soixante sept ans, qu'il avait passés entièrement dans le travail et la dévotion, jusqu'à l'achèvement de ses jours, en toute chose honorant Dieu, jusqu'au jour de sa mort.

Beaucoup furent édifiés par son enseignement. Ils venaient de l'Occident et de l'Orient, afin qu'il leur dise ce qui est utile pour vivre.

[77] «des paresseux».

[78] La forme የአምር est là pour ያአምር.

[79] Cf. *Mt* 5, *22*.

[80] Dans le *Jardin des moines*, on trouve le portrait physique d'Arsène (cf. V. ARRAS, *Patericon*, p. 42, nº 91) (texte).

Il leur disait: Faites pénitence, mes enfants, avant que soient envoyés auprès de vous ceux qui ramèneront votre âme, et avant que vous disiez toutes les œuvres que vous avez faites sur terre, et il n'y aura personne qui se cache devant la face de Dieu. Car tout est découvert et étendu devant Lui, et il n'est rien qui lui soit caché; car il est celui qui sonde le cœur et les reins[81], tout ce qui est dans les cieux, sur terre, dans la mer et sur le sec, ou ce qui est de l'âme, le corps et ce qui est invisible, ce qui vole au-dessus des vents. Il n'est rien qui transgresse son commandement, ni rien qui outrepasse sa limite, car tout est par Lui et pour Lui, tout est par Lui, et en dehors de Lui il n'est rien qui soit.

Nous sommes les hommes de la maison de Dieu, nous qui avons répudié le monde; si nous avons conduit à son terme toute la disette de l'état monastique, et la pratique du bien, tout ce qui est à notre Dieu est nôtre, le royaume des cieux est nôtre, le ciel est nôtre, le soleil est nôtre, la lune est nôtre. Car nous règnerons avec notre Dieu; et il donnera la couronne du Royaume à ceux qui ont parachevé l'œuvre de leur état monastique et leur combat, ainsi que les trônes[82] décorés et revêtus d'or et d'argent spirituels. Ceux qui siègeront sur eux (seront) les âmes des bons moines, qui gardent la règle de leur état monastique. Dans le palais de la sainteté de Dieu Très-Haut (seront) leurs trônes, et ils se réjouiront au long des temps, * ceux * p. 68
qui sont sans souillures. Ce que la langue ne peut dire, et que l'oreille ne peut entendre, ni le cœur du genre humain, qui est dans un corps, ne peut embrasser la récompense des justes, qui ont hérité du royaume des cieux, éloigné de la pensée, difficile à dire. Car nous sommes ⌜fils de Dieu[83], nous ne pouvons l'expliquer, tant que nous sommes dans un corps, sur terre, de notre vivant. Quand nous serons sortis de ce corps qui est le nôtre, nous le connaîtrons et le comprendrons, car il nous sera donné la pensée céleste, et non la terrestre. Nous connaîtrons[84] alors notre conduite perdue(?) sur terre, de notre vivant, par nous; et aussi ceux qui seront comme nous, tous ceux qui feront de bonnes œuvres pour hériter du royaume des cieux.

Ceux qui ont refusé la règle de l'état monastique, que leurs maîtres

[81] Cf. *Ps* 7, 10; *Jr* 17, *10*; 20, *12*; Ap 2, *23*.

[82] Cf. *Dan* 7, *9*; *Ap* 20, *4*.

[83] Cf. *Mt* 5, *9*; *Lc* 20, *36*; *Ro* 8, *14*; 8, *19*; *Ga* 3, *26*. «fils du genre humain».

[84] **ነአምሮ** est là, une fois de plus pour **ናአምሮ**.

leur ont dite afin qu'ils (l') appliquent bien, ont aussi refusé le commandement de Dieu, ils ont abandonné le commandement lumineux et ne lui ont pas obéi. Celui qui a refusé le commandement de son maître, il a refusé à Dieu; car s'il a fait ce que son maître lui a commandé, il s'est sauvé lui-même du péché par toute bonne œuvre.

Toi, tu t'es délivré toi-même de toute œuvre de péché, car tu as écouté sa parole, et fait ⌜tout le commandement qu'il t'a commandé[85], ce qui t'a été donné pour lui, et que tu as reçu toi-même, pour faire sa volonté en tout ce qu'il t'a commandé; et (pour) que tu sois vigilant en toute bonne œuvre, afin de te réjouir toujours ⌜en ce monde[86]: la demeure avec les saints, les bons et les serviteurs de Dieu, qui Lui ont plu par leur vie, par toute la beauté de leur caractère, et l'œuvre des bons et de ceux qui ont la crainte de Dieu, les moines qui ont amélioré leur caractère dans le travail et la détresse, afin de lasser leur corps[87].

* p. 69 * Il vient[88], notre ennemi à tous: le diable[89], qui veut ⌜perdre les moines, hors de leur loi[90], s'il est plus fort qu'eux. Il ne veut pas qu'un seul d'entre les hommes soit sauvé, car il est l'ennemi des Chrétiens, et surtout des moines, et des moines qui combattent par la pratique du bien, car ceux qui négligent le combat, il les fait siens. Il fait la guerre avec eux[91], pour l'émulation: il en a fait son champ, car ils ne hâtent pas leur salut, et n'améliorent pas leur bonté, ce qui est pour Dieu; c'est pourquoi Satan domine sur eux — car ils n'améliorent pas la bonté de leur état monastique, afin que Dieu les sauve de sa perdition et de son oppression, de celui qui s'oppose à eux, Satan. S'ils ne redressent pas la loi de leur état monastique, Dieu non plus ne les sauvera pas. Quand l'Esprit Saint est sorti d'eux, l'esprit de Satan entre en eux, et leur fait oublier la règle de l'état monastique et les choses bonnes, les bonnes œuvres, afin de les faire errer hors du commandement de leurs pères, hors du commandement du Seigneur, leur Dieu et créateur.

Prions Dieu, afin qu'il nous délivre de la guerre du diable. Car

[85] ⌜«tout le commandement de Dieu et le commandement de ton maître».
[86] ⌜«dans le monde qui vient».
[87] + «et de vaincre leur corps à cause de l'oppresseur».
[88] Om.
[89] Cf. *1Pe* 5, *8*.
[90] ⌜«nous perdre, hors de la loi des moines».
[91] «il ne fait pas la guerre».

Satan fait la guerre aux serviteurs de Dieu, afin qu'ils n'aillent pas[92] dans sa voie, qu'ils ne le connaissent pas, s'écartent de lui et ne cheminent pas dans sa voie. Car ils connaissent[93] la méchanceté de sa fourberie, tandis qu'il s'oppose à eux. S'il devient pour eux semblable au serpent, qu'ils volent comme des oiseaux, en-haut de l'air, et se réfugient auprès de ce qui est des cieux: le trône de leur roi et de leur Dieu qui les garde. S'il devient pour eux semblable à l'ours, et qu'il est ténèbre, ils seront pour lui lumière, et ils deviendront purs comme le charadrius[94]. * S'il devient pour eux semblable à une * p. 70 montagne, comme ce qui tombe sur eux(?), ceux-ci seront reçus dans le char et tendront les mains vers Dieu, afin qu'il les tire de sa guerre et de sa pensée vers ce qui leur inspire la crainte. S'il devient pour eux comme une rivière et tonne comme les fleuves assourdissent leurs oreilles, afin qu'ils n'entendent pas leur(?) menace, ils feront voler leur pensée auprès de Dieu Très-Haut, se prosterneront devant son trône, et prieront afin qu'il les sauve de la menace de Satan. S'il devient pour eux semblable à ce qui est sur terre, ils deviendront semblables à ce qui est dans les cieux. S'il devient pour eux semblable à ce qui est dans les cieux, ils deviendront semblables à ce qui est élevé. S'il devient pour eux semblable à ce qui est élevé, ils s'humilieront eux-mêmes, de peur qu'il ne les séduise par sa parole, en disant: nous ne sommes pas dignes, nous, que des anges soient envoyés auprès de nous. Ils sauteront dans le char et crieront au roi qui est dessus de les délivrer de la fourberie de celui qui s'oppose à eux.

Ils n'oublient pas ce qui était auparavant et il passent vite (à) ce qui est après en saisissant le lien ⸢de celui qui a eu d'eux miséricorde[95], qui est entré à l'intérieur du voile, Jésus-Christ, notre messager, au-devant de nous[96]. En Le regardant, ils ont remporté le combat et la lutte avec l'adversaire, car Celui-ci les aide en tout ce qu'ils lui demandent, et Il leur donne la puissance et la fermeté contre leur ennemi, Satan; car ils ont confiance en Lui, en tout temps. Ils se réfugient auprès de Lui, soir et matin, toujours, et à l'heure (fixée), en tout temps. Ils se réfugient auprès de Lui, comme le petit enfant,

[92] «afin qu'ils aillent».

[93] Ici encore የሕምርዋ est là pour ያሕምርዋ.

[94] Sur cet oiseau, cf. Conti Rossini, *Fisiologo*, p. 18, 19.

[95] ⸢«de celui qui les a instruits».

[96] Cf. *He* 10, *20*.

qui se réfugie auprès de son père et de sa mère. Celui-ci les écoute, et ne leur est pas sourd, car Il les aime, et Il se réjouit en tous ceux qui l'honorent comme Dieu.

* p. 71 * Le moine pénitent n'a pas de crainte, quand la faim l'éprouve. Quant au moine orgueilleux, il est le trône de Satan[97], car il recherche sa voie, parce que Satan va dans l'orgueil, ⌜il est tombé de son trône[98]. Ainsi, il préfère qu'ils soient orgueilleux, afin de les détourner de la voie droite, tandis que les justes et les moines vont dans l'humilité de l'esprit. ⌜Car l'humilité est de Dieu[99]. Celui qui n'a pas l'humilité de l'esprit, Dieu ne demeure pas sur lui. Car, par l'humilité de l'esprit, toute œuvre du faux messie est abolie. Car, où demeure l'humilité de l'esprit, là demeure l'Esprit Saint. Le moine qui n'a pas l'Esprit Saint, l'esprit de Satan demeure sur lui. Mais les deux ne demeurent pas sur une seule âme. Le renard peut-il entrer dans l'antre du lion? car il l'effraye, en raison de la terreur qu'il inspire. De même, Satan ne revient pas où est l'Esprit Saint, dans le cœur des moines. Le cœur de l'homme est la demeure de l'Esprit Saint, et dans la transgression du commandement est la demeure de Satan. Les saints moines qui ont accompli la règle de l'état monastique, le font revenir à ce qu'il était auparavant, afin que l'Esprit Saint demeure dans leur cœur. Car ils sont les héritiers du Christ[1] et non de ce qui est sur terre, tandis qu'ils recherchent ce qui est dans les cieux. ⌜Ils ne poursuivent pas non plus (?) ce qui est au-dessus[2], tandis qu'ils sont pleins de zèle (pour) la ville qu'ils ont trouvée avec les anges. Ce ne sera pas dans l'insouciance, ni l'ivrognerie, tandis que veilleront auprès de l'eau du repos ceux qui ont été fortifiés, ni dans le rire et les fadaises, dans la demeure des moqueurs, tandis que siègeront avec le Christ ceux qui ont poursuivi le royaume.

* p. 72 * Ceux qui (sont) dans la solitude et le calme, tandis qu'ils demeurent, s'humilient eux-mêmes, pleurent et servent Dieu, à cause de leur erreur qui est passée et, en outre, afin de ne pas répéter la faute ils s'humilieront eux-mêmes, en disant : Aide-nous, notre Dieu et Sauveur, à cause de la main de l'ennemi qui s'oppose à nous, car autrefois il nous a séduits par ignorance. Maintenant, délivre-nous, de peur

[97] Cf. *Ap* 2, *13*.
[98] ⌜«et autrefois il est tombé par orgueil».
[99] ⌜«elle est l'Esprit de Dieu».
[1] Cf. *Ro* 8, *17*.
[2] ⌜«qu'ils poursuivent, et non la nourriture».

qu'il répète pour nous la faute devant Toi, et abrite-nous à l'ombre de tes ailes[3], de peur que nous recouvre le flot du diable qui nous opprime. Sauve-nous de la main du corrupteur, qui ne se rassasie pas de notre sang, afin de nous détourner de Toi, en tout temps.

Toi, notre Seigneur, plaide pour nous, car nous sommes (faits) de terre, nous, et las; nous sommes sans force pour la pratique du bien. Maintenant, notre Dieu, ne nous néglige pas, nous pécheurs, tes serviteurs, qui nous sommes convertis, Toi qui es vraiment notre sauveur, sauve-nous aussi de la guerre de celui qui s'oppose à nous, car il est plus fort que nous. Sauve-nous, comme tu as délivré Job le juste; quand il s'opposait à lui, tu gardas son cœur sans chute. Il fut éprouvé par le feu comme l'or, et sortit pur[4], avec pureté, et sa vie sur terre fut doublée, ainsi que dans le ciel; car, sur terre, Il doubla pour lui sa fortune, ses enfants, ses bœufs, ses brebis, ses chevaux, ses chameaux, ses mulets, ses ânes, toutes ses bêtes, et le bien qu'il avait acquis par acquisition[5] fut doublé pour lui, et, dans le ciel, le double de ce qui avait été doublé, et il hérita du royaume des cieux. De même, si tu es pour nous un refuge[6], Toi Seigneur, pour que nous soyons vainqueurs de notre ennemi, ⸢notre combat a aussi été doublé pour nous[7], ⸢nous sommes beaucoup rémunérés[8] pour peu de choses, et nous nous réjouissons dans ton royaume glorieux, avec tous tes saints, que tu as choisis avant que fût créé le monde. Sauve-nous, Sauveur, et écoute-nous, notre prière, comme Tu as écouté la prière de Jonas * dans le ventre de la baleine, * p. 73
quand il t'invoqua. Quand on le jeta à la mer, Tu le fis sortir sauf, après qu'il (y) fut resté trois jours[9], car il n'est rien d'impossible à Dieu[10].

Écoute notre prière, ⸢Toi qui as écouté[11] la prière de Daniel, quand il se trouvait dans la fosse aux lions. Car on l' (y) jeta afin que les lions le mangeassent, et ils ne le mangèrent pas, mais se

[3] Cf. *Ps* 17, *8*.
[4] Cf. *Jb* 23, *10*.
[5] Cf. *Jb* 42, *10*; 42, *12-17*.
[6] Cf. *2Sam* 22, *3*; *Ps* 7, *2*; 9, *10*; 11, *1*; 31, *20*; 46, *2*; 59, *17*; 61, *4*; 62, *8*; 71, *7*; 73, *28*; 90, *1*; 91, *2* et *9*; 142, *6*; *Prov* 14, *26*; *Is* 25, *4*; *Jr* 16, *19*; 17, *17*; *Jo* 4, *16*.
[7] ⸢«tu doubles aussi pour nous notre combat ...».
[8] ⸢«et tu nous rémunères beaucoup».
[9] Cf. *Jon* 2.
[10] Cf. *Gn* 18, *14*; *Lc* 1, *37*.
[11] ⸢«comme tu as écouté».

prosternèrent devant lui[12], car c'est Toi, Dieu, qui (lui) fus en aide. De même, sois-nous un auxiliaire, Toi, Notre Seigneur, et ne nous fais pas honte de notre péché. Écoute-nous, ⌜notre prière, selon la grandeur de ta miséricorde[13], et délivre-nous de la fourberie de celui qui s'oppose à nous; et envoie sur nous les anges de miséricorde qui nous garderont en tout, nous qui nous sommes réfugiés[14]. Nous élevons les yeux vers Toi, ⌜afin qu'Il (sic) nous délivre[15] de la main de notre ennemi. Écoute-nous notre prière, comme tu as écouté la prière des trois enfants: Anania, Azaria et Misaël, qui furent jetés dans le feu à Babylone[16]. Tu leur envoyas ton bon ange Gabriel pour les délivrer. Il les délivra tandis que ne brûlait pas un seul cheveu de leur tête, ni leurs vêtements, et qu'il n'y avait sur eux aucune odeur de feu[17].

De même, délivre (nous), nous tes serviteurs, qui nous réfugions auprès de Toi, de la fourberie de l'adversaire, c'est-à-dire le diable, et ses démons qui s'opposent à nous en tout temps, afin de nous éloigner de Toi, et de nous ramener à tout ce que tu hais, Toi. Délivre-nous de tout ce qui fait la guerre à notre esprit et à notre corps. Délivre-nous encore de la malice des filles d'Ève, qui viennent auprès de nous en se dissimulant, afin qu'il (sic) jette ses flèches dans nos cœurs, pour nous en blesser. Il ne nous faut pas les voir, afin de ne pas recevoir la guerre dans notre demeure. Mes frères,
* p. 74 répudions les, de même que * nos bons pères, qui plurent à Dieu par leur vie, craignaient leur vue, et ne mangeaient pas de leurs assaisonnements, car ils savaient[18] de l'adversaire ⌜qu'il vient en elles[19]. Ces bons moines, ayant la connaissance, avaient la victoire sur l'ennemi. Ces (hommes) bons craignaient leur vue comme le lion, et plus que les bêtes sauvages, et s'écartaient de leur chemin, pour ne pas être mis à l'écart dans le royaume des cieux.

Car beaucoup de bons et de justes sont tombés dans l'erreur à cause d'elles. Les fils d'Israël furent tués pour une femme: 10.500. Samson

[12] Cf. *Dan* 6, *17-25*.
[13] ⌜«non pas selon notre prière, mais selon ...».
[14] «notre âme et notre corps en tout, nous qui nous réfugions auprès de toi...».
[15] ⌜«pour que tu nous délivres».
[16] Cf. *Dan*. 1, *6*; 1, *11*; pour les noms.
[17] Cf. *Dan*. 3, *27*.
[18] የእምርዎ est ici pour ያእምርዎ.
[19] ⌜«que par elles il remporte sur eux la victoire».

perdit sa force à cause d'une femme[20], et David tomba dans l'erreur à cause d'une femme[21]. Salomon tomba dans l'erreur à cause de la fille de Pharaon[22]. Jean, l'ermite vierge, fut décapité à cause du chant d'une fornicatrice[23]. De même qu'elles ont fait tomber les forts d'auprès de Dieu, à cause de leur voie scabreuse, et de tout ce qui est leur discours, elles s'apprêtent avec ornement, afin de séduire les enfants des hommes par leur malice; tandis qu'il les rend agréables, cet adversaire, le diable, notre ennemi à tous, afin qu'elles séduisent par leur voix, leur conduite et toutes leurs voies, et elles veulent, par l'œuvre de leurs mains, séduire les fils de lumière[24].

Maintenant, mes frères, gardez-vous d'elles, afin que votre pensée soit toujours vers le royaume des cieux, ou vous (la) ferez descendre en bas, sur terre, où est l'honneur de ce monde passager, comme je vous l'ai déjà dit, parce qu'il fait descendre sa pensée en-bas, il est inutile au moine. S'il est combattant, et craignant Dieu, il fait voler sa pensée en-haut, et il ne (la) fait pas descendre de la fermeté que nous avons rappelée; mais, * ⸢que sa pensée soit toujours dans le[25] * p. 75
royaume des cieux, tandis qu'il échange des saluts avec les anges, les archanges, les seigneuries, les dominations, les puissances, les trônes et les chefs, les chérubins, les séraphins, et l'assemblée des justes et des martyrs, les pères saints qui ont plu à Dieu par la beauté de leur combat et de leur caractère. Prie-les, à l'adresse de Dieu, en les aimant de tout ton cœur et de toute ta pensée; tandis que tu n'honores pas comme Dieu, avec Lui, un autre dieu, et ne change pas ton cœur à l'égard de Dieu qui t'a sauvé, et n'aime pas le remplissage du ventre, ni le bel habillement, car tout cela, les nations du monde le désirent, elles qui ne désirent pas la seconde vie, mais celle qui est sur terre, seule. Ils désirent être rassasiés, habillés, et ils ne désirent rien d'autre.

Toi, Ô moine, si tu es pénitent, n'épouvante pas ton cœur; car tu rechercheras ce qui est dans les cieux, et non ce qui est sur terre; car ⸢les terrestres (ne sont pas) avec les célestes[26], et ils n'ont pas

[20] Cf. *Jug* 16, *17-21*.
[21] Cf. *2Sam* 11, *2-27*.
[22] Cf. *1Rs* 3, *1*; 11, *1-8*.
[23] Cf. *Mc* 6, *22-28*.
[24] Cf. *1Th* 5, *5*; *Eph* 5, *8*.
[25] ⸢«son cœur sera toujours auprès du ...».
[26] ⸢«la religion des terrestres n'est pas une avec (celle des) célestes ...».

d'harmonie dans leur voie. Ceux-ci désirent les délices de ce monde passager. Les moines ne calculent pas les délices de ce monde passager. ⌜Mais cherchons ce qui est dans les cieux[27], où rien ne vieillit ni ne se corrompt. Ceux qui l'aiment, il les aime. Ceux qu'Il aime, Il les protège, les conforte et leur donne le royaume des cieux, car ils ont répudié et abandonné ce qui est sur terre, et ils ont aimé et préféré ce qui est dans les cieux, ce qui est invisible, car tout ce qui est visible, de ce monde, passe rapidement. Ce qui est invisible, ce qui est au-dessus, restera pour l'éternité. Rares sont ceux qui
* p. 76 croient à ceci, et qui espèrent en lui[28] * le délice qui est sur terre... afin de trouver la récompense qui est en-haut, tandis que se réjouissent les âmes des justes et des saints pères, les bons prêtres et les bons qui ont plu à Dieu par la beauté de leur caractère.

Ne négligez pas le don que Dieu vous a donné[29], alors que vous êtes dans votre corps. Vous parachèverez votre récompense qui est en-haut, avec les bons qui Lui ont plu par leur vie, et dans leur repos. Afin de (Le) trouver, ils n'ont pas peur à cause de l'espérance qu'ils ont trouvée auprès des saints, le schème qu'ils ont reçu auparavant sans corruption. Ainsi, ils demeureront dans la pureté pour toujours et dans tous les jours, jusqu'au jour de leur mort, ⌜afin que vous (sic) veniez[30] devant Lui, avec un visage lumineux, joyeux, tandis qu'il n'y aura rien qui vous interdise cette ville des saints, qui ont accompli la règle de leur état monastique, en tout temps.

Comme dit Paul: Méprisez ce monde passager qui vieillit, se corrompt, et dont les délices ne demeurent pas pour toujours[31]. Quant à ce que dit l'Apôtre: Méprisez ce monde pour toujours, répudiez le et considérez le comme impur — cela veut dire: Vous qui avez revêtu l'image du Christ[32], écartez de vous le désir de votre corps, et que l'on ne trouve pas en vous la moindre œuvre d'impureté, car le Christ vous a aimés, de même que vous, vous L'avez aimé auparavant[33] — Quand vous recevez le schème des anges, en vous

[27] ⌜« mais ils recherchent ce qui est des cieux ... ».

[28] + « en répudiant ».

[29] Le *Jardin des moines* rapporte le dialogue entre le père abbé et le postulant. L'abbé parle à ce dernier du don caché: le baptême de la seconde génération. *He* 6, *4*; *Ti* 3, *5*. Cf. ARRAS, *Patericon*, p. 126, nº 175 (l.) lignes 12-13 (Texte).

[30] ⌜« et vous, restez ainsi pour venir ... ».

[31] Cf. *1Co* 7, *31*.

[32] Cf. *Ga* 3, *27*.

[33] Cf. *1Jn* 4, *19*.

affligeant, et en faisant couler vos larmes, cette fois, quand vous L'avez aimé, Celui-ci vous a aimés, afin que vous gardiez son commandement, et alliez dans sa loi et sa règle.

Maintenant, pourquoi êtes-vous comme ceux qui ne savent pas[34]. Ne refroidissez pas votre cœur, à l'égard de l'amour de Dieu en vous, et ne négligez pas la pratique * du bien que vous avez commencée * p. 77 le jour choisi[35] où vous avez reçu le schème des anges saints. Sois résolu, et ne néglige pas sa grâce qui est sur toi, qu'Il t'a donnée, qui ne s'éteint pas et n'est pas détruite pour les siècles des siècles. Si tu es résolu sur terre, tu passes de la mort à la vie, et de la corruption à l'incorruptibilité.

Si tu n'es pas paresseux pour faire le bien[36], et que tu as gardé[37] la virginité avec pureté, afin que ta lampe luise sur la terre des ténèbres, tu entreras publiquement aux noces de l'époux céleste, avec les cinq vierges sages qui firent luire leurs lampes et vinrent afin d'aller au-devant de l'époux céleste; le palais du royaume des cieux ne leur fut pas fermé, et elles entrèrent publiquement avec lui[38]. Toi, afin d'entrer avec elles, Ô moine, affermis ta virginité dans la pureté, en laquelle tu as placé ta confiance[39], et ne souille pas ton cœur[40], afin d'entrer aux noces de l'époux céleste. Quand tu seras entré, ˹son Seigneur viendra au temps de la noce[41], à l'intérieur, et te dira: Mon ami, pourquoi es-tu entré ici sans revêtir de vêtement de noces[42]? Cette fois, ˹tu prieras, et il te sera impossible de dire quelque chose et de parler[43], car ta conduite aura été dévoilée, la façon dont tu auras souillé ta virginité. Si tu manques d'excuses, le serviteur (sic) dira: Prenez-le, conduisez-le dans les ténèbres extérieures, où sont les pleurs et les grincements de dents[44]. Et tu n'auras pas d'issue, jusque dans les siècles des siècles.

[34] ዘኢተአምሩ pour ዘኢታአምሩ.
[35] +«glorieux».
[36] +«sur terre, pendant ta vie, tu te réjouiras avec les justes et les purs qui pratiquent le bien».
[37] «Garde».
[38] Cf. *Mt* 25, *1-12*.
[39] +«que tu feras resplendir».
[40] «ton vêtement».
[41] ˹«viendra le maître de la noce, le serviteur».
[42] Cf. *Mt* 22, *12*.
[43] ˹«tu seras frappé de stupéfaction et incapable de parler, tu n'auras rien à dire».
[44] Cf. *Mt* 22, *13*.

Mon frère, cela ne t'attriste-il pas, quand tu penses toi-même à ce jour où l'on fera sortir les pécheurs au-dehors, et ils entendront
* p. 78 la voix de celui qui inspire l'épouvante, qui * dira : Allez, maudits, dans le feu éternel, préparé pour Satan et pour ses anges[45]. ⌜Qui est celui qui n'entendra pas[46] cette voix et ne s'attristera pas? Surtout si c'est un pécheur. Celui qui a béni toute la création donnera aussi la bénédiction à ceux qui ont fait le bien et gardé leur virginité avec pureté. Il les bénira, en disant: venez les bénis de mon Père, hériter du royaume qui a été préparé pour vous, avant que fût créé le monde[47]. ⌜Afin d'hériter[48] de cette bénédiction, purifie toi, toi-même.

Ô moine, ⌜si tu es pur[49], ne désire pas les choses qui sont dans le monde. Comme dit Notre Seigneur dans l'Évangile: Laissez les morts enterrer leurs morts[50]. Toi, mon frère, suis le royaume des cieux. Maintenant, si tu es bon, ne reviens pas en arrière, à la plénitude(?) antérieure, de peur que ton sillon ne s'incurve. Car nous glorifions le créateur de tout, comme disaient les jeunes gens[51] de Babylone: Glorifiez sans cesse le nom du Seigneur qui a créé toute la création, la rosée, l'humidité du froid, la neige, la grêle, le brouillard, la foudre et la nuée — Et ils disaient: Que tous bénissent l'œuvre du Seigneur, Dieu est glorieux, et Il est le Très-Haut, pour les siècles[52].

De même, vous, moines, ne négligez pas de louer le Seigneur votre Dieu, en tout temps, à toute heure, ⌜toute la nuit, à toute heure[53]. Comme un bon serviteur, soyez soumis à Dieu, et ne (Le) négligez jamais dans votre pensée, que vous alliez ou soyez assis, en tout temps, ne négligez pas le souvenir de Dieu, de votre cœur et de votre pensée, afin de Le glorifier, de l'aimer, et de L'honorer comme
* p. 79 Dieu. Ne * négligez pas le souvenir des commandements du Seigneur votre Dieu, dans votre pensée. Car, si vous vous souvenez de Dieu, Il se souviendra de vous dans Sa miséricorde. Si vous L'oubliez, il vous oubliera, et si vous Le priez, Il ne vous écoutera pas[54],

[45] Cf. *Mt* 25, *41*.
[46] ⌜«qui entendra».
[47] Cf. *Mt* 25, *34*.
[48] ⌜«afin de trouver».
[49] «si tu es pénitent».
[50] Cf. *Lc* 9, *60*.
[51] «les trois jeunes gens».
[52] Cf. *Dan* 3, *51-90*.
[53] ⌜«toute la nuit et tout le jour».
[54] «il vous sera sourd».

et ne hâtera pas votre secours, à cause de la détresse qui vous est survenue. Car vous n'aimez pas celui qui vous a créés, et vous n'avez pas cru en Lui, afin qu'Il vous sauve. Affermissez votre cœur auprès de Lui, et ouvrez les yeux auprès de son commandement, afin de voir et d'apprendre son commandement. Ne considérez pas (cela) comme mauvais, si la détresse vous est survenue pour le nom de Notre Seigneur votre Dieu; recevez (la) comme un bien.

S'il voit qu'ils (sic) Lui rendent grâces, Il vous pardonne, en raison de l'affliction qui vous est survenue. Souvenez-vous de vos maîtres qui vous ont dit la parole de Dieu jour et nuit. Ne transgressez pas leur parole. Ne possédez pas, quant à vous, de bourse, ni de monnaie de bronze, que votre maître ne connaît pas. Car le commencement de la transgression du commandement (est) la possession d'un secours seulement. Comme dit Jean Bouche d'Or, patriarche d'Antioche: La racine de tout mal est l'amour de la fortune — Il dit en outre: L'amour de la fortune est un empêchement à la pénitence sur terre. Car il n'a pas été commandé aux moines d'acquérir de la fortune, surtout s'il s'agit d'un jeune homme, sauf sa nourriture quotidienne, comme Notre Seigneur (l') a commandé dans l'Évangile: Quand vous priez, dites: donne-nous notre nourriture quotidienne, et remets nous notre faute et notre péché[55] — De même, vous, moines, n'acquérez pas plus que votre nourriture quotidienne. Vous, recherchez d'abord le royaume et la justice de Dieu. Tout ceci vous sera donné par surcroît: soit la nourriture, soit le vêtement. Celui qui a pensé (à Lui), de tout son cœur, et l'a prié, Il lui donnera, et Il écoutera la prière de celui qui l'a prié.

Vous, mes frères moines, qui avez répudié ce monde * passager, * p. 80
prenez garde, ne revenez pas en arrière, et ne regardez pas ce qui passe, car vous avez saisi la ferme règle qui a pour fondement Jésus-Christ, le sauveur du monde[56]. Car on est incapable de vaincre le monde, sauf par l'état monastique pur. Les rois ne peuvent pas vaincre, mais abandonner leur royaume, et ils se retirent dans la règle de l'état monastique. Les juges ne peuvent pas vaincre, tant qu'ils jugent les hommes, sans cesser et entrer dans la règle de l'état monastique. Les saintes femmes ne peuvent entrer tant qu'elles sont dans leurs maisons, avec leurs maris et leurs enfants; elles ne peuvent

[55] Cf. *Mt* 6, *11-12*.
[56] Cf. *Jn* 4, *42*.

accomplir la pratique du bien. Elles abandonnent leurs maisons[57] et se retirent dans la règle de l'état monastique, afin d'observer la solitude et le calme. Il n'est personne qui puisse accomplir la règle de l'état monastique, si ce n'est dans la solitude et le calme; car celui qui demeure dans la solitude et le calme voit son péché, et ne voit pas le péché d'autrui. Ils entendent ce que Dieu leur a commandé. Et encore, dans leur pensée parle l'Esprit-Saint, qui est dans leur cœur. Il les rend intelligents, sages et fermes. Car, le monde (est) comme les tempêtes de la mer, le vent qui fouette un navire. ⌜En une fois, il monte au ciel et s'emplit de l'eau du paradis[58], et les marins qui demeurent sur lui craignent d'être engloutis. Le monde est semblable à ceci: les vagues et le flot de la mer sont les démons. La mer et les vents sont les juges qui ravissent les hommes et l'emportent sur eux, afin de prendre ce qui n'est pas leur. Quant à toi, prends garde aux flots de la mer. Reste dans le calme, et pleure sur tes péchés. N'écoute pas la calomnie d'autrui, mais écoute l'Esprit-Saint qui est dans ton cœur, qui crie et dit: Abba[59], notre Père qui es aux cieux, * p. 81 remets nous * notre faute et notre erreur, comme nous, nous remettons à celui qui a commis une faute envers nous, et ne nous induis pas en tentation[60]. À toi la gloire, pour les siècles, amen.

Les anges glorifient Dieu, les archanges, les Seigneuries et les dominations glorifient Dieu. L'âme des justes, des martyrs, des moines, des fidèles élus, des prêtres élus, et l'âme des diacres fidèles glorifie celui qui les a créés, dans le tabernacle saint et au-dessus du ciel, au-dessus des montagnes, des collines, (dans) les cavernes et les antres de la terre, dans le ciel et sur terre, à Lui conviennent la gloire et l'action de grâces, au Père, au Fils et à l'Esprit-Saint, à partir de maintenant, et jusque dans les siècles des siècles amen, amen, amen[61].

[57] «leurs maris».

[58] ⌜«une fois il monte, et une fois il descend dans l'abîme, et s'emplit de l'eau de la mer». Cf. *Apocalypse de Marie*: il y a de l'eau au-dessus du troisième ciel. Plus haut que celle-ci se trouve la Jérusalem céleste (texte p. 45, l. 30 et seq.).

[59] Cf. *Ro* 8, *15*; *Ga* 4, *6*.

[60] Cf. *Mt* 6, *9*; 6, *12-13*.

[61] «Amen, amen, Soit, soit».

PASSAGES BIBLIQUES

(cités d'après l'ordre de la Vulgate latine, sauf exceptions indiquées)

APOCRYPHES DE L'A.T

ŒUVRES ÉTHIOPIENNES

TEXTES DE L'ANTIQUITÉ ET DU MOYEN AGE

CORAN

NOMS DE PERSONNES

NOMS DE LIEUX ET DE PEUPLES

AUTEURS CITÉS

INDEX DES MOTS ET DES THÈMES

TABLE DES MATIÈRES